UTB **3060**

Eine Arbeitsgemeinschaft der Verlage

Böhlau Verlag · Köln · Weimar · Wien
Verlag Barbara Budrich · Opladen · Farmington Hills
facultas.wuv · Wien
Wilhelm Fink · München
A. Francke Verlag · Tübingen und Basel
Haupt Verlag Bern · Stuttgart · Wien
Julius Klinkhardt Verlagsbuchhandlung · Bad Heilbrunn
Lucius & Lucius Verlagsgesellschaft · Stuttgart
Mohr Siebeck · Tübingen
C. F. Müller Verlag · Heidelberg
Orell Füssli Verlag · Zürich
Verlag Recht und Wirtschaft · Frankfurt am Main
Ernst Reinhardt Verlag · München · Basel
Ferdinand Schöningh · Paderborn · München · Wien · Zürich
Eugen Ulmer Verlag · Stuttgart
UVK Verlagsgesellschaft · Konstanz
Vandenhoeck & Ruprecht · Göttingen
vdf Hochschulverlag AG an der ETH Zürich

Michael Maurer

Kulturgeschichte

Eine Einführung

BÖHLAU VERLAG KÖLN WEIMAR WIEN · 2008

Michael Maurer ist Professor für Kulturgeschichte an der
Friedrich-Schiller-Universität Jena.

Bibliografische Information der Deutschen Bibliothek:

Die Deutsche Nationalbibliothek verzeichnet diese Publikation in der
Deutschen Nationalbibliografie; detaillierte bibliografische Daten sind
im Internet über http://dnb.ddb.de abrufbar.

ISBN 978-3-8252-3060-9 (UTB)
ISBN 978-3-412-20087-9 (Böhlau)

Einbandgestaltung: Atelier Reichert, Stuttgart
Satz: Kornelia Trinkaus, Meerbusch
Druck und Bindung: AALEXX Druck GmbH, Großburgwedel
Gedruckt auf chlor- und säurefreiem Papier
Printed in Germany

ISBN 978-3-8252-3060-9

Inhalt

In 15 Schritten durch die Kulturgeschichte

Vorwort

Die Empfehlung des Wissenschaftsrates von 1992, bei der Restrukturierung der Universitäten in den neuen Bundesländern ein Fach ‚Kulturgeschichte' einzurichten, ist ganz unterschiedlich umgesetzt worden: Die Universität Leipzig mit ihren älteren Traditionen der Kultur- und Universalgeschichte hat ein Institut um drei Professuren für Kulturgeschichte, Kultursoziologie und Kulturphilosophie gestaltet. Die *Viadrina* in Frankfurt an der Oder hat eine ganze ‚Kulturwissenschaftliche Fakultät' aufgebaut. Die Friedrich-Schiller-Universität in Jena schließlich hat einen Studiengang Volkskunde/ Kulturgeschichte eingerichtet, der von Jahr zu Jahr wachsenden Zuspruch gefunden hat. Der Verfasser dieses Buches hat dort im Wintersemester 1997/98 als Professor für Kulturgeschichte mit 13 Studierenden begonnen; mittlerweile sind wir in die Größenordnung von 500 vorgestoßen.

Das vorliegende Buch ist aus der Lehre hervorgegangen: Jährlich im Wintersemester gibt es bei uns in Jena einen *Grundkurs Kulturgeschichte*, der im Laufe der Jahre durch verschiedene Phasen des Aufbaus und Ausbaus hindurchgegangen ist und gegenwärtig, nach zehn Durchgängen, die vorliegende Gestalt gewonnen hat, von der angenommen werden kann, daß sie auch für andere Universitäten mit vergleichbaren Studiengängen von Interesse ist – und sich übrigens auch zum Selbststudium eignet. Die neuen Bachelor- und Masterstudiengänge, die sukzessive an deutschen und europäischen Universitäten eingeführt werden (in Jena seit dem Wintersemester 2007/08), verlangen zudem nach Ansicht der Verlage nach neuen Lehrbüchern: Dies schien der richtige Zeitpunkt, einen Versuch zu präsentieren, der auf unsere Interessenten zugeht.

Probleme mit dem Fach ‚Kulturgeschichte' lassen sich benennen: Studienanfänger kennen das Fach nicht aus der Schule, bringen aber Grundlagen aus Schulfächern wie Geschichte, Deutsch und Fremdsprachen mit; manche sind kirchlich engagiert und weltanschaulich interessiert, wieder andere suchen eine politische und soziologische Orientierung in den unübersichtlichen Verhältnissen der Gegenwart. Alle stehen in einer öffentlichen Diskussion, die fortwährend um Probleme der ‚Kultur' kreist: ob nun in den Debatten um Denkmalstürze und Straßenumbenennungen oder in der Auseinandersetzung mit dem Islam, Fragen der Religionsfreiheit und kulturellen Selbstbestimmung, des geschichtlichen Standorts der Europäer, der Probleme der Festkultur (Jugendweihe? Halloween?) oder der Reise-kultur (wohin und wie soll man reisen?). Alle sind Nutzer moderner und tra-ditioneller Medien, Schüler der Buchkultur und umflutet von Bildern.

Kulturgeschichte. Eine Einführung soll dabei helfen, diesen in vielfacher Hin-sicht interessanten Bereich der historischen Wissenschaften aufzuschließen. Die Beifügung ,Eine Einführung' soll zugleich signalisieren, daß hier nicht das Gespräch mit den Fachkollegen im Vordergrund steht. Vielmehr wird ein Wissenschaftsfeld nach verschiedenen Seiten hin durchmessen, um einem Studienanfänger einen ersten Einblick zu vermitteln: Worum geht es, wenn ich ,Kulturgeschichte' studieren will?

Die Erfahrung der Lehre zeigt, daß Anfängern nicht damit geholfen ist, wenn man von Gesichtspunkten der Interdisziplinarität ausgeht, weil ihnen die Erfahrung einer Disziplin fehlt. Die Erfahrung der Lehre zeigt auch, daß die an sich höchst wünschbaren Gesichtspunkte der Wissenschafts-geschichte nicht am Anfang stehen dürfen, solange ihnen die Wissenschaft selber noch nicht bekannt genug ist. Und die Erfahrung der Lehre zeigt schließlich, daß es nicht zielführend ist, methodische und theoretische Ge-sichtspunkte an den Anfang zu stellen, solange das „Was?" noch nicht hin-reichend deutlich ist.

Diesen vorgestellten Lesern entsprechend wurde das Buch gestaltet: 15 kurze, übersichtliche Kapitel, die weitgehend für sich stehen und auch in abweichender Reihenfolge gelesen werden können, die gleichwohl durch Verweise verzahnt sind. 15 in Abschnitte untergliederte Kapitel, die jeweils mehrere Dimensionen eines Teilthemas aufschließen sollen, aber auch nicht zu gedrängt, zu lexikonartig formuliert sein dürfen, um noch lesbar bleiben zu können. 15 Zugänge, die jeweils als Starthilfe in ein Wissenschaftsfeld benutzt werden können, die aber nichts Abschließendes festhalten und mit Anregungen für eigene Weiterarbeit versehen sind: Statt langer Listen mit Literaturhinweisen nur kurzgefaßte Angaben praktischen Charakters. Anmerkungen zum Text wurden rigoros beschränkt auf eine oder zwei pro Seite. Immerhin sind die Hinweise zu weiterführender Literatur so angelegt, daß sie auf Bücher mit reichhaltigen Literaturangaben hinführen.

Wie kann man in 15 Schritten durch die Kulturgeschichte kommen – ein großes und breites, weites und tiefes Feld, das auch nicht von jedem Punkt aus übersichtlich erscheint? Der erste Schritt ist eine Vergewisserung über die anthropologischen Grundlagen: Johann Gottfried Herder lehrt uns, was das Besondere am Menschen ist; wir werden sehen, daß es eben die Kultur ist und was man darunter versteht. Im zweiten Schritt weist Jan Assmann auf fundierende Tatsachen der Kultur hin, auf die Gemeinschaft als Träger eines kulturellen Gedächtnisses, auf die grundlegenden Unterschiede der alten Kulturen, die Konkurrenz von mündlicher und schriftlicher Überlieferung, steingewordener und schriftgewordener Kultur. Im dritten Schritt nennen wir uns und alle anderen Wesen beim Namen: Herrschaft durch Benennung, Personwerdung durch Individualisierung, soziale Zugehörigkeit und Ausgrenzung durch Vornamen und Nachnamen, ehrendes Angedenken durch die Übertragung von Personennamen auf Straßen und Sachen. Im vierten Schritt geht es um die für menschliche Kultur grundlegende Sprachlichkeit des Menschen und um die Geschichte verschiedener Kultursprachen bis hin zur Frage, ob es nicht besser wäre, wenn alle Menschen dieselbe Sprache sprechen würden. Im fünften Schritt lernen wir das ABC, lesen laut und leise, in Buchrollen und Büchern, üben Schönschreiben und entziffern unleserliche Schriften. Im sechsten Schritt wird der Begriff ‚Institution‘ eingeführt: Wie schafft es die Menschheit, kulturelles Wissen zu überliefern? Im siebten Schritt öffnen wir Augen und Ohren und verfolgen die Entwicklung der Medien, welche unsere Sinne bedienen. Im achten Schritt erinnern wir uns daran, daß unsere Lebenszeit endlich ist und daß wir die uns geschenkten Jahre mit Leben füllen sollten. Im neunten Schritt durchmessen wir (analog zur Zeit) den Raum: Körperliches Leben als Kulturtatsache, die uns zur Positionsbestimmung zwingt und zum Kartenlesen anleitet. Im zehnten Schritt betrachten wir die Kirche als Institution in ihren Auswirkungen auf die Kultur: Warum verehrt die Ostkirche Bilder? Warum lehnt der Islam diese ab? Warum ist Musik in Kirchen unumstritten, Kunst dagegen nicht? Im elften Schritt erinnern wir uns daran, daß Europa seit einem halben Jahrtausend in Protestanten und Katholiken gespalten ist und erfahren, daß die einen allein ans Wort glauben, die anderen dagegen Bilder haben wollen – und warum die einen (nach Max Weber) reich sind, die anderen nicht. Der zwölfte und der dreizehnte Schritt dienen der Erkenntnis, daß es nicht nur ‚die‘ Kultur gibt, sondern unterschiedliche Standeskulturen (hier aufgewiesen an Adligen und Bürgerlichen). Der vierzehnte Schritt erläutert den Zusammenhang der europäischen Kulturgeschichte: ihren Aufbau und ihre Brüche, ihre Sehnsüchte nach dem Alten und dem Modernen. Der letzte Schritt gilt der Frage, warum sich die europäische Kultur in Gestalt separater Nationalkulturen entfaltete und wie sich diese gegenseitig beeinflußten. 15 Schritte nach dem Start sehen wir, wie weit das Ziel noch entfernt ist – aber hoffentlich auch, daß wir nun viel höher stehen und eine ganz andere Aussicht gewonnen haben …

1 Kulturbegriff – Kulturtheorie

Wenn wir geboren werden, sind wir kaum überlebensfähig – es sei denn, es ist ein Mensch da, der uns hilft, nährt, aufzieht; besser noch: mehr als nur einer. Das ist die ‚Ursituation': Was ‚Kultur' ist, erfahren wir genau dann, wenn wir diese verstehen.

1   Die ‚geistige Genesis' (Herder)   Johann Gottfried Herder hat in seinem Werk *Ideen zur Philosophie der Geschichte der Menschheit* (1784–1791) dazu die entscheidenden Gedanken formuliert. Im Neunten Buch dieses Großwerkes heißt es im 1. Abschnitt unter der thesenartigen Überschrift „So gern der Mensch alles aus sich selbst hervorzubringen wähnet; so sehr hanget er doch in der Entwicklung seiner Fähigkeiten von andern ab":

> »So wenig ein Mensch seiner natürlichen Geburt nach aus sich entspringt: so wenig ist er im Gebrauch seiner geistigen Kräfte ein Selbstgeborner. Nicht nur der Keim unsrer innern Anlagen ist genetisch wie unser körperliches Gebilde: sondern auch jede Entwicklung dieses Keimes hängt vom Schicksal ab, das uns hie oder dorthin pflanzte und nach Zeit und Jahren die Hülfsmittel der Bildung um uns legte. Schon das Auge mußte sehen, das Ohr hören lernen: und wie künstlich das vornehmste Mittel unsrer Gedanken, die Sprache, erlangt werde, darf keinem verborgen bleiben. Offenbar hat die Natur auch unsern ganzen Mechanismus, samt der Beschaffenheit und Dauer unsrer Lebensalter zu dieser fremden Beihülfe eingerichtet. [...] Die Vernunft ist ein Aggregat von Bemerkungen und Übungen unsrer Seele; eine Summe der Erziehung unsres Geschlechts, die, nach gegebnen fremden Vorbildern, der Erzogne zuletzt als ein fremder Künstler an sich vollendet.«[1]

Der Mensch ist kein Selbstgeborner; das wissen wir im biologischen Sinne. Der Mensch ist aber auch in bezug auf seine intellektuelle Entwicklung kein Selbstgeborner. Im Augenblick der biologischen Geburt sind die Sinne wie Auge und Ohr noch unterentwickelt: Sie besitzen die Anlagen, um sich zu entfalten. Aber auch die intellektuelle Entwicklung beruht auf Anlagen, die von außen, durch andere Menschen erst entwickelt werden müssen. Das ist am deutlichsten bei der Sprache: Wohl müssen die Sprechwerkzeuge vor-

---

1   JOHANN GOTTFRIED HERDER: Ideen zur Philosophie der Geschichte der Menschheit. Hrsg. von MARTIN BOLLACHER, Frankfurt a. M. 1989, S. 336 f.

handen sein, aber das Erlernen einer Kommunikationsmöglichkeit mit anderen Menschen stellt einen komplexen Prozeß dar, bei dem der Lernen-
de durch Nachahmung etwas schon Vorhandenes übernimmt und sich zueigen macht. Herders Akzent liegt an dieser Stelle eindeutig darauf, den
falschen Glauben von der Selbstmächtigkeit des Menschen einzuschränken
und ihn darauf hinzuweisen, daß er sich nur durch die Übernahme vorge-
fertigter Kulturelemente von außen voll entwickeln kann. Und trotzdem
stellt er sich vor, daß der einzelne diese Erziehung an sich selbst vollendet,
wenn auch „als ein fremder Künstler". Das soll heißen: Was jemand lernt,
welche Fähigkeiten einer entwickelt, wie weit er sich bildet, hängt zwar
selbstverständlich von dem ab, was er zum Zeitpunkt seiner Geburt vorfin-
det (Sprache z. B.), aber wie weit er sich zu diesem Vorgefundenen in Beziehung setzt, wie weit er es sich zueigen macht, liegt auf einem bestimmten Niveau dann an ihm selber. Er gewinnt seine volle Individualität gerade dadurch, daß er sich selbst als Subjekt erfährt, das von anderen gebildet
wird, aber schließlich sich selbst bilden kann, indem es sich selbst als Objekt nimmt, sich gewissermaßen von außen entgegentritt, um sich zu vollenden.

An dieser so wichtigen wie tiefsinnigen Stelle wird offenbar vieles vorausgesetzt: ein bestimmtes Verhältnis von Innen und Außen, von Ich und
Welt, von Individuum und Gesellschaft. Herders Modell kann von der einen Seite her als ‚Akkulturation' gesehen werden, als Einbeziehung in ein
vorhandenes Kultursystem: Die Gesellschaft erzieht sich einen neugeborenen Menschen. Von der anderen Seite her aber als ‚Enkulturation', d. h. der
Heranwachsende setzt sich selber zu der vorgefundenen Kultur in Beziehung, nimmt sie auf, paßt sich an, formt sie schließlich auch selber mit. Was
hier noch offen bleibt: Auf welcher Ebene diese Integration zu denken ist –
Familie? Gruppe? Stamm? Herder denkt in erster Linie an die ganze
Menschheit, an die größte denkbare Einheit. Deshalb kommt er an dieser
Stelle sofort auf die Kulturgeschichte zu sprechen, verstanden als Universal-
geschichte der Menschheit:

»Hier also liegt das Principium zur Geschichte der Menschheit, ohne welches es keine solche Geschichte gäbe. Empfinge der Mensch alles aus sich und entwickelte es
abgetrennt von äußern Gegenständen: so wäre zwar eine Geschichte *des* Menschen,
aber nicht *der* Menschen, nicht ihres ganzen Geschlechts möglich. Da nun aber unser spezifische Charakter eben darin liegt, daß wir, beinah ohne Instinkt geboren, nur
durch eine Lebenslange Übung zur Menschheit gebildet werden, und sowohl die Per-
fektibilität als die Korruptibilität unsres Geschlechts hierauf beruhet: so wird eben da-

mit auch die Geschichte der Menschheit notwendig ein Ganzes, d. i. eine Kette der Geselligkeit und bildenden Tradition vom Ersten bis zum letzten Gliede.

Es gibt also eine Erziehung des Menschengeschlechts; eben weil jeder Mensch nur durch Erziehung ein Mensch wird und das ganze Geschlecht nicht anders als in dieser Kette von Individuen lebet. [...] Schränkte ich nun aber gegenseits beim Menschen alles auf Individuen ein und leugnete die Kette ihres Zusammenhanges sowohl unter einander als mit dem Ganzen: so wäre mir abermals die Natur des Menschen und seine helle Geschichte entgegen: denn kein einzelner von uns ist durch sich selbst Mensch worden. Das ganze Gebilde der Humanität in ihm hängt durch eine geistige Genesis, die Erziehung, mit seinen Eltern, Lehrern, Freunden, mit allen Umständen im Lauf seines Lebens, also mit seinem Volk und den Vätern desselben, ja endlich mit der ganzen Kette des Geschlechts zusammen, das irgend in einem Gliede Eine seiner Seelenkräfte berührte. So werden Völker zuletzt Familien: Familien gehen zu Stammvätern hinauf: der Strom der Geschichte enget sich bis zu seinem Quell und der ganze Wohnsitz unsrer Erde verwandelt sich endlich in ein Erziehungshaus unsrer Familie zwar mit vielen Abteilungen, Klassen und Kammern, aber doch nach Einem Typus der Lektionen, der sich mit mancherlei Zusätzen und Veränderungen durch alle Geschlechter vom Urvater herabererbte«[2]

Wir waren von der ‚Ursituation‘ ausgegangen, daß ein Mensch, der geboren wird, auf die Hilfe anderer angewiesen ist: zunächst in einem biologischen Sinne, dann aber auch umfassender in einem kulturellen. Herder formuliert: „kein einzelner von uns ist durch sich selbst Mensch worden". Und er spitzt das zu durch den Begriff „zweite Genesis", er hätte auch sagen können: „zweite Geburt". Denn das ist eigentlich die Pointe, daß das Unvollkommen-Geboren-Werden des Menschen dazu führt, daß er durch andere Menschen eine „zweite Genesis" erfahren muß. Herder nennt als dafür maßgeblich: „Eltern, Lehrer, Freunde" und „Umstände im Lauf seines Lebens". Damit man sich dies nun nicht wieder individualisierend zurechtlegt, schiebt er nach: das „Volk" und die „Väter desselben", also einen sozialen Zusammenhang der Kultur. Wo dem einzelnen Menschen Eltern, Lehrer und Freunde gegenübertreten und ihm helfen, ihn lehren, ihn formen, geschieht dies nicht nach ihrem individuellen Gutdünken, sondern gemäß den Werten ihrer Gemeinschaft.

Im Hintergrund sieht Herder eine Vaterfigur, Gott, den Schöpfer, als Lehrer aller Menschen, d. h. des gesamten Menschengeschlechtes und da-

---

2   Ebd., S. 337 f.

mit auch jedes einzelnen Menschen. Es ist jedoch darauf hinzuweisen, daß der Gedanke hier nicht spezifisch christlich ausgeformt ist, sondern eine allgemeine Gestalt annimmt: Aus der beobachteten Menschengeschichte schließt Herder zurück auf einen Urheber und auf ein Ziel der Geschichte, und zwar ebenso, wie man aus einem Schiff auf seinen Erbauer und dessen Zwecksetzung zurückschließen kann. Diese Denkform ist zwar mit dem Christentum, wie es zu seiner Zeit gelehrt wurde (Herder war selber Prediger) vollkommen kompatibel; zugleich aber ist dieser Gedanke in eine solche Form gekleidet, daß er auch für einen deistischen Aufklärer einleuchtend bleibt.

»Sofort werden uns auch die Prinzipien dieser Philosophie offenbar, einfach und unverkennbar, wie es die Naturgeschichte des Menschen selbst ist; sie heißen *Tradition und organische Kräfte*. Alle Erziehung kann nur durch Nachahmung und Übung, also durch den Übergang des Vorbildes ins Nachbild werden; und wie könnten wir dies besser als Überlieferung nennen? der Nachahmende aber muß Kräfte haben, das Mitgeteilte und Mitteilbare aufzufassen und es, wie die Speise, durch die er lebt, in seine Natur zu verwandeln. Von wem er also? was und wieviel er aufnehme? wie ers sich zueigne, nutze und anwende? Das kann nur durch seine, des Aufnehmenden, Kräfte bestimmt werden; mithin wird die Erziehung unsres Geschlechts in zwiefachem Sinn genetisch und organisch: genetisch durch die Mitteilung, organisch durch die Aufnahme und Anwendung des Mitgeteilten. Wollen wir diese zweite Genesis des Menschen, die sein ganzes Leben durchgeht, von der Bearbeitung des Ackers *Kultur* oder vom Bilde des Lichts *Aufklärung* nennen: so stehet uns der Name frei; die Kette der Kultur und Aufklärung reicht aber sodann bis ans Ende der Erde. Auch der Californier und Feuerländer lernte Bogen und Pfeile machen und sie gebrauchen: er hat Sprache und Begriffe, Übungen und Künste, die er lernte, wie wir sie lernen; sofern ward er also wirklich kultiviert und aufgekläret, wiewohl im niedrigsten Grade. Der Unterschied zwischen aufgeklärten und unaufgeklärten, zwischen kultivierten und unkultivierten Völkern ist also nicht spezifisch; sondern nur Gradweise. Das Gemälde der Nationen hat hier unendliche Schattierungen, die mit den Räumen und Zeiten wechseln; es kommt also auch bei ihm, wie bei jedem Gemälde, auf den Standpunkt an, in dem man die Gestalten wahrnimmt. Legen wir den Begriff der Europäischen Kultur zum Grunde: so findet sich diese allerdings nur in Europa; setzen wir gar noch willkürliche Unterschiede zwischen Kultur und Aufklärung fest, deren keine doch, wenn sie rechter Art ist, ohne die andre sein kann: so entfernen wir uns noch weiter ins Land der Wolken. Bleiben wir aber auf der Erde und sehen im allgemeinsten Umfange das an, was die Natur, die den Zweck und Charakter ihres Geschöpfs am besten kennen mußte, als menschliche Bildung selbst vor Augen legt, so ist dies keine andre als *die Tradition einer Erziehung zu irgend einer Form menschlicher Glückseligkeit und Lebensweise.* Diese ist allgemein wie das Menschengeschlecht; ja unter den Wilden oft am tätigsten, wiewohl nur in einem engern Kreise. Bleibt der Mensch unter Menschen: so kann er dieser bildenden oder mißbildenden Kultur nicht entweichen: Tradition tritt zu ihm und formt seinen Kopf und bildet seine Glieder. Wie jene ist, und wie diese sich bilden lassen: so *wird* der Mensch, so ist er gestaltet.«[3]

Es gibt kein menschliches Leben ohne leibliche Grundlage, aber die volle Entfaltung des Menschseins erfolgt erst auf der Grundlage der Tradition, also der Kultur. Die Chancen eines Individuums sind dadurch bestimmbar, daß man es in eine förderliche oder feindliche Umgebung hineinstellt. Herder verweist hier auf das Klima, das zu seiner Zeit als alles determinierend angesehen wurde. Interessanterweise will er aber allen Menschen Kultur zuschreiben, nicht nur den höchstentwickelten Europäern. Die ‚Californier‘ und ‚Feuerländer‘ bildeten in der damaligen ethnologischen Fachliteratur die Paradebeispiele für Menschen auf der untersten Stufe der Jäger und Sammler. Aber der Kulturbegriff, der hier formuliert wird, schließt selbst diese nicht aus. Ja, Herder hat uns aus der ‚Ursituation‘ hergeleitet, daß alle Menschen grundsätzlich ‚Kultur‘ brauchen. Was dann noch übrig bleibt, ist, daß man die Kultur der Jäger und Sammler als menschheitlich unterste Stufe anordnet. Herders Formulierung *„die Tradition einer Erziehung zu irgend einer Form menschlicher Glückseligkeit und Lebensweise"* läßt die inhaltliche Füllung gerade offen: Gebildet ist nicht nur, wer Latein kann (das wäre ein europäischer Maßstab); gebildet im Sinne des ‚Californiers‘ oder ‚Feuerländers‘ ist vielleicht derjenige, welcher am besten das Wild zu locken weiß. Während ein europäischer Junge die Schulbank drückt, liegt ein solcher auf der Pirsch und lernt von seinem Vater oder Häuptling, wie man's erfolgreich anstellt, das gruppenspezifisch definierte Ziel zu erreichen: *„Erziehung zu irgend einer Form menschlicher Glückseligkeit und Lebensweise".* Um diesen Gedanken weiter zuzuspitzen, extrapoliert Herder gewissermaßen das Innere des Zöglings und stellt „die Tradition" als etwas von außen an ihn Herantretendes vor: „Tradition tritt zu ihm und formt seinen Kopf und bildet seine Glieder. Wie jene ist, und wie diese sich bilden lassen: so *wird* der Mensch, so ist er gestaltet."

Wir haben hier eine umfassende anthropologische Theorie vor uns mit tiefen historischen Wurzeln und Wirkungen bis in unsere Gegenwart. Ent-

---

3 Ebd., S. 339 f.

scheidend ist, daß Menschwerdung zwar auf biologischer Grundlage geschieht, aber nicht auf dieser Ebene abgeschlossen werden kann. Es bedarf der „zweiten Genesis". Das heißt mit anderen Worten: der Kultur.

2   Die ‚symbolischen Funktionen' (Cassirer)   Einer von denen, die Herder im 20. Jahrhundert weiterzudenken versucht haben, ist der Kulturphilosoph Ernst Cassirer. Bei ihm lautet das entscheidende Schlagwort ‚symbolische Formen' – ein wirklich weiterführender Begriff, wenn man ihn nur richtig versteht. Denn leider sind sowohl ‚Symbol' als auch ‚Form' mehrdeutig. Cassirer hat in Anknüpfung an Kant zunächst ein schwergewichtiges dreibändiges Werk *Philosophie der symbolischen Formen* verfaßt (1923–1929). Im Exil in Schweden und in Amerika mußte er sich jedoch auf die angelsächsische Art des Philosophierens einstellen und philosophisch weniger Vorgebildeten seine Grundgedanken plausibel machen. So entstand 1944 kurz vor seinem Tod das höchst lesbare und empfehlenswerte Buch *Versuch über den Menschen. Einführung in eine Philosophie der Kultur.*

»Die Philosophie der symbolischen Formen geht von der Voraussetzung aus, daß, wenn es überhaupt eine Definition des ›Wesens‹ oder der ›Natur‹ des Menschen gibt, diese Definition nur als funktionale, nicht als substantielle verstanden werden kann. Wir können den Menschen nicht durch ein inneres Prinzip definieren, das sein metaphysisches Wesen ausmacht, und ebensowenig können wir ihn durch eine angeborene Anlage oder einen angeborenen Instinkt, der sich durch empirische Beobachtung bestätigen ließe, definieren. Das Eigentümliche des Menschen, das, was ihn wirklich auszeichnet, ist nicht seine metaphysische oder physische Natur, sondern sein Wirken. Dieses Wirken, das System menschlicher Tätigkeiten, definiert und bestimmt die Sphäre des ›Menschseins‹. Sprache, Mythos, Religion, Kunst, Wissenschaft, Geschichte sind die Bestandteile, die verschiedenen Sektoren dieser Sphäre. Eine ›Philosophie des Menschen‹ wäre daher eine Philosophie, die uns Einblick in die Grundstruktur jeder dieser verschiedenen Tätigkeiten gibt und uns zugleich in die Lage versetzt, sie als ein organisches Ganzes zu verstehen.«[4]

Aus dieser Stelle geht klar hervor, daß Cassirer einen radikal anderen Weg eingeschlagen hat als ein großer Teil der älteren philosophischen Tradition. Er will nicht auf ein metaphysisches ‚Wesen' des Menschen hinaus, sondern

---

4   ERNST CASSIRER: Versuch über den Menschen. Einführung in eine Philosophie der Kultur, Frankfurt a. M. 1990, S. 110.

auf eine anthropologische Bestimmung, die sich auf menschliche Tätigkeit, auf das Wirken des Menschen bezieht: also auf Kultur. Und dieser Begriff der Kultur, der genau an Herder anschließbar ist, wird beschreibbar durch sechs ‚Bestandteile‘ oder ‚Sektoren‘, die Cassirer dann in einzelnen Kapiteln seines Buches genauer darstellt: „Sprache, Mythos, Religion, Kunst, Wissenschaft, Geschichte". Nach Cassirer sind es genau diese sechs, auf die es ankommt, und keine anderen. Man kann eine Kultur nicht erfassen, wenn man nicht jeweils auf diese sechs Sektoren eingeht. Ihre stärkere oder schwächere Ausformung tut dabei nichts zur Sache. Für jede Kultur und für jeden Menschen sind (in unterschiedlicher Gewichtung) diese Bestandteile und der Zusammenhang zwischen ihnen von grundlegender Bedeutung: „Sprache, Mythos, Religion, Kunst, Wissenschaft, Geschichte".

SPRACHE: Es gibt nach Cassirer einen grundsätzlichen Unterschied der geistigen Haltung zwischen einem sprachlosen Geschöpf – einem Menschen vor dem Spracherwerb oder einem Tier – und der geistigen Verfassung eines Erwachsenen, der seine Muttersprache beherrscht. Vor allem kinderpsychologische Forschungen abnormer Sprachentwicklung haben deutlich gemacht,

»daß mit dem ersten Begreifen der Symbolik von Sprache im Dasein des Kindes eine wirkliche Revolution stattfindet. Von hier aus gewinnt sein ganzes inneres und intellektuelles Leben eine neue Gestalt. Diese Veränderung beim Kinde ließe sich in etwa als Übergang von einer eher subjektiven zu einer objektiven Haltung, von einer emotionalen zu einer theoretischen Einstellung beschreiben. Die gleiche Veränderung kann man, obschon weniger spektakulär, im Leben jedes Kindes beobachten. Das Kind selbst erkennt die Bedeutung dieses neuen Instruments für seine geistige Entwicklung sehr deutlich. Es gibt sich nicht damit zufrieden, daß man ihm lediglich etwas beibringt, sondern nimmt aktiv Anteil am sprachlichen Prozeß, der zugleich ein Prozeß sprachlicher Objektivierung ist. […] Eine solche Haltung wäre nicht verständlich, wenn dem Namen in der geistigen Entwicklung des Kindes nicht eine zentrale Funktion zukäme. Wenn ein Kind beim Sprechenlernen nur ein bestimmtes Vokabular erwerben, seinem Verstand und seinem Gedächtnis lediglich eine beträchtliche Menge künstlicher, willkürlicher Laute einprägen müßte, dann wäre dies ein rein mechanischer Vorgang. Es wäre mühsam und ermüdend und würde so große bewußte Anstrengungen von dem Kind verlangen, daß der Vorgang nicht ohne ein gewisses Widerstreben erlebt würde, denn was da vom Kind erwartet wird, hat nichts mit seinen unmittelbaren biologischen Bedürfnissen zu tun. Der ›Namenhunger‹ ➡ 3|, der bei jedem normalen Kind in einer bestimmten Phase auftritt und der von allen Kinderpsychologen beschrieben worden ist, beweist das Gegenteil. Er erinnert daran, daß wir es hier mit einem ganz anderen Problem zu tun haben. Sobald ein Kind die Dinge benennen lernt, fügt es seinem bereits vorhandenen Wissen über fertige empirische Objekte nicht einfach eine Serie künstlicher Zeichen hinzu; es lernt vielmehr, die Konzepte dieser Objekte zu bilden, sich die objektive Welt begrifflich anzueignen. Fortan steht das Kind auf festerem Boden. Seine vagen, unsicheren, schwankenden Wahrnehmungen und seine ungenauen Empfindungen nehmen eine bestimmte Gestalt an. Man könnte sagen, sie kristallisieren sich um den Namen als bestimmten Mittelpunkt, als Gedankenpunkt. Ohne Hilfe des Namens würde jeder Fortschritt in dem Objektivierungsprozeß Gefahr laufen, im nächsten Augenblick wieder verloren zu gehen. Die ersten Namen, die das Kind bewußt gebraucht, sind dem Stock vergleichbar, mit dessen Hilfe ein Blinder seinen Weg ertastet. Und die Sprache im ganzen genommen wird das Tor zu einer neuen Welt. Jeder Fortschritt eröffnet hier neue Perspektiven, er erweitert und bereichert die konkrete Erfahrung. Eifer und Begeisterung beim Sprechen entspringen nicht dem bloßen Wunsch, zu lernen oder Namen zu gebrauchen; sie sind ein Zeichen für den Wunsch, eine objektive Welt zu entdecken und zu erobern.«[5]

Von dieser Position aus wird vieles verständlich, was den Kulturerwerb direkt betrifft. Zum Beispiel lernt *jedes* Kind eine Sprache, ob nun in Europa oder bei den Feuerländern. *Jede* Sprache hat eine soziale und kommunikative Funktion: Sie dient der Verständigung in der jeweiligen Gruppe, zu der das Wesen gehört, ob diese nun eine vereinzelte Familie ist oder ein mächtiges Volk. Sprachen verhalten sich nach ihrer Struktur, ihrer Grammatik und ihrem Wortschatz ganz unterschiedlich zur jeweiligen Wirklichkeit. Das bedeutet, daß *jeder* Mensch, der seine Muttersprache lernt, einen vergleichbaren Prozeß der Distanzierung und Objektivierung erlebt, nicht aber, daß er *dieselbe* Wirklichkeit bemeistert. Ja, die Umgebung schreibt sich gewissermaßen in die Sprache ein. Früher wurde oft das Beispiel des amerikanischen Linguisten Whorf zitiert, daß das, was bei uns mit dem einen Wort ‚Schnee‘ bezeichnet wird, von Eskimos mit zwanzig verschiedenen Wörtern je nach genauerer Beschaffenheit bezeichnet wird.[6] Jemand, der eine Sprache lernt, lernt damit auch ein soziales System: die Bezeichnungen für alle Relationen unter Menschen, die Anredeformen für verschiedene Relationen, schließlich die politische Sprache.

---

5   Ebd., S. 203–205.

6   BENJAMIN LEE WHORF: Sprache, Denken, Wirklichkeit. Beiträge zur Metalinguistik und Sprachphilosophie, Reinbek bei Hamburg 1963.

Ein anderes Problem tritt mit dem Erwerb von Fremdsprachen auf. Man muß neu lernen – und man muß vergessen. Im Kontrast zur Muttersprache werden neue Wirklichkeitsbeziehungen geknüpft. Das bedeutet, sozial gesehen, einen weiteren Radius der Kommunikationsfähigkeit. Es kann jedoch auch Verunsicherung und Differenz nach sich ziehen. Im besten Falle wird man durch Fremdsprachenerwerb gewissermaßen ‚reicher', und zwar deshalb, weil man die Differenz zwischen Muttersprache und Fremdsprache philosophisch nutzen kann. Es entsteht eine weitere Objektivierung, eine zweite Ebene der Wirklichkeit. „Wer fremde Sprachen nicht kennt, weiß nichts von seiner eigenen", sagt Goethe.[7] Das läßt sich so interpretieren, daß der Gebrauch der Muttersprache reflektierter wird, wenn man andere Sprachen zum Vergleich heranziehen kann. Dies liegt wesentlich darin begründet, daß der Wirklichkeitsbezug der Sprachen verschieden ist. Cassirer zitiert hier gelegentlich das Beispiel Wilhelm von Humboldts: Römer und Griechen bezeichnen mit ihren Ausdrücken für den Mond zwar denselben Gegenstand, aber sie heben jeweils unterschiedliche Aspekte hervor. Wenn die Griechen ‚*men*' sagen, ist der Mond für sie in erster Linie ein Zeitmesser; wenn die Römer ‚*luna*' sagen, heben sie die Helligkeit hervor, das Licht.[8]

Dies sind nur wenige Andeutungen, welche die Sprache als ‚symbolische Funktion' im Sinne Cassirers kennzeichnen sollen. Sprache ist ein ‚Bestandteil' oder ein ‚Sektor' von Kultur, und zwar ein unverzichtbarer ⇥ 4|.

MYTHOS UND RELIGION: »Seiner Bedeutung und seinem Wesen nach ist der Mythos nicht-theoretisch. Er widersetzt sich den Grundkategorien unseres Denkens und fordert sie geradezu heraus. Seine Logik – wenn er denn eine solche besitzt – ist nicht kommensurabel mit unseren Auffassungen von empirischer oder wissenschaftlicher Wahrheit. Die Philosophie mochte eine solche Doppeldeutigkeit allerdings niemals hinnehmen. Sie war überzeugt, daß die Schöpfungen der mythenbildenden Funktion eine philosophische, eine verstehbare ›Bedeutung‹ hätten. Und wenn der Mythos diese Bedeutung unter den verschiedensten Bildern und Symbolen versteckte, dann bestand die Aufgabe der Philosophie eben darin, sie zu enthüllen.«[9] »Die Furcht vor dem Tod ist unzweifelhaft einer der allgemeinsten und am tiefsten verwurzelten Instinkte des Menschen. […] In dieser Hinsicht besteht kein grund-

---

7   Goethes Werke (Weimarer Ausgabe). Hrsg. im Auftrage der Großherzogin Sophie von Sachsen, Bd. 42/2, Weimar 1907, S. 118.

8   Humboldt nach Cassirer, Versuch über den Menschen, S. 207 f.

9   Cassirer, S. 117 f.

sätzlicher Unterschied zwischen dem mythischen und dem religiösen Denken. Beide haben ihren Ursprung in der gleichen elementaren Erscheinung des menschlichen Lebens. In der Entwicklung der menschlichen Kultur können wir keinen Punkt angeben, an dem der Mythos endet und die Religion anfängt. Im gesamten Verlauf der Geschichte bleibt die Religion unauflöslich mit mythischen Elementen verbunden und von ihnen durchdrungen. Andererseits enthält der Mythos sogar in seiner rohesten und rudimentärsten Gestalt bereits Motive, die in gewissem Sinne Ideen später auftretender, höherer Religionen vorwegnehmen. Von Anfang an ist der Mythos potentielle Religion. Es ist keine plötzliche Krise im Denken und keine Gefühlsrevolution, die von einer Stufe zur nächsten führt.«[10]

So gesehen, wird es verständlich, daß Cassirer zwar beide Begriffe (,Mythos' und ,Religion'), kennt und anwendet, sie aber wegen der analogen Ausgestaltung ein- und derselben anthropologischen Grundfunktion letztlich doch in einem gemeinsamen Kapitel abhandelt. Dabei geht es ihm wie Herder mit den ,Californiern' und ,Feuerländern': „Der Unterschied zwischen aufgeklärten und unaufgeklärten, zwischen kultivierten und unkultivierten Völkern ist also nicht spezifisch; sondern nur Gradweise."

KUNST: »Schönheit scheint ein ganz unmittelbar erkennbares Phänomen im menschlichen Leben zu sein. Durch keinerlei Aura von Geheimnis und Rätselhaftigkeit scheint sie verdunkelt, und es bedarf keiner subtilen, komplizierten metaphysischen Theorien, um ihren Charakter und ihre Natur zu erklären. Schönheit gehört als fester Bestandteil zum menschlichen Erleben und zur menschlichen Erfahrung; sie ist greifbar und unverkennbar. […] Gleich allen anderen symbolischen Formen ist auch die Kunst keine bloße Nachbildung einer vorgegebenen Wirklichkeit. Sie ist einer der Wege zu einer objektiven Ansicht der Dinge und des menschlichen Lebens. Sie ist nicht Nachahmung, sondern Entdeckung von Wirklichkeit. […] Sprache und Wissenschaft sind die beiden wichtigsten Verfahren, unsere Konzepte der äußeren Welt zu klären und zu bestimmen. Wir müssen unsere Sinneswahrnehmungen klassifizieren und sie unter allgemeine Begriffe und Regeln stellen, um ihnen eine objektive Bedeutung zu verleihen. Solche Klassifikation ist das Ergebnis eines ständigen Strebens nach Vereinfachung. Ähnlich ist auch das Kunstwerk auf Verdichtung und Konzentration angewiesen. […] In dieser Hinsicht könnte man Schönheit und Wahrheit mit derselben klassischen Formel bezeichnen: sie bilden ›eine Einheit in der Vielfalt‹. Doch gibt es zwischen beiden einen Unterschied in der Akzentuierung. Spra-

---

10   Ebd., S. 138 f.

che und Wissenschaft sind Abkürzungen der Wirklichkeit; Kunst ist Intensivierung von Wirklichkeit. Sprache und Wissenschaft beruhen auf ein und demselben Abstraktionsvorgang; die Kunst hingegen könnte man als kontinuierlichen Konkretionsprozeß beschreiben. [...] Die Wissenschaft sucht nach dem zentralen Merkmal eines bestimmten Gegenstandes, aus dem sich seine Besonderheiten ableiten lassen. [...] Die Kunst indessen läßt solche begrifflichen Vereinfachungen und deduktiven Verallgemeinerungen nicht zu. Sie forscht nicht nach den Eigenschaften oder Ursachen der Dinge; sie gibt uns eine Anschauung von der Form der Dinge.«[11]

Man sollte vielleicht erläutern, daß dieser Begriff von Kunst nicht auf Malerei und auch nicht auf die Bildenden Künste beschränkt ist. Vielmehr setzt Cassirer absichtlich bei der ‚Schönheit' an, bei der ästhetischen Wahrnehmung, und bindet sich nicht an ein Medium. In dem hier gemeinten Sinne einer Grundfunktion menschlichen Lebens umfaßt Kunst also auch Musik, Literatur usw.

Cassirers Anliegen ist der Mensch insgesamt, den er durch eine Philosophie der Kultur zu erfassen sucht. Das ganze Feld der Kultur geht er von fünf bzw. sechs ‚Bestandteilen' oder ‚Sektoren' her an, welche erstens als solche beschrieben werden, zweitens aber auch analog in ihrer Funktionalität für menschliches Wirken erklärt werden und drittens in ihrem Zusammenwirken bzw. in ihrer Interferenz erläutert werden.

WISSENSCHAFT UND GESCHICHTE: »Worin besteht der Unterschied zwischen einer physikalischen und einer historischen Tatsache? Beide betrachten wir als Teil einer einzigen empirischen Realität; beiden schreiben wir objektive Wahrheit zu. Sobald wir jedoch die Beschaffenheit dieser Wahrheit näher ergründen wollen, müssen wir unterschiedliche Wege einschlagen. Eine physikalische Tatsache wird durch Beobachtung und Experiment bestimmt. Dieser Objektivierungsprozeß gelangt an sein Ziel, wenn es uns gelingt, das jeweilige Phänomen in mathematischer Sprache, in der Sprache der Zahlen zu beschreiben. [...] Beim Historiker indessen liegt der Fall völlig anders. Seine Tatsachen gehören der Vergangenheit an, und diese Vergangenheit ist für immer vergangen. Wir können sie nicht von neuem herstellen [...]. Wir können sie lediglich ›erinnern‹ – ihr eine neue Existenz in der Idee geben. Die ideale Rekonstruktion, nicht die empirische Beobachtung, ist der erste Schritt zur historischen Erkenntnis. Eine naturwissenschaftliche Tatsache ist immer eine Antwort auf eine wissenschaftliche Frage, die wir vorab gestellt haben. Doch an was soll der Histori-

---

11 Ebd., S. 212–221.

ker seine Frage richten? Die Ereignisse selbst kann er nicht in den Blick nehmen, und in vergangene Lebensverhältnisse kann er nicht eindringen. Er kann sich seinem Gegenstand nur indirekt nähern. Er muß die Quellen befragen. Aber diese Quellen sind keine physikalischen Dinge im herkömmlichen Sinne des Wortes. Sie umfassen ein neues, spezifisches Element. So wie der Physiker lebt auch der Historiker in einer materiellen Welt. Doch am Beginn seiner Untersuchungen steht keine Welt aus physikalischen Objekten, sondern ein symbolisches Universum – eine Welt aus Symbolen. Zunächst einmal muß er lernen, diese Symbole zu lesen. Jede noch so simpel erscheinende historische Tatsache läßt sich nur aufgrund einer solchen vorgängigen Analyse von Symbolen feststellen und begreifen. Nicht Dinge oder Ereignisse, sondern Dokumente oder Denkmäler sind die ersten und unmittelbaren Gegenstände historischer Erkenntnis. Nur vermittelt durch diese symbolischen Daten können wir die realen historischen Daten erfassen – die Ereignisse und die Menschen der Vergangenheit.«[12]

In seiner Zusammenfassung betont Cassirer, daß ‚Kultur‘ eben „nicht bloß ein Konglomerat lockerer, unverbundener Tatsachen“ ist, sondern vielmehr als „System“ verstanden werden muß, „als ein organisches Ganzes“.[13] Die aristotelische Definition des Menschen als *animal sociale* genügt laut Cassirer nicht für die Erkenntnis des Menschen, weil auch Tiergesellschaften diese Eigenschaft zuzusprechen ist. Cassirer will vielmehr auf eine Bestimmung des Menschen als eines Kulturwesens hinaus. Er sieht die fünf oder sechs ‚Bestandteile‘ oder ‚Sektoren‘ stets in Analogie und vergleicht sie bezüglich ihrer Kulturleistung. ‚Tradition‘ ist dabei ein wichtiger Aspekt, denn in der Tat gibt es keine Kultur ohne Tradition oder Überlieferung. Cassirer führt uns jedoch vor, daß ein Ausgleich gefunden werden muß zwischen Tradition und Innovation und daß die Möglichkeit der Veränderung ebenfalls genuin zum Wesen von Kultur gehört. ‚Kultur‘ ist für den jeweiligen neugeborenen Menschen ein ‚Äußeres‘; im Prozeß seiner Aneignung der Kultur modifiziert er die Tradition. In diesem Sinne wird erkennbar, daß ‚Kultur‘ zwar einerseits als Ersatz gesehen werden kann, als Ersatz für das, was uns im genetischen Programm einer vollkommenen Triebausstattung und Instinktsteuerung fehlt, daß aber andererseits die flexible Qualität dieses Ersatzes die Menschheit insgesamt zu Höherem befähigt. Gerade weil jeder, der Kultur übernehmen mußte, bestrebt ist, wiederum etwas zurückgeben

---

12 Ebd., S. 266–268.
13 Ebd., S. 336.

zu dürfen, befindet sich Kultur immer in produktivem Wandel. Cassirers Modell vermag nun zu erklären, daß diese Basisfunktion innerhalb der ‚symbolischen Formen' unterschiedlich gewichtet ist, also beispielsweise in der Sprache relativ konservativ, um die Möglichkeit der Kommunikation zu bewahren, und in der Kunst innovativ, um aktuelle Bedürfnisse aufnehmen und gestalten zu können. Cassirer kommt schließlich auf folgenden Punkt:

»Im ganzen genommen könnte man die Kultur als den Prozeß der fortschreitenden Selbstbefreiung des Menschen beschreiben. Sprache, Kunst, Religion und Wissenschaft bilden unterschiedliche Phasen in diesem Prozeß. In ihnen allen entdeckt und erweist der Mensch eine neue Kraft – die Kraft, sich eine eigene, eine ›ideale‹ Welt zu errichten.«[14]

Dies klingt evolutionistisch: Zunächst schien es so, als seien alle ‚symbolischen Formen' gewissermaßen gleichzeitig und gleichberechtigt; hier scheint noch angedeutet, daß es vielleicht frühere und spätere oder niedere und höhere symbolische Formen gibt. Die eigentliche Ausführung dieses Gedankens wäre eine universale Kulturgeschichte geworden, die Cassirer aber nicht mehr unternommen hat.

3   Ein soziologisches Kulturmodell   An dieser Stelle möchte ich noch einen Sprung in eine andere Denkrichtung machen, die Soziologie. Die Soziologen Peter L. Berger und Thomas Luckmann haben vor geraumer Zeit eine Formulierung kreiert, die sich kulturgeschichtlich fruchtbar machen läßt. Sie haben nämlich in ihrem Werk *Die gesellschaftliche Konstruktion der Wirklichkeit* ‚Gesellschaft' bzw. ‚Kultur' als einen dialektischen Prozeß von Externalisierung, Objektivierung und Internalisierung gedeutet:[15]

»Aufgrund von Externalisierung ist Gesellschaft Produkt des Menschen. Aufgrund von Objektivierung wird sie Wirklichkeit *sui generis*. Aufgrund von Internalisierung ist der Mensch Produkt der Gesellschaft.«

Diese Formulierung enthält das Element menschlicher Aktivität, das für die meisten Theoretiker für den Kulturbegriff konstitutiv ist; sie enthält eine dynamische Vorstellung des Verhältnisses von Individuum und Gesellschaft,

---

14 Ebd., S. 345.
15 PETER L. BERGER/THOMAS LUCKMANN: Die gesellschaftliche Konstruktion der Wirklichkeit. Eine Theorie der Wissenssoziologie, Frankfurt a. M. 1969, S. 4.

das geeignet ist, eine starre Entgegensetzung aufzulösen. Und sie kennt die Perspektive auf Totalität, welche für jede Kulturtheorie entscheidend ist. Schließlich erfaßt sie auch die pädagogische Perspektive, ohne die eine Kulturtheorie nicht gedacht werden sollte. – Das ist der Ort des Kulturhistorikers, der hier folgende Paraphrase formulieren kann:

> Aufgrund von Externalisierung ist Kultur Produkt des Menschen. Aufgrund von Objektivierung wird sie Wirklichkeit *sui generis*. Aufgrund von Internalisierung ist der Mensch Produkt der Kultur. (Maurer.)

4 Von der Kulturphilosophie zur Begriffsgeschichte   Bisher haben wir einen Zugang zur Kulturgeschichte über eine Kulturtheorie zu finden versucht; dabei wurde ‚Kultur' als eine anthropologische Bestimmung herausgestellt: Der Mensch braucht Kultur; er ist ein Kulturwesen, das sich erst in seiner ‚zweiten Genesis' voll verwirklichen kann. Durch sein Wirken, seine Tätigkeit, seine Leistung stellt er etwas nach außen, was dann einen gewissermaßen objektivierten Charakter annimmt. In den ‚symbolischen Formen' kann man ‚Bestandteile' oder ‚Sektoren' der Kultur sehen, in denen der Mensch jeweils sein Verhältnis zur Welt gestaltet. Wenn man noch die subjektive Komponente hinzunimmt, nämlich die Menschwerdung durch Internalisierung der jeweils vorgefundenen Kultur, und die mögliche Rückwirkung eines einzelnen auf das System der Kultur mitbedenkt, die auch in einer Modifikation, in einer teilweisen Erneuerung bestehen kann, hat man eine wesentliche Einsicht in das Funktionieren von Kultur gewonnen. Diesen ersten Zugang nenne ich ‚kulturphilosophisch': Durch analytische Reflexion und geschichtliche Interpretation erschließt sich der Mensch als Kulturwesen.

In einem weiteren Schritt wollen wir neu ansetzen und zusätzliche Einsichten in den Begriff der Kultur auf dem Wege der Begriffsgeschichte zu gewinnen suchen. Wir haben ja schon in Erinnerung gerufen, daß Sprache ein primärer Zugang zur Welt ist, ein Versuch, durch Benennen und Verknüpfung von Bedeutungen zu einer Objektivierung diffuser Eindrücke zu kommen, die zunächst einmal auf jeden von uns einstürmen. Im Rahmen der Philosophie wie auch der Historischen Wissenschaften hat sich auch als Spezialität eine ‚Begriffsgeschichte' entfaltet, die jeweils von einem gegebenen Begriff der Gegenwartssprache ausgeht und seine Parallelbildungen, seine historischen Vorstufen und die verwandten Vorstellungen auszudeuten versucht, um so aus historischer Begriffsklärung zu einer gesteigerten Erkenntnis über die Bedeutung von Begriffen zu gelangen.

5   Der Gegensatz Kultur/Zivilisation   Im Fach Philosophie kommt hier dem von Joachim Ritter begründeten *Historischen Wörterbuch der Philosophie* (1971–2006) eine besondere Bedeutung zu. Auf historischer Seite sticht die Enzyklopädie *Geschichtliche Grundbegriffe* heraus, welche folgenden Untertitel führt: *Historisches Lexikon zur politisch-sozialen Sprache in Deutschland* (1972–1990). In diesem Grundlagenwerk gibt es keinen Artikel ‚Kultur‘ – um 1970 fand man diesen Begriff offenbar nicht so wichtig. Allerdings haben die Herausgeber Otto Brunner, Werner Conze und Reinhart Koselleck die Chance ergriffen, im Abschlußband unter dem Stichwort ‚Zivilisation‘ eine Geschichte des Kulturbegriffs nachzuliefern. Dieser Artikel umfaßt etwa hundert dichtbedruckte Seiten, verfaßt von Jörg Fisch.

Wie alle begriffsgeschichtlichen Artikel setzt auch dieser in der Antike an: Offenbar liegen dort die Wurzeln unserer Kultur. Das drückt sich eben auch in der Sprach- und Begriffsgeschichte aus. In diesem Falle beginnt die Geschichte aber nicht bei den Alten Griechen, sondern bei den Römern. Der Begriff ‚Kultur‘ kommt nämlich vom lateinischen Verb *‚colere‘*, was in erster Linie ‚pflegen‘, ‚bebauen‘ bedeutet und primär für den Ackerbau angewendet wurde. Unser Wort ‚Kultur‘ kommt also von einem ursprünglicheren Begriff ‚Agrikultur‘ |➥ 1.1|. Cicero kam über eine Metapher zu einer Begriffsverschiebung: Von ihm wurde *‚cultura‘* erstmals auf die Kultur des Geistes übertragen. Wie ein Bauer seinen Acker pflügt, düngt, pflegt und bewässert, könne der Mensch seinen Geist bestellen, kultivieren. Ein konkurrierender, fast gleichbedeutender Begriff ist bei Cicero: *‚humanitas‘*. Von Ciceros *‚cultura animi‘* aus wird der Begriff zunächst auf andere Abstrakta ausgedehnt: ‚Kultur der Wissenschaften‘, ‚Kultur der Freundschaft‘ usw., sodann auf übernatürliche Dinge: ‚Kultur der Heroen‘, ‚Kultur der Götter‘. Sowohl das Verb als auch das Substantiv können aktiv und passiv angewendet werden und gleichermaßen Prozeß und Resultat bezeichnen. In der Spätantike kann *‚cultura‘* auch soviel wie ‚Habitus‘ oder ‚Stil‘ bedeuten. Primär wird bei den Römern der Begriff positiv gesehen, doch ist auch eine negative Wendung als Kulturkritik denkbar.

»›Cultus‹ und ›cultura‹ erfassen also den gesamten Bereich dessen, was vom Menschen über das von Natur aus Vorhandene hinaus bewirkt und geschaffen wird und ebenso das, was den Menschen von der Natur progressiv unterscheidet. Sie beziehen sich sowohl auf den Vorgang, auf die Tätigkeit, als auch auf deren Resultat. Damit ist der Bedeutungsumfang des modernen Kulturbegriffs erreicht. Dennoch kann man nicht von einem wirklichen Äquivalent sprechen. Der entscheidende Unterschied liegt darin, daß in der Neuzeit die verschiedenen Aspekte vereinigt werden zu ›Kultur‹ schlechthin, einem Ausdruck, der in ganz anderer Weise die Reflexion über den Gegenstand ermöglicht, während der antike lateinische Sprachgebrauch nie wirklich über die Kultur von etwas bzw. das Resultat einer bestimmten Form der Kultivierung hinausgeht. Zwar finden sich ›cultus‹ und ›cultura‹ gelegentlich ohne Objekt. Aber selbst dann ist immer nur eine Einzelerscheinung oder ein einzelner Bereich gemeint, etwa die Kultur in der Landwirtschaft, die Bildung oder der religiöse Kult. Die Antike hat vom Wort und von der Fülle von dessen Bedeutungen her also alle Voraussetzungen für einen umfassenden Kulturbegriff geschaffen, aber sie hat den Begriff selber noch nicht hervorgebracht. So hat sie vom Wort her mehr zur Verfügung gestellt, als sie begrifflich zu leisten vermochte. Im Mittelalter erfolgte eine Rückbildung, indem die Bedeutungsfülle zunächst schrumpfte.«[16]

Aus diesem Grund können wir hier das Mittelalter überspringen. Allerdings ist einzufügen, daß durch die Rezeption der Schriften des Aristoteles seit dem Hochmittelalter mit ‚civilitas‘ ein konkurrierender Begriff Karriere machte. ‚Civilitas‘ leitet sich ab von ‚civis‘, Stadtbürger. Die Humanisten schrieben dem Leben in der Stadt eine besondere ‚Zivilität‘ oder auch ‚Urbanität‘ zu, was viel mit den Sitten, der Höflichkeit, den Umgangsformen, aber auch mit Reinlichkeit und Manieren zu tun hat. Im Unterschied zum vorher Angeführten wird ‚civilitas‘ immer nur auf das Resultat bezogen, nie auf den Prozeß. Im 16. und 17. Jahrhundert griff man wieder stärker auf antike, römische Wurzeln zurück; ‚cultura‘ rückte wieder in den Vordergrund und positive Assoziationen, wie man sie mit ‚civilitas‘ verbunden hatte, gehen nun auf den Kulturbegriff über. Für die neuzeitliche Entwicklung wichtige Autoren wie Michel de Montaigne oder Francis Bacon machen ‚cultura‘ zum Leitwort. Mehr und mehr wird ‚civilitas‘ durch ‚cultura‘ ersetzt.

Eine weitere wichtige Stufe der Begriffsentwicklung wird mit Samuel Pufendorf erreicht: Er verwendet den Kulturbegriff erstmals absolut, nämlich als Inbegriff aller Anstrengungen des Menschen, über den Naturzustand hinauszugelangen. Damit wird der Kulturbegriff gewissermaßen verdinglicht. Pufendorf ist ein Theoretiker des Naturrechts; in diesem Kontext entwickelt er den neuzeitlichen Kulturbegriff als Gegensatz zur ‚Barbarei‘.

Hier muß nun kurz auf die Problematik der verschiedenen europäischen Sprachen eingegangen werden. Jahrhundertelang war Latein die

---

16 JÖRG FISCH: Zivilisation/Kultur, in: OTTO BRUNNER/WERNER CONZE/REINHART
     KOSELLECK (Hrsg.): Geschichtliche Grundbegriffe. Historisches Lexikon zur
     politisch-sozialen Sprache in Deutschland, Bd. 7, Stuttgart 1992, S. 679–774;
     Zitat: S. 687.

Sprache der Gelehrten gewesen; auch Pufendorf schrieb hauptsächlich lateinisch |➡4.2|. Im Laufe der Neuzeit wurden immer mehr Schriften in den jeweiligen Muttersprachen verfaßt. Zugleich erlangte das Französische eine hegemoniale Bedeutung innerhalb der europäischen Kultur |➡4.3|. Diese Merkwürdigkeit drückt sich auch in bezug auf den Kulturbegriff aus: Das Wort ‚Cultur' in der deutschen Sprache, anfangs mit ‚c' geschrieben, kann entweder ein Lehnwort aus dem Lateinischen oder aus dem Französischen sein. Man weiß zwar, daß das Französische das lateinische Wort ‚*cultura*' schon früher übernommen und französisiert hatte (‚*culture*'), aber man kann nicht feststellen, ob die frühesten deutschen Belege für ‚Cultur', die sich 1692 bei Christian Weise und 1700 bei Gottfried Wilhelm Leibniz finden, auf das Lateinische oder auf das Französische zurückgehen.

Der entscheidende Schub in Bezug auf die Begriffsentwicklung von ‚Kultur' im Deutschen erfolgt in den 1760er Jahren durch Ausweitung und Popularisierung. Gleichzeitig übernimmt der Begriff ‚*civilisation/civilization*' im Französischen und Englischen eine analoge Funktion, so daß die europäischen Hauptsprachen an dieser Stelle auseinanderdriften (und bis heute nicht wieder völlig zusammengekommen sind). Jörg Fisch akzentuiert diese wichtige Schaltstelle wie folgt:

»Innerhalb weniger Jahre bildet sich der moderne Kulturbegriff in seinen Grundzügen heraus. Dabei ist die Suche nach einem Erstbeleg oder nach einem ›Schöpfer‹ des Begriffs nicht nur aus Gründen mangelnder Erfaßbarkeit der Texte fehl am Platze. ›Kultur‹ ist ja in dem Sinne kein neuer Begriff. Vielmehr erfährt ein eingebürgerter Begriff eine Bedeutungsausweitung, und es hängt letztlich vom modernen Interpreten und dessen Begriffsverständnis ab, an welcher Stelle er die Begriffsprägung als abgeschlossen betrachtet. Die entscheidende Frage ist vielmehr, weshalb der Begriff gewissermaßen in der Luft lag, während sich ein knappes Jahrhundert zuvor niemand wirklich für Pufendorfs Neuerung interessiert hatte. Eine abschließende Antwort auf diese Frage ist nicht möglich. Immerhin liegt eine Vermutung nahe. Was dem Kulturbegriff seine Verbreitung sicherte und zugleich zu seiner inhaltlichen Entfaltung führte, war seine Verbindung mit dem historischen und geschichtsphilosophischen Denken im weitesten Sinne. Aus dem Bezug auf die individuelle Bildung und Erziehung wurde eine Funktion der Geschichte des Menschengeschlechts, wie immer deren Ablauf im einzelnen auch gesehen wurde. Vielleicht formuliert man den Zusammenhang besser umgekehrt. Durch das Bedürfnis, den Ablauf der Geschichte neu und losgelöst von der theologischen Entwicklung zu denken und mit Sinn zu erfüllen, ergab sich auch ein Bedürfnis nach einem Ausdruck, mit dessen Hilfe die spezifisch menschliche Leistung bei diesem Vorgang auf den Begriff gebracht werden konnte. Die Geschichtsphilosophie ist kein Kind des Kulturbegriffs. Vielmehr wurde der Kulturbegriff mehr und mehr zu einer Funktion geschichtsphilosophischer Konstruktionen. Er wurde von diesen abhängig und zu einer Art Resonanzkörper für sie. Hier zeigt sich zugleich der spezifische Charakter des Begriffs als Bewegungsbegriff. Er erfaßt nicht einfach die Kulturleistungen des Menschen, sondern er stellt sie in eine zeitliche Perspektive, und erst in dieser Perspektive erhält der Gegenstand des Begriffs seinen eigentlichen Sinn.

Um diese Funktionen erfüllen zu können, mußte der traditionelle Begriff neue Akzente erhalten. Die erste und wichtigste Ausweitung war die vom Individuum auf Kollektive, Völker und die Menschheit. Danach war der Übergang von einzelnen Fähigkeiten oder Bereichen, wie Landwirtschaft, Erziehung oder Wissenschaften, auf alle menschlichen Hervorbringungen erforderlich. Der dritte Schritt, der am zögerndsten vollzogen wurde, war der Übergang vom Vorgang der Kultivierung des Menschen oder seiner Umwelt zu den Resultaten, zunächst zum kultivierten Menschen und schließlich zu den Kulturprodukten. Bis heute betont jeder Kulturbegriff diese Komponenten unterschiedlich. Schon deswegen läßt sich nicht entscheiden, wer den modernen Begriff geschaffen hat. Seine Dynamik ergab sich – außer aus der Verbindung mit dem Fortschritt und der Geschichte – gerade aus der Vielfalt seiner Komponenten und dem nie vorgegebenen Verhältnis zwischen ihnen.«[17]

Wahrscheinlich wird es Sie nicht wundern zu hören, daß gerade Herder für die deutsche Begriffsentwicklung von großer Bedeutung war und daß hier die bekannten Quellenstellen aus den *Ideen* angeführt werden ⇥ 1.1 |. Im 19. Jahrhundert setzte sich ‚Kultur‘ in Deutschland weithin als positiver Identifikationsbegriff für die eigene Kultur durch. Den Gegenbegriff bildeten die ‚Naturvölker‘, die ‚Primitiven‘, mit denen man im Zeitalter des Kolonialismus und Imperialismus immer mehr zu tun hatte. ‚Kultur‘ wurde zu einem allgemeinen Leitbegriff der deutschen Sprache.

Durch den Ausbruch des Ersten Weltkrieges wurden die Begriffe ‚Kultur‘ und ‚Zivilisation‘ politisiert und nationalisiert: Deutschland auf der einen Seite und die Alliierten auf der Gegenseite bildeten jeweils einen spezifischen ideologischen Komplex aus. Die Deutschen reklamierten für sich ‚Kultur‘; erstaunlicherweise setzten die Franzosen und Engländer gleichzeitig auf ‚*civilisation/civilization*‘ als positiven Identifikationsbegriff. Die jeweilige nationalstaatliche Kulturentwicklung trieb eine Divergenz der Begriffe hervor, die so in früheren Jahrhunderten nicht bestanden hatte.

---

17 Ebd., S. 706 f.

In der deutschen Umgangssprache gibt es auch heute noch eine Tendenz, unter ‚Kultur‘ nur das Wahre, Edle und Schöne verstehen zu wollen, die Produkte der Künste und Wissenschaften. Der Zivilisationsbegriff spielt in der Umgangssprache heute kaum eine Rolle; wenn er überhaupt verwendet wird, dann in Bezug auf Verhaltensformen, Sitten, Kleidung. Dagegen hat sich in wissenschaftlichen Zusammenhängen etwas ganz anderes ergeben: Über die Ethnologie und die amerikanische *Cultural Anthropology* kam ein wertfreier Kulturbegriff zurück, der beschreibenden Charakter hat und von einer Unterscheidung hoher und niedriger Kulturen absehen will. Letztendlich hat sich also international in der Wissenschaftssprache der deutsche Kulturbegriff durchgesetzt. ‚Kultur‘ ist heute unbelastet von der realgeschichtlichen Auseinandersetzung mit den ‚Barbaren‘ oder ‚Unzivilisierten‘. Und vor allem ist ‚Kultur‘ in den letzten Jahrzehnten weithin an die Stelle des Begriffes ‚Gesellschaft‘ getreten. Wo früher politische und ökonomische Faktoren als kausalisierend angesehen wurden, sieht man heute ‚kulturelle‘ als entscheidend an, von der Sprache bis zur Religion. Ein amerikanischer Politologe wie Samuel Huntington sieht heute als zentrale Gefahr für die Welt einen ‚Kampf der Kulturen‘ (‚*Clash of Civilisations*‘ im Original!), nicht der Staaten oder der politischen Systeme.[18]

Der Kulturbegriff ist tragend für Kulturgeschichte. Er hat schon unzählige Definitionen gefunden. Akzeptabel ist nur eine solche, welche die anthropologische Fundierung deutlich macht: Kultur gehört zum Menschen. ‚Kultur‘ hat eine pädagogische Komponente: Erziehung und Selbsterziehung. Wichtig ist auch das Element der Aktivität: Kultur bedeutet Arbeit, Wirken, Produktion. Überholt ist der ideologisch aufgeladene Gegensatz ‚Kultur/Zivilisation‘, der aber umgangssprachlich noch besteht. Umgangssprachlich verbindet man immer noch mit ‚Kultur‘ etwas ‚Höheres‘: Aber wissenschaftlich gesehen, ist ‚Kultur‘ alles.

Anregungen zur Weiterarbeit

1. Herders Werk *Ideen zur Philosophie der Geschichte der Menschheit* ist sehr umfangreich. Es verfügt aber über eine exzellente Gliederung mit thesenhaften Überschriften. Vielleicht wollen Sie einmal eine ungekürzte Ausgabe

---

18 SAMUEL P. HUNTINGTON: Kampf der Kulturen. Die Neugestaltung der Weltpolitik im 21. Jahrhundert, München und Wien 1996.

in die Hand nehmen und die Gliederung durchdenken. Sie können sich dann an den Stellen näher einlesen, die Sie besonders interessieren. (Empfohlen sei die Ausgabe von MARTIN BOLLACHER, Frankfurt a. M. 1989.) Falls Sie sich näher mit Herders Kulturtheorie beschäftigen wollen und mit der Frage, inwieweit diese von späteren Philosophen und Anthropologen aufgenommen und ausgebaut wurde, empfehle ich folgendes Werk: CHRISTIAN GRAWE: Herders Kulturanthropologie, Bonn 1967.

2.   **Bei Interesse an Kulturtheorie** sollten Sie den ganzen *Versuch über den Menschen* von CASSIRER lesen. Das Werk ist nicht zu umfangreich und höchst verständlich geschrieben. Eine sinnvolle Ergänzung wäre der Aufsatz *Die ‚Tragödie der Kultur‘*, den CASSIRER in sein Buch *Zur Logik der Kulturwissenschaften* (Darmstadt 6. Aufl. 1996, S. 103–127) aufgenommen hat. Wenn Sie sich nicht an CASSIRER festklammern wollen, sondern eher die Alternativen studieren, wäre die beste Möglichkeit, einen Sammelband mit ausgewählten Quellentexten zu lesen: RALF KONERSMANN (Hrsg.): Kulturphilosophie, Leipzig 1996 (Taschenbuch: Reclam Leipzig).

3.   **Der herangezogene Lexikonartikel** aus dem Werk *Geschichtliche Grundbegriffe* ist ungeheuer materialreich, detailliert und komplex. Aber wenn sich jemand über dieses Thema prüfen lassen will, kommt er an diesem Artikel nicht vorbei. Eher problemorientiert und insofern lesbarer ist dagegen folgendes Buch: GEORG BOLLENBECK: Bildung und Kultur. Glanz und Elend eines deutschen Deutungsmusters, Frankfurt a. M. und Leipzig 1994. Vielleicht genügt Ihnen aber auch schon ein kürzerer Lexikonartikel über ‚Kultur‘, beispielsweise im *Historischen Wörterbuch der Philosophie*.

2 Erinnerungskultur

1 Das ‚kulturelle Gedächtnis‘ (Assmann)

»Alles spricht dafür, daß sich um den Begriff der Erinnerung ein neues Paradigma der Kulturwissenschaften aufbaut, das die verschiedenen kulturellen Phänomene und Felder – Kunst und Literatur, Politik und Gesellschaft, Religion und Recht – in neuen Zusammenhängen sehen läßt.«[1]

Dies ist die Ansicht des Ägyptologen Jan Assmann, der in seinem Buch *Das kulturelle Gedächtnis* selber Entscheidendes beigetragen hat zu einer Neuorientierung der Kulturwissenschaften am Begriff der Erinnerung. (Nebenbei bemerkt, können Sie hier feststellen, daß Assmann ebenfalls sechs „Phänomene und Felder" der Kultur erkennt, die aber nicht mit den ‚symbolischen Funktionen‘ Cassirers identisch sind, obwohl die Ähnlichkeit ins Auge springt.) Assmann sieht verschiedene Gründe für diese Hinwendung zum Begriff ‚Erinnerung‘; einer davon ist auch die Entwicklung elektronischer Speichermedien. Die Entwicklung der Medien lehrt uns neu nachzudenken über ein rechtes Verständnis von Kultur.

Assmann will mit seiner Theorie drei Themen verknüpfen:
- Erinnerung
- Identität
- kulturelle Kontinuierung.

Dies erläutert er so:

»Jede Kultur bildet etwas aus, das man ihre *konnektive Struktur* nennen könnte. Sie wirkt verknüpfend und verbindend, und zwar in zwei Dimensionen: der Sozialdimension und der Zeitdimension. Sie bindet den Menschen an den Mitmenschen dadurch, daß sie als ›symbolische Sinnwelt‹ [...] einen gemeinsamen Erfahrungs-, Erwartungs- und Handlungsraum bildet, der durch seine bindende und verbindliche Kraft Vertrauen und Orientierung stiftet. [...] Was einzelne Individuen zu einem solchen Wir zusammenbindet, ist die *konnektive Struktur* eines gemeinsamen Wissens und Selbstbilds, das sich zum einen auf die Bindung an gemeinsame Regeln und Wer-

---

1   JAN ASSMANN: Das kulturelle Gedächtnis. Schrift, Erinnerung und politische Identität in frühen Hochkulturen, München 3. Aufl. 2000, S. 11.

te, zum anderen auf die Erinnerung an eine gemeinsam bewohnte Vergangenheit
stützt.«[2]

Mit dem Begriff der ‚konnektiven Struktur‘, alltagssprachlich: des ‚Zusammenhanges‘, sucht Assmann offensichtlich eine äußerliche, neutrale Be-
schreibungsmöglichkeit für das, was wir sonst ‚Kultur‘ nennen. Und dieser
Zusammenhang ist in zwei Dimensionen zu sehen: Es geht zunächst einfach um den Zusammenhang einer Gruppe oder Gesellschaft (‚Sozialdimension‘), dann aber auch um deren Geschichte (‚Zeitdimension‘).
Assmann stellt sich eine beliebige Gruppe oder Gesellschaft vor, die ein gemeinschaftsstiftendes ‚Wir‘ hat, eine Identität. Diese Identität besteht in einem gemeinsamen Wissen und Selbstbild. Sie kennt gemeinsame Regeln
und Werte und stützt diese durch eine gemeinsame Erinnerung. Insofern
gehört die diachrone Dimension, die Geschichte, von Anfang an dazu. Gemeinschaft bedarf der gemeinsamen Erinnerung.

Als Grundprinzipien jeder konnektiven Struktur nennt Assmann *Wiederholung* und *Vergegenwärtigung*. Kultur kann dadurch entstehen, daß sich
die betreffende Gruppe immer wiederholt, was das für sie Entscheidende,
Gemeinschaftsstiftende ist. Dies kann zum Beispiel dadurch geschehen, daß
sie die Funktion des Bewahrens durch Wiederholung auf einen eigenen, spe-
zialisierten Berufsstand auslagert. Dies war beispielsweise in der altkel-
tischen Gesellschaft so: Die Druiden, die Rechtsgelehrten und die Barden
hatten in jahrelanger Arbeit auswendig zu lernen, was immer zu wiederholen war.[3] Damit verbunden ist die Möglichkeit des Ritus: Eine Gruppe
oder Gesellschaft entwickelt eine besondere Handlungsgestalt, um sich
durch Wiederholung an das Wesentliche zu erinnern. – Wenn man will,
kann man sagen, daß dies das Prinzip der Heiligen Messe auch heute noch
in der katholischen Kirche ist: Auf immergleiche Weise wird das heilswich-
tige Geschehen allen Gläubigen rituell bewußt gehalten, täglich neu vor
Augen gebracht.[4]

Zwischen diesen beiden „grundsätzlich verschiedenen Formen“ des Be-
zugs, zwischen *Wiederholung* und *Vergegenwärtigung*, kann leicht auch eine
Spannung entstehen: Wiederholung intendiert gleichbleibende Inhalte,

---

2   Ebd., S. 16 f.
3   Vgl. PAUL GAECHTER: Die Gedächtniskultur in Irland, 2. Aufl. hrsg. von WOLF-
    GANG MEID, Innsbruck 2003.
4   Vgl. BERNHARD LANG: Heiliges Spiel. Eine Geschichte des christlichen Gottes-
    dienstes, München 1998.

während Vergegenwärtigung immer auch Deutung der Überlieferung beinhaltet.

> »Im Zusammenhang mit dem Schriftlichwerden von Überlieferungen vollzieht sich ein allmählicher Übergang von der Dominanz der Wiederholung zur Dominanz der Vergegenwärtigung, von ›ritueller‹ zu ›textueller‹ Kohärenz. Damit ist eine neue konnektive Struktur entstanden. Ihre Bindekräfte heißen nicht Nachahmung und Bewahrung, sondern Auslegung und Erinnerung. An die Stelle der Liturgie tritt die Hermeneutik.«[5]

Traditionell hat man den Übergang von den frühen Kulturen zur Hochkultur darin gesehen, daß man mit der Schrift, der Möglichkeit der Speicherung des gesprochenen Wortes, eine entscheidende Formveränderung von Kultur annahm |➡ 4|. Dieser Gedanke kehrt bei Assmann in einer modifizierenden Form wieder. Denn das neue Medium, die Schrift, hat sowohl einen positiven als auch einen negativen Aspekt. Positiv: Nun kann man etwas speichern, aufbewahren, fixieren. Negativ: Das Ausgelagerte gewinnt ein Eigenleben. Der Bestand der Kultur ist nicht mehr auf Gedeih und Verderb davon abhängig, daß das Wesentliche immer wiederholt wird; vielmehr entsteht durch die Schrift gewissermaßen ein zweiter Strang der Überlieferung. Wiederholung bekräftigt immer neu Präsenz. Aber Vergegenwärtigung mit Hilfe der Schrift verweist auf die zeitliche Differenz, auf den Unterschied zwischen dem einst Fixierten und dem gegenwärtig Vorhandenen. Während Gesellschaften *vor der Schrift* ihre Erinnerung durch Verfahren sichern müssen, durch Riten und Feste, imaginieren Gesellschaften *nach der Schrift* Selbstbilder, die sie technisch über Generationen hinweg bewahren können. Sie konstituieren Identität – wenn auch in ganz verschiedener Weise – durch eine spezifische Formwerdung von Überlieferung, welche Ungleichzeitigkeit voraussetzt und bewußt macht, daß etwas Vergangenes immer wieder in die Gegenwart hereingeholt werden kann, damit normativ wird, die Zukunft aus der Vergangenheit determiniert.

Assmann stellt den Begriff des ‚kulturellen Gedächtnisses' in den Vordergrund seiner Theoriebildung. Damit betont er kulturgeschichtliche Faktoren, beispielsweise die Entwicklung der Medien der Speicherung |➡ 6|. Freilich muß man sich vergegenwärtigen, daß ‚kulturelles Gedächtnis' für Assmann letztlich nur *eine* der kollektiven Formen des Gedächtnisses ist, nur *eine* „Außendimension des Gedächtnisses", und zwar neben drei anderen:

---

5   ASSMANN, Das kulturelle Gedächtnis, S. 18.

- Mimetisches Gedächtnis: Handeln durch Nachahmung.
- Gedächtnis der Dinge: Schon Kleider und Möbel, aber erst recht Häuser und Städte speichern das Leben des Menschen.
- Kommunikatives Gedächtnis: Sprache bewahrt; die Übernahme von Sprache und das Sich-Bedienen der Sprache fordern eine Art der Erklärung, welche die Interaktion mit anderen Individuen einbezieht.
- Kulturelles Gedächtnis: Überlieferung des Sinns.

»Das kulturelle Gedächtnis bildet einen Raum, in den alle drei vorgenannten Bereiche mehr oder weniger bruchlos übergehen. Wenn mimetische Routinen den Status von ›Riten‹ annehmen, d. h. zusätzlich zu ihrer Zweckbedeutung noch eine Sinnbedeutung besitzen, wird der Bereich des mimetischen Handlungsgedächtnisses überschritten. Riten gehören in den Bereich des kulturellen Gedächtnisses, weil sie eine Überlieferungs- und Vergegenwärtigungsform des kulturellen Sinnes darstellen. Dasselbe gilt für Dinge, wenn sie nicht nur auf einen Zweck, sondern auf einen Sinn verweisen: Symbole, Ikone, Repräsentationen wie etwa Denksteine, Grabmale, Tempel, Idole usw. überschreiten den Horizont des Dinggedächtnisses, weil sie den impliziten Zeit- und Identitätsindex explizit machen.«[6]

Ursprünglich mündliche Sprache wird verschriftlicht, das bedeutet eine Trennung zwischen der früheren Situation und einer späteren. Text ist „wiederaufgenommene Mitteilung". Schrift bedeutet: externe Zwischenspeicherung. Mit gedächtnisfixierenden Medien wie Zählsteinen, Knotenschnüren usw. gelingt der Übergang zu externen, wiederabrufbaren Speichern.

»Mit der Erfindung der Schrift ist die Möglichkeit einer umfassenden revolutionierenden Transformation dieses Außenbereichs von Kommunikation gegeben und in den meisten Fällen auch eingetreten. Im Stadium reiner Gedächtniskultur oder vorschriftlicher Notationssysteme bleibt der Zwischenspeicher und Außenspeicher der Kommunikation eng auf das Kommunikationssystem bezogen. Das kulturelle Gedächtnis deckt sich weitestgehend mit dem, was innerhalb der Gruppe an Sinn zirkuliert. Erst mit der Schrift im strengen Sinne ist die Möglichkeit einer Verselbständigung und Komplexwerdung dieses Außenbereichs der Kommunikation gegeben. Erst jetzt bildet sich ein Gedächtnis aus, das mehr oder weniger weit über dem Horizont des in einer jeweiligen Epoche tradierten und kommunizierten Sinns hinausgeht

---

6   Ebd., S. 21.

und den Bereich der Kommunikation ebenso überschreitet wie das individuelle Gedächtnis den des Bewußtseins. Das kulturelle Gedächtnis speist Tradition und Kommunikation, aber es geht nicht darin auf. Nur so erklären sich Brüche, Konflikte, Innovationen, Restaurationen, Revolutionen. Es sind Einbrüche aus dem Jenseits des jeweils aktualisierten Sinns, Rückgriffe auf Vergessenes, Repristinationen von Tradition, Wiederkehr des Verdrängten.«[7]

Dieser für Assmann tragende Gedanke verdient eine Erläuterung. Während man bei naiver Betrachtung denken könnte, der Kulturfortschritt mit der Einführung der Schrift bestehe darin, daß die Überlieferung gewissermaßen gestärkt wird durch Entlastung des Gedächtnisses, zeigt Assmann, daß die Schrift eine Art von Verdoppelung bedeutet: Man hat die jeweils gesprochene Sprache als Grundlage der Verständigung über Identität und zusätzlich noch die Möglichkeit des Rückgriffs auf Fixiertes. Es bedarf geradezu der Kontrolle, um diese selbständig sich fortentwickelnden Möglichkeiten zusammenzuhalten, um die Sinnstiftung innerhalb einer bestimmten Gruppe immer wieder neu auf das Geschriebene zu verpflichten – oder eben Neuerungen zuzulassen, welche das Geschriebene entwerten. Innerhalb einer bloß mündlichen Tradition dürfen keine Brüche auftreten. Eine solche Form der Überlieferung ist, auch wenn sie weit in die Vergangenheit zurückreicht, immer auf die Gegenwart der Kommunikation in einer Gruppe oder Gesellschaft bezogen. Seit Einführung der Schrift sind „Rückgriffe auf Vergessenes" möglich, etwas Verdrängtes kann zurückgeholt werden.

»Um diese Dynamik beschreiben und in Beziehung setzen zu können zu geschichtlichen Wandlungen in der Technologie der Aufzeichnungssysteme, der Soziologie der Trägergruppen, der Medien und Organisationsformen von Speicherung, Tradition und Zirkulation kulturellen Sinns, kurz: als Oberbegriff für den mit den Stichwörtern ›Traditionsbildung‹, ›Vergangenheitsbezug‹ und ›politische Identität bzw. Imagination‹ umrissenen Funktionsrahmen brauchen wir den Begriff des kulturellen Gedächtnisses. Dieses Gedächtnis ist kulturell, weil es nur institutionell, artifiziell realisiert werden kann, und es ist ein Gedächtnis, weil es in bezug auf gesellschaftliche Kommunikation genauso funktioniert wie das individuelle Gedächtnis in bezug auf Bewußtsein.«[8]

7　Ebd., S. 22 f.
8　Ebd., S. 23 f.

Bei Assmanns Studien zum kulturellen Gedächtnis geht es um Prozesse der
„Transformation und Steigerung", um die jeweiligen „Wandlungen der konnektiven Struktur einer Gesellschaft".

Diesen Begriff des ‚kulturellen Gedächtnisses' macht der Ägyptologe
kulturgeschichtlich fruchtbar durch die Verbindung mit einem Begriff, den
der Philosoph Karl Jaspers eingeführt hat: ‚Achsenzeit'.[9] Damit ist gemeint,
daß um 800 v. Chr. in verschiedenen Kulturen gleichzeitig entscheidende
Formveränderungen auftraten, ob nun bei den alten Juden oder den Ägyptern, auch in China und Indien. Dafür liegen bisher zwei grundlegende,
divergierende Ansätze vor: erstens der geistesgeschichtliche, welcher vom
Einbruch des Neuen durch charismatische Persönlichkeiten ausgeht, aufgenommen durch die intellektuellen Eliten der jeweiligen Achsenzeit und
umgesetzt für eine durchgreifende Umgestaltung der Wirklichkeit; zweitens
der mediengeschichtliche: Schrift, Buchdruck usw. hätten solche grundlegenden Transformationen der Kulturgeschichte ausgelöst. Assmann will
über diese Zweiteilung der Ansätze hinauskommen und durch seine Studien
zum kulturellen Gedächtnis die medialen Fragen um die Entstehung der
Schriftkultur einbringen „in den größeren Horizont der ‚Konstruktion kultureller Zeit' […] einerseits und kollektiver Identitätsbildung bzw. politischer Imagination andererseits".

Der erste Hauptteil des Werkes zerfällt in Kapitel über
- „Erinnerungskultur",
- „Schriftkultur" und
- „kulturelle Identität und politische Imagination".

Seinen Ausgangspunkt nimmt Assmann bei der Theoriebildung des französischen Philosophen Maurice Halbwachs, bei der Idee des ‚kulturellen
Gedächtnisses', also der Vorstellung, daß Gedächtnis Gemeinschaft stiftet.[10]
Erinnerungskultur setzt die Empfindung von Differenz voraus; der Vergangenheitsbezug stiftet Gemeinschaft. Dieser bewußte Rückbezug enthält ein
Moment des Aktiven, weshalb sich Assmann gegen den Begriff ‚Tradition'
stellt. Gedächtnis ist nie individuell, sondern immer kollektiv: Das Individuum partizipiert an der kollektiven Erinnerung; es wird dadurch soziali-
siert, daß es diese Möglichkeit der Anverwandlung geboten bekommt. Ver-

---

9   KARL JASPERS: Vom Ursprung und Ziel der Geschichte, München 8. Aufl. 1983.
10 MAURICE HALBWACHS: Das kollektive Gedächtnis, München 1991.

gangenheit gibt es nur als erinnerte; Geschichte entsteht erst im Gruppen-
bezug eines kulturellen Gedächtnisses.

Im Anschluß beschäftigt sich Assmann mit Oral-History-Phänomenen: Er
unterscheidet
- ‚fundierende Erinnerung‘ (die normativ ist) und
- ‚biographische Erinnerung‘ (soweit das Gedächtnis des einzelnen reicht),
- dazwischen: ein *floating gap*, eine unaufgehellte Periode nichtstruktu-
rierten Zeitvergehens.

Hier kommt der *Mythos* ins Spiel: „Mythos ist eine fundierende Geschichte, eine Geschichte, die erzählt wird, um eine Gegenwart vom Ursprung her
zu erhellen."[11] Hier kommt das *Fest* ins Spiel:

»Das Fest dient – neben vielen anderen Funktionen – auch der Vergegenwärtigung
fundierender Vergangenheit. Fundiert wird durch den Bezug auf die Vergangenheit
die Identität der erinnernden Gruppe. In der Erinnerung an ihre Geschichte und in
der Vergegenwärtigung der fundierenden Erinnerungsfiguren vergewissert sich eine
Gruppe ihrer Identität.«[12]

Ritus und Fest nennt Assmann „primäre Organisationsformen des kulturellen Gedächtnisses", die erst in der Schriftkultur sekundär werden.

Eine weitere grundlegende Unterscheidung für Assmanns Theoriebildung ist die zwischen ‚kommunikativem Gedächtnis‘ und ‚kulturellem
Gedächtnis‘. Sie hänge zusammen mit der Unterscheidung zwischen Alltag
und Fest, dem Profanen und dem Heiligen.

»Das kulturelle Gedächtnis ist ein Organ außeralltäglicher Erinnerung. Der Haupt-
unterschied gegenüber dem kommunikativen Gedächtnis ist seine Geformtheit und
die Zeremonialität seiner Anlässe [...]. Das kulturelle Gedächtnis heftet sich an Ob-
jektivationen, in denen der Sinn in feste Formen gebannt ist [...]. Das kulturelle Gedächtnis haftet am Festen. [...] Das kulturelle Gedächtnis hat eine Affinität zur
Schriftlichkeit.«[13]

---

11 ASSMANN, Das kulturelle Gedächtnis, S. 52.
12 Ebd., S. 53.
13 Ebd., S. 53 f.

Von hier aus kann Assmann zum *historischen Bewußtsein* übergehen:

>»Nur bedeutsame Vergangenheit wird erinnert, nur erinnerte Vergangenheit wird
> bedeutsam. Erinnerung ist ein Akt der Semiotisierung. Das gilt auch heute, so sehr
> der Begriff der ›Sinnstiftung‹ (und nichts anderes heißt ja Semiotisierung) in bezug
> auf Geschichte in Mißkredit geraten ist.«[14]

Mit anderen Worten: Es geht nicht darum, daß etwas geschieht, sich ereig-
net; geschichtlich entscheidend wird nur, was aus der Fülle des Geschehenen mit Bedeutung belegt wird, herausgehoben aus dem Kontinuum des
Geschehens. Dies kann insofern auch ‚Semiotisierung‘ genannt werden, als
man damit einem bloß Geschehenen einen Zeichencharakter zuschreibt: Es
besteht nicht nur für sich selbst, sondern außerdem auch noch im Verweis
auf etwas anderes, das dazu in Beziehung gesetzt wird.

Um das aktive Element der Bildung eines kulturellen Gedächtnisses zu
betonen, spricht Assmann von „Mythomotorik", wobei der erzählende Vergangenheitsbezug, der im Mythos stattfindet, zwei scheinbar entgegen-
gesetzten Funktionen folgt:

> »Die eine Funktion des Mythos wollen wir ›fundierend‹ nennen. Sie stellt Gegen-
> wärtiges in das Licht einer Geschichte, die es sinnvoll, gottgewollt, notwendig und
> unabänderlich erscheinen läßt [...]. Die andere Funktion könnte man ›kontraprä-
> sentisch‹ nennen [...]. Sie geht von Defizienz-Erfahrungen der Gegenwart aus und
> beschwört in der Erinnerung eine Vergangenheit, die meist die Züge eines Hero-
> ischen Zeitalters annimmt. Von diesen Erzählungen her fällt ein ganz anderes Licht
> auf die Gegenwart: Es hebt das Fehlende, Verschwundene, Verlorene, an den Rand
> Gedrängte hervor und macht den Bruch bewußt zwischen ›einst‹ und ›jetzt‹.«[15]

2   Repetition und Interpretation   Im folgenden wird Assmann
zunehmend kulturgeschichtlich konkret. Im Kapitel „Schriftkultur" nimmt
er seinen Ausgangpunkt von der Zerstörung des Tempels in Jerusalem
70 n. Chr., wodurch die Juden die Möglichkeit einer rituellen Kohärenz
ihrer Überlieferung verloren hätten und sich ganz auf die Texte verlagern
mußten, auf die Repetition und Interpretation der Heiligen Schrift. „*Repeti-*

---

14   Ebd., S. 77.
15   Ebd., S. 79.

tion und Interpretation sind funktional äquivalente Verfahren in der Herstellung kultureller Kohärenz. "[16] Texte sind nach Assmann eine riskantere Form der Weitergabe als Riten, „weil sie zugleich die Möglichkeit bereitstellen, den Sinn aus der Zirkulation und Kommunikation auszulagern, was mit den Riten nicht gegeben ist".[17]

Was zuerst allgemein kulturtheoretisch statuiert wurde, wird hier und im folgenden auf bestimmte historische Phasen bezogen. Die alten Hochkulturen werden nun mit den zuvor eingeführten Begriffen gedeutet. Zugleich werden damit die abstrakten Begriffe evidenter, indem sie durch bekannte Überlieferungsbestandteile gewissermaßen Licht empfangen.

>»Den entscheidenden Umschlag von ritueller zu textueller Kohärenz bringt nicht schon die Schrift, sondern erst eine kanonisierende Stillstellung des Traditionsstroms. Nicht schon der heilige, sondern erst der kanonische Text erfordert die Deutung und wird so zum Ausgangspunkt von Auslegungskulturen.«[18]

Anders formuliert: Zunächst mag es scheinen, daß die Juden ihre Religion trotz der Zerstörung des Tempels gewissermaßen gerettet haben – dadurch, daß sie die Heilige Schrift mitnehmen konnten. „Umschlag von ritueller zu textueller Kohärenz" heißt: Die Juden können nicht mehr ihren Gottesdienst im Tempel zu Jerusalem feiern, sondern müssen ihre Religion weitergeben, indem sie sich rein auf die Schrift stützen, auf die mitgenommenen Rollen der Torah. Die Schrift wird für „heilig" erklärt: Niemand darf daran etwas ändern: „Stillstellung des Traditionsstroms". Dabei bedeutet „kanonisierend": „kanonbildend", d. h. es wird festgelegt, welche Schriftbestandteile genau zu den Heiligen Schriften gehören und welche nicht. Wenn dies nicht geschähe, gäbe es ja die Möglichkeit, durch hinzugefügte neue Schriften den Bestand der Religion zu verändern.

Diese kanonische Fixierung hat nun aber die paradoxe Nebenfolge, daß andere, neu entstehende Schriften einer grundsätzlich anderen Ordnung des Wissens zugewiesen werden müssen. Sie erscheinen dann als Deutungen oder Interpretationen der kanonisierten Heiligen Schrift. Es entstehen verschiedene Auslegungskulturen oder religiöse Richtungen, welche bestimmte Interpretationen der Heiligen Schrift bevorzugen. Das Judentum

---

16 Ebd., S. 89.
17 Ebd., S. 91.
18 Ebd., S. 93.

als Religion basiert darauf, daß alle Juden die Heilige Schrift als unveränder-
liche Glaubensgrundlage anerkennen. Und trotzdem wird es möglich, daß
sich divergierende Richtungen der Deutung entwickeln – paradoxerweise
gerade deshalb, weil die Basis der Religion durch Schrift und Kanon fixiert
ist. Die Grundlage der Gemeinsamkeit kann immer neu aufgesucht werden:
Man kann sich auf den Bestand der als Heilige Schrift kanonisierten Reli-
gionsgrundlage beziehen, um damit andere Auslegungen zu bekämpfen,
ihnen die Legitimationsgrundlage zu entziehen. Die Religion selber bildet
sich fort als ein Pluralismus von Auslegungskulturen. Dies kann zwar zur
Spaltung führen, muß es aber nicht.

Vergleichbare kulturelle Prozesse, wie sie hier in bezug auf das Judentum als der ersten Buchreligion beschrieben wurden, wiederholten sich
bekanntlich später im Christentum und im Islam als den jüngeren schrift-
und kanongestützten Weltreligionen.

3   Kulturelle Identität: Integration und Distinktion   Im dritten
Kapitel seines Werkes über das kulturelle Gedächtnis mit dem Titel „Kulturelle Identität und politische Imagination" geht Assmann davon aus, daß die
Imagination nationaler Gemeinschaft angewiesen sei auf die Imagination
einer in die Tiefe der Zeit zurückreichenden Kontinuität. Indem der Mensch
auf Kultur angewiesen ist, wird sie ihm zur „(zweiten) Natur".[19] Der Mensch
ist (nach Aristoteles) nicht nur *zoon politikon*, sondern auch *zoon logon echon*,
das Tier, das Sprache besitzt. Beide Definitionsbestandteile gehören zusammen. Beide sind Voraussetzung für die kulturspezifischen Symbolisie-
rungsformen der Identität.

Ethnogenese erscheint sodann als „Steigerung der Grundstrukturen
kollektiver Identität": *Integration* und *Distinktion* werden ermöglicht durch
symbolische Repräsentationen. An den Beispielen Ägypter und Juden zeigt
Assmann, „daß ethnische Identität und Persistenz eine Frage des kulturellen Gedächtnisses und seiner Organisationsformen ist".[20]

Während es am Beispiel der Juden zunächst um die Möglichkeit einer
kulturellen Traditionsbildung im Bereich der Religion gegangen war, geht
es nun also um ‚Volk' bzw. ‚Staat'. (Ich verwende diese geläufigeren Begriffe
für politisch-soziale Einheit und Ordnung anstelle von ‚Ethnogenese').
Staaten, meint Assmann, bedürfen, wenn sie Bestand haben wollen, eines
‚kulturellen Gedächtnisses' der jeweiligen Gruppe oder Gesellschaft. Um die

---

19   Ebd., S. 136.
20   Ebd., S. 160.

soziale Einheit von anderen zu unterscheiden (‚Distinktion‘) und in sich zu vereinheitlichen (‚Integration‘), braucht man einen Rückbezug auf gemeinsame Vergangenheit, auf Geschichte, auf Ursprungsmythen.

In einer Vorbemerkung zum zweiten Teil hat Assmann ein fundamentales Problem der Kulturgeschichte zum Movens solchen Fragens nach dem kulturellen Gedächtnis erklärt: Wie kommt es, daß die Kanonisierungen des Judentums und der Alten Griechen alle folgende abendländische Tradition in Renaissancen und Abstoßungen, in Fortbildungen und Umformungen geprägt haben, nicht aber die babylonische und die ägyptische Kultur? Wieso konnten diese anderen Kulturen ihre Traditionsströme nicht in eine zeitresistente Form bringen?

Hier kommt wieder die Achsenzeittheorie von Karl Jaspers ins Spiel, der schon vor Jahrzehnten auf jene fundamentalen kulturellen Umbruchsituationen hingewiesen hatte, aus denen sich die Weltreligionen entwickelten. Aber von Assmann wird diese Achsenzeittheorie nun medial modifiziert: Ägypten, meint Assmann, habe unter demselben Druck der historischen Bedingungen der Achsenzeit ebenfalls eine analoge Kanonbildung vollzogen wie die Juden und die Griechen – nur habe dieser Kanon nicht die Form von Büchern angenommen, sondern von Tempeln, nicht narrativ, sondern hieroglyphisch. Deshalb sei sie nicht vom Ort abgelöst tradierbar geworden.

Dieser These gilt das Kapitel „Ägypten und die Erfindung des Staates“. Anders als in Mesopotamien habe sich in Ägypten die Schrift nicht aus wirtschaftlichen, sondern aus politischen Zusammenhängen entwickelt. Es sei ein „monumentaler Diskurs“ entstanden, indem die Ägypter aus Zeichen einer Bilderschrift heilige Räume gestalteten, die dem Gemeinwesen Dauer verleihen sollten. Der Staat monopolisierte die Handwerke, vermochte mithin die Kontrolle über öffentliche Memoria in Form von Bildzeichen zu behalten. Kollektive Identität konnte so hergestellt und stillgestellt werden: Es ist ein wesentliches Kennzeichen ägyptischer Kultur, daß sie nicht auf Variation setzt, sondern Dauerhaftigkeit durch zeitübergreifende Invarianz der Zeichen sicherstellen will.

Das zweite wichtige Kennzeichen altägyptischer Kultur ist nach Assmann darin zu sehen, daß infolge des Prinzips der Invarianz keine Auslegungskultur entstehen konnte. „Texte werden kopiert und variiert, aber sie werden nicht eigentlich interpretiert.“[21] Man könnte zuspitzen: Sie dürfen auch gar nicht interpretiert werden!

---

21 Ebd., S. 175.

»Als Fazit ergibt sich, daß sich die einzigartige Kontinuität der ägyptischen Kultur, trotz ihrer intensiven Schriftlichkeit, eher einer rituellen als einer textuellen Kohärenz verdankt. Die Kanonisierung der Bildkunst und der ihr zugrundeliegenden Regelgrammatik steht im Dienste der Wiederholbarkeit, nicht der Anschließbarkeit [...]. Wir haben es mit dem Sonderfall einer schrift- und textgestützten Ritualkultur zu tun. Daher erklärt es sich, daß die Kultur in der Spätzeit, als sie unter den Bedingungen des Perser- und Makedonenreichs sich gegen den Assimilationsdruck der herrschenden Fremdkultur zu verteidigen hatte, nicht, wie in Israel, die Form eines Buches annahm, sondern die eines Tempels: der Tempel als das Gehäuse der rituellen Kohärenz, auf der die Kontinuität dieser Kultur beruhte.«[22]

Ägypten in der Spätzeit: das ist für Assmann eine Kultur, die geprägt ist von Xenophobie (Fremdfeindlichkeit) und Profanationsangst (Angst vor Entweihung des Heiligen). Die Tempel und die Schrift der Ägypter antworten auf diese Problemlage. Die Tempel repräsentieren die Vergangenheit im Kontext der Religion, und in der Spätzeit nehmen sie immer mehr kosmographisches, geographisches, theologisches und mythologisches Material auf, das sie durch Inschriften am geheiligten Ort gewissermaßen bewahren, retten wollen. Die Schrift wird enzyklopädisch und erhebt einen Totalitätsanspruch durch Kanonisierung: Was wesentlich ist, wird durch Inschriften dokumentiert; was nicht durch Inschriften dokumentiert ist, ist nicht wesentlich. Die Tempel der Spätzeit bilden ab, daß die Welt „ein sinnerfülltes und daher göttliches Ganzes" ist.[23] Was in Babylonien und besonders in Assyrien die großen Palastbibliotheken leisten, leisten in Ägypten die Tempel. Aber im Gegensatz zu den anderen Achsenzeitkulturen kommt es in Ägypten nicht zu einer Ausdifferenzierung des Wortes, nicht zu einer Auslegungskultur. Die ägyptische Vision der Wirklichkeit wird nicht primär in Texten, sondern in Formen bewahrt. Deshalb konnte sie jene für das seitherige Abendland kulturprägende Bedeutung nicht erlangen.

„Israel und die Erfindung der Religion" ist das Seitenstück, das Assmann seiner Ägyptendeutung mitgibt, weil hier genau das Gegenteil geschah: Die Juden schufen sich in der Torah ein „portatives Vaterland" (Heinrich Heine). Assmann schließt sich dabei jener neueren Auffassung an, welche die Eigenart des Judentums in einer „Jahwe-allein-Bewegung" sieht: Innerhalb eines allgemeineren Jahwe-Glaubens habe sich ein spezieller Jahwe-Monotheismus-Glaube entwickelt, der es einer Gruppe von Juden ermög-

---

22 Ebd., S. 176 f.
23 Ebd., S. 183.

licht habe, durch Abgrenzung und Nichtvermischung im Exil zu überle-
ben.[24] Dabei wurde der Exodus zur zentralen Erinnerungsfigur der Gemeinschaft, zum entscheidenden Element des konnektiven Gedächtnisses:

>»Exodus und Sinaioffenbarung als die zentralen Ursprungsbilder Israels beruhen auf
dem Prinzip der Extraterritorialität. Der Bund wird geschlossen zwischen einem
überweltlichen, fremden Gott, der auf Erden keinen Tempel und keinen Kultort hat,
und einem Volk, das sich auf der Wanderung zwischen dem einen Land, Ägypten,
und dem anderen Land, Kanaan, im Niemandsland der sinaitischen Wüste befindet.
Der Bundesschluß geht der Landnahme voraus. Das ist der entscheidende Punkt. Er
ist extraterritorial und daher von keinem Territorium abhängig. In diesem Bund kann
man überall verbleiben, wohin auch immer auf der Welt es einen verschlägt.«[25]

Eindringlich wird die Gedächtnisbildung bei der Überschreitung des Jordan
in acht Stufen vorgeführt, die Assmann aus dem 5. Buch Moses ableitet.

>»Im Licht der Unterscheidung zwischen *kommunikativem* und *kulturellem Gedächtnis*
sind wir in der Lage, das Grundproblem des Deuteronomium präziser zu bestimmen.
Worum es geht, ist die Transformation *kommunikativer* – gelebter und in Zeitzeugen
verkörperter – Erinnerung in *kulturelle* – institutionell geformte und gestützte Erinnerung, mithin in *kulturelle Mnemotechnik*. Erinnerung, die nicht mehr im kommunikativen Gedächtnis einer Generation gelebt und verkörpert wird, gerät notwendi-
gerweise in Kontrast zur fortschreitenden Gegenwart, sie wird >kontrapräsentisch<.«[26]

Das Land, in das die Israeliten ziehen sollen, bietet völlig andere Lebens-
umstände als ihre Herkunftswelt; es gilt also, kulturelle Mechanismen zu
entwickeln, welche die entscheidende Überlieferung, den Bundesschluß,
tradierbar machen und auf Dauer stellen. Eine besondere Rolle kommt in
Assmanns Argumentation die Bibelstelle 2 Kg 22 zu, wo berichtet wird, der
Hohepriester Hilkia habe bei Reparaturarbeiten im Tempel ein offenbar in
Vergessenheit geratenes „Buch der Torah" gefunden; er zieht es heraus, liest
es vor und mithin auch alle Verwünschungen auf diejenigen, die den Bund
Gottes mit seinem Volk vergessen. Dies ruft eine entscheidende Wieder-
erweckung und zukunftswirksame Repristination der Offenbarung hervor.

---

24 Vgl. MORTON SMITH: Palestinian Parties and Politics That Shaped the Old Testament, New York 1971.
25 ASSMANN, Das kulturelle Gedächtnis, S. 201.
26 Ebd., S. 222.

>»Die Juden haben in der Not des Babylonischen Exils die Fundamente einer kultu-
rellen Mnemotechnik gelegt, die in der Menschheitsgeschichte beispiellos dasteht.
Das Besondere und ›Artifizielle‹ dieser Erinnerungskunst liegt darin, daß sie eine
Erinnerung festhält, die in den Bezugsrahmen der jeweiligen Wirklichkeit nicht nur
keine Bestätigung findet, sondern zu ihr in krassestem Widerspruch steht: die Wüste
im Gegensatz zum Gelobten Land, Jerusalem im Gegensatz zu Babylon. Mit Hilfe
dieser Mnemotechnik haben die Juden es verstanden, über fast zweitausend Jahre hinweg, in alle Weltgegenden verstreut, die Erinnerung an ein Land und an eine Lebens-
form, die zu ihrer jeweiligen Gegenwart in schärfstem Widerspruch standen, als Hoffnung lebendig zu erhalten.«[27]

4 Hypolepse als Movens: Kultur wird frei   Nach diesen Ausführungen zu den Alten Ägyptern und den Juden führt Assmann seinen
Grundgedanken vom ‚kulturellen Gedächtnis‘ weiter durch Ausführungen
zu einer dritten Kultur, den Alten Griechen. Das abschließende Kapitel
heißt „Griechenland und die Disziplinierung des Denkens". Assmann geht
von den Schrifttheoretikern Havelock und Goody aus,[28] meint aber schließlich abgrenzend: Nicht schon der Übergang der Kultur zur Schrift bedeutete einen Kulturschub, auch nicht die Spezifik der griechischen Alphabet-
schrift |➡ **5.1**|, sondern erst das, was er schließlich unter dem Begriff ‚Hypo-
lepse‘ einführt. Dieser Begriff, der gleich noch zu klären sein wird, fußt darauf, daß es in Griechenland nicht (wie in vergleichbaren vorderasiatischen
Kulturen) Heilige Schriften gab: Vielmehr wurde religiöses Wissen mündlich tradiert. Indem die Schrift aber nicht sakral gebunden war, wurde das
Geschriebene auch nicht spezifisch kontrolliert oder einer eigenen Priester-
kaste überantwortet. Schrift war nicht im Zusammenhang wirtschaftlicher
oder politischer Institutionalisierung gebunden, sondern frei. Aus dieser so-
ziopolitischen Verfaßtheit der Schriftkultur ergab es sich, daß das Geschriebene nicht zur Verfestigung von Kultur beitrug (wie in parallelen Kulturen),
sondern vielmehr zur Verflüssigung, zur Differenzierung. Alles Geschriebene stand im Widerspruch. Zwar wurde Homer in der kritischen Phase der
griechischen Kultur ebenso kanonisiert wie die klassischen Texte in anderen Kulturen, aber es knüpfte sich an Homer eine Kultur der Auslegung, der
Fortsetzung, der Auseinandersetzung mit dem klassischen Text.

---

27 Ebd., S. 227.
28 Vgl. ERIC A. HAVELOCK: Als die Muse schreiben lernte. Eine Medientheorie,
       Berlin 2007. JACK GOODY (Hrsg.): Literalität in traditionalen Gesellschaften,
       Frankfurt a. M. 1981.

Diese Phase der Organisation des kulturellen Gedächtnisses wurde noch überboten durch eine zweite, die alexandrinische: An die Stelle der Rezitationskultur ist im Hellenismus eine Lesekultur getreten, in der wiederum Kanonarbeit geleistet werden mußte, um die Fülle zu bändigen. Dies sieht Assmann völlig analog zur Kanonbildung in bezug auf die Heiligen Schriften des Judentums. Gleichwohl unterscheiden sich die beiden Kristallisationskerne der Tradition nun durch ihren Umgang mit den Klassikern: jüdischerseits Kanonisierung als Abschließung und Sakralisierung, griechischerseits Weiterschreiben im Bezug auf andere schriftliche Texte innerhalb des durch den jeweiligen Diskurs gesteckten Rahmens. Eine neue Form kultureller Kontinuität und Kohärenz entsteht: die Bezugnahme auf Texte der Vergangenheit in der Form einer kontrollierten Variation (,Hypolepse'). Die Kontinuität der Kultur dagegen besteht in einer progressiven Variation, in Steigerung und Überbietung. Alles Wissen ist flüssig und frei; es wird nicht durch politische oder religiöse Institutionen geschützt und stillgestellt. In dieser ,agonistischen Intertextualität' entwickelt sich (im Gegensatz zur kanonischen Abschließung der Heiligen Schriften des Judentums) dissonante Vielstimmigkeit. Assmann schließt:

> »Der mythische Diskurs ist insofern beruhigt, als er keinen Widerspruch sichtbar werden und alle Aussagen und Bilder gleichberechtigt nebeneinander stehen läßt. Der kanonische Diskurs ist beruhigt, weil er keinen Widerspruch duldet. Der hypoleptische Diskurs ist demgegenüber eine Kultur des Widerspruchs. Er beruht auf einer verschärften Wahrnehmung von Widersprüchen, d. h. Kritik, bei gleichzeitiger Bewahrung der kritisierten Positionen.«[29]

Für Assmann ist dies die Voraussetzung für jene griechische ,Ideenrevolution', die schon oft beschworen, aber anders hergeleitet wurde.

Der Ägyptologe Jan Assmann hat eine *kulturgeschichtliche* Methodik entwickelt, die sich freilich auf vielerlei Teiltheoriebildungen der Philologie, der Philosophie und anderer Wissenschaften bezieht. Ein besonderes Merkmal dieser neuen Richtung der Kulturgeschichte und Kulturtheorie, für die Assmann steht, ist ihre mediengeschichtliche Sensibilisierung. Der Umgang verschiedener Kulturen mit den ihnen zur Verfügung stehenden Speichermedien wird zum Dreh- und Angelpunkt der Deutung. Daraus ergibt sich ein innovativer Zugang zum Phänomen der ,Erinnerungskultur'.

---

29 ASSMANN, Das kulturelle Gedächtnis, S. 288.

Anregungen zur Weiterarbeit

1. **Das für die Erinnerungskultur** grundlegende Werk ist: JAN ASSMANN: Das kulturelle Gedächtnis. Schrift, Erinnerung und politische Identität in den frühen Hochkulturen, München 3. Aufl. 2003. Aber lesenswert ist auch: JAN ASSMANN: Religion und kulturelles Gedächtnis, München 2003 (beide als Taschenbücher greifbar).

2. **Wenn Sie den Eindruck haben,** Sie sollten bereits etwas *über* diese neue Theoriebildung lesen: HARALD WELZER: Das kommunikative Gedächtnis. Eine Theorie der Erinnerung, München 2002 (Paperback).

3. **Eher empfehlen** möchte ich Ihnen aber, die weiteren kulturgeschichtlichen und volkskundlichen Anwendungen zu bedenken, die teilweise schon von Assmann selber formuliert worden sind, etwa am Beispiel ‚Fest‘: JAN ASSMANN (Hrsg.): Das Fest und das Heilige. Religiöse Kontrapunkte zur Alltagswelt, Gütersloh 1991.

3 Namenkultur

1 Nomen est omen   Zu Beginn des Filmes *Meine türkische Hochzeit* (2006) führt sich der Freund des Helden ein mit den Worten: „Mein Name ist Horst. Keiner gibt sich seinen Namen selber." Er verkauft Schallplatten in Berlin-Kreuzberg in einem türkischen Viertel und wird insofern jeden Tag darauf gestoßen, daß er Deutscher ist. Trotzdem distanziert er sich von seinem deutschen Vornamen – was er 1930 oder 1960 gewiß nicht getan hätte. Vermutlich ist ihm sein auffallend deutscher Vorname zum Problem geworden, nachdem dieser in Wissenschaft und Öffentlichkeit in die Nähe des Namens ‚Adolf' gerückt worden war. Man muß nicht soweit gehen, diesen Namen als ‚Stigma' zu bezeichnen; jedenfalls kennzeichnet er den Helden – oder besser: seine Eltern, die ihm diesen Namen gegeben haben. Der Eigenname scheint eine Aussage über seinen Träger zu enthalten, von der sich dieser selbst distanziert. Trotzdem führt er ihn weiter (es wäre zumindest denkbar, daß er sich in seiner Umgebung anders nennen läßt). Da Horst im Film *Meine türkische Hochzeit* (wie nah er auch an der Wirklichkeit sein mag!) eine fiktive Figur ist, muß die eigentliche Frage lauten: Warum hat ihm der Autor des Drehbuches diesen Namen gegeben? In gewisser Hinsicht wird er uns sogleich als gebrochene Figur vorgestellt, denn der Autor hätte ihn ja mit einem unauffälligen Vornamen einführen können. „Im Kunstwerk gibt es keine nichtssagenden Namen."[1]

In gewisser Hinsicht beginnt mit der Namengebung die Existenz eines Menschen; bei den alten Germanen wurde ein Kind erst nach seiner Benennung zur Rechtsperson.[2] Dem Namen haftet in den meisten Kulturen etwas Magisches an. Dies ist in der rationalen Gegenwart nicht immer leicht zu sehen; Märchen haben diese magische Wirklichkeit jedoch konserviert (beispielsweise ‚Rumpelstilzchen': durch seinen Namen wird es quasi gebannt; wer seinen Namen weiß, hat Macht über dieses Wesen gewonnen).

Auf der Gegenseite steht konsequent das Tabu des Namens: Im Alten Testament ist Gott der, der nicht bei seinem Namen genannt werden darf;

---

1   JURIJ TYNJANOV: Das literarische Faktum, in: JURIJ STRIEDTER (Hrsg.): Texte der russischen Formalisten I: Texte zur allgemeinen Literaturtheorie und zur Theorie der Prosa, München 1969, S. 392–431; hier: S. 429.
2   GOTTFRIED SCHRAMM: Namenschatz und Dichtersprache. Studien zu den zweigliedrigen Personennamen der Germanen, Göttingen 1957, S. 7 f.

die Bedeutung von ‚Jahwe' wird von Interpreten als ‚Ich bin, der ich bin. Ich werde sein, der ich sein werde.' wiedergegeben, also gewissermaßen eine Aussage über ein Wesen ohne Eigenschaften – außer derjenigen, daß ein Sein über allem Sein angezeigt werden soll (2. Mose 3, 14).

Der Personenname dient zur Identifikation, und er dient zur Individuation: Aus allen anderen Wesen wird ein bestimmtes herausgehoben durch Spezifikation, durch ein *‚nomen proprium'*. Nun ergibt sich als sprachphilosophisches Paradox sogleich, daß diese Individuierung mit Hilfe von Zeichen geschehen muß, die auch sonst im Gebrauch sind und denen dadurch schon etwas (wie auch immer Bestimmtes) anhaftet. Namensgebung hat zu allen Zeiten in dem Versuch bestanden, diese Paradoxie aufzulösen durch Wahl eines positiv besetzten Namens: Sein Defizit an Originalität und wirklicher Individualität soll gewissermaßen kompensiert werden durch Übertragung einer Vorstellung vom Guten, Positiven, Heiligen. Der Name soll prägen, er soll dem Neugeborenen etwas Hilfreiches mitgeben.

In der Wissenschaft von den Namen (Onomastik) gibt es zwei Schulen, deren eine den Namen als gewissermaßen bedeutungsloses Zeichen (Symbol) ansieht, während die andere gerade dem Namen höchste Bedeutung zuschreibt.[3] Wirklich lebende Menschen haben das Problem, zu dem Namen, den ihnen (meist) ihre Eltern gegeben haben, ein Verhältnis finden zu müssen: entweder, indem sie sich (wie der zitierte Horst) distanzieren, oder, indem sie daraus einen ‚Sinn' zu machen wissen. Aber auch im Falle des Rückzugs auf die Position der bloßen Zeichenhaftigkeit von Namen sind sie nicht davor gefeit, daß Mitmenschen ihren Namen als aussagekräftig interpretieren. Es gibt sogar eine eigene ‚Namensphysiognomik', die linguistisch oder psychologisch an dem Problem arbeitet, daß Namen in jedem Falle eine ‚Aura' um sich verbreiten, etwas aussagen, auch wenn dies der Namensträger, der sich so nennt, gar nicht so verstanden wissen möchte. Als Brigitte Reimann einen weichen, schwachen Mann kennenlernte, der mit Vornamen ‚Siegfried' hieß, störte sie der unpassende Name so sehr, daß sie ihn in ‚Daniel' umbenannte.[4] Auch die gewöhnlichen, geläufigen Namen übertragen stets etwas kulturell Spezifisches, und sei es nur durch Abgrenzung: Man erkennt im Regelfall sofort, welcher Nation der Träger eines

3   Vgl. URSULA WOLF: Eigennamen. Dokumentation einer Kontroverse, Frankfurt a. M. 1985.

4   BRIGITTE REIMANN: Ich bedaure nichts. Tagebücher 1955–63. Hrsg. von ANGELA DRESCHER, Berlin 1997, S. 123 f.

Namens zuzurechnen ist. Der Wandel psychologischer Valeurs, welche den Namen anhaften, ist besonders deutlich erkennbar im Falle von Abwertungen.[5] Als man der Frage nachging, warum Goethe seiner Faust-Figur den historisch überlieferten Vornamen ‚Johann' weggenommen und sie statt dessen ‚Heinrich' genannt hat, zeigte sich als Erklärung: Im 18. Jahrhundert war der Vorname Johann so geläufig geworden, daß er als ‚Dienername' erschien, d. h. sozial abgesunken war. Da nun zur Faust-Figur solche Assoziationen unpassend und irreführend gewesen wären, wählte Goethe statt dessen mit ‚Heinrich' einen Kaisernamen.[6]

Durch die Jahrhunderte der abendländischen Geschichte waren es in erster Linie christliche Namen, mit denen man etwas Positives auf Neugeborene zu übertragen versuchte. Namen wie ‚Johannes' oder ‚Maria' sollten eine Brücke schlagen zwischen der jeweiligen Alltagswelt und der Sphäre der Sinngebung, dem Religiösen. Das angesprochene Problem, daß sie so ein Wesen quasi einer ‚Klasse' zuordnen und nicht wirklich individuieren, stellte in altständischer Sicht kein Problem dar. Die Namensauswahl ergab sich aus dem Heiligenkalender: Wen der Papst mit einem feierlichen Gedächtnis im Jahreslauf ausgezeichnet hatte, der übertrug gewiß ‚Heil'. Daneben gab es lokale und regionale ‚Heilige'. Außerdem wurde in manchen Fällen auch auf heidnische, germanische Traditionen zurückgegriffen. Im Laufe des Kulturprozesses schichteten sich so immer mehr Bedeutungsebenen übereinander: Ob ein ‚Thomas' nach dem Zweifler benannt war oder nach dem gelehrten Thomas von Aquin, war nicht auf den ersten Blick zu erkennen. Durch die Gewohnheit, sich bei der Namenswahl an Vätern, anderen Verwandten oder Paten zu orientieren, geriet ein weiterer Aspekt in die Namensgeschichte, der eher die Stammes- bzw. Familientradition bezeichnete oder ein Beziehungssystem abbildete. Wenn im Spätmittelalter einer ‚Thomas' getauft wurde, konnte das auch schlicht die Beziehung ausdrücken, daß sein Vater, Großvater oder Taufpate denselben Namen geführt hatte. Und doch fand diese Namensübertragung in einem kulturellen Rahmen statt, der immer den Rückgriff auf die ‚ursprüngliche' christliche Beziehung nahelegte.

---

5   MAX WILLBERG: Abgewertete Vornamen. Vom erhabenen Augustus zum dummen August – Vom Erzengel Michael zum teutschen Michel – Von der kampfesmächtigen Mechthild zur Metze, in: Muttersprache 75 (1965), S. 330–342.

6   H. G. FIEDLER: Why Goethe Altered Faust's Christian Name, in: Modern Language Review 38 (1943), S. 347–348.

2   Vornamen im Laufe der Geschichte[7]   In den ältesten Zeiten, die
sich im Alten Testament spiegeln, wurde ein Prinzip der Namensvergabe
angewandt, das später nicht mehr zum Zuge kam: Satznamen mit Bezug auf
die Situation der Geburt. Als Lea dem Erzvater Jakob einen Sohn gebären
kann (Gen 30), ruft sie stolz: ‚Ruben‘, d. h. ‚Seht ein Sohn‘! Der zweite wird
dann ‚Simeon‘ genannt, d. h. ‚Erhörung‘. Ihre Gefühle anläßlich der dritten
Geburt werden ausgedrückt mit dem Satz: „Jetzt wird mein Mann endlich
an mir hängen, denn schon drei Söhne habe ich ihm geboren." Darum nannte sie ihn ‚Levi‘ (‚Anhänger‘). Beim vierten Sohn sagte sie: „Dieses Mal will
ich den Herrn lobpreisen." Darum nannte sie ihn ‚Juda‘ (‚Lobpreis‘). Lea
steht in Konkurrenz mit ihrer Schwester Rachel, ebenfalls Jakobs Frau.
Rachel nennt ihren ersten Sohn ‚Joseph‘ (‚Gott möge hinzufügen‘). Da sie
bei der Geburt des nächsten Sohnes stirbt, möchte sie ihn ‚Benoni‘ nennen
(‚Sohn des Unglücks‘), doch sein Vater nennt ihn dann ‚Benjamin‘, d. h.
‚Sohn des Glücks‘. In ähnlicher Weise lassen sich viele der ältesten hebräi-
schen Namen erklären. Erst nach Generationen gingen die Juden dazu über,
Vornamen nach einem anderen System zu vergeben, das später in der euro-
päischen Geschichte üblich wurde.

Die Alten Griechen legten ein anderes System der Namensvergabe zugrunde und reflektierten auch selber schon theoretisch darüber. Ein Schüler
des Aristoteles mit Namen Klearchos verfaßte eine Schrift über Eigennamen, in der er als grundlegende Unterscheidung herausarbeitete, ob Personennamen einen Gottesnamen enthielten (‚*theophora*‘) oder nicht (‚*athea*‘).
Von der Vielzahl der Götter konnte man Namen ableiten wie ‚Apollonios‘
von ‚Apollo‘ oder ‚Dionysios‘ von ‚Dionysos‘. Ansonsten bildete man gerne
Zusammensetzungen wie ‚Apollodoros‘, also ‚Geschenk des Apollo‘, oder
Bildungen auf ‚-agoras‘ (‚verkündet, zugesagt‘) oder ‚-philos‘ (‚geliebt‘) oder
‚-genes‘ (‚abstammend‘). Bei den Alten Griechen läßt sich als eigenes Prinzip die Namensvariation erkennen: Prinzipiell zweigliedrig gebaute Namen
werden so weitergegeben, daß ein Bestandteil vom Vater (oder anderen
Verwandten) übernommen wird, der andere frei variiert (oder von einem
anderen Verwandten). Beispielsweise hieß der Sohn eines ‚Meidon‘ von
Myrrhinoos im 4. vorchristlichen Jahrhundert ‚Meidoteles‘, dessen Sohn
‚Kalliteles‘. In derselben Familie gab es aber auch das System der Nachbenennung: Die Söhne des genannten Kalliteles hießen ‚Meidoteles‘ (nach

---

7   Ich folge in diesem Abschnitt MICHAEL MITTERAUER: Ahnen und Heilige. Na-
     mengebung in der europäischen Geschichte, München 1993.

dem Großvater), ‚Meidon' (nach dem Urgroßvater) und ‚Kallimedon' (als Namensvariation auf den Namen des Vaters). Offenbar wird die direkte Namensübergabe vermieden: vielleicht aus praktischen Gründen (daß keine Verwechslung entsteht, wenn man Vater oder Sohn ruft), wahrscheinlicher aber aus magischen, weil der Verstorbene noch lange als Quasi-Mitlebender aufgefaßt wird, dessen Totenruhe man stören würde durch Rufen seines Namens.

Eine wiederum eigene und abweichende Tradition der Namengebung kannten die Alten Römer. Schon vor der republikanischen Zeit hatten sie ein starres System der ‚*tria nomina*' ausgebildet, wie man es beispielsweise am Namen ‚Gaius Julius Caesar' erkennen kann: ‚Gaius' als Vorname (*praenomen*); ‚Julius' als *nomen gentile*, d. h. Name der Familie, der Sippe, des Geschlechts, und ‚Caesar' als Beiname (*cognomen*), der etwas über den speziellen Träger aussagen sollte (‚Kahlkopf'). Das *nomen gentile* haben also alle Männer mit ihren Vorfahren in männlicher Linie gemeinsam, aber auch alle Frauen führen es in weiblicher Form. (Hätte Caesar eine Tochter gehabt, hätte sie zwangsläufig ‚Julia' geheißen.) Im Unterschied zu den grundsätzlich dreiteiligen Männernamen waren die Frauennamen einfach. Wenn eine Familie mehrere (im Prinzip gleichnamige) Töchter hatte, wurden sie einfach durchgezählt (‚Prima', ‚Secunda' usw.). An Vornamen für die Söhne standen bei den Römern nur ganz wenige zur Auswahl (nicht mehr als 18 in historischer Zeit), die deshalb auch meist nur mit einem Buchstaben abgekürzt wurden (C. = Gaius, M. = Marcus usw.). Das ursprünglich individualisierende *cognomen* wurde in der Spätzeit der Republik erblich. Außerdem legten die Familien wert darauf, daß ihr Name nicht aussterben sollte. Wenn sie keine Söhne hatten, halfen sie sich durch Adoption, wobei der Adoptierte den Namen weiterführte. So wurde etwa der spätere Kaiser Augustus von Gaius Julius Caesar adoptiert und führte fortan denselben Namen (der dann durch zusätzliche Beinamen modifiziert wurde). Das römische System der Namengebung reflektiert den ausgesprochen starken Ahnenkult und Familienzusammenhang. Erst in der Spätantike löste sich dieses System auf; es zeigt sich eine gewisse Tendenz zur Einnamigkeit. Die wenigen Vornamen waren quasi bedeutungslos geworden, der Ahnenkult war gebrochen. So setzte sich oft das *cognomen* als einziger Name durch. Kontrovers diskutiert wird die Frage, ob diese Reduktion etwas mit dem Christentum zu tun hat, mit der Idee der Gleichheit aller Menschen. Bei einem Einnamigen kann man nicht mehr erkennen, ob er Sklave ist oder Freier, ob aus einem berühmten Geschlecht oder nicht. Eine andere Erklärung für die spätantike Veränderung des Namenssystems liegt darin, daß es sich um eine rein onomastische Veränderung gehandelt habe, also ohne Bezug auf einen weltanschaulichen Wandel, rein aufgrund der Namenslage.[8]

Die Durchsetzung des Christentums im *Imperium Romanum* führte langfristig zu einer Veränderung des Namenssystems. Das Motiv der Familienzugehörigkeit, das für die Römer so wichtig gewesen war, wurde in der christlichen Ära überwunden von der Vorstellung, daß alle Menschen vor Gott gleich seien. Am schärfsten hat es der Kirchenvater Johannes Chrysostomus im ausgehenden 4. Jahrhundert formuliert:

»Siehst du, daß auch in den bloßen Benennungen ein reicher Schatz an Gedanken liegt? Nicht nur zeigt sich darin die Frömmigkeit der Eltern, sondern auch ihre Sorgfalt für die Kinder, nämlich wie sie sofort und vom Anfang an ihre Neugeborenen durch die Benennungen, die sie ihnen geben, zum Streben nach Tugend anleiteten, und wie sie nicht wie heute – zufällig und aufs Geratewohl – die Namen wählten. [...] So sollen wir auch nicht irgendwelche Namen den Kindern geben, weder von Großvätern und Urgroßvätern noch von solchen, die durch adlige Geburt sich auszeichneten, sondern sie nach den heiligen Männern nennen, die durch Tugend hervorragten und mit Zuversicht vor Gott auftreten konnten.«[9]

In erster Linie übernahm man die Namen der Apostel und Märtyrer als Zeugen des Glaubens und als Aufmunterung zu einem gottgefälligen Leben nach christlichen Maßstäben. Hinzu kamen theophore Namen wie ‚Cyriacus' (von griech. *kyrios*=Herr) und Symbolnamen wie ‚Leo' (‚Löwe'), worunter man den auferstandenen Christus verstand, oder ‚Victor' (‚Sieger'), bezogen auf Christus als Sieger über den Tod. Solche Namen sind jedoch nicht eindeutig, weil man sie auch ohne Bezug auf Christus verstehen konnte, und darin liegt wohl eine gewollte Ambiguität. Allgemein positive Namen mit Glück- und Segensverheißungen gab es in der Spätantike sowohl in heidnischer als auch in christlicher Verwendung: etwa ‚Felix'/‚Felicitas', ‚Beatus'/ ‚Beatrix', ‚Sanctus'/‚Sancta', ‚Gaudentius', ‚Bonifatius' und ‚Faustinus'.

Von der Spätantike bis zum 20. Jahrhundert ist die Geschichte der Namenwahl in Europa eine Geschichte der Nachbenennung. Man versucht etwas von einem für vorbildlich angesehenen Namensträger auf ein Neu-

---

8   Vgl. JIRO KAJANTO: The Emergence of Late Single Name System, in: L'onomastique latine, Paris 1977, S. 426.

9   MITTERAUER, Ahnen und Heilige, S. 15 (MIGNE: Patrologia Graeca Bd. 53, 1859, Sp. 179).

geborenes zu übertragen, indem man ihm seinen Namen gibt. Diese Grundhaltung tritt in unterschiedlichen Nuancierungen auf: Zunächst eher magisch, dann eher im Sinne von Vorbild und Nachahmung: Dem neuen Menschen wird ein Lebensprogramm nahegelegt, das er durch Orientierung am kanonisierten Vorbild verwirklichen soll. Namensvorbilder sind in erster Linie die Eltern und Großeltern, sodann die Paten. Zur Blutsverwandtschaft tritt also ein Element frei gewählter Beziehungsstiftung hinzu (wenn auch oft nur im Sinne der Auswahl unter verschiedenen Blutsverwandten, die in erster Linie als Paten in Frage kommen).

Jahrhundertelang praktizierte man Nachbenennung nach zwei Hauptprinzipien: nach Ahnen und nach Heiligen. Auch Fürsten kam dabei eine herausgehobene Funktion zu, ebenso Helden, die man aus der Dichtung kannte. Die Kombination dieser Prinzipien führte dazu, daß im Laufe des Mittelalters und der Frühen Neuzeit ein ‚Namensschwund' einsetzte, anders gesagt: eine ‚Namenskonzentration'. Indem man fast nur die schon in der Familie vorhandenen Namen in Betracht zog, wurde das Spektrum immer enger. Dies läßt sich in allen europäischen Ländern beobachten. Für England hat man nachgewiesen, daß sich das Namensspektrum seit dem 11. Jahrhundert zunehmend auf die Namen William, John und Thomas einschränkte. Seit der zweiten Hälfte des 16. Jahrhunderts trug jeder zweite Mann einen dieser drei Namen, in der zweiten Hälfte des 17. Jahrhunderts sogar 62,7 %. Von der ersten Hälfte des 17. Jahrhunderts bis zur zweiten des 18. hieß jede zweite Frau in England ‚Elizabeth', ‚Mary' oder ‚Anne'.[10] Im deutschen 18. Jahrhundert lag die Zahl derer, die ‚Johann' hießen, weit über der Hälfte. Es bürgerte sich ein, stets mindestens zwei Vornamen zu vergeben, so daß häufig der zweite zum Ruf- und Identifikationsnamen wurde, während der erste übergangen werden mußte, da er fast allgemein geworden war (beispielsweise wurde Johann Wolfgang Goethe nie ‚Johann', sondern stets ‚Wolfgang' gerufen (oder Koseformen davon). Im Laufe der Jahrhunderte bürgerten sich für die vielverbreiteten Vornamen auch Kurzformen ein: ‚Hinz' für ‚Heinrich', ‚Kunz' für ‚Konrad', ‚Dietz' für ‚Dietrich', ‚Utz' für ‚Ulrich', ‚Hans' für ‚Johann(es)', ‚Fritz' für ‚Friedrich'. Diese Namen wurden so geläufig und allgegenwärtig, daß ‚Hinz und Kunz' geradezu redensartlich für ‚jedermann' werden konnte.

Die Reformation hätte durch Abschaffung der Heiligennamen eine grundlegende Veränderung des Namensgutes bewirken können, was jedoch

---

10 MITTERAUER, Ahnen und Heilige, S. 251 f.

nicht eintrat, weil die Nachbenennung nach Verwandten bestehen blieb. In England legten Puritaner besonderen Wert auf das Alte Testament. Da sie nicht mehr an den Heiligenkalender gebunden waren, wählten sie nun Namen wie ‚Noah‘, ‚Obadiah‘, ‚Jeremiah‘ und ‚Ebenezer‘. Im deutschen Pietismus fallen Lehnübersetzungen und Neubildungen ins Auge wie ‚Gotthold‘, ‚Fürchtegott‘ oder ‚Christlieb‘.

Eine Tendenz zur Individualisierung und kulturellen Neuorientierung läßt sich seit dem späten 18. Jahrhundert erkennen. Nun entlieh man bestimmte Namen aus der Literatur und vom Theater, um seinen Kindern gleich eine höhere Weihe mitzugeben. Beispielsweise nannte Johann Wilhelm von Archenholtz einen seiner Söhne ‚Agathon‘ (nach dem Romanhelden Wielands) und einen anderen ‚Anacharsis‘ (nach einem damals weitverbreiteten französischen Erziehungsroman). Johann Gottfried Herder nannte einen seiner Söhne ‚Emil‘ (nach dem Romanhelden Rousseaus) und einen anderen ‚Rinaldo‘ (nach Tassos Dichtung). Die Romantik griff gerne auf mittelalterliche germanische Namen zurück und verkürzte diese als Rufnamen: Schwestern des Dichters Clemens Brentano hießen etwa ‚Gunda‘ (getauft ‚Kunigunde‘) oder ‚Bettina‘ (getauft ‚Elisabeth‘). Seit dem 18. Jahrhundert hatten außerdem ‚movierte‘ Namen stark zugenommen, also von Männernamen abgeleitete Frauennamen wie ‚Henriette‘ von ‚Heinrich‘, ‚Friederike‘ von ‚Friedrich‘, ‚Charlotte‘ von ‚Karl‘ (bzw. ‚Charles‘). Diese wurden dann ihrerseits besonders gerne zu Kurz- und Koseformen weiterverarbeitet wie ‚Fiekchen‘ oder ‚Rieke‘ für ‚Friederike‘ und ‚Lotte‘ für ‚Charlotte‘.

Im 19. Jahrhundert ging man teilweise bewußt zu ‚deutschen‘ Namen über. Die preußischen Königsnamen ‚Friedrich‘ und ‚Wilhelm‘ wurden gerne gewählt, in Bayern ‚Ludwig‘ und ‚Otto‘. Unter Rückbezug auf die germanische Zeit wurden nun vielerlei Namen üblich, die vorher nur vereinzelt aufgetreten waren, wie ‚Gerhard‘, ‚Siegfried‘, ‚Hildegund‘, ‚Brunhilde‘, ‚Wolfram‘. Dies ist zum Teil Ausdruck einer Säkularisierung und Nationalisierung; erfaßt wurde zunächst das protestantische Deutschland, seit dem Ersten Weltkrieg auch das katholische.[11] Seit den 1930er Jahren wurden ‚Horst‘ und ‚Uta‘ zu Leitnamen.[12] Eine Sondererscheinung jener Zeit sind auch markige Bindestrich-Doppelnamen wie ‚Wolf-Dieter‘, ‚Kraft-Thorwald‘,

---

11   Vgl. JÜRGEN GERHARDS: Die Moderne und ihre Vornamen. Eine Einladung in die Kultursoziologie, Opladen 2003, S. 43–70.

12   MICHAEL WOLFFSOHN/THOMAS BRECHENMACHER: Die Deutschen und ihre Vornamen. 200 Jahre Politik und öffentliche Meinung, München und Zürich 1999, S. 211–262.

‚Bernd-Hartwig'.[13] Im ‚Dritten Reich' wurde eine aktive Ausgrenzung betrieben, als man Juden die Namen ‚Israel' und ‚Sara' zu führen zwang, nachdem schon vorher ‚jüdische Namen' oft in stigmatisierender Absicht öffentlich behandelt worden waren.[14]

Das Prinzip der Nachbenennung wurde erst in den 1960er Jahren des 20. Jahrhunderts grundsätzlich überwunden (wobei man interessanterweise festgestellt hat, daß Migranten stärker Familientraditionen betonen).[15] Das bedeutet, daß sich der Zusammenhang der Familie und Verwandtschaft in der Industriegesellschaft abschwächte. In einem Zeitalter der Individualisierung, in dem sozialer Aufstieg wichtiger wurde als das Einrücken in Besitz und Stand der Elterngeneration, wählte man speziell individualisierende Rufnamen. Dafür boten sich Namen aus der Literatur und vom Theater, später auch aus Filmen an, zumal das Potential durch die internationale Popkultur immer größer wurde. Stars traten an die Stelle der Heiligen. Eine Untersuchung führt die 1957 bei den Arbeitern im Osten Londons modischen Namen ‚Glenn', ‚Gary', ‚Stephen', ‚Nicholas', ‚Christopher', ‚Graham', ‚Adrian' und ‚Kevin' für Jungen und ‚Maureen', ‚Marilyn', ‚Carol', ‚Jacqueline', ‚Janet', ‚June', ‚Susan', ‚Gloria', ‚Lana' und ‚Linda' auf den Einfluß Hollywoods zurück.[16]

1999 sind die Politologen Michael Wolffsohn und Thomas Brechenmacher mit einer empirischen Untersuchung hervorgetreten, die einen besonderen Aspekt der Namenwahl stark in den Vordergrund treten läßt: Sie glauben nämlich, mit der Untersuchung von Vornamen einen Indikator für politische Präferenz und politische Kultur in einem vordemoskopischen Zeitalter gefunden zu haben. Sie setzen voraus, daß solche Benennung nicht willkürlich oder traditionsgesteuert erfolge (Nachbenennung), sondern immer (politischen) ‚Bekenntnischarakter' trage. Formal läßt sich zwischen traditionellen und innovativen Vornamen unterscheiden. Weitgehend formal läßt sich auch die Frage nach den Fremdanteilen im deutschen Namengut klären: ob slawische, skandinavische usw. Namen gewählt wurden. Schwierigere Fragen ergeben sich jedoch, wo Namen ihrer sprachlichen Herkunft nach (Konnotat) in eine andere Klasse gesteckt werden müßten als nach der

---

13 Vgl. VICTOR KLEMPERER: LTI. Lingua Tertii Imperii, Leipzig 1947, S. 42.

14 DIETZ BERING: Der Name als Stigma. Antisemitismus im deutschen Alltag 1812–1933, Stuttgart 2. Aufl. 1988.

15 MITTERAUER, Ahnen und Heilige, S. 421.

16 MICHAEL YOUNG/PETER WILLMOTT: Family and Kinship in East London, London 1957, S. 10 f.

ihnen zugeschriebenen Bedeutung (Denotat). Welche Namen sind (wert-
frei) als ‚nordisch‘ zu qualifizieren, welche als ‚germanisch-ideologisch‘?
Wenn ‚Egmont‘ und ‚Ottilie‘ Bildungsnamen sind, sind dann auch ‚Siegfried‘
und ‚Brunhilde‘ als Bildungsnamen zu bewerten – oder sind sie ‚germanisch-
ideologisch‘?[17] Wolffsohn und Brechenmacher argumentieren: Selbst wenn
ältere Mechanismen der Namensvergabe weiterwirkten, erlauben doch die
Aufgipfelungen der statistischen Kurven Rückschlüsse auf politische Mei-
nungsäußerungen. „Aufstieg und Fall des ‚Führers‘ spiegeln sich in der Be-
liebtheit seines Vornamens", meinen die Autoren.[18] Während ‚Adolf‘ davor
ein gewöhnlicher deutscher (und europäischer) Vorname war, drückte sich
die Zustimmung zum Führer 1933/34 in einem starken Anstieg dieser
Namenswahl aus, erneut (in geringerem Maße) zu Beginn des Krieges,
während nach 1940 nur noch in wenigen Fällen dieser Name gewählt wurde. Sprechender ist die Konjunktur von ‚Horst‘: Die ehrende Erinnerung an
Horst Wessel wurde zum eigentlichen Kennzeichen des Dritten Reiches.
Der Name ‚Horst‘ war schon seit 1920 beliebt und häufiger gewählt als
‚Adolf‘. Beide Namen erreichten einen Höhepunkt 1933/34; aber ‚Horst‘
stieg immer weiter, erreichte seinen absoluten Gipfel 1940, um dann (verzögert) dem Abstieg von ‚Adolf‘ zu folgen.

»Der politische Zusammenhang ist offenkundig. Solange das NS-Regime auf der
Siegerstraße blieb, folgten ihm viele Deutsche willig – und identifizierten sich
demonstrativ mit ihm.«[19]

Die Kernfrage bleibt, wie weit Namensvergabe in freier Wahl der Eltern
erfolgte und wie weit sie durch Brauch bestimmt war. Auch kleine Verschie-
bungen (Johann→Hans, Wilhelm→Willy) wären hier heranzuziehen, da sie
ja wohl eine absichtliche Entscheidung für den ‚moderneren‘ Kurznamen
enthalten und mithin eine Option gegen die Traditionsvariante. Einge-
grenzte räumlich-zeitliche Einheiten, die in ihrer Sozialstruktur, in ihren religiösen und politischen Präferenzen, in ihrem Bildungsstand und in ihren
Verhaltensstilen faßbar sind, müßten für die Vornamenswahl genauer untersucht und dann auch verglichen werden, um voreilig verallgemeinernde
Aussagen zu vermeiden.

---

17 WOLFFSOHN/BRECHENMACHER, Die Deutschen und ihre Vornamen, Tabelle
ebd., S. 387.
18 Ebd., S. 223.
19 Ebd., S. 231.

Vornamen, soviel steht fest, stellen einen höchst sensiblen Kulturindikator dar. Durch die Jahrhunderte in Europa wesentlich religiös geprägt, öffneten sie sich seit dem 19. Jahrhundert zunehmend für politische Bekenntnisse, zumal in dieser Epoche von manchen gesellschaftlichen Gruppen auch aktiv die Ersetzung des christlichen Namensgutes durch germanischheidnisches propagiert wurde.[20]

In der zweiten Hälfte des 20. Jahrhunderts haben sich sowohl religiöse Traditionen als auch politische Bekenntnisse immer weniger in der Vornamenswahl niedergeschlagen. Die Delegitimierung der ,deutschen' Namen hat zu einer allgemeinen Internationalisierung geführt, in der sich vor allem romanische und angelsächsische Namen in Deutschland einbürgerten – interessanterweise in Ost und West gleichermaßen.[21] Moden, teilweise sogar kurzlebige, schlugen nun stärker durch als jemals. Man wählte Namen von Film- und Fernsehstars, von Sportlern und Musikern. Die traditionelle Übertragung von Heil (oder jedenfalls positiven Vorstellungen) wird in der Massengesellschaft zunehmend durch Medien vermittelt |➡ 7|, so daß ,Kultur' im herkömmlichen Sinne nur noch für einen elitäreren Anteil der Gesellschaft Verbindlichkeit hat, während soziale Unterschichten, denen durch Religion und soziale Leitfiguren keine verallgemeinerbaren Leitwerte mehr vermittelt werden, der Kurzatmigkeit der visuellen Medien anheimgegeben sind.[22] Für Kevin und Tino, Jennifer und Jessica bedeutet das allerdings, daß sie schon nach wenigen Jahren als Angehörige einer älteren Generation angesehen werden, schlimmer noch: daß sie durch die Namenswahl, die ihre Eltern getroffen haben, ein soziales Stigma (,Unterschicht') tragen werden.

Eine andere Tendenz der Vornamensgebung nach dem Ende der kulturellen Verbindlichkeit ist darin zu erkennen, daß die lautliche Gestalt der Namen immer wichtiger wird und gegenüber dem Sinnpotential die Oberhand gewinnt. Wohlklang scheint für die meisten Namenswahlen gegenwärtig

---

20 Übrigens gibt es Analogien in anderen Ländern: In der nationalistischen Bewegung in Irland forderte Douglas Hyde seine Landsleute auf, von den farblosen englischen Vornamen abzugehen und sich statt dessen auf die irischen Heiligen wie Patrick und Brigid zu beziehen. Später suchte man sogar durch die Orthographie das Eigene der gälischen Sprache hervorzukehren und schrieb nicht mehr ,Patrick' sondern ,Padraigh', nicht mehr ,Sullivan', sondern ,Súilleabháen'.

21 GERHARDS, Die Moderne und ihre Vornamen, S. 126–150.

22 Zu soziologischen Fragen wie Schicht und Klasse, Individualisierung und Distinktionsgewinne, Nachahmung und Absinken von Namensmoden vgl. GERHARDS, Die Moderne und ihre Vornamen, S. 101–121.

ausschlaggebend zu sein, was auch dazu geführt hat, daß traditionell bibli-
sche (hebräische) Namen aufgrund ihres Klangcharakters wieder häufiger
Verwendung finden, nachdem man ihre Bedeutung quasi vergessen hat
(‚Johanna‘, ‚Maria‘, ‚Anna‘, ‚Rebekka‘, ‚Susanne‘, ‚Jonathan‘, ‚Lukas‘). Sie
stehen neben wohlklingenden Namen aus anderen Traditionsbereichen
(‚Maximilian‘, ‚Sebastian‘, ‚Alexander‘, ‚Leo‘).

3   Familiennamen im Deutschen[23]   In den europäischen Sprachen
herrschte im Mittelalter allgemein Einnamigkeit vor. Im Deutschen entstanden Familiennamen seit dem 12. Jahrhundert. Darin drückte sich ein
komplexer gesellschaftlicher Prozeß aus, insbesondere auch die Gründung
von Städten und die Zunahme der Bevölkerung, welche die Unterscheidung
verschiedener Träger desselben Namens notwendig machte. Außer der
kommunikativen Bedeutung traten in der neuen Zweinamigkeit aber auch
wirtschaftliche und rechtliche Veränderungen in Erscheinung. Die Sicherung von Besitz und Rechten verlangte eindeutige Personenbezeichnungen.
Mit dem zunehmenden Übergang zur Schriftlichkeit vor allem im 13. und
14. Jahrhundert verstetigten sich die Namen. Zweinamigkeit war zunächst
noch sozial distinktiv: Adel und Patrizier gingen früher zu Familiennamen
über als untere Schichten. Knechte und Mägde wurden auch im Spätmittelalter noch oft nur mit Vornamen bezeichnet.

Der Übergang zur Führung von Familiennamen geschah in Deutschland offensichtlich in Übernahme eines Gebrauchs, der sich in romanischen
Ländern schon etwas früher abzeichnete. Es sind deshalb zunächst Fern-
handelsstädte wie Köln und Regensburg, die Zweinamigkeit zeigten. Von
Südwestdeutschland breitete sich die Sitte allmählich nach Norden und
Osten aus. Am Beginn der Neuzeit ist die Führung fester Familiennamen
weithin üblich geworden. Zu unterscheiden ist freilich der Alltag, in dem
der Rufname lange als der eigentliche Name einer Person galt, während der
Familienname gewissermaßen ein amtlicher, rechtsverbindlicher Name war.
Lange blieben noch Umbenennungen möglich, wie man auch an der humanistischen Sitte der Latinisierung und Gräzisierung überlieferter Namen
erkennen kann (z. B. ‚Agricola‘ für ‚Bauer‘, ‚Faber‘ für ‚Schmidt‘, ‚Molitor‘
für ‚Müller‘, ‚Neander‘ für ‚Neumann‘).

---

23 Vgl. ROSA und VOLKER KOHLHEIM: Duden Familiennamen. Herkunft und Be-
deutung, Mannheim u. a. (2. Aufl.) 2005. JÜRGEN UDOLPH/SEBASTIAN FITZEK:
Professor Udolphs Buch der Namen. Woher sie kommen. Was sie bedeuten,
München 2. Aufl. 2005.

Die Annahme von Familiennamen in einem Prozeß von mehreren Jahrhunderten, dessen Schwerpunkt im Spätmittelalter liegt, spiegelt die damalige Lebenswelt und die damals verbreiteten Berufe und Handwerke. Im Deutschen waren es vor allem fünf Bereiche, aus denen Namen geschöpft wurden:

1. RUFNAMEN Der erste Träger des Namens wurde von anderen Menschen in bestimmter Weise charakterisiert und in seinen Beziehungen festgelegt; von diesem ersten Träger ging der Name auf die Familie über und wurde erblich. Solche Rufnamen konnten beispielsweise Verwandtschaftsverhältnisse ausdrücken, häufig mit Bezug auf den Vater (Patronymika, z. B. ‚Peterson‘ oder ‚Peters‘, ‚Hinrichsen‘ oder ‚Hinrichs‘), selten mit Bezug auf die Mutter (Metronymika, z. B. ‚Eitner‘ unter Hinweis auf eine Mutter ‚Agathe‘ oder ‚Tilgner‘ unter Hinweis auf eine Mutter ‚Ottilie‘).

2. HERKUNFTSNAMEN Sie bezeichnen Stadt, Dorf, Landschaft oder Land, aus dem ein Neuzugezogener stammte (‚Böhm‘, ‚Sachs‘, ‚Oschatz‘, ‚Nürnberger‘, ‚Allgäuer‘, ‚Schweizer‘).

3. WOHNSTÄTTENNAMEN Sie sind ebenfalls sehr häufig im Deutschen. Sie unterscheiden einen Namensträger nach einer landschaftlich markanten Gegebenheit (‚Bühl‘, ‚Berger‘, ‚Ebner‘, ‚Thalmann‘, ‚Bachmann‘, ‚Angermann‘, ‚Hardt‘).

4. NAMEN NACH BERUF, AMT ODER STAND Die heute in Deutschland häufigsten Namen gehören alle in diese Klasse. Sie spiegeln insbesondere die Vielfalt und Differenzierung des Handwerks, die sich genau zur Zeit der Durchsetzung der Familiennamen ergab (‚Müller‘, ‚Schmidt‘, ‚Meier‘, ‚Schneider‘, ‚Fischer‘, ‚Wagner‘, ‚Becker‘, ‚Richter‘, ‚Koopmann‘).

5. ÜBERNAMEN Sie bezeichnen körperliche oder geistige Merkmale des ersten Trägers (‚Klein‘, ‚Schwarz‘, ‚Lang‘, ‚Grimm‘, ‚Streit‘, ‚Sauer‘, ‚Trinkaus‘).

Die Zweigliedrigkeit von Namen, die Kombination von Vorname (*Christian name*) und Familienname, entwickelte sich in Europa zwar phasenverschoben, aber im Prinzip analog in allen Nationalkulturen (Ausnahmen: Island, wo die Einnamigkeit am längsten Bestand hatte, und Rußland, wo sich Dreinamigkeit durchsetzte: Vorname, Vatersname, Familienname). Die Namensbereiche waren in anderen Sprachen nicht wesentlich anders als im Deutschen; so steht beispielsweise neben dem deutschen ‚Maurer‘ der französische ‚Masson‘ und der englische ‚Mason‘; neben dem deutschen ‚Weber‘ der italienische ‚Tessitore‘, neben dem deutschen ‚Schneider‘/

‚Schröder' der englische ‚Taylor', neben dem deutschen ‚Schmidt' der ungarische ‚Kovács' und der litauische ‚Kallweit', neben dem deutschen ‚Schwarz' der tschechische ‚Černý', neben dem deutschen ‚Rot' der italienische ‚Rossi'.

Da sich jüdische Familiennamen in deutscher Umgebung besonders spät verfestigten, sind sie teilweise als solche kenntlich. Juden wurden durch Verordnungen zur Annahme fester Familiennamen gezwungen (1787 in Österreich, 1812 in Preußen, 1813 in Bayern, 1828 in Württemberg, 1834 in Sachsen). Besonders häufig sind Herkunftsnamen (‚Berliner', ‚Frankfurter', ‚Darmstädter', ‚Friedländer', ‚Oppenheim'). Zum Teil beziehen sie sich auch auf traditionelle Hausnamen (‚Rothschild'). Häufig sind Namen aus dem Bereich des alttestamentlichen Vornamensschatzes (‚Abraham', ‚Isaak', ‚Mendelssohn'). Teilweise handelt es sich um Übersetzungen: So wurde aus hebräisch ‚Baruch' lateinisch ‚Benedict' und deutsch ‚Seligmann'. In einem Teil der Fälle wurden Namen nach dem ähnlichen Klang gewählt: ‚Moser' für ‚Moses', ‚Arendt' für ‚Aaron'. Besonders häufig sind Wunschnamen, aus der Phantasie einer positiven Vorstellung: ‚Rubinstein', ‚Goldmann', ‚Silbermann', ‚Lilienfeld', ‚Rosenbaum'. Vor allem im josephinischen Österreich vergaben untergeordnete Beamte aber auch stigmatisierende Namen an Juden (‚Fleck', ‚Kuh', ‚Knoblauch').

Frauen wurden durch die Jahrhunderte nach den Familiennamen ihrer Ehemänner bezeichnet, indem man ein Suffix ‚-in' oder ‚-inne' hinzufügte (in Norddeutschland und in Teilen Mitteldeutschlands auch ‚-se', ‚-sche', oder ‚-ske'). In der Hochsprache sind diese weiblichen Endungen seit etwa 1800 außer Gebrauch gekommen. Im Bürgerlichen Gesetzbuch von 1900 wurde die lange schon geltende Norm festgeschrieben, daß Frauen bei der Eheschließung den Familiennamen ihres Mannes anzunehmen hätten. Veränderungen im Bewußtsein von Individualität und Familienzugehörigkeit, Gleichberechtigung und Emanzipation haben dazu geführt, daß ein Gesetz von 1953 in der Bundesrepublik Deutschland die Möglichkeit eröffnete, daß Frauen ihren Geburtsnamen dem Familiennamen ihres Mannes mit Bindestrich anfügen konnten. Seit 1965 konnte man in der DDR bei Eheschließung zwischen dem Familiennamen des Mannes und dem der Frau wählen, seit 1976 auch in der Bundesrepublik Deutschland (mit der zusätzlichen Möglichkeit, daß der auf seinen Geburtsnamen verzichtende Teil diesen dem Familiennamen hinzufügen und mit Bindestrich voranstellen konnte). Diese letztere Bestimmung wurde später vom Bundesverfassungsgericht zurückgenommen; seit 1994 ist es nicht mehr verpflichtend, einen gemeinsamen Ehenamen zu führen.

Im Namenrecht sind die europäischen Staaten verschiedene Wege gegangen. Beispielsweise ist es im Spanischen sehr gewöhnlich, außer dem Vornamen und dem Familiennamen (des Vaters) an vorletzter Stelle noch den Familiennamen der Mutter aufzuführen. In der Schweiz ist die Führung von ‚Allianznamen' verbreitet, d. h. Bindestrichkombinationen aus den Geburtsnamen beider Eheleute.

4 Straßennamen In älterer Zeit trugen Straßen entweder keine Namen oder solche, die etwas über ihre Eigenschaften (‚Krumme Straße', ‚Lange Straße') aussagten, über ihren Bezug auf Kirchen und andere öffentliche Gebäude (‚Johannis-Straße', ‚Rathausplatz') oder über ihre Richtung zu Nachbarorten hin (‚Kunitzer Straße', ‚Weimarer Straße'). Einen grundsätzlich anderen Charakter nahmen die europäischen Straßennamen erst seit der Französischen Revolution an, als man dazu überging, Straßennamen gewissermaßen als Ehrennamen aufzufassen und in Straßenbenennungen sozusagen Akte der Erinnerungskultur zu sehen. Im Zuge der Revolution (‚Place de la Liberté', ‚Rue du Paix', ‚Rue Napoléon') wurden solche Benennungen in Paris und später überall in Europa üblich. Im Zuge der Restauration kam es zu Denkmalstürzen und auch zur Umbenennung von Straßen, die nun ein royalistisches Programm proklamieren sollten. Der öffentliche Raum veränderte sich in nie dagewesenem Maße und wurde zu einem Memorialraum, zu einem begehbaren Museum.[24]

In seinem Roman *Der Stechlin* läßt Theodor Fontane den sterbenden Schickedanz sagen: „Hausname, Straßenname, das ist überhaupt das Beste. Straßenname dauert noch länger als Denkmal."[25] Damit ist den Straßennamen eine Funktion im kollektiven Gedächtnis zugewiesen, welche die bloße Orientierungsfunktion im Stadtbild überschreitet: Straßennamen erscheinen denkmalsanalog, als Markierung auf der mentalen Landkarte einer Kultur.

---

24 Vgl. GUDRUN GERSMANN: Straßennamen als Revolutionrezeption. Der Streit um die Straßennamen. Städtische Gedenkpolitik zwischen Französischer Revolution und Dritter Republik, in: GUDRUN GERSMANN/HUBERTUS KOHLE (Hrsg.): Frankreich 1848–1870. Die Französische Revolution in der Erinnerungskultur des Zweiten Kaiserreiches, Stuttgart 1998, S. 43–57. GÜNTHER LOTTES: Damnatio historiae. Über den Versuch einer Befreiung von der Geschichte in der Französischen Revolution, in: WILFRIED SPEITKAMP (Hrsg.): Denkmalsturz. Zur Konfliktgeschichte politischer Systeme, Göttingen 1997, S. 22–48.

25 THEODOR FONTANE, Romane und Erzählungen in acht Bänden. Hrsg. von PETER GOLDAMMER u. a., Berlin und Weimar 1973, Bd. 8, S. 126 f.

In den Jahren seit 1989/90 ist diese Kulturbedeutung einer ansonsten weitgehend banalen Bezeichnungsfunktion erneut ins Zentrum des öffentlichen Interesses gerückt, als mit den Veränderungen in Osteuropa, die nicht selten zu Denkmalstürzen führten, auch Straßennamen geändert wurden: im Rahmen eines ideologischen Neuaufbruches wie auch als Wiederaneignung (stadt-)bürgerlicher Kompetenzen durch sich als Mündige verstehende Bürger. Je höher die ‚Verleihung‘ von Namen als ‚Ehrennamen‘ in Diktaturen ideologisiert wurde, desto mehr provozierte der Wille zum Aufräumen mit dem alten Regime zur ‚Wiedergutmachung‘, zur Neubesetzung ideologisch hoch aufgeladener Herrschaftszeichen. Die symbolische Neuvermessung des städtischen Raumes konnte dabei sowohl einen politischen Neuaufbau begleiten als auch eine Ersatzfunktion für eingeschränkte Handlungsspielräume übernehmen.

Johanna Sänger hat diesem genuin kulturgeschichtlichen Thema der semantischen Besetzung des öffentlichen Raumes eine einschlägige Arbeit gewidmet.[26] In der SBZ bzw. DDR (1945–1953) griffen die Sieger der Geschichte unmittelbar ein. Entnazifizierung war das Ziel sowohl der Amerikaner und Russen als Besatzungsmächte wie auch derjenigen Deutschen, die am Wiederaufbau beteiligt waren und Einfluß auf die Gestaltung eines ‚neuen Deutschlands‘ zu gewinnen vermochten. Es kam zu einem Austausch von Nazinamen gegen Symbolnamen für das neue Regime, die russische Besatzungsmacht und die KPD. Dabei spielte der Antimilitarismus eine große Rolle, der zwar durch einen alliierten Kontrollratsbeschluß für alle Besatzungszonen vorgegeben war, in der sowjetischen aber enger ausgelegt wurde als in den übrigen. Gerne benannte man Straßen nach (kommunistischen) Widerstandskämpfern. Die *Vereinigung der Verfolgten des Naziregimes* (VVN) erlangte wesentlichen Einfluß auf die Gestaltung des ‚Pantheons‘ der DDR durch ihre Arbeit an der Kanonisierung von Widerstandskämpfern.[27] Darüber hinaus wurde der kulturelle Kanon im Hinblick auf die Besatzungsmacht erweitert (Puschkin, Gorki usw.).

Die zweite Phase der 1950er/60er Jahre ist gekennzeichnet durch politische Personennamen, durch eine spezifisch ideologische Benennung, wie vorher nur im nationalsozialistischen Deutschland. Für Jena mag hier die Umbenennung von ‚Löbdergraben‘ in ‚Ernst-Thälmann-Ring‘ als charakteristisches Beispiel angesehen werden. Straßenumbenennungen zielten auf

---

26 JOHANNA SÄNGER: Heldenkult und Heimatliebe. Straßen- und Ehrennamen im offiziellen Gedächtnis der DDR, Berlin 2006.

27 Ebd., S. 132–142.

politisch-ideologische Massenmobilisierung. Zunehmend wurden Politiker der SED gewürdigt; wichtig waren weiterhin Widerstandskämpfer, allerdings nur solche der KPD. Hinzu traten Ehrungen von Grenzsoldaten, die im Dienst ihr Leben gelassen hatten („moderne Märtyrer").[28]

In der Spätphase der DDR, in den 1970er/80er Jahren, wurden zusätzlich Namen nach ‚Solidaritätshelden' vergeben, nach ideologisch erwünschten Führungsfiguren im Ausland (Beispiele: Salvador Allende, Indira Ghandi). Charakteristisch war auch hier die Sorge um den Kanon: Namen wurden nicht von Städten oder Bezirken ausgewählt, sondern von der SED zentral angeordnet.

Die Phase des Umbruchs nach 1989/90 führte im Straßenbild durch Umbenennungsaktionen zu Denkmalsturz-Analogien. Im Unterschied zur DDR-Zeit entdeckten die Bürger aber nun ihre kommunalen Rechte wieder – was zwangsläufig zu einem dezentralisierten Geschehen führen mußte. In Jena ist beispielsweise signifikant die Rückbenennung in ‚Eichplatz' (zuvor ‚Platz der Kosmonauten'), aber auch ‚Fürstengraben' für ‚Goetheallee' (in beiden Fällen Rückgewinnung historischer Bezeichnungen gegen Widerstände). Auffallend ist schließlich die Ergänzung von Namensclustern: ‚Leutragraben' ist keine historische Bezeichnung, sondern die folgerichtige Ergänzung des wiederhergestellten ‚Graben'-Clusters. Eine Tendenz zur Idylle für ganze Wohnviertel entspricht dem im Westen vorherrschenden Brauch (‚Tannenweg', ‚Birkenweg' usw.). Das Pantheon der Ehrennamen wird ausgeweitet: Zu den Widerstandskämpfern der KPD treten die konservativen und bürgerlichen hinzu (‚Geschwister-Scholl-Straße'); zu den Politikern (in Einzelfällen) auch die großen Namen aus der Geschichte der Bundesrepublik (‚Willy-Brandt-Platz', ‚Konrad-Adenauer-Allee'). Die Besonderheit Berlins (eingehend behandelt in der überregionalen Publizistik) ist darin zu erkennen, daß hier das Prinzip der lokalen/kommunalen Verantwortung der Bevölkerung durchbrochen wurde unter Hinweis auf die ‚Hauptstadtfunktion' Berlins: Eine ‚Clara-Zetkin-Allee', die zum Bundestag führte, schien unerträglich.[29]

Wir sehen, daß Eigennamen von Personen als Eigennamen von Straßen eine ganz besondere öffentliche Funktion annehmen. Sie werden gewissermaßen zu Symbolen, zu öffentlich umkämpften Bedeutungsträgern mit Relevanz für die Identität einer jeweiligen Zeitgenossenschaft.

---

28 Ebd., S. 167.
29 Vgl. HOLGER HÜBNER: Das Gedächtnis der Stadt. Gedenktafeln in Berlin, Berlin 1997.

5   Namen werden zu Begriffen.[30]   Eine besonders faszinierende
Klasse von Wörtern bilden jene Eigennamen, die zu Begriffen wurden. Der
Sprachwissenschaftler nennt sie ‚Eponyme'. Wenn es sie auch zu allen Zeiten gegeben hat, wurden sie doch besonders zahlreich in den modernen
Sprachen seit dem 19. Jahrhundert. Das hängt mit den zahlreichen Erfindungen und neuen Produkten zusammen, die man gerne dadurch auszeich-
nete, daß man ihnen einen nie gehörten Namen verlieh – ohne Zweifel eine Marketingstrategie. Das ist offensichtlich bei jenen künstlichen Suppen
und Extrakten, die noch heute nach ihrem Erfinder, dem Schweizer Unternehmer Julius Maggi heißen, dem kurzläufigen Schießeisen, das nach
Samuel Colt benannt ist, dem ‚Baedeker', der das Wort Reiseführer fast verdrängte (nach dem Koblenzer Buchhändler Karl Baedeker), oder dem ‚Duden' als Marke für Rechtschreibhinweise (nach dem Lehrer Konrad Duden).
Elektrophysikalische Entdeckungen machten Galvani, Ohm, Hertz und
Röntgen zum Begriff (wenn dessen Strahlen auch in der angelsächsischen
Welt *„X-rays'* heißen, wie sie von Röntgen selbst bezeichnet worden waren).
Manche Ingenieure und Architekten verewigten sich durch ein einziges
Produkt (Eiffelturm von Gustave Eiffel). Das lenkbare Luftschiff ist untrenn-
bar mit dem Namen des Grafen Zeppelin verbunden. Die Motoren von
Otto, Diesel und Wankel wurden zum Begriff. In anderen Fällen hielt man
es für richtig, wissenschaftliche Leistungen der Vergangenheit zu würdigen,
etwa indem man 1 Newton zum Maß für die Kraft machte, die erforderlich
ist, um 1 kg die Beschleunigung von 1 m/s^2 zu erteilen. Neuentdeckungen
im Pflanzenreich wurden oft nach bestimmten Botanikern benannt (z. B. die
Bougainvillea nach Louis-Antoine de Bougainville), entweder von ihnen
selber oder auch zu ihren Ehren. Krankheiten heißen oft nach den Ärzten,
die sie zuerst erfaßten oder wissenschaftlich gültig beschrieben (z. B. die
auf eine vergrößerte Schilddrüse zurückzuführenden hervorstehenden Augen nach Karl Adolph von Basedow oder eine ausgeprägte Form von Alters-
demenz nach Alois Alzheimer, eine zunächst ‚Schüttellähmung' genannte
Krankheit nach James P. Parkinson). Köche und Konditoren können in bestimmten Fällen ihren Namen einer Kreation mitteilen (Praline nach César
Duc de Choiseul, Conte de Plessis-Praslin, Sachertorte nach Franz Sacher,
Béchamelsauce nach Louis Béchameil). Ob freilich der Marquis de Sade

---

30 Vgl. FRITZ C. MÜLLER: Wer steckt dahinter? Namen, die Begriffe wurden, Düssel-
dorf 1964. TAMAR LEWINSKY: Geflügelte Namen. Das Lexikon unbekannter Be-
kannter von Achilles bis Graf Zeppelin, Zürich 1998. AURIEL DOUGLAS: Webster's
New World Dictionary of Eponyms, New York 1990.

stolz wäre auf den nach ihm benannten Sadismus oder Leopold Ritter von Sacher-Masoch auf den nach ihm benannten Masochismus, bleibe dahingestellt. Während Eigennamen zunächst auf Individualisierung abzielen, können sie doch ihrerseits in unendlichen Variationen selber wieder zu Begriffen werden. Die Produktivität der Sprache ist grenzenlos. Und die Eigennamen stellen ein besonders faszinierendes Kapitel dar.

Der Mensch als Sprachwesen lebt und herrscht, indem er benennt: Dinge, Tiere, Menschen. Einerseits dienen Namen der Individualisierung; andererseits lassen sie Gruppenzugehörigkeit erkennen. Namen haben (von der basalen Bezeichnungsfunktion einmal abgesehen) einen psychologischen Hof, sie strahlen etwas aus. Namen sollen Heil übertragen; ihre Auswahl und Verwendung ist ein Indikator von Kultur.

Anregungen zur Weiterarbeit

1.   **Achten Sie beim nächsten Roman,** den Sie lesen, auf die Vergabe der Eigennamen. Welche Assoziationen werden bei der ersten Nennung geweckt? Welche Vorstellungen verbinden sich mit dem Namen nach Lektüre des ganzen Romans?
2.   **Machen Sie eine Aufstellung** über die in Ihrer Familie gebräuchlichen Vornamen, und zwar nach Generationen. Zuerst der eigene Name und die Namen der Geschwister (1. Generation), dann die Namen der Eltern und deren Geschwister (2. Generation), dann die Namen der Großeltern und deren Geschwister (3. Generation). Analysieren Sie die Unterschiede in der Namensvergabe zwischen den Generationen! In welchen Fällen läßt sich durch Befragung oder Familienüberlieferung etwas aussagen über die Gründe der Namenswahl?
3.   **Machen Sie einen Spaziergang** durch ‚Ihr‘ Viertel und notieren Sie alle Straßennamen nach Personen. Welche verstehen Sie sofort? Welche findet man in einem Lexikon? Welche haben nur lokale Bedeutung?

4 Sprachkultur – Kultursprachen

1   Wozu braucht der Mensch Sprache?   In seiner *Abhandlung über den Ursprung der Sprache* (1772) verwandte Johann Gottfried Herder als erster den Begriff ‚Philosophie der Sprache‘ und begründete damit eine neue Teildisziplin der Philosophie, die bis heute fruchtbar ist. Zwei gegensätzliche Ansichten fand er vor: Johann Peter Süßmilch hatte sich für den göttlichen Ursprung der Sprache stark gemacht: Die Grammatik der Sprachen sei von solcher Vollkommenheit, daß sie nur Gott selbst erfunden haben könne, der sie dann den Menschen beigebracht habe. Auf der Gegenseite stand Maupertuis (der in diesem Punkt mit anderen französischen Aufklärungsphilosophen wie Condillac und Rousseau einer Meinung war): Die Sprache sei aus der Natur entstanden, aus dem Schrei, also schon bei den Tieren vorhanden und nur eben bei den Menschen weiterentwickelt worden. In seinem Ausdruck „Sprachen des Ursprungs"[1] zeigt sich, daß sich Herder Sprache als geschichtliches Phänomen vorstellt: Es gibt nicht Sprache schlechthin, sondern nur Sprachen in ihrer historischen Entwicklung. Manche Sprachen stehen dem Ursprung näher (Hebräisch!). Indem Herder die Idee der französischen Aufklärer aufgreift, die Sprache sei als Ausdruck von Empfindungen wie Schmerz usw. entstanden, bildet er sie sogleich weiter in kommunikativer Hinsicht. Für Herder liegt der Unterschied zwischen Tier und Mensch gerade in der Sprache. Eine Philosophie der Sprache zielt letztlich auf Anthropologie.

Herders Ausführungen kreisen um den Begriff ‚Sphäre‘: Tiere haben eine eingeschränkte Sphäre, Menschen eine universale. Das ist so zu verstehen: Bienen können wunderbar Zellen bauen, aber sie sind auf diese Einzelkunst beschränkt. Alle Tiere kennen bestimmte Interaktionsformen mit ihrer Umwelt, durch die sie in spezifischer Weise festgelegt sind. Nicht so der Mensch, der zwar von seinen Instinkten her schwächer ausgestattet ist, aber eben deswegen etwas besitzt, was andere Tiere nicht haben: Freiheit. Nur Menschen benötigen Sprache; Tiere sind durch Instinkt gesteuert und an ihre ‚Sphäre‘ angepaßt; der Mensch dagegen, der für eine große Sphäre, für viele Lebensmöglichkeiten offen sein muß, hat statt dessen die Sprache, um diese Situation bewältigen zu können. Der Mensch verfügt also nicht

---

1   JOHANN GOTTFRIED HERDER: Werke in zehn Bänden, Bd. 1: Frühe Schriften 1764–1772. Hrsg. von ULRICH GAIER, Frankfurt a. M. 1985, S. 701.

über die Sicherheit der Instinkte, dafür aber über die Sprache. Sie ist kommunikativ, ermöglicht ihm also ein Leben mit anderen zusammen. Aber noch entscheidender ist, daß die Entwicklung der Vernunft an Sprache geknüpft ist. Herder verwendet vorzugsweise den von ihm in die deutsche Sprache eingeführten Ausdruck ‚Besonnenheit‘, was gleichzeitig Reflexion und Reflektiertheit beinhaltet, auf jeden Fall aber eine Form der Distanz zur Wirklichkeit bedeutet.

Dieser Gedanke wird wahrnehmungspsychologisch hergeleitet. Der Mensch sieht sich in eine Fülle von Reizen oder Kräften hineinversetzt. Um sich zu orientieren, muß er Merkmale aussondern, etwas erkennen, indem er es vereinzelt und sich selbst in Distanz zu ihm setzt. Dies geschieht durch Benennen, durch Sprache: „Beim ersten Merkmal ward Sprache.“[2] Sprache hat zur Voraussetzung das Hören, den Sinn des Ohres, auf den Herder besonderen Wert legt: „der Mensch erfand sich selbst Sprache! – aus Tönen lebender Natur! zu Merkmalen seines herrschenden Verstandes!“[3] Das eigentlich Auszeichnende des Menschen gegenüber dem Tier ist sein Weltverhältnis als Distanz (Besonnenheit), das ihn Sprache hervorbringen läßt. Indem er Sprache verwendet, entwickelt er seine Vernunft, wird er eigentlich Mensch.

Damit hat Herder den Menschen im Gegensatz zum Tier, das ‚fertig‘ und mit Instinkten zur Welt kommt, als ‚unfertig‘ und ‚sich bildend‘ entworfen. Von dieser entscheidenden Einsicht aus laufen Herders Überlegungen in verschiedenen Richtungen weiter: zur Bedeutung der verschiedenen Wortarten, der Grammatik, zum Verhältnis von Tönen und sprachlichen Inhalten. Herder ist der Erfinder dessen, was man im 20. Jahrhundert ‚Ästhesiologie‘ genannt hat, das heißt einer Lehre von den verschiedenen Sinnen des Menschen, von ihrem Unterschied und Zusammenhang. Eine Besonderheit ist dabei (und dies ist vor allem im Zusammenhang der Sprache relevant!) die Bedeutung des Gehörs. Im Gegensatz zur europäischen Haupttradition seit Plato, welche das Auge, den Gesichtssinn, als vornehmsten Sinn sah [➡ 7.1], will Herder das Ohr aufwerten. Der Gehörsinn ist für ihn ausgezeichnet durch Deutlichkeit und Klarheit. Er ist der mittlere Sinn zwischen Gesicht und ‚Gefühl‘ (Tastsinn).

Entscheidend ist weiterhin, daß Herder nicht nur die kommunikative Funktion der Sprache, sondern auch die kulturelle klar herausarbeitet. Zwar

---

2 Ebd., S. 733.
3 Ebd., S. 736.

entwickelt sich die Vernunft des Einzelmenschen mittels der Sprache. Aber die Stärke des Menschen (im Vergleich mit dem Tier) besteht gerade darin, daß sein ‚Mangel‘, nämlich die schwache Ausstattung mit Instinkten, ihn via Sprache auf die anderen Menschen verweist. Das Verhältnis von Individuum und Menschheit wird so bestimmt: „Kein einzelner Mensch ist *für sich* da, er ist, *in das Ganze des Geschlechts eingeschoben,* er ist *nur Eins für die fortgehende Folge.*"[4] In der Generationenfolge ist der Mensch als Lernender und Lehrender definiert; Herders Anthropologie ist pädagogisch ⇒ 1.1 .

Die Besonderung der Nationalsprachen erklärt sich bei Herder eben aus dieser Funktion: Sie dienen in erster Linie der Verständigung in einer Familie, Gruppe, Gemeinschaft, in zweiter Linie aber müssen sie bei der Ausbreitung der Menschheit über die ganze Erde auf die entsprechenden Umwelt- und Lebensbedingungen reagieren, also flexibel bleiben, sich unterscheiden.

»Das Naturgesetz ist also auch hier sichtbar: ›Menschen sollen überall auf der Erde wohnen, da jede Tiergattung bloß ihr Land und engere Sphäre haben.‹ *der Erdbewohner* wird sichtbar. Und ist das, so wird auch seine Sprache *Sprache der Erde.* Eine *neue* in jeder *neuen Welt, Nationalsprache* in jeder *Nation* […]«[5]

Wir halten als Besonderheit fest, daß Herder seine Anthropologie immer in doppeltem Bezug entwickelt: *synchron* (der Einzelmensch und die gleichzeitig mit ihm lebenden Menschen) und *diachron* (der Mensch als Glied einer Kette von Wesen, welche sich aus der Vergangenheit in die Zukunft fortspinnt).

»Jedes Individuum ist Mensch, folglich denkt er die Kette seines Lebens fort. Jedes Individuum ist Sohn oder Tochter: ward durch Unterricht gebildet: folglich bekam es immer einen Teil der Gedankenschätze seiner Vorfahren frühe mit und wird sie nach seiner Art weiter reichen – also ist auf gewisse Weise ›kein Gedanke, keine Erfindung, keine Vervollkommnung, die nicht weiter, fast ins Unendliche reiche‹. So wie ich keine Handlung tun, keinen Gedanken denken kann, der nicht auf die ganze Unermeßlichkeit *meines* Daseins natürlich hinwürke; so nicht ich und kein Geschöpf meiner Gattung, was nicht mit jedem auch für *die ganze Gattung* und für das *fortgehende Ganze der ganzen Gattung* würke. Jedes treibt immer eine große oder kleine Welle, jedes

---

4   Ebd., S. 785 f.
5   Ebd., S. 794.

verändert den Zustand der *einzelnen* Seele, mithin das *Ganze* dieser Zustände; würkt immer *auf andre; verändert auch in diesen etwas* – der erste Gedanke in der ersten menschlichen Seele hängt mit dem letzten in der menschlichen Seele zusammen. […] In diesem Gesichtpunkt, wie groß wird die Sprache! ›*Eine Schatzkammer menschlicher Gedanken, wo jeder auf seine Art etwas beitrug! Eine Summe der Würksamkeit aller menschlichen Seelen.*‹«[6]

Anthropologen des 20. Jahrhunderts wie Helmuth Plessner und Arnold Gehlen knüpften nicht nur an Herders Bestimmung des Menschen als eines Mängelwesens und die Funktion der Sprache für die Menschwerdung des Menschen an. Sie brachten Herders Erkenntnisse mit den fachwissenschaftlichen Erkenntnissen der Biologie ihrer Zeit zusammen. Am stärksten hat Gehlen das Ergebnis in seinem Werk *Der Mensch. Seine Natur und seine Stellung in der Welt* (1940) formuliert:

»Die philosophische Anthropologie hat seit Herder keinen Schritt vorwärtsgetan, und es ist im Schema dieselbe Auffassung, die sich mit den Mitteln moderner Wissenschaften entwickeln will. Sie braucht auch keinen Schritt vorwärts zu tun, denn dies ist die Wahrheit.«[7]

Wir wollen der Kulturgeschichte der Sprache anhand einiger Leitbeispiele nachgehen: Latein, Französisch, Englisch.

2   Latein als Grundlage[8]   Latein war anfangs nur die Sprache einer Stadt bzw. einer Landschaft (Rom bzw. Latium), die von wenigen Tausend Menschen gesprochen wurde. Wie konnte es zu einer Weltsprache werden? Dies hängt ohne Zweifel mit dem Aufstieg Roms zur Weltmacht zusammen, aber auch mit kulturellen Weichenstellungen, die im folgenden noch genauer zu betrachten sind. Am Ende blieb Latein eine Weltsprache, auch nachdem das Römische Reich längst untergegangen war.

---

6   Ebd., S. 799–801.

7   ARNOLD GEHLEN: Der Mensch. Seine Natur und seine Stellung in der Welt, 13. Aufl. Wiesbaden 1986, S. 79. Die Grundlegung der modernen Anthropologie durch Herder ist herausgearbeitet bei CHRISTIAN GRAWE: Herders Kulturanthropologie. Die Philosophie der Geschichte der Menschheit im Lichte der modernen Kulturanthropologie, Bonn 1967.

8   Dem Folgenden liegen vor allem diese Darstellungen zugrunde: TORE JANSON: Latein. Die Erfolgsgeschichte einer Sprache, Hamburg 2006. WILFRIED STROH: Latein ist tot, es lebe Latein! Kleine Geschichte einer großen Sprache, Berlin 2007.

Anfangs (der Legende nach wurde die Stadt Rom im Jahre 753 v. Chr. gegründet) konkurrierte Latein, die Sprache der Landschaft Latium, mit anderen Regionalsprachen Italiens, vor allem dem Umbrischen und Etruskischen weiter nördlich und dem Oskischen in Süditalien. Bedeutsam war aber schon früh, daß der östliche Mittelmeerraum von einer Sprache beherrscht wurde, welche als ‚Kultursprache' par excellence galt: Griechisch. Es wurde von den Römern als eine überlegene Sprache begriffen – nicht nur durch sein Alter und seine Verbreitung, sondern auch durch literarische Leistungen, welche die Römer als maßgeblich, als klassisch empfanden, wie beispielsweise die homerischen Epen (entstanden um 800 v. Chr.). Ihre eigene Sprache faßten die Römer als Sprache des praktischen Umgangs auf, als Sprache der Religion, der Gesetze und der Landwirtschaft. Philosophische und literarische Ambitionen hegten sie zunächst nicht, da sie dies für die Domäne der Griechen hielten. Durch die griechischen Kolonien in Süditalien standen sie früh schon in unmittelbarem Kontakt mit dieser Welt griechischer Kultur. Sie hielten sich griechische Sklaven zum Unterricht ihrer Kinder. Griechische Rhetoren galten als vorbildlich; ein ehrgeiziger Römer wie Cicero studierte Rhetorik in Athen.

Zur frühen Literatur in lateinischer Sprache gehören aber nicht nur Werke wie Catos Schrift über die Landwirtschaft (um 200 v. Chr.), sondern auch Komödien wie diejenigen des Plautus (um 200 v. Chr.). In diesen Komödien nach griechischen Mustern, die beispielsweise in griechischen Hafenstädten spielten, amüsierten sich die lateinisch sprechenden Zeitgenossen an Stoffen aus einem Alltagsleben, das zwar ihrer eigenen Lebenswelt angeschlossen war, aber doch als ‚Ausland' kenntlich gemacht wurde.

Was wirklich wichtig war, verewigten die Römer in Stein oder prägten es auf Münzen. Ansonsten fand Kommunikation überwiegend mündlich statt. Für schriftliche Literatur war anfangs kaum Bedarf. Dies änderte sich jedoch im zweiten vorchristlichen Jahrhundert. Zwischen etwa 100 v. Chr. und 100 n. Chr. entstand klassische lateinische Literatur. Außer Fachliteratur (über Ackerbau und Kosmetik, über Medizin und Geographie) haben sich mustergültige Reden erhalten (von Cicero und anderen), historische Werke (Sallust, Caesar, Tacitus, u.a.), Schauspiele, vor allem aber Dichtung. Die lateinische Sprache unterscheidet sich von anderen durch ihr Metrum: Alle Silben sind entweder lang oder kurz; aus bestimmten Konstellationen langer und kurzer Silben wurden Versfüße und Verse zusammengesetzt. (Im Unterschied zu den akzentuierenden Sprachen wie z. B. den Germanischen, welche dieses Prinzip später auf ihre Weise nachzubilden suchten, indem sie betonte Silben anstelle der langen und unbetonte anstelle der kurzen verwendeten.) Der Reim als Dichtungsprinzip spielte keine Rolle (im Gegensatz zu den neueren Sprachen). Dichtung war wesentlich für das Ohr organisiert, wenn sie auch schriftlich festgehalten wurde. Die Kombination von schriftlicher Ausarbeitung und mündlicher Inszenierung verbindet die Poesie mit der Rhetorik. Die Möglichkeiten der lateinischen Sprache kommen genau in dieser Kombination zu optimaler Entfaltung: Wohlklang durch reiche Vokalität, gleichzeitig aber vielfältige Möglichkeiten der Satzstellung und syntaktischen Konstruktion, welche die Dichter dazu einluden, Verse auszutüfteln und schriftlich zu fixieren.

Lange empfanden sich die Römer als Schüler der Griechen. Griechisch schreibende römische Autoren wie Plutarch fachten zur Zeit der Blüte und größten Ausdehnung Roms den Wettstreit zwischen Rom und Athen an: Er verfaßte ein Werk mit Parallelbiographien, in dem er jeweils einen berühmten Römer einem berühmten Griechen zur Seite stellte (z. B. Alexander – Caesar). Während bildungsbeflissene Römer lange Griechisch lernten, um sich diese Welt zu erschließen, wurden in der späten Zeit die wichtigsten griechischen Philosophen auch ins Lateinische übersetzt. Schließlich ging man sogar dazu über, in lateinischer Sprache zu philosophieren (was lange undenkbar erschienen war). Die lateinische Sprache hatte sich an der griechischen (auch durch Lehnübersetzungen) zu einem flexiblen Werkzeug gebildet, das nun auch anspruchsvollen Aufgaben gewachsen war.

Das Christentum setzte zunächst auf die griechische Sprache, ging aber bald zum Latein über. Als es zur Staatsreligion wurde, erschloß sich ihm der lateinischsprachige Westen des Römischen Reiches, in dem Griechisch nicht mehr vorausgesetzt werden konnte. Deshalb mußten nun wichtige Werke in lateinischen Übersetzungen zur Verfügung stehen. Eine vollständige und einheitliche Übersetzung der Bibel (Altes und Neues Testament) legte im 5. Jh. Hieronymus vor. Sie wurde als ‚Vulgata‘ zum entscheidenden Text der mittelalterlichen Kirche. Durch das Christentum kam eine Fülle griechischer Lehnwörter in die lateinische Sprache (und auf diesem Wege auch in die modernen Sprachen): beispielsweise *‚baptizare‘* (taufen) und *‚ecclesia‘* (Kirche). Kirchenväter wie Augustinus verfaßten ihr Werk in lateinischer Sprache. Latein wurde überhaupt zur Sprache der Kirche.

Nachdem das Römische Reich zusammengebrochen und auf seinem Gebiet eine Vielzahl germanischer Staaten entstanden war, blieb trotzdem Latein die verbindende Sprache – nicht zuletzt durch die gemeinsame Kirche, nachdem die heidnischen Völker allmählich zum Christentum übergegangen waren. Und durch die christliche Mission in West-, Nord- und Osteuropa dehnte sich das Gebiet der lateinischen Sprache aus, wenn diese auch die Volkssprachen nicht verdrängte, sondern als Zweitsprache genutzt wurde. Auf diesem Wege entwickelte sich Latein zur Schriftsprache Europas. Weitergabe von Kultur in Form von geschriebenen Werken geschah durch Kleriker, d. h. durch des Lesens und Schreibens Kundige, vor allem in den Klöstern. In mündlicher Kommunikation lebte eine Vielzahl von Sprachen. An Schriftsprachen gab es neben dem allgemeinen Latein noch Griechisch im Osten Europas (außerdem Ostgotisch). Latein, das in dieser Zeit kaum mehr jemand als Muttersprache lernte, nachdem sich im untergegangenen Römerreich längst Vulgärsprachen entwickelt hatten, wurde zur allgemeinen Zweitsprache im größten Teil Europas, zur allgemeinen Kultursprache.

Das römische Schulwesen kam im Laufe des 7. Jahrhunderts zum Erliegen. Die Kontinuität des Sprachunterrichts, für welche die lateinischen ,*Grammatici*' gesorgt hatten, war nicht mehr gegeben. Gleichzeitig waren in Britannien und Irland Schreibschulen entstanden, in welchen Latein (und teilweise auch Griechisch) als Basissprache des christlichen Glaubens gelehrt wurde. Während man nach der ,goldenen Zeit' der lateinischen Sprache, dem ersten vorchristlichen und dem ersten nachchristlichen Jahrhundert, die Tendenz beobachten konnte, daß der durch die maßgeblichen Schriftsteller und Dichter (Cicero und Vergil vor allem) erreichte Sprachstand eingefroren und als Norm im Unterricht angesetzt wurde, entwickelte sich die gesprochene Sprache regional unterschiedlich.[9] Allgemein gelang es nicht, die klassische Norm festzuhalten; auch in geschriebener Sprache finden sich im 7. Jahrhundert immer mehr Verstöße gegen die klassische Grammatik (seit dem 4. Jahrhundert wurde der ,Donat' zur meistgebrauchten Grammatik des Lateinischen; Rhetorik lernte man nach dem Lehrbuch des Quintilian). Mit Hilfe von Lehrern aus Britannien wie Alkuin gelang es Karl dem Großen, eine Sprach- und Bildungsreform durchzusetzen, die als ,Karolingische Renaissance' bezeichnet wird. Man bemühte sich wieder um korrektes Latein nach dem Muster der Kirchenväter.

Lange blieb Latein die Schriftsprache, während sich die gesprochenen Sprachen in den verschiedenen Regionen unterschiedlich entwickelten. Im 11. Jahrhundert begann man zuerst in Nordfrankreich, die gesprochene Sprache in eine Schriftsprache zu überführen. Im 13. Jahrhundert läßt sich dieser Prozeß auch in Italien und in Spanien beobachten. Latein blieb die

---

9 Der Wandel vom Vulgärlatein zu den romanischen Sprachen ist auf wenigen Seiten übersichtlich und kompetent dargestellt bei RAINER SCHLÖSSER: Die romanischen Sprachen, München 2. Aufl. 2005, S. 17–25.

Sprache der Kirche und der nun entstehenden Universitäten; währenddessen entwickelten sich die neuen romanischen Schriftsprachen (jenseits der Alltagskommunikation) zu Literatursprachen. In Schulen wurde noch lange nur Latein gelehrt; aber seit dem 14. Jahrhundert auch die neueren Volkssprachen.

Kulturgeschichtlich bedeutsam ist es, daß Latein im Mittelalter zwar die Sprache der Kirche war, daß aber in den Klöstern nicht ausschließlich christliche Texte tradiert wurden, sondern auch solche der heidnischen Antike. Aufgrund des vergänglichen Beschreibstoffes Papyrus war es nötig, alte Texte allmählich (ab dem 4. Jahrhundert) auf Pergament zu übertragen (ab etwa 1300 auch auf das preisgünstiger zu gewinnende Papier). Dieser mediale Wechsel führte zu einer Auswahl des zu Überliefernden: Was nicht mehr abgeschrieben wurde, zerfiel über kurz oder lang. Die kanonische Erweiterung der christlichen Schriften um heidnische Klassiker bedeutete insofern eine Entscheidung von langfristig unermeßlichen Folgen. Für das Abschreiben heidnischer Schriften in den Klöstern gab es verschiedene Legitimationsstrategien. Man studierte sie teilweise, um heidnischen Gegnern gewachsen zu sein, also zum Zwecke der Polemik. Teilweise studierte man sie aber auch im Blick auf die Ähnlichkeit mit der christlichen Lehre (beispielsweise sah man Seneca gerne als ‚christlichen Philosophen‘; zwischen Stoa und Christentum ergaben sich viele Berührungspunkte). Auch die Lehre Platons wurde offen oder indirekt in christliches Denken einbezogen. Schließlich entstand aus der Konfrontation von heidnischem Denken und christlichem in der Scholastik ein Neues, nachdem man auf dem Weg über das Arabische (Kulturkontakt auf der Iberischen Halbinsel) die Schriften des Aristoteles kennengelernt hatte, die nun ins Lateinische übersetzt wurden und als solche an den neu entstehenden Universitäten eine grundlegende Wirkung entfalteten.

Das Nebeneinander verschiedener Volkssprachen und einer allgemeinen Schriftsprache, die aber niemand als Muttersprache lernte, prägte die europäische Kulturgeschichte jahrhundertelang. Als auch Volkssprachen zu Schrift- und Literatursprachen wurden, fächerte sich die Entwicklung auf: Dichtung entstand nun sowohl in den Volkssprachen als auch auf Latein. Wissenschaft blieb noch lange fast ausschließlich an Latein gebunden. Historische Schriften entstanden teils in den Volkssprachen, teils auf Latein. In manchen Fällen wurden Werke in zwei Sprachen veröffentlicht, je nachdem, welches Publikum man ansprechen wollte. Hartmann Schedel ließ seine Weltchronik 1493 gleichzeitig deutsch und lateinisch drucken. Im 18. Jahrhundert arbeitete Christian Wolff seine Philosophie für Studenten in

Halle deutsch aus und übersetzte seine wichtigeren Werke anschließend ins Lateinische: mit Blick auf eine europäische Öffentlichkeit. Die Wissenschaften entwickelten sich in der Sprachenfrage unterschiedlich. Theologie, Rechtswissenschaften, Medizin und Philosophie blieben lange beim Latein. Die lateinische Klassifikation der Pflanzen und Tiere, die der Schwede Carl von Linné 1735 entwickelte, besteht im Prinzip bis heute. In der Medizin erhielt sich eine griechisch-lateinische Terminologie ebenfalls bis heute, wenn auch die Umgangssprache der Mediziner längst die jeweilige Volkssprache ist und zur internationalen Verständigung Englisch allgemein üblich geworden ist.

Die Bedeutung des Lateinischen gestaltete sich auch unterschiedlich in verschiedenen Regionen Europas. Tendenziell große und mächtige Nationalstaaten wie Frankreich, England oder Spanien verwandten ihre Nationalsprachen früh schon in Recht und Politik, von wo sie auf Wissenschaften und Literatur ausstrahlten ⊨ **4.3/4.4**|. Latein blieb für die internationale Verständigung; beispielsweise liegt der Westfälische Frieden von 1648 in lateinischer Sprache vor (auch noch der Utrechter Frieden von 1713). Seit der zweiten Hälfte des 17. Jahrhunderts wurde Französisch zur Sprache der Diplomatie; es trat für die internationale Verständigung zunehmend an die Stelle des Lateinischen. Latein blieb dagegen grundlegend wichtig für die ‚kleinen‘ Nationen. Ein Tscheche wie Jan Amos Comenius hatte nur im Medium des Lateinischen eine Chance auf europaweite Wirkung. Das gilt auch für Finnen und Ungarn, für Kroaten und Polen. Aber auch Holländer und Deutsche kultivierten lange besonders das Latein als internationale Sprache.

Seit der ‚Renaissance‘ entwickelten die ‚Humanisten‘ die Vorstellung, das Latein sei in den mittelalterlichen Jahrhunderten heruntergekommen und müsse dringend reformiert werden durch einen Rückgriff auf die ‚goldene Zeit‘ Ciceros ⊨ **4.4**|. Die Sprach- und Stilbewegung der Humanisten führte zu einem neuen Sprachbewußtsein, aber auch zu einer neuen lebendigen Dichtung in lateinischer Sprache. Dafür traten seit der Gegenreformation vor allem die Jesuiten ein, die in ihren Schulen sogar geistliches Theater in lateinischer Sprache einübten. Einzelne Dichter wie Jacob Balde schufen im 17. Jahrhundert ein umfassendes dichterisches Werk in lateinischer Sprache. Erst mit der jeweiligen ‚Klassik‘ der neueren Sprachen (in England im Zeitalter Shakespeares, in Frankreich mit Corneille, Racine und Molière, in Deutschland erst mit Klopstock und Lessing) wurde Dichtung in der Volkssprache entscheidend; erst jetzt überholte sie die lateinische Dichtung, die ja in regem Wettbewerb mit den römischen Klassikern entstand und schon deshalb auf höchstem sprachlichem und stilistischem Niveau einsetzte.

3   Französisch: Sprache Europas[10]   Früher als andere romanische Sprachen bildete sich das Französische zu einer vom Lateinischen deutlich unterschiedenen Sprache aus. Bereits im Zusammenhang der Teilung des Reiches Karls des Großen unter seinen Söhnen wurde Französisch verwendet; bald wurde auch Literatur in dieser Volkssprache verfaßt. Durch die Jahrhunderte stand Französisch in Konkurrenz mit anderen romanischen Sprachen auf dem Boden der römischen Provinz Gallien; insbesondere das Okzitanische (Provenzalische) entwickelte sich seinerseits zu einer Sprache hoher mittelalterlicher Dichtung durch die Troubadours. Das Französische unterscheidet sich von anderen romanischen Sprachen durch die Aufnahme germanischer Eigenheiten. Innerhalb der französischen Dialekte setzte sich die Sprache der Île de France, der Gegend um Paris herum (,Franzisch'), infolge der politischen Zentralisierung als Norm durch.

Die Eigenständigkeit und Assimilationskraft, welche diese Sprache entfaltete, wird auch darin deutlich, daß die Wikinger, die sich seit dem späten 8. Jahrhundert in der Normandie angesiedelt hatten, binnen drei Generationen ihre eigene Sprache vergaßen und sich vollkommen dem Französischen assimilierten. Das zeitigte weiterreichende Wirkungen, als diese 1066 Britannien eroberten und dort auch die französische Sprache ausbreiteten. Durch den jahrhundertelang engen Kontakt zwischen Frankreich und England im Mittelalter wurde Französisch zu einer weithin gültigen Verkehrssprache; durch die bedeutende Literatur in französischer Sprache (z. B. Gottfried von Straßburg: *Tristan und Isolt*) wirkte es auch auf die deutsche Literatur ein. Französisch galt schon im 12. Jahrhundert als ,höfische Sprache'; der ganze Wortschatz um ,Chevalier' und ,Turnier' ist in den benachbarten Sprachen französisch geprägt. Sogar Dantes Lehrer Brunetto Latini schrieb seine Enzyklopädie im 13. Jahrhundert französisch und nicht italienisch, „weil diese Sprache köstlicher und bei allen Völkern verbreiteter ist",[11] ebenso wurde Marco Polos Reisebericht französisch aufgeschrieben.

In der Frühen Neuzeit entwickelte sich (neben dem Italienischen) das Französische zur Sprache Europas. Der sich zentralisierende und kulturelle

---

10 JOHANNES KLARE: Französische Sprachgeschichte, Stuttgart 2005. HELMUT BERSCHIN/JOSEF FELIXBERGER/HANS GOEBL: Französische Sprachgeschichte, München 1978.

11 Zit. nach SCHLÖSSER, Die romanischen Sprachen, S. 77.

Höchststilisierungen hervorbringende französische Hof wurde unter Ludwig XIV. zum Vorbild Europas, an dem sich die führenden Schichten von Portugal bis St. Petersburg orientierten. Der Adel und die Fürsten lernten überall Französisch; Französisch entwickelte sich zur Sprache des Militärs und der Verwaltung, der Diplomatie und der Wissenschaft. In dieser Zeit ging vieles aus dem französischen Wortschatz in die übrigen europäischen Sprachen über. Im 17. Jahrhundert sprach und schrieb man zeitweise wahre Mischsprachen, etwa ein französisch durchsetztes Deutsch, gegen das sich Sprachreiniger zur Wehr setzten, die dann im 18. Jahrhundert mehr Gehör fanden.[12]

Die Außenwirkung der französischen Sprache hatte eine frühe Standardisierung und Vereinheitlichung in Frankreich selbst zur Voraussetzung. Zunächst mußte sich Französisch gegen Okzitanisch und gegen die anderen romanischen Sprachen und Dialekte durchsetzen. Ein entscheidendes Datum dafür ist das Edikt von Villers-Cotterêts 1539, in dem Franz I. vorschrieb, daß vor Gericht nur noch Französisch angewendet werden solle. Der Buchdruck unterstützte diese Normierung. Während anfangs noch überwiegend lateinische Bücher gedruckt worden waren, überholten die französischen diese seit der Mitte des 16. Jahrhunderts, worauf der berühmte Pariser Drucker und Dichter Henri Estienne großen Einfluß hatte. 1549 erschien eine theoretische Rechtfertigung der Überlegenheit des Französischen nicht nur über die konkurrierenden Volkssprachen, sondern auch über das Lateinische, Joachim Du Bellays *Défence et illustration de la langue française*. Unter Richelieu wurde 1635 die *Académie française* gegründet mit der Zielstellung, durch die Publikation von Wörterbuch, Grammatik, Poetik und Rhetorik das Französische zu einer klassischen und normierten Literatursprache zu machen. Ludwig XIV. breitete Französisch durch seine Kriege weiter in Europa aus, aber auch durch seine Niederlagen: Seit der Aufhebung des Toleranzedikts (1685) trugen die massenhaft auswandernden Hugenotten zur Verbreitung des Französischen in ganz Europa (und auch in Übersee) bei. Französisch galt als die kulturell führende Sprache; nun konnte man überall bei Muttersprachlern Unterricht nehmen, selbst in Polen oder Rußland. Wenn Aufklärer wie Diderot oder Voltaire später bemerkten, daß man an allen Höfen nur Französisch spreche, ob nun in Kassel, Potsdam oder St. Petersburg, ist das nicht zuletzt eine Folge dieser

---

12 JOHANNES KRAMER: Das Französische in Deutschland, Stuttgart 1992. DIETER KIMPEL (Hrsg.): Mehrsprachigkeit in der deutschen Aufklärung, Hamburg 1985.

Wanderungsbewegung, wenngleich man von der Gegenseite auch sehen muß, daß durch die Reisen des europäischen Adels von Hof zu Hof, namentlich aber nach Frankreich, hier auch eine aktive Suchbewegung zugrundelag. Als Antoine de Rivarol 1782 seine berühmte Schrift über die allgemeine Geltung der französischen Sprache formulierte (*Sur l'universalité de la Langue Française*), geschah dies in Antwort auf eine Preisfrage der Berliner Akademie der Wissenschaften.

Mit der französischen Sprache war immer die Vorstellung einer höheren Kultur und Zivilisation verbunden. Über Jahrhunderte hinweg orientierte sich Europa an Paris als einem Zentrum des Geschmacks, ob nun in der Mode, der Kochkunst, im Kunsthandwerk oder in der Literatur. Als sich in Frankreich nach dem Tode Ludwigs XIV. eine Strömung der Anglophilie zeigte, fand allmählich auch das Englische in Europa Beachtung, wenn es auch noch lange Jahrzehnte dauerte, bis führende Schichten beispielsweise in Deutschland oder Italien Englisch zu lernen begannen. Bis zum Ersten Weltkrieg (und darüber hinaus) blieb Französisch die Sprache der Diplomatie. Erst durch den Sport und die Technik, insbesondere nach dem Aufstieg der USA zur Weltmacht, überflügelte das Englische das Französische im internationalen Verkehr. Während die älteren sprachpflegerischen Maßnahmen in Frankreich selbst vor allem in zwei Wellen – Absolutismus und Revolution – eine Durchsetzung der französischen Hochsprache gegenüber den anderen romanischen Sprachen und Dialekten bewirkt hatten, zeichnete sich das Französische im 20. Jahrhundert durch einen politisch bewußten Abwehrkampf gegen die Überfremdung durch das Englische aus. So kommt es, daß (beinahe) alle anderen Sprachen heute ,*computer*' und ,*software*' verstehen, während im Französischen absichtlich ,*ordinateur*' und ,*logiciel*' an ihre Stelle gesetzt wurden.

4   Weltsprache Englisch[13]   Ähnlich wie Latein war auch Englisch zunächst nur die Sprache einer kleinen Bevölkerungsgruppe: die Sprache der westgermanischen Völkerschaften, die vom europäischen Kontinent auf

---

13 Zur Geschichte der englischen Sprache gibt es zahlreiche Werke. Als bewährter Klassiker sei hervorgehoben: ALBERT C. BAUGH/THOMAS CABLE: A History of the English Language [1951], London 5. Aufl. 2002. Außerdem: DICK LEITH: A Social History of English, London 1983. Vergnüglich zu lesen und faktisch zuverlässig: MELVYN BRAGG: The Adventure of English. 500 AD to 2000. The Biography of a Language, London 2003.

die Britische Insel übersetzten. Beda nennt sie in seiner Kirchengeschichte des englischen Volkes (730) die Angeln, Sachsen und Jüten und weist ihnen bestimmte Bezirke in England zu. Sie brachten eine Sprache mit, die zunächst nach ihren Stammesherkünften differenziert war (man unterscheidet im Altenglischen die Dialektbereiche Northumbrian [im Norden], Anglian [im Westen bis zur Grenze von Wales], Mercian [Zentralbereich], West Saxon [südlich der Themse, mit Ausnahme des kleinen Bereichs von Kentish im Bereich um Canterbury]), sich aber in der neuen Heimat vereinheitlichte, als sie sich einer ‚britonischen' (keltischen) Urbevölkerung gegenübersahen, die sie verachteten und unterwarfen, mit der sie sich nicht vermischten und deren Sprache sie nicht annahmen. (Man hat kaum mehr als ein Dutzend Wörter nachgewiesen, die aus der Sprache der Eroberten in die Sprache der Eroberer übergegangen sind, hauptsächlich solche, die mit landschaftlichen Gegebenheiten zusammenhingen wie *‚pen'* für Spitze und *‚craig'* für ‚Berg'.) Die Landnahme der germanischen Völker in Britannien ereignete sich seit dem 5. Jahrhundert, das heißt zur Zeit des Zusammenbruches des Römischen Reiches, als ein Machtvakuum entstanden war. Auch aus dem Lateinischen ging zunächst nur wenig in die Sprache der Neuankömmlinge über: Sie begriffen die Römer nicht mehr als Volk einer höheren Zivilisation und waren noch Heiden. Man hat etwa 200 Lehnwörter gezählt, darunter *‚win'* für ‚Wein' und *‚epistula'* für ‚Brief'. Die Ausbreitung der Sprache der Eroberer tritt in den unzähligen Endungen von Ortsnamen in Erscheinung: *‚-ing'* bezeichnet eine Siedlung nach einem Führer; *‚-ton'* bedeutet ‚Dorf' und *‚-ham'* Bauernhof.

Diese angelsächsische Grundsprache wurde erst mit der Annahme des Christentums einem tiefergreifenden lateinischen Einfluß unterzogen: Seit 597 missionierte der vom Papst gesandte Augustin von Kent her, seit 635 der Ire Aidan vom Norden her. Die neue Religion brachte nicht nur ein neues Denken und Glauben mit sich, sondern auch die neue Kulturtechnik des Schreibens. Das Christentum war eine Religion des Buches; über die Heilige Schrift wurde ein Kontakt mit dem Griechischen hergestellt. Während vorher nur Runen für Inschriften in Gebrauch gewesen waren, übten die Mönche in den Klöstern eine elaborierte Kultur des Schreibens. Sie schrieben nicht nur in lateinischer Sprache, sondern übertrugen das lateinische Alphabet mit geringen Variationen auf die englische Sprache (hinzu kamen nur der charakteristische stimmlose und stimmhafte Reibelaut (þ/ð). Die Verwendung des Englischen als Schriftsprache beschränkte sich nicht auf den Alltagsverkehr (Rechnungen, Urkunden, Gesetze); bald wurde Englisch auch zu einer Literatursprache.

Darauf hatte König Alfred der Große bedeutenden Einfluß. In der militärischen Auseinandersetzung mit neuen Eroberern, den Wikingern aus Norwegen und Dänemark, waren die Angelsachsen zunächst unterlegen, aber auch die Eroberer waren nicht stark genug, das ganze Land zu unterwerfen. Dies führte zu einer Demarkationslinie quer durch England, welche im Norden einen Bereich des ‚Danelag‘ abtrennte von dem unter Alfred geeinigten Königreich Wessex. Englisch wurde zur Integrationssprache der bis dahin getrennten angelsächsischen Kleinkönigreiche. Mit Englisch grenzte man sich von den Wikingern ab, allerdings trieb man mit ihnen Handel. Die Aufnahme skandinavischer Wörter in die englische Sprache blieb begrenzt auf etwa 150 (eine kleine Zahl im Vergleich mit den damals etwa 25.000 englischen Wörtern). Im ‚Danelag‘ entstanden viele Siedlungen, deren Endungen die skandinavische Herkunft bewahren: auf ‚-by‘, ‚-thorp‘, ‚-thwaite‘, ‚-toft‘ und ‚-dale‘ (Stadt, Dorf, Portion Land, Gehöft, Tal). Die Wikinger benannten gerne die Söhne nach ihren Vätern; seither gibt es im Englischen viele Nachnamen wie Robson, Johnson, Stevenson usw. Besonders charakteristisch ist die Lautkombination ‚sk‘, die immer auf skandinavische Herkunft englischer Wörter hindeutet (‚sky‘, ‚skin‘ usw.). Seit dieser Zeit läßt sich eine besondere Eigenart der englischen Sprache verfolgen: die Verdoppelung bedeutungsgleicher oder ähnlicher Wörter. So stehen etwa nebeneinander (jeweils zuerst skandinavisch, dann angelsächsisch): ‚ill‘ und ‚sick‘, ‚skill‘ und ‚craft‘, ‚skin‘ und ‚hide‘. Dieser Prozeß sollte sich später im Kontakt mit dem Französisch der Normannen wiederholen; auf diesem Wege wurde Englisch zu einer Sprache mit einem immensen Vokabular und besonders reichen Nuancierungen des Ausdrucks.

Im Kontakt mit der Sprache der Wikinger vollzog sich im Englischen eine fundamentale Revolution der Grammatik (analog dem Übergang vom Lateinischen zu den romanischen Sprachen). Altenglisch war nämlich ebenfalls eine flektierende Sprache gewesen wie Latein. Die Endungen schliffen sich ab und Kasusbeziehungen wurden allmählich durch Präpositionen ausgedrückt. König Alfred veranlaßte, daß wichtige Bücher auch ins Englische übersetzt wurden, das so zu einer Schrift- und Literatursprache wurde, die sich auch gegen die militärischen Sieger zu halten vermochte und zum zentralen Bestandteil einer englischen Nationsbildung werden konnte. Seit dieser Zeit wurde West Saxon maßgeblich für das Englische; die übrigen Dialekte entwickelten sich nicht zu Schriftsprachen.

Die nächste grundlegende Gefährdung des Englischen trat 1066 ein, als die Normannen mit Wilhelm dem Eroberer Französisch (neben dem Latein der Kirche) zur Sprache Englands machten. Zwar blieb Englisch die Sprache des (einfachen) Volkes, doch orientierten sich die Führenden nun auf das Französisch der Machthaber hin. Zwei Jahrhunderte lang nahm das Englische nun Wörter aus dem Französischen auf: *„army'* und *„battle', „crown'* und *„nobility', „vassal'* und *„servant', „govern'* und *„obedience'* – die Sprache der Sieger … Die Bereicherung der englischen Sprache durch die französische in den drei Jahrhunderten nach 1066 wird auf 10.000 Wörter geschätzt. Die feudale Eroberung hatte also weit tiefergreifende Konsequenzen als der Kontakt mit den Wikingern. Frankreich galt nicht nur militärisch als führende Nation, sondern auch kulturell. Dies zeigte sich in allen Lebensbereichen: im Recht und in der Wissenschaft, in der Literatur und in den Künsten gehobener Lebensführung. Besonders auffallend ist es im Bereich der Lebensmittel und der Küche: Man fragt sich schon geradezu, was die alten Angelsachsen gegessen haben mögen, wenn sie nun von den Franzosen Wörter übernahmen wie *„salmon', „mackerel', „sausage', „oyster', „bacon', „fruit', „orange', „grape'* und *„cream'* … Früh schon wurde bemerkt, daß die Tiere ihre angelsächsischen Namen behielten, während das zubereitete Fleisch französische annahm: Im Stall hieß es *„pig'* – aber in der Küche *„pork', „calf'* – aber *„veal', „ox'* – aber *„beef', „deer'* – aber *„venison', „sheep'* – aber *„mutton'.* Mit den Eroberern kamen auch neue Personennamen nach England. Angelsachsen hatten Ælfric, Ethelbert, Athelstan, Dunstan, Wulfric oder Wulfstan geheißen; die neuen Leute kamen als Richard, Robert, Simon, John, Stephen oder William. Unter der normannischen Überformung verlor West Saxon seine normierende Kraft; die älteren Dialekte schlugen nun auch auf die Schriftsprache durch. Mercian, der Dialekt der Midlands, differenzierte sich in eine östliche und eine westliche Sprache. Der Dialekt der östlichen Midlands wurde aufgrund seiner wirtschaftlichen, kirchlichen und politischen Zentralität zur Leitsprache des Englischen, in diesem Bereich liegen Oxford und Cambridge, vor allem aber London, das zum Zentrum Englands aufstieg.

Während die normannischen Barone in der Anfangszeit Besitzungen sowohl auf dem Kontinent als auch auf der Insel ihr eigen genannt hatten, mußten sie sich aufgrund der neuen politischen Lage ab 1204 (nachdem König Johann die Normandie verloren hatte) zunehmend entscheiden, ob sie Franzosen bleiben oder Engländer werden wollten. Dies zeitigte gravierende Folgen auch für die Sprachgeschichte. Diejenigen, die für England optierten, wurden nämlich dort klar als ‚Franzosen' gesehen; ihre Untertanen begriffen sie als fremd, artikulierten sich zunehmend als ‚Engländer' und dokumentierten dies auch durch ihre Sprachverwendung. Dieser Gegensatz prägte sich dann vor allem im Hundertjährigen Krieg aus (seit 1337), als die Franzosen ‚Feinde' für die Engländer waren. Im Spätmittelalter entwickelte sich Englisch von einer Sprache des (einfachen) Volkes zur Sprache auch des Rechtes, der Gesetze, der Kirche. Seit Eduard I. mobilisierten englische Könige ihre Untertanen durch Appell an die Gemeinsamkeit der englischen Sprache gegen die (damals mit neuer Invasion drohenden) Franzosen. Der Chronist William of Nassington bezeugt 1325, daß Englisch neben Französisch und Latein zunehmend zur Schulsprache wurde. Während Ranulf Higden sein *Polychronicon* 1352 noch lateinisch verfaßt hatte, hielt es John of Trevisa 1387 angesichts der gewandelten sprachlichen Situation für nötig, dieses in die englische Sprache zu übertragen, da man jetzt überall in den Schulen Englisch lerne. Der Prozeß der Durchsetzung des Englischen in England selbst wurde durch die Pest (seit 1349) insofern befördert, als diese besonders in den Klöstern wütete, wo man dicht bei dicht beisammen wohnte, und in den Städten – d. h. unter Latein- und Französischsprechern. Seit der Mitte des 14. Jahrhunderts zeigten sich immer mehr markante Schlüsselsituationen, in denen sich die neue Rolle des Englischen sinnfällig erkennen läßt: Seit 1362 war Englisch als Sprache vor Gericht offiziell zugelassen. Als Richard II. 1381 den aufständischen Bauern unter Wat Tyler entgegentrat, sprach er sie in englischer Sprache an. Als Heinrich von Lancaster 1399 Richard II. absetzte und die Krone usurpierte, wurde dies in englischer Sprache vollzogen und dokumentiert; Heinrich IV. war der erste König seit der normannischen Eroberung, der Englisch zu seiner Sprache machte. Mit Chaucers *Canterbury Tales* entstand im 14. Jahrhundert eine weitverbreitete Dichtung in englischer Volkssprache. Und in der durch John Wycliffe entfesselten Reformbewegung spielte die Übersetzung der Heiligen Schrift in die englische Sprache bereits eine große Rolle. Englisch war, in Auseinandersetzung mit dem Französischen, zur Sprache der Literatur, und in Auseinandersetzung mit dem Lateinischen zur Sprache der Religion geworden.

Mit dem Buchdruck (in England seit 1476: William Caxton in London) stabilisierte sich die englische Sprache und Schrift noch weiter in der als maßgeblich angesehenen Version der East Midlands: ,*Modern English*'. Das wichtigste Buch englischer Sprache wurde die zuerst 1535 in England gedruckte Bibelübersetzung von William Tyndale, für welche dieser außer Luthers Übersetzung auch die Versionen in den originalen Sprachen herangezogen hatte. Die *King James Bible* (1611) wurde zur Grundlage der anglikanischen Kirche und der neueren englischen Literatur- und Alltagssprache. Seit dem Elisabethanischen Zeitalter entstand in allen Gattungen der Poesie, Dramatik und Erzählkunst eine reiche Fülle von Werken, die sich zumeist an den italienischen und französischen Mustern schulten und diese zu übertreffen suchten. Am folgenreichsten für die englische Literatur wurde Shakespeare, der Klassiker schlechthin.

Seit dem 16. Jahrhundert erschienen im Druck Sprachbücher aller Art: ABC-Bücher, Grammatiken, Wörterbücher. Humanistischer Einfluß auf die englische Sprache zeigt sich nicht nur in häufiger Übernahme lateinischer und griechischer Fremdwörter, sondern auch im Versuch, die etablierte Schreibweise nach der Etymologie zu korrigieren (beispielsweise wurden nun die ‚b' in Wörtern wie ‚doubt' und ‚debt' eingefügt, die zwar nicht gesprochen wurden, sich aber aus dem Bewußtsein der Herkunft aus den lateinischen Wörtern ‚dubitare' und ‚debitum' ergaben). Eine weitergehende Orthographiereform schlug John Hart in seinem Werk *Orthographie* (1569) vor, in dem er nach dem Prinzip „ein Laut = ein Buchstabe" vorging, womit er außer der Differenz zwischen gesprochener und geschriebener Sprache auch die Unterschiede der Dialekte aufzuheben suchte: bekanntlich ohne Erfolg. Eine weitgehende Vereinheitlichung der englischen Orthographie wurde nicht durch die Anstrengung von Sprachakademien, sondern durch die Leistung einzelner Wissenschaftler erreicht, namentlich durch die epochemachenden Wörterbücher von Samuel Johnson und Noah Webster im 18. Jahrhundert.

Die Weltbedeutung der englischen Sprache resultierte (nicht anders als im Falle des Lateinischen) aus der kolonialen Expansion und politischen und kulturellen Vorbildlichkeit des Mutterlandes. Die Wirkungen waren zuerst auf den Britischen Inseln zu spüren: *Lowland Scots*, im 15. Jahrhundert auf dem Wege zu einer vollgültigen Literatursprache, wurde vom Englischen vollkommen verdrängt. Dafür war die Entscheidung von John Knox grundlegend, die erneuerte christliche Religion an die englische Bibelübersetzung anzuknüpfen, nicht an eine schottische; durch die Reformation wurde Englisch auch in Schottland zur Sprache der Kirche, die schließlich auch das Gälische der *Highlands* weitgehend verdrängte (bis auf Sprachinseln). Auch in Wales, das seine eigene Sprache bis heute bewahrte, bewirkten die Bibel in englischer Sprache und die Durchsetzung der Reformation eine Verbreitung des Englischen. In Cornwall starb die keltische Sprache im späten 18. Jahrhundert aus. In Irland wurde Englisch zunächst zur Sprache der Protestanten (auch in Irland wurde seit der Reformation die englische Bibel zugrundegelegt); im 18. Jahrhundert wurde ganz Irland englisch überformt; erst im Zuge der Nationalbewegung seit dem späten 19. Jahrhundert geschah eine Identifizierung der irischen Nation über die eigene, gälische Sprache (wenngleich meist nur als Zweitsprache – abgesehen von den gälischen Sprachinseln im Westen [*Gaeltacht*].)

Durch Auswanderung und Kolonisierung wurde Englisch seit dem 17. Jahrhundert zur führenden Sprache in Nordamerika (in Kanada neben Französisch), in Teilen Mittelamerikas, Afrikas, Indiens sowie in Australien und Neuseeland. Durch den Aufstieg der Vereinigten Staaten von Amerika zur Weltmacht im frühen 20. Jahrhundert entwickelte sich das Englische in der leicht modifizierten Version des Amerikanischen zur Weltsprache.

5   Universalsprachen   Es ist einer der ältesten Träume der Menschheit, die Sprachenverwirrung seit der Zerstörung des Turmbaus von Babel aufzuheben und die ganze Menschheit in einer Zunge sprechen zu lassen. Der katalanische Philosoph Ramón Llull stellte schon im 13. Jahrhundert entsprechende Überlegungen an, wie eine philosophische Universalsprache beschaffen sein müsse, um allen Menschen verständlich zu sein. Er sah sich mit den damals im Mittelmeerraum herrschenden Muslimen konfrontiert; sich ihnen verständlich zu machen, war Voraussetzung jeder Mission.

Der nächste große Anlauf kennzeichnet den Rationalismus des 17. Jahrhunderts: Dessen größte Philosophen wie Descartes und Leibniz waren fasziniert von der Möglichkeit einer rein logischen Universalsprache.[14] Ihre Vorstellung bestand darin, daß die menschliche Vernunft nur *eine* sein könne und daß die jeweilige Sprache die Ideen nur unvollkommen zu kommunizieren erlaube. Es gelte, einen logischen Code zu entwickeln, welcher gewissermaßen hinter dem Rücken aller Sprachen verwirklicht werde und das Problem der Übersetzungen von einer Sprache in die andere ein- für allemal erledigen würde. In England mischte sich diese Idee mit dem praktischen Bedürfnis einer Kurzschrift: Im 17. Jahrhundert gab es auf der Insel zahlreiche Kurzschriften, die gewöhnlich aus einer Mischung von Buchstaben und logischen Symbolen bestanden, mit deren Hilfe man Predigten in Sprechgeschwindigkeit nachschreiben konnte. Außerdem eigneten sich Kurzschriften zur Verschlüsselung: Man konnte für sich selber festhalten, was anderen verborgen blieb oder nur Gleichgesinnten offenbart werden sollte. Der Schotte George Dalgarno war der erste, der klar bewies, daß das Problem der Kurzschrift und das Problem einer Universalsprache inkompatibel waren. Der Engländer John Wilkins stieß am weitesten praktisch vor mit seinen Vorschlägen einer logischen Universalsprache. Sein Hauptwerk

---

14 Darstellung und Kritik der sprachphilosophischen Voraussetzungen bei EUGENIO COSERIU: Geschichte der Sprachphilosophie. Von den Anfängen bis Rousseau, 2. Aufl. Tübingen und Basel 2003, S. 179–195.

ist *Essay towards a Real Character and a Philosophical Language* (1668).[15] Vor allem bei der Missionierung und Kolonisierung fremder Kontinente kamen Europäer immer wieder in die Situation, sich Menschen verständlich machen zu müssen, die keine der ihnen bekannten Sprachen verstanden.

Im Zeitalter des Nationalismus und Imperialismus seit der Mitte des 19. Jahrhunderts häuften sich die Entwürfe für Universalsprachen, die nun zumeist als ,Welthilfssprachen' konzipiert wurden. Es galt, von den vorhandenen ,Ethnosprachen' (also an bestimmte Kulturen gebundenen Sprachen) abzukommen und zu einer Allgemeinsprache zu gelangen, die alle Menschen in kurzer Zeit erlernen und anwenden könnten. Dabei unterscheidet man zwei Wege: Der eine bestand darin, die vorhandenen Sprachen soweit zu vereinfachen, daß sie diesen Kriterien genügten, der andere, eine künstliche Sprache gewissermaßen neu aufzubauen, möglichst rein logisch. Den ersten Weg beschritt zum Beispiel 1903 der italienische Mathematiker Giuseppe Peano mit *Latino sine flexione*, einem vereinfachten Latein als internationale Welthilfssprache. Bereits 1879 hatte der badische Prälat Johann Martin Schleyer mit seiner Kunstsprache *Volapük* einen anderen Versuch vorgestellt: ein vereinfachtes phonetisch-phonologisches System aus überwiegend englischen Wurzelwörtern, die sich morphologisch am agglutinierenden Sprachbau des Türkischen orientierten: ,*vol*' bildete er aus engl. ,*world*', ,*a*' steht für den Genitiv, ,*pük*' für ,Sprache' bezog er aus engl. ,*speak*' (*Volapük* = Sprache der Welt). Überholt wurde *Volapük* schließlich von *Esperanto*, das von dem Warschauer Augenarzt Ludvik L. Zamenhof 1887 geschaffen wurde. Seine Ausgangsidee war ähnlich: ein reduzierter Wortschatz aus romanischen und germanischen Wurzeln (ursprünglich etwa 3500) mit zehn Präfixen und 27 Suffixen, agglutinierend verwendet, nur 16 Grammatikregeln, keine Ausnahmen. *Esperanto* hat sich in der Zeit seit dem ersten internationalen Kongreß 1905 stark entwickelt und auch eine eigene Literatur und Wissenschaft ausgebildet. Seine Internationalität wurde sowohl unter Stalin als auch unter Hitler bekämpft. Es gibt Zeitschriften und Lehrmittel in reicher Fülle. Schätzungen der Zahl der *Esperanto*-Sprecher heute sind umstritten; sie reichen von 50.000 bis zu einigen Millionen.[16]

---

15 D. CRAM/J. MAAT: Universal Language Schemes in the 17th Century, in: KEITH BROWN (Hrsg.): Encyclopedia of Language & Linguistics, Amsterdam u. a. 2. Aufl. 2006, S. 259–264.

16 Faktenreicher Überblick über Plansprachen mit Parteinahme für das *Esperanto* bei DETLEV BLANKE: Interlinguistische Beiträge. Zum Wesen und zur Funktion internationaler Plansprachen, Frankfurt a. M. u. a. 2006. (Die Angabe über Sprecherzahlen S. 75.)

Die Idee der Universalsprache offenbart ein grundlegendes Bedürfnis der Menschheit und eine soziale Utopie. Doch liegt ihr ein unhistorisches Verständnis von Sprache zugrunde, welches diese einzig in ihrer kommunikativen Funktion wahrnimmt. Die Vorstellung einer ‚Gleichheit‘ und ‚Gerechtigkeit‘ aller Menschen vor der Sprache geht an der Ursituation vorbei; es gibt kein Leben ohne Kultur, keine *tabula rasa*. Andererseits liegen Reichtum und Schönheit einer Sprache gerade in ihrer jeweiligen Literatur; das falsche Ideal der Einfachheit bringt nicht nur Gewinn für die Kommunikation, sondern auch Verlust für die Kultur.

> Sprache gehört zwar grundlegend zum Menschen, nicht aber eine bestimmte Sprache. Vielmehr erfüllen verschiedene Sprachen verschiedene Funktionen, über die kommunikative hinaus auch die der sozialen Abgrenzung, der Gruppenbildung und Identitätsstiftung. In den Sprachen bildet sich der geschichtliche Gang der Menschheit ab. Die Vielheit der Sprachen eröffnet Zugänge zu anderen Gemeinschaften und zu differenzierterem Denken.

Anregungen zur Weiterarbeit

1.   Welche Fremdsprachen lernen Sie/haben Sie gelernt? Warum? (Persönliche Gründe/allgemeine Gründe?)
2.   Welche Fremdsprachen haben Ihre Eltern/Großeltern gelernt?
3.   Wie jede Sprache enthält auch das Deutsche eine Fülle von Fremdwörtern. Aus diesen wurden hier 30 ausgewählt, 10 aus dem Arabischen, 10 aus dem Griechischen, 10 aus dem Jiddischen. Ordnen Sie diese zu und überlegen Sie sich anhand des Ergebnisses, was das über die Beziehung der deutschen Kultur zur arabischen, griechischen und jiddischen bedeutet!

Algebra, Alkohol, Amalgam, Amulett, Anthropologie, Apotheke, Artischocke, Astronomie, Bagel, Damast, Delta, Diagramm, Diarrhöe, Diwan, Geographie, Ische, Kaffee, Katarrh, kiebitzen, Klesmer, koscher, malochen, Nebbich, Philosophie, Rhabarber, Safran, Schlemihl, Stuss, Sesam, Talmud

Arabisch	Griechisch	Jiddisch

Auflösung: Finden Sie in jedem Fremdwörterbuch. Speziellere Auskunft: NABIL OSMAN (Hrsg.): Kleines Lexikon deutscher Wörter arabischer Herkunft, München 6. Aufl. 2002. LEO ROSTEN: Jiddisch. Eine kleine Enzyklopädie, München 2006. BERNHARD KYTZLER/LUTZ REDEMUND/NIKOLAUS EBERT: Unser tägliches Griechisch. Lexikon des altgriechischen Spracherbes, Mainz 3. Aufl. 2007.

5 Schreibkultur – Lesekultur

1 Die Erfindung der Schrift Als einen einmaligen und persönlichen Akt darf man sie sich nicht vorstellen, die Erfindung der Schrift. Vielmehr entspricht es gegenwärtigem Wissen, daß Schrift mehrfach unabhängig voneinander entwickelt worden sei, zuerst von einer europäischen Kultur, die nach ihrem Hauptfundort in der Nähe von Belgrad ‚Vinča-Kultur‘ benannt wurde, vor 7000 Jahren, später auch auf Kreta und in Sumer.[1] Doch wann sprechen wir überhaupt von ‚Schrift‘? Die erste und gewissermaßen nächstliegende Möglichkeit ist eine *Bilderschrift*: Man zeigt einen Vogel und meint einen Vogel. Davon zu unterscheiden wäre eine *Symbolschrift*: Man zeigt einen Falken und meint damit den Gott Horus. Bilder und Symbole lassen sich kombinieren und zu satzartigen Aussagen aneinanderreihen. Dies geschah und geschieht in vielen Kulturen der Welt. Auch die modernen Piktogramme im Straßenverkehr und auf Flughäfen lassen sich dieser primären Möglichkeit zuordnen.

In einem anderen, emphatischen Sinne sprechen wir dann von Schrift, wenn sich ein weiterer Schritt einstellt: Wenn komplexere Vorstellungen auf dauerhaften Zeichenträgern festgehalten und miteinander kombiniert werden. Da gibt es zwei Möglichkeiten: Man spricht von ‚Logographie‘, wenn Bedeutungen oder Inhalte durch Bildzeichen symbolisiert werden, wie dies beispielsweise in der chinesischen Schrift der Fall ist, und von ‚Phonographie‘, wenn die Zeichen für Laute stehen, also an der jeweiligen wirklichen Sprache orientiert sind (Logographie ist grundsätzlich nicht von einer bestimmten Sprache abhängig).[2] Der nächste Schritt besteht dann darin, aus dem Strom der menschlichen Rede Segmente oder Silben zu isolieren und diese mit Zeichen wiederzugeben (‚Segmental-‘ und ‚Silbenschriften‘, z. B. die sumerische Keilschrift). Ältere Schriften fixieren nur die Konsonanten; die Hinzufügung von Vokalen ist gewissermaßen eine jüngere Entwicklung. Die jüngste und für die europäische Kulturgeschichte entscheidende Fortführung liegt in der Schaffung eines Alphabets, d. h. einer Zeichenfolge, welche die konsonantischen (und später auch die vokalischen) Laute zu fixieren erlaubt. Im Gegensatz zu älteren Schriften sind diese Zeichen ‚sinnfrei‘:

---

1 Ich orientiere mich an HARALD HAARMANN: Universalgeschichte der Schrift, Frankfurt a. M. und New York 2. Aufl. 1991.
2 Ebd., S. 147–149.

Sie geben keine Inhalte, keine Bedeutungen an, sondern nur Laute. Damit wird es möglich, sich auf ein begrenztes Zeicheninventar zu beschränken (20 Buchstaben anfangs). Diese wenigen Zeichen können universal kombiniert werden. Die Lautkombinationen, die man aus ihnen zusammensetzt, erlauben es, gesprochene Sprache zu fixieren und aus diesen Zeichen wieder klanglich zu rekonstruieren. Sie sind grundsätzlich auf eine bestimmte Sprache bezogen. Sie sind wegen des begrenzten Zeicheninventars leichter zu lernen und zu behalten als die bedeutungstragenden Zeichen der anderen Sprachen. Die universale Kombinierbarkeit der Buchstaben erlaubt es, mit solcher Schrift verschiedene Sprachen zu fixieren, sofern sie dasselbe Lautinventar verwenden. Bei Abweichungen fügte man später in verschiedenen Sprachen zusätzliche neue Buchstaben hinzu sowie diakritische Zeichen, welche zusätzliche Hinweise zur lautlichen Umsetzung dieser Zeichen geben.

Herodot hat überliefert, das Alphabet sei eine Schöpfung der Phönizier. Platon war der Meinung, die Schrift komme von den Ägyptern her. Die ältesten überlieferten Fragmente phönizischer Buchstabenschrift werden auf das 17. oder 16. Jahrhundert vor Christus datiert. Die Buchstaben der Phönizier entstanden unter multilateraler Beeinflussung; sie lassen auch Anlehnung an ägyptische Hieroglyphen und altkretische Schriftzeichen der Linear-B-Schrift erkennen. Dies ändert nichts daran, daß im kulturellen Schmelztiegel des Nahen Ostens im 2. vorchristlichen Jahrtausend zuerst die Phönizier von einer Silben- zu einer Buchstabenschrift übergingen, die sich von unserer Schrift freilich wesentlich dadurch unterschied, daß sie nur Konsonanten markierte.

Der Beitrag der Griechen bestand in der Schreibung der Vokale. Im 11. oder 10. vorchristlichen Jahrhundert übernahm man auf Kreta die phönizischen Buchstaben, dann auch, möglicherweise von der kretischen Kultur unabhängig, in verschiedenen anderen Landschaften Griechenlands. Die Adaptierung des Notationssystems einer semitischen Sprache für die Bedürfnisse einer indo-europäischen Sprache bedeutete einen großen Schritt; nun erst entstand ein in unserem Sinne vollständiges Alphabet. 11 Schriftzeichen stimmten im Phönizischen und Griechischen überein: b, g, d, z (für stimmhaftes s), k, l, m, n, p, r, t. An die Stelle von phönizischen Halbkonsonanten, für welche die Griechen keine Verwendung hatten, setzten sie ihre Vokale (a, e, i, o – das O wurde später für die Bedürfnisse der griechischen Sprache in o [Omikron] und Ω [Omega] differenziert). In anderen Fällen wurden phönizische Lautzeichen auf andere griechische Laute übertragen (ṭ=th, sch=s). Nach den Bedürfnissen ihrer eigenen Sprache fügten die Griechen φ (phi), χ (chi) und ψ (psi) hinzu. Verschiedene regionale Varianten wurden überwunden durch die von Archinos aus Athen im Jahre 403 v. Chr. vorgeschlagene Normierung, welche die klassischen 24 Buchstaben des ionischen Alphabets für die Amtssprache und den Schulunterricht zwar nicht verbindlich machen konnte, aber auf lange Sicht entscheidend festlegte.

Man hat festgestellt, daß die Übernahme des phönizischen Alphabets durch die Griechen quasi eine Kettenreaktion auslöste, welche nach allen vier Himmelsrichtungen wirkte und auch in Kleinasien, Ägypten, Italien und später im Norden verschiedene Völker dazu veranlaßte, ihre Sprachen ebenfalls mit Hilfe dieser Alphabetschrift zu fixieren und damit traditionsfähig zu machen. In Italien waren dies zunächst die Etrusker, bald nach 700 v. Chr. dann auch die Latiner. Aber auch sie paßten das Alphabet wieder an ihre Sprache an. Für φ (phi), χ (chi) und ψ (psi) hatten sie keine Verwendung, so daß ihr Alphabet ursprünglich 21 Buchstaben umfaßte. Doch bewahrten sie lange als siebten Buchstaben das Z (dz), das sie ebenfalls nicht brauchen konnten. Ein römischer Freigelassener, Spurius Carvilius Ruga (230 v. Chr.), der die erste kommerzielle Schule eröffnete, ersetzte diesen Buchstaben: Zur Ergänzung des C, das für die beiden Laute k und g verwendet wurde, setzte er an die siebte Stelle ein C mit einem Querstrich (G). Eine spätere Reform aus hellenistischer Zeit führte zur letzten Veränderung des lateinischen Alphabets: Die Etrusker hatten das griechische Y zunächst zur Schreibung des Lautes u übernommen. Als die Römer mehr Kontakt mit den Griechen hatten und öfter griechische Lautungen in ihrer eigenen Sprache wiedergeben wollten, entlehnten sie dieses Y nochmals direkt von den Griechen, um beide Laute unterscheiden zu können. Schließlich setzten sie an die letzte Stelle des Alphabets den nun doch wieder benötigten Buchstaben Z (dz); damit war das uns bekannte Alphabet komplett.

Durch den Aufstieg Roms zur Weltmacht wurde mit der lateinischen Staatsprache auch das lateinische Alphabet überall bekannt. Einheimische Sprachen (beispielsweise Irisch seit etwa 650 n. Chr.) wurden bald ebenfalls mit Hilfe der Buchstaben des lateinischen Alphabets aufgeschrieben. Die Christianisierung Europas führte dann zu einer noch weiteren Verbreitung der lateinischen Alphabetschrift.

2   Praxis des Lesens und Schreibens in der Antike   In den ältesten Schriften (noch im Griechischen!) konnten Texte in der einen Zeile von links nach rechts, in der anderen in Gegenrichtung geschrieben werden. Die später übliche Standardisierung mußte erst einmal entwickelt werden. Und erst nach Vereinheitlichung der Schreibrichtung bekamen die Wörter eine

feste, wiedererkennbare Wortgestalt. Aber lange noch übte man *lectio conti-*
nua: Wortabstände und Satzmarkierungen wurden nicht mitgeschrieben; jeder Leser mußte sich aufs neue aus den Buchstabenkolonnen Wort- und
Sinneinheiten abtrennen. Dies geschah durch lautes Lesen.[3]

Überhaupt hat man festgestellt, daß für die Griechen die Stimme, das
Tönen, die Laute eine entscheidende Rolle spielten, auch wo sie sich der
Schrift bedienten. Dies wird nicht zuletzt auch an der Schreibung der Vo-
kale deutlich. Das Lesen von Schriften bedeutete für sie eigentlich Singen,
Vortragen, zum Klingen bringen. Nur in Einzelfällen sind aus früher Zeit
Quellenstellen überliefert, aus denen deutlich wird, daß es auch schon ein
stilles Lesen gab, ein Nicht-Vokalisieren des visuell Aufgenommenen.[4] Ohne
Zweifel ermöglichte erst das stille Lesen geübterer Leser eine höhere Lese-
geschwindigkeit und die Verarbeitung größerer Textmengen. Wie in der
griechischen Antike, blieb auch in der römischen lautes Lesen die Norm.

Die Alten Griechen entwickelten ihre Schrift aus geometrischen
Grundformen: Strich, Kreis, Dreieck, Rechteck. Als 403 v. Chr. die alten Ge-
setze Athens neu in ionischer Schrift herausgegeben wurden, trug dies zur
Verbreitung einer einheitlichen Schrift in allen griechischen Stadtstaaten bei.
Anfangs war die griechische Schrift eine Monumentalschrift: Buchstaben
wurden einzeln in Stein gehauen und deutlich von einander abgesetzt.
Zuerst verwendete man eine Schnurschrift (rund ansetzend), etwa seit der
Zeitenwende eine Serifenschrift (mit Häkchen rechts und links an den
Schaftenden der Buchstaben). Auf Papyrus entwickelte sich zu schnellerem
Schreiben eine davon abgeleitete Kursive. Im 3. Jahrhundert entstand dar-
aus eine Unziale, d. h. eine Buchschrift, bei der die Buchstaben sorgfältig ein-
zeln gesetzt wurden. Jahrhundertelang gab es nur Großbuchstaben; eine
Schrift mit kleinen Buchstaben wurde erst im 9. Jahrhundert geschaffen.

Die lateinischen Buchstaben gingen aus den griechischen hervor,[5] entweder direkt im Kontakt mit den Griechen in Süditalien oder vermittelt über
das Etruskische. Die ältesten Schriften sind wohl die Inschriften in Stein, die
klassische römische Kapitalschrift, die man auch Quadrata nennt. Als
Muster der Schriftkunst gilt die Trajanssäule in Rom (113 n. Chr.). Die latei-

---

3   ROGER CHARTIER/GUGLIELMO CAVALLO (Hrsg.): Die Welt des Lesens. Von der
    Schriftrolle zum Bildschirm, Frankfurt a. M. u. a, 1999.
4   Vgl. BERNARD KNOX: Silent Reading in Antiquity, in: Greek, Roman, and Byzan-
    tine Studies 9 (1968), S. 421–435.
5   Ich orientiere mich an ALBERT KAPR: Schriftkunst. Geschichte, Anatomie und
    Schönheit der lateinischen Buchstaben, München u. a. 3. Aufl. 1983.

nische Schrift formierte sich parallel zur griechischen: Anfangs nur einzeln stehende Großbuchstaben (Majuskeln) in Schnurschriftcharakter, um die Zeitenwende eine Serifenschrift, später eine Schrift mit kleinen Buchstaben (Minuskeln). Aus der älteren Quadrata entstand als Buchschrift eine Rustica, d. h. eine engere, gedrängtere Schrift, und als Schreibschrift eine Kursive.

In der späten römischen Republik und noch mehr in der Kaiserzeit wurde privates Lesen zu einer verbreiteten Gewohnheit: Gebildete Leute lasen in ihren Villen oder Bibliotheken, in Säulengängen und Gärten, für sich allein oder mit anderen zusammen; nicht selten hatte man auch Sklaven oder Freigelassene als Vorleser. Das Lesepublikum breitete sich in der Kaiserzeit immer weiter aus (Buchhandlungen, professionelle Schreiber, Bibliotheken). Es wurde zu einem Kulturstil, sich mit Büchern zu umgeben – sogar dann, wenn man wenig gebildet war. Bücher wurden durch Illustrationen auch für ungeübte Leser leichter zugänglich gemacht; es entstanden Manuskripte, die geradezu an moderne Comics erinnern.

Von den Griechen hatten die Römer die Rollenform des Buches übernommen: Papyri wurden zu langen Rollen zusammengefügt und auf Holzstäben aufgerollt. Wenn man las, nahm man die volle Rolle in die rechte Hand und wickelte das Gelesene auf den Stab der linken Hand. Dabei konnte man nach Belieben eine oder mehrere Spalten mit dem Blick erfassen. Auch gab es Holzgestelle zum Halten der Buchrollen, entweder fest installiert oder auch so, daß man sie auf den Schoß nehmen konnte. Solche Rollen las man bevorzugt in Privathäusern, aber auch in Bädern oder in manchen Fällen auf der Straße oder auf der Jagd, wenn es Wartezeiten zu überbrücken galt. Rhetoren wie Quintilian berichten, daß man beim Lesenlernen eine besondere Fertigkeit entwickeln müsse, seine Aufmerksamkeit zu teilen: Während man mit der Stimme die erkannten Laute bilde, müsse das Auge schon vorauslaufen, um die nächsten Wörter zu erkennen. Die Stimme war entscheidend; im Lateinischen verwandte man für das Vortragen von Dichtung zumeist den Ausdruck ‚cantare‘ (‚singen‘).

Eine Revolution des Lesens und des Buches bestand im Übergang von der Schriftrolle zum Kodex, der sich seit dem 2. Jh. n. Chr. abzeichnete. ‚Kodex‘ nannte man ein Buch mit Seiten, die zusammengeheftet und schließlich gebunden wurden. Die neue Art der Buchherstellung war zumeist verbunden mit einer Änderung des Beschreibstoffes: statt Papyrus Pergament. Kodizes waren schneller und einfacher herzustellen und erbrachten außerdem eine Ersparnis an Schreibmaterial, weil man die Blätter nun doppelseitig beschreiben konnte (Schriftrollen waren nur einseitig beschrieben worden). Das Lesen vereinfachte sich insofern, als man solche

Bücher (wenn sie nicht zu groß waren) auch mit einer Hand lesen konnte, während für die Rollen grundsätzlich zwei Hände benötigt worden waren. Damit wurde Lesen auch ungezwungener; man konnte leichter verschiedene Stellungen einnehmen. Indem eine Hand frei wurde, konnte man auch beim Lesen Randbemerkungen anbringen. Verschiedene Werke ließen sich in eine feste Anordnung bringen, und man konnte leichter nachschlagen. Die Christen bevorzugten die neue Form des Buches gegenüber den alteingeführten Buchrollen der Heiden.

Während Kodizes in der Kaiserzeit den Einsatz von Geschriebenem zunächst flexibler machten, änderte sich mit der Leserschaft der Spätantike auch die Gestalt des Buches. Seit dem 4. Jahrhundert griff Analphabetismus um sich; Lesen wurde zum Phänomen einer kleinen Elite. Kodizes wurden immer voluminöser und verlangten nach einem Pult als Auflagefläche. Lesen konzentrierte sich mehr und mehr auf wenige, wenngleich umfangreiche Bücher: die Heilige Schrift, die Kirchenväter, das Römische Recht.

3   Lautes, leises und stilles Lesen im Mittelalter   Im christlichen Mittelalter wurde Lesen zu einer wichtigen Sache für das Seelenheil des einzelnen. Mochte auch der gewöhnliche Gläubige durch Teilhabe an der Liturgie und den Sakramenten Wesentliches erfahren, erwartete man doch von denjenigen, die sich für ein Leben im Dienste Christi entschieden hatten und in klösterlicher Gemeinschaft lebten, daß sie lesen lernten, um in Kontakt mit der Heiligen Schrift ihr religiöses Leben zu vertiefen.

Klösterliche Lektüre gab es in dreierlei Gestalt: lautes Lesen (beispielsweise bei den Mahlzeiten im Refektorium), halblautes Murmeln in Kreuzgängen, wobei meditative Nebenaspekte mitspielten (dafür war das Wort ‚*ruminare*‘ üblich: ‚wiederkäuen‘), und stilles Lesen in der Zelle. Für das private, stille Lesen kamen neue Bezeichnungen auf, etwa ‚*videre*‘ (Anselm von Canterbury) und ‚*inspicere*‘ (Hugo von St. Victor). Lautes Lesen ist die ältere und sicher verbreitetste Form, doch empfiehlt schon Benedikt von Nursia in seiner Ordensregel aus dem 6. Jahrhundert leises Lesen, um die anderen nicht zu stören. Die Bauformen der Klöster erlaubten es, in Nischen und Kreuzgängen artikulierend zu lesen, ohne andere bei gleicher Tätigkeit stören zu müssen.

Lange noch waren im Mittelalter *scripta continua* üblich, also Buchstabenfolgen ohne Lücken für Wortabstände; diese Schreibweise verlangte lautliches Artikulieren, um Sinngrenzen erfassen zu können. Im Hochmittelalter setzten sich in den Schriften Gliederungselemente durch: angefangen von Wortabständen über Interpunktion bis zu auffälligen Anfangsbuchstaben. Damit wurde es dem Auge erleichtert, visuell Zusammenhänge zu erfassen und zu memorieren. Dieser Prozeß erstreckt sich von der zweiten Hälfte des 10. Jahrhunderts, als in den meisten westlichen Ländern Europas Getrenntschreibung üblich wurde, bis ins 12. Jahrhundert, in dem die Getrenntschreibung von Wörtern weitgehend konsequent durchgeführt wurde.

Die Unzialschriften haben ihren Namen von *uncia*, was ‚Zoll‘ bedeutet, also ein Längenmaß für große Buchstaben. Unzialschriften kennen noch kaum jene Ober- und Unterlängen, die dann später für die Halbunzialen charakteristisch werden sollten. Außerdem gehören zur Halbunziale vermehrte Rundungen: Nun wurde zum Beispiel das A zu einem runden Buchstaben, wie wir ihn aus der späteren Minuskelschrift kennen. Zur Zeit der Bildungsreform unter Karl dem Großen prägte sich die Minuskel aus. Während die Majuskel eine typische Lapidarschrift ist (für Inschriften in Stein), ist die Minuskel eine typische Buchschrift, die mit der Feder ausgeführt wurde. Bei den Einzelbuchstaben wurden die Schulterhöhen mit gleichmäßigen Schwüngen verbunden, so erhielt etwa das N seine bekannte Gestalt mit zwei, das M mit drei Höckern. So wurden aus Einzelbuchstaben mehr und mehr Wörter von charakteristischer Gestalt geformt, und komplementär ergaben sich regelmäßige Wortzwischenräume zur klareren Abgrenzung von Wörtern. Die karolingische Minuskel breitete sich weit über das Frankenreich hinaus aus und wurde auch in Spanien, Oberitalien und England verwendet.

Die Schriftentwicklung des Mittelalters blieb lange an die Klöster gebunden. Dort schrieben die Mönche zur Ehre Gottes; sie hatten Zeit und gaben sich größte Mühe. Während die Vorbildlichkeit der karolingischen Minuskelschrift jahrhundertelang galt, zeigten sich seit dem 11. Jahrhundert kleinere Veränderungen, indem etwa die Schäfte einzelner Buchstaben kleine An- und Endstriche erhielten. Die Buchstaben verschlankten sich und rückten enger aneinander. Aus der Kreisform des O wurde ein Oval. Seit dem 13. Jahrhundert spricht man von einer gotischen Schrift, wie man auch von gotischen Kathedralen spricht. Sie breitete sich ebenfalls, wie diese, von Nordfrankreich und England her aus. Die gotische Schrift ist gekennzeichnet durch das Prinzip der Brechung (Fraktur): An- und Endstriche wurden stärker betont und die Abstriche erhielten eine leichte Kehlung. Rundungen wurden möglichst ausgemerzt. So entstand, verstärkt durch geringere Zeilenzwischenräume, ein sehr regelmäßiges Schriftbild, wie ein Teppich gewebt (Textur, 14. Jahrhundert). Manche Buchstaben wuchsen zusammen

(Ligaturen). Als Großbuchstaben verwendete man gerne Rustica, die aber auch dem Prinzip der Brechung unterworfen wurden. Gutenberg übernahm solche Texturschriften für seine berühmten Bibeldrucke dann auch als Druckschriften.

Eine deutliche Veränderung der Lesepraxis brachten die seit dem 11. Jahrhundert gegründeten Universitäten mit sich. Nun benötigte man Schriften in größerer Zahl; nun wurden von berufsmäßigen Schreibern viele Kopien hergestellt. Es ist nicht richtig, daß Professoren ihren Studenten bei den Vorlesungen grundsätzlich diktierten (was schon deshalb wenig wahrscheinlich wäre, weil es im Mittelalter keine Kurzschrift gab und auch sonst keine Art des Schreibens, welche der Sprechgeschwindigkeit nahegekommen wäre); es gibt vielmehr reichlich Zeugnisse dafür, daß die Studenten die vorzulesenden Schriften bereits mit in die Vorlesungen brachten, um so konzentriert den Auslegungen und Kommentaren der Professoren lauschen zu können. Die Universitäten in Paris, Oxford und Cambridge richteten im 13. Jahrhundert Bibliothekssäle ein, in denen die wichtigen Bücher an den Plätzen angekettet waren. Wenn hier viele in einem Raum dicht nebeneinander arbeiten sollten, mußte still, nur mit den Augen, gelesen werden. (In bildlichen Darstellungen werden diese Bibliotheksbenutzer mit versiegelten Lippen dargestellt.)

Die Wissenschaftshaltung der Scholastik an den Universitäten brachte neue Textgattungen hervor, insbesondere Anthologien und Sentenzensammlungen aller Art, die ‚*loci communes*‘ enthielten, zitierbare Sätze der Autoritäten, auf die man sich berufen konnte. Außerdem gehören zur Scholastik Veränderungen in der Herstellung der Schriften, welche diese immer stärker aufzuschließen geeignet waren. Solange man wesentlich laut las und Informationen im Hören aufnahm, kam es auf den Zusammenhang an, auf die Kontinuität. Als man aber immer mehr visuell aufnahm, benötigte man Hilfen für das Auge wie Seitenzahlen, Textgliederungen, Abschnitte, Initialen, Großbuchstaben, Randglossen, Randbuchstaben, rollende Kolumnentitel, Verweissysteme, Register und Inhaltsverzeichnisse. Solche Lesehilfen entstanden im scholastischen Wissenschaftsbetrieb des Hochmittelalters; sie sind seither aus der Schriftkultur nicht mehr wegzudenken. Statt geistlicher Erbauung und Meditation kam es in diesem Lebens- und Lesezusammenhang auf Nützlichkeit und Zweckmäßigkeit an. Immer öfter las man kurze Auszüge und Zusammenfassungen, statt sich ganze Werke zu kopieren. Manche Autoren schrieben speziell für arme Studierende Kurzfassungen ihrer Werke. Petrus Lombardus bezeichnete im Vorwort seines vielgebrauchten Sentenzenbuchs aus dem 12. Jahrhundert seine Absicht so:

»in einem dünnen Band die Meinungen der Kirchenväter zu versammeln […], damit der Forschende nicht eine Überfülle von Büchern zu Rate ziehen muß, sondern aufgrund der Kürze der hier versammelten Auszüge mühelos bekommt, was er sucht.«[6]

Seit dieser Zeit entstanden auch Enzyklopädien, in denen das wesentliche Wissen eines Fachgebietes zusammengestellt wurde, und Glossare mit Begriffserläuterungen, um Terminologien verständlich zu machen. „Das *Wissen* wurde zum Hauptziel des Lesers. Beim Lesen suchte man nicht mehr in erster Linie nach *Weisheit*, wie dies die Mönche bei ihrer spirituellen Lektüre taten."[7]

Die neue Einstellung zum Lesen wird auch in bildlichen Darstellungen deutlich. Ältere Abbildungen zeigen den Schreiber, der nach Gehör schreibt; jüngere Darstellungen zeigen den Kopisten, der abschreibt, der nur noch das Auge zwischen der Vorlage und seinem eigenen Pergament hin- und herlaufen läßt. Dabei bedient er sich technischer Vorrichtungen (Pult, Buchstütze, Markierungen in den Zeilen der Vorlage). Außerdem wurde es im Laufe des Mittelalters immer üblicher, daß ein Autor nicht diktierte, sondern selber schrieb. Dazu trug auch die Entwicklung von Schreibschriften (Kursive) bei, welche ein schnelleres Schreiben und mithin eine leichtere Vermittlung von Gedankenarbeit und Aufzeichnung ermöglichte. „Im 15. Jahrhundert wurde das Wort *écrire* wie das lateinische *scribere* gleichbedeutend mit dem Verfassen von Texten."[8]

Der Autor ist nun mit seinem Text allein; er befindet sich in einer privaten Situation ohne Überwachung und Sozialkontrolle. So kommt es, daß im Spätmittelalter immer öfter Manuskripte private Kommentare enthalten, die man früher nicht gewagt hätte: politisch Brisantes, Ketzerisches und Erotisches.[9] Und derselbe Prozeß der Privatisierung von Schreiben und Lesen läßt sich mit gleichem Effekt verzögert in den Volkssprachen nachvollziehen. Privates Lesen im 14. und 15. Jahrhundert bedeutete wesentlich stilles Lesen; im Medium der Volkssprachen konnten auch Laien, Adlige und Bürger, an dieser Technik teilhaben.

---

6   Zit. nach JACQUELINE HAMESSE: Das scholastische Modell der Lektüre, in: CHARTIER/CAVALLO, Die Welt des Lesens, S. 155–180; hier: S. 165.

7   Ebd., S. 166.

8   PAUL SAENGER: Lesen im Spätmittelalter, in: CHARTIER/CAVALLO, Die Welt des Lesen, S. 181–217; hier: S. 210.

9   Dieser Aspekt ebd., S. 213–217.

4   Buchdruck, Reformation und Lesen   Die entscheidende Revolution in der Geschichte der Schriftkultur war die Erfindung des Buchdrucks mit beweglichen Lettern und eines Typengießinstruments durch Johann Gensfleisch zum Gutenberg in Mainz um 1440.[10] Seither wurden Bücher von seltenen Preziosen zu allgemein verfügbaren Gegenständen; aus wenigen wurden viele; ihre zunächst begrenzte Leserschaft weitete sich ins Unermeßliche.

Die Ausbreitung gedruckter Bücher hängt wesentlich mit einer geistig-religiös-sozial-politischen Strömung zusammen, die als ‚Reformation‘ bezeichnet wird. Zwischen der Revolution Gutenbergs und der Reformation liegen drei Generationen: Das zeigt, daß die technische Erfindung nicht allein ausschlaggebend gewesen sein kann. Druckschriften in Massenauflagen gab es erst seit den 1520er Jahren, seit dem Zusammentreffen von Buchdruck und Reformation. Besonders die ‚Flugschriften‘ spielten hier eine entscheidende Rolle: In ihnen wurden religiöse Anliegen (Ablaß, Wallfahrt), aber auch soziale (10 Artikel der Memminger Bauern!) massenhaft und überregional verbreitet.[11] Neben diesen Flugschriften standen aber auch umfangreichere Werke: in erster Linie das ‚Buch der Bücher‘, sodann Predigten, Pamphlete, Andachtsliteratur. Man muß davon ausgehen, daß der Umgang der Leser mit solchen Druckschriften ganz unterschiedlich war: Flugschriften wurden typischerweise vorgelesen, beispielsweise in Wirtshäusern; umfangreichere Schriften wie die Bibel wurden entweder ebenfalls abschnittsweise vorgelesen oder auch (wohl seltener) privat und still gelesen.[12] Die Reformation drängte auch aus religiösen Gründen darauf, daß jedermann Lesen und Schreiben lernen sollte und daß in allen Städten Schulen eingerichtet wurden. Sie steht insofern am Anfang einer großen Lesebewegung, die im Pietismus um 1700 einen weiteren Aufschwung nahm und in der weltlichen Entwicklung seit dem späten 18. Jahrhundert, in der Romane eine Leitfunktion hatten, noch weiter um sich griff.

Bei genauerer Betrachtung erweist sich freilich, daß das Verhältnis von Reformation und Lesen keineswegs ungebrochen ist. In der Aufbruchsphase bedeutete sie eine grundlegende Umakzentuierung des abendländi-

---

10   Vgl. STEPHAN FÜSSEL: Gutenberg und seine Wirkung, Frankfurt a. M. und Leipzig 1999.
11   Vgl. HANS-JOACHIM KÖHLER (Hrsg.): Flugschriften als Massenmedium der Reformationszeit, Stuttgart 1981.
12   Zur Kommunikation der Reformation vgl. ROBERT SCRIBNER: Popular Culture and Popular Movements in Reformation Germany, London 1987.

schen Kulturstils: Luther und die anderen Reformatoren benutzten das Medium des Drucks zur Schwächung der Institution Kirche. Ohne Rücksicht auf etablierte Privilegien sollten Laien einen direkten Zugang zum Wort Gottes finden: durch eigene Lektüre der Heiligen Schrift. Dafür wurde es entscheidend, daß diese auch in der Muttersprache zugänglich gemacht wurde. Die Reformation ist deshalb in beinahe allen Ländern mit Übersetzungen der Bibel in die jeweilige Nationalsprache verbunden |➡ 11.1|. In manchen Ländern (in England zum Beispiel seit 1538) wurde angeordnet, daß ein Exemplar der Heiligen Schrift in jeder Kirche auszuliegen habe. Dort diente es nicht nur dem Prediger, sondern auch Laien konnten so Einsicht nehmen. Besonders wichtig wurde dieses Element des eigenen Lesens der Bibel im reformierten (calvinistischen) Christentum, ob nun in der Schweiz, in Holland oder in Schottland.

In einer späteren Phase der Reformation läßt sich eine Gegenbewegung erkennen: Infolge der ‚Spiritualisten', ‚Täufer' und anderer radikaler Bewegungen erschien es nun Martin Luther und den übrigen Reformatoren zunehmend gefährlich, jeden seine eigenen Schlüsse aus privater Bibellektüre ziehen zu lassen.[13] Nun wurde stärker die Predigt betont, die fach- und sachgemäße Auslegung durch Amtspersonen (wenn die Gegenbewegung auch nie soweit ging, die eigene Lektüre der Gläubigen zu verbieten). An die Stelle des Lesens der ganzen Heiligen Schrift setzte man nun den Katechismus, die kurze Zusammenstellung der wichtigsten Glaubenssätze. Am stärksten ist dieser Verweis von der Schrift auf die Tradition in der katholischen Kirche der Gegenreformation.

Der reformatorische Aufbruch hatte überall in Europa, auch in Italien, Unruhe in die stabilen Verhältnisse hineingetragen und bei vielen Individuen, schon gar der sozialen und Bildungseliten, zu einer bewußten und selbstverantworteten Auseinandersetzung mit dem Wort Gottes geführt. Die alte Kirche versuchte dieser Unruhe Herr zu werden durch die Regulierungen des Konzils von Trient. Nun wurde die Glaubenslehre dogmatisch vereinheitlicht und auch der Lesestoff für die Gläubigen klarer definiert. Ein *Catechismus Romanus* (1566) wurde publiziert, ein Brevier (1568), ein *Missale* (1570), schließlich eine überarbeitete Version der *Vulgata* (1590). Aus der

---

13 Dieser Aspekt ist über Gebühr hervorgehoben in dem ansonsten aufschlußreichen Beitrag von JEAN-FRANÇOIS GILMONT: Die protestantische Reformation und das Lesen, in: CHARTIER/CAVALLO, Die Welt des Lesens, S. 313–349, sowie JEAN-FRANÇOIS GILMONT (Hrsg.): La Réforme et le livre. L'Europe de l'imprimé (1517– v. 1570), Paris 1990.

Betonung des kirchlichen Amtes und der Tradition, für welche die Kirche als Institution einstand, ergab sich ein Vorbehalt gegen das unkontrollierte Lesen der Laien. Übersetzungen der Bibel in die Landessprache wurden argwöhnisch betrachtet und, wo dies möglich war (wie beispielsweise in Spanien) tunlichst verhindert. Der einzelne Gläubige mußte, wenn er sich korrekt verhalten wollte, bei seinem Bischof um Erlaubnis eingeben, wenn er selber die ganze Bibel eigenständig lesen wollte.[14] Schon diese Prozedur beschränkte die Leserschaft entscheidend. Hinzu kamen weitere Maßnahmen kirchlicher Kommunikationskontrolle wie der *Index librorum prohibitorum* (Verzeichnis der verbotenen Bücher, 1558 bzw. 1564) und die Inquisition als geistliches Gericht.[15] Zwar entband auch die Gegenreformation eine Bildungsbewegung und verbreitete mithin Kenntnisse des Lesens und Schreibens, doch wesentlich in den gebundenen, normierten Institutionen der Jesuitengymnasien und Jesuitenuniversitäten. Die repetitiven und rituellen Elemente religiöser Kultur wurden im katholischen Bereich viel stärker betont als auf Seiten der Reformation; das Lesen und die selbstverantwortliche Auseinandersetzung mit Glaubensinhalten wurden tendenziell beschränkt und vermieden. So entwickelte Europa in seinen katholischen und protestantischen Teilen unterschiedliche Kulturen, die insbesondere auch auf dem unterschiedlichen Verhältnis zur Schriftkultur beruhten.

5   Die Leserevolution   Im Laufe des 18. Jahrhunderts erreichte das gedruckte Buch eine einzigartige Stellung in der europäischen Kulturgeschichte, welche das Alltagsleben der Menschen (zunächst der führenden Schichten, der Gebildeten) tiefgreifend umgestaltete. Man hat oft schon von einer ‚Leserevolution' gesprochen. Sie besteht darin, daß die Lesenden von der intensiven Wiederholungslektüre einzelner Bücher (Bibel, Erbauungsliteratur) zur extensiven Einmallektüre vieler Bücher (Romane, Reiseberichte, Biographien) übergingen.[16] Natürlich kann dies nur eine Tendenz bezeichnen, aber eine vielfach folgenreiche:

---

14 Vgl. DOMINIQUE JULIA: Die Gegenreformation und das Lesen, in: CHARTIER/ CAVALLO, Die Welt des Lesens, S. 351–396; hier vor allem S. 360–362.
15 Vgl. HUBERT WOLF: Index. Der Vatikan und die verbotenen Bücher, München 2006.
16 Vgl. ROLF ENGELSING: Der Bürger als Leser. Lesergeschichte in Deutschland, 1500–1800, Stuttgart 1974. RUDOLF SCHENDA: Volk ohne Buch. Studien zur Sozialgeschichte der populären Lesestoffe 1770–1910, Frankfurt a. M. 1970. HELMUTH KIESEL/PAUL MÜNCH: Gesellschaft und Literatur im 18. Jahrhundert, München 1977.

1. WIRTSCHAFTLICH   Der Buchhandel nahm im letzten Drittel des 18. Jahrhunderts einen rasanten Aufstieg; die Buchproduktion wuchs ins Unermeßliche, Bücher wurden ein wichtiges Handelsgut.[17]

2. SOZIAL   Die absolute Zahl der Leser wurde immer größer und auch der prozentuale Anteil der Leser an der Gesamtbevölkerung. Habituelles Lesen erreichte untere Schichten (wie die Dienstboten, die Soldaten), auch das weibliche Geschlecht. Da Lesen eine kulturell hochangesehene Tätigkeit war, verbanden viele damit auch Hoffnungen sozialen Aufstiegs.

3. PSYCHOLOGISCH   Während in früheren Zeiten Lesen Vorlesen gewesen war und Informationsaufnahme vorrangig durch Hören erfolgte, zogen sich nun Leser immer öfter zu privater Lektüre im stillen Kämmerlein zurück.

Freilich blieben die älteren Formen erhalten: Die Lektüre in der Kirche und in der Schule, das Vorlesen am Wirtshaustisch, in der Kutsche, im Familienkreis, in der Spinnstube waren weiterhin gängig. Und doch wurde nun die private Form des stillen Lesens üblicher; wie früher schon vielessende Gelehrte Bücher für sich in der Studierstube gelesen hatten, lasen nun auch Damen in ihrem Kabinett oder im Bett, Leser beiderlei Geschlechts für sich allein in der freien Natur und im Garten. Diese Entwicklung wurde durch die Veränderung der Formate unterstützt: Gelehrte Bücher erschienen als Folianten oder in Quart; Bücher für den belletristischen Lesehunger in kleinen Formaten. Im 18. Jahrhundert wurde Oktav zum vorherrschenden Format. Zeitgenossen berichten oft von einer ,Leseseuche' und ,Lesewut'; nicht wenige Kritiker beklagten die Umformung der alltäglichen Lebensverhältnisse durch ,wildes' Lesen.[18] Verdächtig war für Pfarrer und Pädagogen oft, daß sich die Menschen in Phantasiewelten zurückzogen, daß sie lesend dem Alltag auswichen. Dazu wurden sie animiert durch ein Heer von Schriftstellern, das sich wohl der Informationsvermittlung und Bildung verschrieben hatte, aber auch der Ablenkung, Zerstreuung und Unterhaltung: Der Roman ist die seit der Mitte des 18. Jahrhunderts kulturprägende literarische Gattung: erfundene Liebesgeschichten, welche dem Leser einerseits eine Flucht aus der eigenen Welt ermöglichten, ihm andererseits eine vergleichende kulturelle Auseinandersetzung mit den Problemen seiner Lebenswelt im Spiegel erfundener Geschichten anboten. Die einsame Lektü-

---

17   Vgl. REINHARD WITTMANN: Geschichte des deutschen Buchhandels. Ein Überblick, München 1991.

18   Vgl. ERICH SCHÖN: Der Verlust der Sinnlichkeit oder die Verwandlungen des Lesers. Mentalitätswandel um 1800, Stuttgart 1987.

re kleinformatiger Büchlein, die man mit einer Hand halten konnte, während die andere unbeschäftigt war, ermöglichte auch intime Situationen sexueller Stimulation,[19] wobei für das 18. Jahrhundert das Ineinander von politisch-religiös-sozialer Aufklärung und Pornographie besonders charakteristisch ist.[20]

Im Laufe des 18. Jahrhunderts ging der Anteil des gelehrten Segments, der Bücher in lateinischer Sprache, markant zurück; statt dessen wurde die Buchproduktion in den Volkssprachen immer stärker ⮕ 4.2 / 4.3 . Damit verbunden war eine Verlagerung der thematischen Schwerpunkte: Während bis zur Mitte des 18. Jahrhunderts Theologie und religiöse Literatur einen wichtigen Sektor ausmachten, verlagerte sich das Hauptinteresse später auf die schöne Literatur, hauptsächlich auf den Roman, wobei die Moralischen Wochenschriften und das biblische Epos Klopstocks gewissermaßen Brücken von der alten in die neue Zeit bauten.

Die ‚Lesewut' erreichte eine neue Qualität im Zusammenhang der Ereignisse seit 1789: Nun sahen sich die Europäer in ein aktuelles Geschehen einbezogen, das zu verfolgen von geradezu existentieller Bedeutung sein konnte. Zeitungen wie der *Hamburgische Korrespondent* erzielten ungeahnte Auflagenhöhen.

Obwohl Bücher im 18. Jahrhundert noch relativ teuer in der Anschaffung waren, erreichten sie doch einen immer größeren Leserkreis. Dies hängt wesentlich mit den Organisationsformen des Buchvertriebs und des Buchhandels zusammen. Gelehrte lasen oft in Buchhandlungen die aktuell eingehenden, noch broschierten Schriften. Nicht wenige bauten sich beträchtliche Privatbibliotheken auf, über deren Bestände wir oft genau Bescheid wissen, wenn sie nach ihrem Tod verkauft und versteigert wurden, wozu eigens Bestandskataloge gedruckt wurden. Während Universitätsbibliotheken oft nur sehr eingeschränkt für Studenten geöffnet waren, boomten Leihbibliotheken und Lesegesellschaften.[21] Lesegesellschaften waren vereinsförmige Zusammenschlüsse von Bücher- und Zeitschriften-

---

19 Vgl. JEAN GOULEMOT: Ces livres qu'on ne lit que d'une main. Lecture et lecteurs de livres pornographiques au XVIII siècle, Paris 1991.
20 Vgl. ROBERT DARNTON: Denkende Wollust oder Die Sexuelle Aufklärung der Aufklärung, in: ROBERT DARNTON u. a.: Denkende Wollust, Frankfurt a. M. 1996, S. 5–44.
21 Vgl. MARLIES PRÜSENER: Lesegesellschaften im achtzehnten Jahrhundert. Ein Beitrag zur Lesergeschichte, in: Archiv für Geschichte des Buchwesens 13 (1973), S. 370–594. OTTO DANN: Lesegesellschaften und bürgerliche Emanzipation. Ein europäischer Vergleich, München 1981.

käufern, welche teils als Umlaufgesellschaften bestanden (mit festgelegter Reihenfolge der neu angeschafften Bücher und Zeitschriften, zumeist nach der Reihenfolge der Gründungsmitglieder), teils als Lesekabinette mit festen Räumlichkeiten, in denen die gemeinsam erworbenen Bücher und Zeitschriften ausgelegt waren und zu denen alle Vereinsmitglieder sowie auswärtige Gäste auf der Durchreise Zutritt hatten. Leihbibliotheken wurden oft von Verlegern oder Buchhändlern zusammengestellt: Gegen eine mäßige Gebühr konnte man sich aus ihnen mit Lesestoff versorgen, den man nach befristetem Gebrauch wieder zurückzugeben hatte. Diese Formen des Lesens, die nicht an persönlichen Bücherbesitz geknüpft waren, ermöglichten es breiten mittelständischen Schichten, mit geringem Aufwand große Mengen Bücher und Zeitschriften zu verschlingen. Lesen entsprach dem auffallenden Bewußtsein der Individualität und Subjektivität; die Tätigkeit des zurückgezogenen Lesens beförderte ihrerseits wieder ein solches Bewußtsein. Lesen wurde zur bevorzugten Kulturtätigkeit schon gar unter den Bedingungen der deutschen Kultur, die nicht von der zentralen Anziehungskraft einer Hauptstadt geprägt waren und auch nicht von einem einzelnen Hof. Wenn die Deutschen ein ‚Volk der Dichter und Denker‘ wurden, so wesentlich auf dem Weg über das Lesen. Dabei gab es freilich regionale und konfessionelle Unterschiede: Der Habitus des Lesens gehört zum protestantischen Religionsvollzug, nicht aber zum katholischen. Dementsprechend breitete sich das beschriebene massenhafte Lesen zuerst im stärker protestantischen Nord- und Mitteldeutschland aus und erst zeitverzögert, befördert durch die sich ausbreitende Aufklärung, auch im stärker katholischen Oberdeutschland und Österreich. Ein wichtiges Datum ist hier die Aufhebung der Zensur durch Joseph II. 1781/82, welche zu einem ‚Tauwetter in Wien‘ und zu einer Explosion des Pamphletmarktes führte.

6   Schreibschrift und Druckschrift in der Neuzeit   In der Renaissance ergab sich jene Schriftspaltung, die später ideologisch so stark aufgeladen wurde. Die Humanisten wollten zurück zur Antike; die Schrift, in der sie ihre lateinischen Autoren lasen, war die karolingische Minuskel, die sie für die ursprüngliche Schrift der Römer hielten. Humanistische Minuskelschriften ahmten die karolingischen peinlich genau nach; einflußreiche Schreibschulen in Italien seit dem 15. Jahrhundert praktizierten ‚Antiqua‘, wie man diese Schrift nun nannte. Auch im italienischen Buchdruck wurde die Antiqua zur herrschenden Schrift, in der man insbesondere die Klassiker druckte, die man aber auch für die Volkssprache einsetzte. In dieser Zeit wurde es allgemein üblich, als Großbuchstaben die römischen Kapitalen zu verwenden, wie man sie auf Denkmälern in Italien vor Augen hatte, und als Kleinbuchstaben die karolingischen Minuskeln.

Seit dieser Zeit schreiben wir grundsätzlich mit Buchstaben aus zwei heterogenen Alphabeten, was Schriftgraphiker teilweise ästhetisch bedenklich finden, was aber die Diversität des Schriftbildes erhöht und Wortbilder für das Auge leichter unterscheidbar macht. Humanistische Drucker (Nicolaus Jenson, Aldus Manutius u. a.) waren zugleich technische Experten, klassisch gebildet und Ästheten. Sie entwickelten aus der Handschrift heraus jene Druckschriften, die wir (teilweise geringfügig abgewandelt) noch heute verwenden. Als Vollender der Renaissance-Antiqua gilt der Franzose Claude Garamond (um 1480–1561).

Das 16. Jahrhundert brachte dann die berüchtigte Schriftspaltung in gotische Schriften und Antiqua, die freilich neben- und durcheinander verwendet wurden, sowohl in Druckschriften als auch in der Handschrift. Antiqua war besonders stark in Italien und bei den Humanisten, auch bei Kaufleuten. Gotisch als Schrift des Buchdrucks bevorzugten Juristen und Theologen. Deutschland hielt am stärksten an den gotischen Schriften fest, während Frankreich, England und Spanien zur Antiqua übergingen. In der Handschrift verwendete man nun eher Gotisch für Muttersprache, eher Antiqua für Latein. Aber das ging noch lange durcheinander. Luther bevorzugte Gotisch, Melanchthon Antiqua.

Im 18. Jahrhundert war in Deutschland Frakturschrift allgemein herrschend und volkstümlich geworden; Antiquaschriften wurden aus klassischem Geist sowie in Anlehnung an Frankreich und England von manchen der führenden Geister bevorzugt. Bedeutende deutsche Drucker und Schriftexperten wie Johann Friedrich Unger und Justus Erich Walbaum entwickelten beide Schrifttypen parallel weiter.

Doch während der Befreiungskriege wurden die Schrifttypen plötzlich nationalistisch aufgeladen: Nun wurde Fraktur als deutsche Schrift im Gegensatz zur Antiqua der Franzosen propagiert. Diese Tendenz der Polarisierung wurde in der Zeit nach dem Ersten Weltkrieg, insbesondere von politisch rechtsgerichteten Parteien, wiederaufgenommen. Nachdem 1933 fast alle Zeitungen auf Fraktur umgestellt hatten und Druckereien nur noch solche Typen anschafften, wurden sie am 23. Januar 1941 durch einen Erlaß überrascht, in dem es hieß, daß alle Druck-Erzeugnisse des Staates künftig „in Normalschrift (Antiqua)" zu erscheinen hätten. Die „sogenannte gotische Schrift (Fraktur)" sei „keine deutsche Schrift", sondern auf die „Schwabacher Judenlettern" zurückzuführen.[22] In den Schulen lernten die Kinder nun nicht mehr deutsche Schreibschrift (nach Sütterlin), sondern lateinische

Ausgangsschrift. Der entscheidende Faktor bei dieser überraschenden Kehrtwende dürfte die großdeutsche Expansion in Europa gewesen sein: Außerhalb des Reiches las man kaum noch gotische Schriften; die national hochstilisierte Schrifttype war zu einem kommunikativen Hindernis geworden.

Bis zur Mitte des 20. Jahrhunderts waren eigentlich alle am wissenschaftlichen Diskurs Beteiligten (Leser und Schreiber!) davon überzeugt, daß mit der ‚Erfindung' der Schrift erst Hochkultur möglich geworden sei. Schrift bedeutete Entlastung des Gedächtnisses, unbegrenzte Speichermöglichkeit und ein Potential des Rückgriffs auf Vergangenes. Recht, Religion, Literatur usw. wurden in Abhängigkeit von der Möglichkeit der Notation und Aktualisierung gedacht. Neuentwicklungen der Medien im 20. Jahrhundert (Telefon, Fernsehen, Computer) erlauben es uns, nochmals neu über die Bedeutung der Schrift und des Schreibens nachzudenken.

Anregungen zur Weiterarbeit

1. **Wie schätzen Sie die Zukunft** des gedruckten Buches und der menschlichen Handschrift im elektronischen Zeitalter ein? (Entwickeln Sie verschiedene Gesichtspunkte!)

2. **Informieren Sie sich** über verschiedene Einschätzungen der ‚Gutenberg-Revolution':

■ GIESECKE, MICHAEL: Der Buchdruck in der frühen Neuzeit. Eine historische Fallstudie über die Durchsetzung neuer Informations- und Kommunikationstechnologien, Frankfurt a. M. 1991.

■ EISENSTEIN, ELIZABETH L.: The Printing Revolution in Early Modern Europe, Cambridge u. a. 1993.

■ FÜSSEL, STEPHAN: Gutenberg und seine Wirkung, Frankfurt a. M. und Leipzig 1999.

---

22 Vgl. HANS ANDREE: Schwabacher Judenlettern. Funktionalisierte Schrift-Bilder, in: Mittelweg 36. Zeitschrift des Hamburger Instituts für Sozialforschung 7 (1998), S. 70–91.

6 Überlieferungskultur

1 ‚Institution'   Kultur ist nicht nur etwas, in dem der Mensch immer schon steht und das von ihm unzertrennlich ist; Kultur wird auch geformt durch Einrichtungen, die sich verfestigt haben. Institutionen sind Konkretionen menschlichen Handelns, Verfassungen des Lebens. Institutionen brauchen eine soziale Basis, einen Kern der Macht. In ihrem bloßen Bestehen hat sich eine bestimmte Form menschlichen Lebens durchgesetzt. Relative Dauerhaftigkeit ist ein Merkmal von Institutionen. Außerdem ihre Fixiertheit, ihre Bestimmtheit. Institutionen können in Konkurrenz zu einander auftreten, aber häufig ist es so, daß sich eine Institution in einem bestimmten raum-zeitlichen Bereich, in einer Region oder Epoche, gewissermaßen ein Monopol für ihren Bereich errungen hat.

Aus diesen Eigenschaften einer Institution ergibt sich deren Kulturbedeutung: Gerade weil sie relativ ‚fest' sind, prägen Institutionen die Kultur, deren spezifische Ausformung sie sind. Gerade weil sie relativ ‚dauerhaft' sind, werden sie geschichtsmächtig. Wenn wir uns mit Institutionen beschäftigen, haben wir nur noch einen Teil der Kultur vor uns, aber einen wirkungsmächtigen, der seine Signatur oft der ganzen Kultur aufprägt. Die Beschäftigung mit Institutionen führt in jedem Falle dazu, daß wir ‚Kultur' besser verstehen, als wenn wir sie nur in ihren ‚symbolischen Formen' untersuchen würden oder nur in den großen Werken einzelner Menschen.

Der Gegenbegriff zu ‚Institution' ist ‚Medium'. Ein Medium ist das Flüssige im Verhältnis zum Festen der Institution. Wenn Institutionen zum Beispiel die Kirche oder der Hof sind, also geschichtsmächtige Konkretionen von relativer Stabilität und Dauerhaftigkeit, sind Medien die kommunikationsorientierten Vermittlungsformen, beispielsweise innerhalb der Kirche die Predigt oder der Hirtenbrief, am Hofe das Zeremoniell oder die Oper. Es ist ein legitimer Zugang zur Kulturgeschichte, gerade diese flüssigen Formen der Medien in den Blick zu nehmen ⇒ 7|. Es ist aber ebenso legitim, sich mit dem zu befassen, was als Institution geschichtsmächtig und konkret prägend geworden ist.

Jede Kultur ist bestrebt, sich auf Dauer zu stellen und den Kommunikationszusammenhang über die Mitlebenden hinaus zu sichern. Institutionalisierung gehört, so betrachtet, fundamental zu Kultur. Und es ist ein wichtiger Gesichtspunkt jeder Kulturgeschichte, auch die Formen der Institutionalisierung und die Institutionen selbst zu untersuchen. Welche Anstrengungen unternimmt eine Kultur, sich auf Dauer zu stellen? Welche

Sicherungsmaßnahmen entwickelt sie, um das Überkommene weiterzugeben? In welchen Formen perpetuiert sie sich, mit Hilfe welcher sozialen Gruppen, in welchen Begründungszusammenhängen? An dieser Stelle blicken wir auf Archiv, Bibliothek, Museum, Schule und Universität.

2 Archive Sie haben ihren Ursprung in den Ablagen einer komplizierter werdenden Verwaltungstätigkeit in den frühen Hochkulturen, auch in den Tempelrechnungen über Opfer und Abgaben. Archive setzen den Übergang zur Schriftkultur voraus sowie eine bestimmte religiös-politische Entfaltung der gesellschaftlichen Zusammenhänge, die im allgemeinen als ‚Staat' bezeichnet wird. Im Zweistromland und in Ägypten finden wir dementsprechend die ältesten bekannten Archive, auf welche die griechischen Poleis und das römische Weltreich folgten. Im Mittelalter waren Archive allenfalls in Klöstern und an fürstlichen Höfen zu finden, abhängig vom Grad der in dieser Epoche bekanntlich deutlich zurückgegangenen Schriftlichkeit.

In der Neuzeit entfalteten sich die Staaten als Verwaltungsstaaten; Archive waren Bestandteil bürokratischen Handelns, ob nun als bloße Ablagen oder als Auslesearchive der wichtigsten Dokumente. Die neuzeitlichen dynastischen Staaten mit ihren Herrschaftsteilungen, Umgliederungen und Zusammenschlüssen hinterließen entsprechende Spuren im Archivwesen.

Die enge Verknüpfung von bürokratischer Herrschaftsausübung und Urkunden- und Aktenarchiv zog in der Französischen Revolution einen Sturm auf die Archive des Adels, der Klöster und des Staates nach sich. In der Folge sah man Archive wesentlich als nationale Angelegenheit an, als Eigentum des Volkes. Dabei kann es natürlich nichtstaatliche Archive für alle gesellschaftlichen Gruppen geben, kirchliche, gewerkschaftliche, sogar wirklich private. Die Archive spiegeln auch die mediale Entwicklung: Ursprünglich auf nichtpubliziertes Schriftgut bezogen, konnten sie in jüngster Zeit auch Fotographien und Filme, Tonbänder und elektronische Datenspeicher erfassen.

Der (historisch gesehen) eigentliche Kern der Institution Archiv liegt im *Schriftgut*. Das Schriftgut soll systematisch *erfaßt, geordnet, verwaltet, betreut* und *erschlossen* werden.[1] Diese Zweckbestimmungen enthalten zugleich eine Berufsbeschreibung des Archivars.

---

1 Ich orientiere mich an ECKHART G. FRANZ: Einführung in die Archivkunde, Darmstadt 5. Aufl. 1999.

ERFASSUNG   Er soll *erfassen*, d. h. er beschäftigt sich mit der Frage: Was
gehört dazu, was gehört nicht dazu? Wenn er etwas als sein Sammelgut er-
kannt hat, wird er versuchen, es festzuhalten; vielleicht muß er es sich aber
auch erst beschaffen, wenn er es noch nicht in Händen hat. Es ist denkbar,
daß schon hier ein Streit einsetzt – nämlich darum, ob einer dasjenige Dokument an sich nehmen darf, das er beansprucht; es könnte ja sein, daß es auch
ein anderer haben will, der ebenfalls Anspruch erhebt. Dokumente dienen
insofern nicht nur dem Nachweis von Rechtsansprüchen, sondern auch
deren Durchsetzung. Denn Archivalien sind grundsätzlich einmalig, sind
Unikate. Gedruckte Bücher – Sammelgut der Bibliotheken – sind stets in
der Vielzahl vorhanden, Archivalien in der Einzahl. ‚*Systematische* Erfassung‘
heißt: mit Anspruch auf Vollständigkeit. Denn ebenso, wie man einen Be-
sitzanspruch dokumentieren kann, indem man die Besitzurkunde vorzeigt,
kann man auch durch Vernichtung oder Unterschlagung von Besitzurkun-
den Herrschaft ausüben. ‚Systematische Erfassung‘ meint also nicht nur: mit
dem Sammeleifer eines Liebhabers, sondern enthält den Anspruch einer
Institution: „Was wir nicht besitzen, gibt es auch nicht." Die Geltung ergibt
sich aus dem Aufbewahrungsort, dem Archiv, das einen systematischen Anspruch erhebt.

ORDNUNG   Ungeordnetes Archivgut ist so gut wie nicht vorhanden. Ordnung sichert den Zugriff. Nur geordnetes Archivgut kann vorgezeigt, als Be-
weisstück verwendet werden. Die Ordnung der Archivalien gehört zu den
wichtigsten Aufgaben des Archivars. Ein Grundprinzip archivalischer Ordnung ist z. B. ‚*Provenienz*‘: Der verwaltungsmäßige Entstehungszusammenhang eines Dokumentes zeigt an, wo es im Archiv unterzubringen ist. Die
englischen Urkunden werden getrennt von den schottischen. Königs-
urkunden werden getrennt von den Urkunden untergeordneter Beamter.
Urkunden aus der zentralen Kanzlei werden getrennt von den Urkunden
regionaler oder lokaler Behörden. Urkunden des Staates werden getrennt
von Urkunden der Kirche, der Universitäten und anderer Institutionen.
    Ein weiteres Ordnungsprinzip ist die Zeitfolge, die *Chronologie*. Wenn
ein Dokument keine zeitliche Einordnungsmöglichkeit bietet, ist es nur eingeschränkt verwendungsfähig, beweiskräftig. Zur archivalischen Ordnung
gehört also grundsätzlich ein bestimmtes Zeitbewußtsein, Geschichtsbewußtsein. Datierung setzt einen Kalender voraus, eine Übereinkunft über
die Zeitrechnung. Solche Kalender können nach Staat und Religion, nach
Kultur und Epoche ganz verschieden sein; wichtig ist aber, daß sie innerhalb eines archivalischen Überlieferungszusammenhanges einheitlich sind

oder jedenfalls durch Umrechnung kompatibel gemacht werden können. Als die Europäer sich im 17. und 18. Jahrhundert zunehmend mit außereuropäischen Hochkulturen auseinanderzusetzen begannen, standen sie auch vor dem Problem, wie etwa die chinesische oder ägyptische Überlieferung, die in Zeiträume zurückreichten, die sie mit ihrer eigenen abendländisch-christlich-jüdischen Zeitrechnung nicht zu erfassen vermochten, zu ihrem eigenen Kalender in Beziehung zu setzen seien ⇒ **8.2**|. Archivalische Ordnung ist also grundsätzlich gebunden: an die Institution, zu der sie gehört, und an das Weltbild, das sie spiegelt, aber auch an die Zeitordnung, auf die sie sich bezieht, den Kalender. Mit *Provenienz* und *Chronologie* haben wir zwei grundlegende Ordnungsprinzipien, ohne die kein Archiv zu denken ist.

VERWALTUNG   Das Archivgut muß organisiert werden, gelagert, auffindbar sein. Es muß aber auch geregelt sein, wer darauf Zugriff hat und in welcher Weise. Es muß geregelt sein, wessen Zugriffsansprüche Priorität haben. Es müssen Verfahren vereinbart sein, in welchen Fällen wer welche Dokumente einsehen darf, kopieren darf, an sich nehmen darf. Je größer die Masse des Archivgutes wird, desto mehr Beamte sind mit dessen Verwaltung beschäftigt. Aber nicht alle stehen auf einer Stufe, haben gleiche Kompetenz. Wer was tun darf, wer wem Anweisungen geben darf, muß genau geregelt sein. Aus dem Vorhandensein von Archivgut entsteht die Notwendigkeit einer eigenen Behörde.

BETREUUNG   Archivgut erhält sich nicht selbst, wenn es einmal gesammelt ist. Genauso, wie Informationen vergessen werden können, kann sich auch Archivgut auflösen, Tinte kann verblassen, Akten können verschimmeln oder von Mäusen gefressen werden, im Feuer aufgehen. Je nach stofflicher Beschaffenheit ist eine Fülle von Konservierungsmaßnahmen denkbar und nötig. Es versteht sich, daß sich solche Betreuungs- und Erhaltungsmaßnahmen nicht auf alle Archivalien in gleicher Weise richten können. Betreuung bedeutet also auch: Prioritäten setzen. Je nach der Bedeutung, die man bestimmten Dokumenten zumißt, werden sie hochgradig betreut und gepflegt oder mehr oder weniger sich selber und dem Zahn der Zeit überlassen. Betreuung oder Nichtbetreuung resultiert auch aus der Relation von Personaldichte und Dokumentenmasse: Man braucht mehr Archivare, wenn man die Notwendigkeit der Pflege und Konservierung großer Materialmassen mit hoher Dringlichkeit vertritt. Während Erblasser durch Institutionalisierung von Überlieferung ihre Intention bekunden können, Erinnerung auf Dauer zu stellen, liegt es an den Erben, ob sie das Überlieferte

auch pflegen, also letztlich: ob sie nicht die Intention der Erblasser durch-
kreuzen, indem sie auf Betreuung und Pflege verzichten. Eine Auslese von
Überlieferungsgut findet auch dadurch statt, daß manche Dinge einfach
nicht genügend gepflegt werden und irgendwann verrotten.

ERSCHLIESSUNG Damit wird die Funktion des die Erinnerung bewah-
renden Archivars schließlich als aktive gedeutet. Denn wie man einerseits
sagen könnte, daß die Bewahrung von Archivgut wesentlich eine passive,
konservierende Aufgabe sei, muß man andererseits doch auch feststellen,
daß die bloße Aufbewahrung und Betreuung das Überlieferte noch nicht
zum Leben erweckt. Es könnte sein, daß durch Fachbeamte hervorragend
konserviertes Archivgut nur gelagert, durch die Institution des Archivs letztlich abgeschirmt und dem Zugriff entzogen wird. Erschließung will also darauf hinaus, daß Archivalien handhabbar werden, daß man sie auffinden
kann, heranziehen, zum Sprechen bringen. Erschließung bedeutet einerseits
Benutzbarkeit für die zur Benutzung Befugten, andererseits kann es heute
aber auch Publikation bedeuten, die Relation auf eine wie auch immer
geartete Öffentlichkeit, die ein Interesse an der Kenntnisnahme des Überlieferten hat. Bei unserem Zustand von Herrschaft und Gesellschaft kommt
hinzu, daß öffentliche Mittel für Archive nur dann dauerhaft gesichert werden können, wenn das Interesse an Archiven einer gewissen Öffentlichkeit,
sei sie auch nur innerwissenschaftlich, vermittelt werden kann. Wenn die
Bedeutung von Archiven nicht mehr öffentlich deutlich wird, ist damit zu
rechnen, daß sie eingeschränkt, von Personalabbau betroffen werden. Die
Erschließung von Archiven hat also in einer demokratisch verfaßten Gesellschaft auch eine Tendenz zur Publikation, zur Präsentation, zur Ausstellung,
zum Event. Archivare, die in diesem Sinne an der Erschließung von Archivgut arbeiten, werden zu Medienspezialisten, die mit Ausstellungsmachern
und Museumsfachleuten verglichen werden können. Die öffentlichen Auseinandersetzungen um das Evangeliar Heinrichs des Löwen oder um den
Ausverkauf der Sammlungen der Fürsten von Fürstenberg in Donaueschin-
gen mögen hier als Belege für die publizistische Bedeutung von Archivalien
dienen.

3 Bibliotheken Im Unterschied zu Archiven erfassen Bibliotheken
publiziertes Schriftgut, Literatur im weitesten Sinne, ob nun theologisch,
philosophisch, politisch oder wissenschaftlich. Bibliotheken können in besonderem Maße als Institutionen kultureller Überlieferung gelten, weil in
Büchern die Ergebnisse menschlicher Geistestätigkeit enthalten sind, mit-

hin in Bibliotheken als den Schatzkammern ein kollektives Wissen gespeichert wird.[2] Die Bibliothek ist die Institution, welche über das einzelne Menschenschicksal hinausträgt und Ergebnisse menschlicher Geistestätigkeit für Mitwelt und Nachwelt verfügbar macht.

Die verbreitetste Definition der Bibliothek ist die einer „zum Zweck öffentlicher und privater Benutzung aufgestellten Sammlung von Büchern" (Hermann Fuchs 1968).[3] Was ein Buch sei, wird bei solchen Definitionen immer als selbstverständlich vorausgesetzt; die Bibliothek ist die Sammlung solcher ‚items' und deren Zurverfügungstellung in einer Einrichtung, einem Raum. Wie im Falle des Archivs liegt es auch hier wiederum so, daß der Terminus beides abdeckt: das System und den Ort, die Lokalität.

Als Begründer der modernen Bibliothekswissenschaft gilt Martin Schrettinger, der im Jahre 1829 folgende Definition von ‚Bibliothek' lieferte:

>»Eine Bibliothek ist eine beträchtliche Sammlung von Büchern, deren Einrichtung jeden Wißbegierigen in den Stand setzt, jede darin enthaltene Abhandlung, ohne unnötigen Zeitverlust, nach seinen Bedürfnissen zu benutzen.«[4]

Was eine „beträchtliche Sammlung" sei, kann nicht in Zahlen angegeben werden, weil diese nur in Relation zu den jeweiligen Zeitverhältnissen zu bestimmen ist. In einem frühmittelalterlichen Kloster bilden zwei Dutzend Bücher schon eine „beträchtliche Sammlung"; wenn heute auf einem Trödelmarkt ein paar Tausend Bücher aufgehäuft sind, ist das noch keineswegs als „beträchtliche Sammlung" anzusehen. Die Definition von Schrettinger ist in spezifischer Weise modern, weil sie funktionsbezogen ist: Er definiert ‚Bibliothek' vom Zugriff her, von der Benutzbarkeit: „ohne unnötigen Zeitverlust". Das heißt zugleich: Eine Bibliothek muß katalogisiert und systematisch erschlossen sein, sonst bildet die Sammlung noch keine Bibliothek. „Nach seinen Bedürfnissen" ist ebenfalls auf den Benutzer bezogen: ob man Bücher nur einsehen oder auch kopieren oder sogar ausleihen darf; eben-

---

2   Vgl. JOHANNES ROGALLA VON BIEBERSTEIN: Archiv, Bibliothek und Museum als Dokumentationsbereiche. Einheit und gegenseitige Abgrenzung, Pullach bei München 1975. UWE JOCHUM: Kleine Bibliotheksgeschichte, Stuttgart 2. Aufl. 1999. WILFRIED ENDERLE: Bibliotheken, in: MICHAEL MAURER (Hrsg.): Aufriß der Historischen Wissenschaften, Bd. 6: Institutionen, Stuttgart 2002, S. 214–315.

3   Zit. nach ROGALLA VON BIEBERSTEIN, Archiv, Bibliothek und Museum, S. 26.

4   Zit. ebd., S. 34.

falls, daß „jede darin enthaltene Abhandlung" zugänglich sein muß, also nicht bestimmte Bestände gesperrt und sekretiert sein dürfen. Der Terminus ‚Abhandlung' an Stelle von ‚Buch' verweist darauf, daß hier hauptsächlich an wissenschaftliche Bibliotheken gedacht ist, aber doch für die Allgemeinheit, nämlich für „jeden Wißbegierigen", ohne formale Qualifikation, Zugangsberechtigung, Einschränkung nach Rasse, Alter und Geschlecht.

Neuere Definitionen zielen darauf ab, statt ‚Buch' oder ‚Abhandlung' eher ‚Dokument' zu setzen, um deutlich zu machen, daß sich Bibliotheken mit ihrem Organisationssystem inzwischen auch für andere Datenträger als das Buch zuständig fühlen. Bereits 1972 formulierte der Bibliothekar Clemens Köttelwesch:

»Wissenschaftliche Bibliotheken verstehen sich heute nicht mehr als Horte, in denen das Wissen der Jahrtausende gestapelt ist, sondern sind Informationszentren, die millionenfach die verbalen Daten sammeln, die in Büchern, Zeitschriften, Abhandlungen, Dissertationen, Reports und dergleichen, aber auch in den sogenannten technischen Medien wie Mikrofilm oder Microfiche und neuerdings auch in den Formen des audiovisuellen Materials [...] dargeboten werden.«

Von der Schatzkammer zum Informationszentrum: Das spiegelt den medialen Wandel der Printmedien zu neuen Formen der Datenspeicherung und Datenübermittlung. Was hier nicht genügend herauskommt: die Bindung an *publizierte* Dokumente. Denn die Abgrenzung der Bibliothek gegenüber dem Archiv geht in erster Linie auf den Charakter des Buches als einer Multiplikationsform des Wissens zurück: Das *Archiv* sammelt Unikate, die *Bibliothek* solche Datenträger, die im Prinzip mehrfach und an verschiedenen Orten vorhanden sind. Freilich ist hier ein grundlegender Wandel durch den Buchdruck eingetreten, durch die technisch vereinfachte Multiplikationsmöglichkeit. Andererseits besteht die Verbindung vom gedruckten Buch zu Tonträgern, CD-ROM usw. gerade in deren Status als multiplizierter Information. Trotzdem fragt es sich, wie weit Bibliotheken Multimedienzentren sein können. Während es einerseits heute eine Selbstverständlichkeit ist, daß beispielsweise Bibliothekskataloge nicht mehr gedruckt vorliegen, sondern, nachdem einige Zeit das Microfiche-System regiert hatte, auf elektronischem Wege zugänglich gemacht werden (OPAC), gilt es doch auch, eine mediale Differenzierung im Dokumentationsbereich zu registrieren, die beispielsweise Filme den Filmarchiven zuweist und den Bibliotheken entzieht. Wie diese Differenzierung mit der medialen Entwicklung fortschreitet, wird abzuwarten sein.

Bibliotheken als Sammlungen von Papyri, Schriftrollen aus Pergament oder in anderer Form kannten schon die Griechen und Römer. Die Folge der schriftgebundenen Hochreligionen vom Judentum über das Christentum zum Islam verlieh dem *Buch* – und sekundär auch den *Büchern*, nämlich als Kommentare, Interpretationen, Umsetzungen – eine kulturelle Stellung von einzigartiger Bedeutung, weit über allen Bildern und sonstigen menschlichen Produkten.

Im Mittelalter gab es Büchersammlungen fast nur in Klöstern: Die Religion vollzog sich zum Teil im ehrfürchtigen Abschreiben der Heiligen Schriften, der Kirchenväter und anderer Literatur. Beschreibstoffe waren äußerst wertvoll, bevor sich in Europa seit dem 14. Jahrhundert das Papier verbreitete. Schon aus diesem Grund hielt sich Geschriebenes in Grenzen, galten Bibliotheken, die aus ein paar Hundert Büchern bestanden, schon als namhafte Institutionen.

Das änderte sich grundsätzlich durch den Buchdruck, durch das neuartige Multiplikationsverfahren mit beweglichen Lettern. In Kombination mit der verbesserten Papierherstellung wurden Bücher nun preisgünstiger und bald allgegenwärtig: gewöhnliches Arbeitsmittel beim Lernen und Lehren, wesentlich für den Vollzug religiösen Lebens, aber bald auch davon unabhängig, offen für alles. In den europäischen Nationalsprachen entstanden, zunächst durch Übersetzungen, bald auch original, säkulare Literaturen; ganze Bibliotheken wurden geschrieben, als sich nicht mehr nur die Mönche, sondern auch der Adel und das städtische Bürgertum für Literatur zu interessieren begannen. Außer den Gelehrten bauten nun auch die Fürsten Bibliotheken auf, bei denen andere Gesichtspunkte wie Repräsentation ins Spiel kamen, mithin die Kostbarkeit von Papier und Einband, die Schönheit des Druckes und der Illustrationen, Prägungen und Goldauflagen wichtig wurden.

In den frühneuzeitlichen Jahrhunderten besaßen Gelehrte noch ihre eigenen Privatbibliotheken ⇒5.5|; infolge der Expansion des literarischen Marktes und eines neuartigen Verständnisses von Wissenschaft als immer fortschreitendem Prozeß wurde es nötig, Universitätsbibliotheken als öffentliche Bibliotheken zu gestalten, welche unentbehrliche Forschungsmittel wurden und die privaten Bibliotheken universal ergänzten.

Das öffentliche Bibliothekswesen entwickelte sich im 19. Jahrhundert zu Volksbüchereien hin, welche den Versuch unternahmen, die nun weitgehend durchgedrungene allgemeine Lese- und Schreibfähigkeit zu kanalisieren und Lesestoffe wie auch Bildungsmittel für breite Schichten der Bevölkerung zur Verfügung zu stellen. Bibliotheken hängen insofern nicht nur mit der Möglichkeit autonomer Lektüre freier Individuen zusammen, sondern stets auch mit dem staatlichen, kirchlichen und sonst gesellschaftlichen Versuch der Einflußnahme, der Lenkung, durch Auswahl und Zensur. Das Schicksal der Bibliotheken in den Diktaturen des 20. Jahrhunderts enthält hier eine deutliche Lektion.

In neuerer Zeit sind Bibliotheken – mehr als Archive und Museen – von einer rasanten medialen Entwicklung betroffen, die zu einer Neubestimmung des Buches als dem zentralen Sammlungsgegenstand der Bibliothekare zwingt. Sollen Bibliotheken nun Medienzentren werden – oder sollen sie sich weiterhin auf Bücher hin orientieren, die gegebenenfalls elektronisch erschlossen werden, gelegentlich auch ergänzt um buchnahe Informationsspeicher und Datenträger anderer Art?

4 Museen[5]

Sammlungen von Bildwerken in kultischem Zusammenhang gibt es in allen frühen Hochkulturen, und auch öffentlich zugängliche Sammlungen von Bildwerken zu ästhetischem Genuß kannten bereits die Könige von Pergamon, Jahrhunderte vor Christi Geburt. Der Begriff ‚Museum' bezieht sich im Regelfall auf Nicht-Schriftliches, auf solche Kunstwerke und Gegenstände, die nicht in Archiven und Bibliotheken ihren Ort hatten. Museen wurden dort wichtig, wo man sich auf vorbildliche Kunstwerke beziehen konnte. Insbesondere die Römer, für welche die griechischen Bildwerke klassischen Rang hatten, sammelten und präsentierten früh schon ihre zusammengetragenen Schätze.

In der Neuzeit wurde solches Sammeln und Studieren von den Gelehrten und Künstlern, von den Fürsten und Liebhabern der Renaissance wiederaufgenommen und gepflegt. In erster Linie war es die Raumform des ‚Studiolo', die hier als kennzeichnend angesehen werden kann: Der Kenner sitzt inmitten der Werke, die er liebt und genießt; er tauscht sich mit anderen Kennern über deren Vorzüge, Herkunft und Bedeutung aus. Mit hohem Prestige befrachtetes Sammelgut hatte hohe Preise und zog insofern auch zahlungskräftige Sammler an, die Fürsten. Indem diese durch solchen Be-

5 Einschlägig: WALTER HOCHREITER: Vom Musentempel zum Lernort. Zur Sozialgeschichte deutscher Museen 1800–1914, Darmstadt 1994. KRZYSZTOF POMIAN: Der Ursprung des Museums. Vom Sammeln, Berlin 1998. FRIEDRICH WAIDACHER: Handbuch der Allgemeinen Museologie, Wien, Köln und Weimar 3. Aufl. 1999. GÉZA VON HABSBURG: Fürstliche Kunstkammern in Europa, Stuttgart 2000. JAN GERCHOW: Museen, in: MICHAEL MAURER (Hrsg.): Aufriß der Historischen Wissenschaften, Bd. 6: Institutionen, Stuttgart 2002, S. 316–397.

sitz auch repräsentieren wollten, sich selbst darstellen, vorzeigen, schufen sie die Raumform der ‚Galerie‘, also Durchgangsräume, in denen an den Wänden entlang, möglichst gut beleuchtet, Gemälde und Statuen präsentiert wurden, eventuell ergänzt um Vitrinen und Sammlungsschränke. Ein enger Zusammenhang von Fürsten, Gelehrten und Künstlern charakterisierte insbesondere die italienischen Städte der Renaissance wie Florenz und Rom, wurde aber später überhaupt an europäischen Höfen prägend, auch nördlich der Alpen, zunächst in Frankreich.

Die Entwicklung der europäischen Kunststile hängt eng mit der Institutionsform des Museums zusammen. Denn zugängliche Sammlungen gewährleisteten Kontinuität über den einzelnen Künstler, über das Atelier, über die Schule hinaus. In den musealen Sammlungen konnten sich die jeweils aktiven Künstler mit dem konfrontieren, was vor ihrer Zeit als Kunst galt; sie konnten nachahmen und sich messen, sie konnten übertreffen und umstürzen, was andere vor ihnen geschaffen hatten. In diesem Sinne kann die Institution Museum geradezu als Bedingung künstlerischer Entwicklung gelten. Und die Moderne mit ihren unvorhergesehenen und immer aufs Neue revolutionierenden Stilrichtungen ist nicht anders zu verstehen denn als Reaktion auf die Museen, auf die als klassisch und vorbildlich kanonisierte Kunst, auf die Akademien und den etablierten Ausstellungsbetrieb. Die in Museen als solche präsentierte Kunst bot einen Bezugsrahmen, einen Maßstab. Die in Museen präsentierte Kunst war die Spitze eines Eisbergs von öffentlichen und privaten Sammlungen, von verborgenen Werken derselben Meister, von Kunst als Geldanlage und private Liebhaberei – ein Regulativ des Marktes.

Zugleich ist festzuhalten, daß Museen keineswegs nur der Kunst galten, sondern auch immer schon Objekte anderer Art in Betracht zogen: von Reliquien bis Beutekunst, von Merkwürdigkeiten der Natur bis zu Gebrauchsgegenständen aus Übersee, von Waffen bis Münzen. Während die neuere Zeit zu einer Spezialisierung der Sammlungen vorstieß, ist es für die fürstlichen Kunst- und Wunderkammern der Frühen Neuzeit gerade charakteristisch, daß sie allumfassend sein wollten, daß sie ein Abbild der ‚Großen Ordnung‘ im Kleinen bieten wollten. Sie legten eine umfassende Systematik durch alle Reiche der Natur zugrunde, die aber auch klassische Kunstwerke der verschiedenen Gattungen und technische Meisterwerke, Maschinen und Kuriositäten umfaßte. Der Leitbegriff war ‚Merkwürdigkeiten‘, *‚Mirabilia‘*.

Solche Sammlungen waren zunächst eine Sache nur für wenige, für gelehrte Kenner und zahlungskräftige Fürsten. Seit dem 18. Jahrhundert verbreitete sich aber der Gedanke, Kultur sei Sache der ganzen Menschheit und Museen hätten der Bildung des ganzen Volkes zu dienen, müßten also öffentlich sein. Selbständige Museumsbauten entstanden seit der zweiten Hälfte des 18. Jahrhunderts. Früher fürstliche und gelehrte Sammlungen gingen in öffentlichen Besitz über und wurden als Eigentum der Nation angesehen, am deutlichsten im frühen Ankauf der Sammlungen von Sir Hans Sloane durch das britische Parlament, aus der sich das British Museum entwickelte.

Im Laufe des 19. Jahrhunderts entstanden öffentliche Museen überall in Europa. Die Kultur einer Nation, gerade auch derjenigen, die erst um einen Nationalstaat kämpften, drückte sich vorzugsweise in Museen aus, weil sie so einen Ausweis ihrer kreativen Potenz und ihres Zusammenhanges mit der europäischen Kulturbewegung vorzeigen konnten. Dabei griff die Museumsbewegung des 19. Jahrhunderts, Element eines alle Lebensbereiche umfassenden Historismus, weit über die Bildenden Künste hinaus: Es entstanden als Hauptformen das volkskundliche Museum und das völkerkundliche, das kulturgeschichtliche und das Kunstgewerbemuseum, schließlich auch Technik- und Sozialmuseen. Der Impuls der Museumsmacher verschob sich vom Sammeln und Bewahren auf das Präsentieren und Ausstellen.

5   Schulen   Pädagogische Institutionen wie Schule und Universität sind dazu da, die Kultur der älteren Generation an die jüngere weiterzugeben und den jeweils Jungen die Chance zu bieten, nicht wiederum am Nullpunkt kultureller Entwicklung anfangen zu müssen. Anders als Medien der Speicherung und Institutionen der Sicherung kulturellen Wissens sind sie auf Menschen zentriert, auf Erziehung, Bildung, Förderung der Entwicklung. Ebenso wie Archiv, Bibliothek und Museum sind solche Institutionen nicht anders als gesellschaftlich zu verstehen: Die jeweiligen Inhaber der Macht versuchen zu regulieren, was tradiert wird. Ob es sich nun um den Staat oder die Kirche handelt: Immer steht obenan eine umfassende Institution, welche die entscheidende Schwelle des Übergangs von der Kindheit zum Erwachsenenalter zu bestimmen oder jedenfalls zu beeinflussen sucht.

Ein anderer Aspekt ist der des Spiegels: Im pädagogischen Bereich wird besonders deutlich, was das Charakteristische einer gesellschaftlichen Formation ausmacht. Im Hinblick auf Erziehung muß formuliert werden, was das Wesentliche ist; Absichten und Ziele einer Kultur werden expliziert. Im Kampf um die pädagogischen Institutionen spiegelt sich auch das Ringen um divergierende Tendenzen in der Gesellschaft selbst.

Das Wort ‚Schule' meint einen relativ neutral gefaßten Sachverhalt: daß sich jede Gesellschaft, jede Kultur, jede Religion Institutionen schafft, um das für sie wichtige Wissen weiterzugeben, wobei im Regelfall die junge Generation im Blickpunkt steht, diejenigen, die an das wesentliche Wissen der eigenen Gruppe herangeführt und befähigt werden soll, es weiterzutragen. Damit verbunden sind grundsätzlich Einübungen in wesentliche Kulturtechniken, die sich zwangsläufig nach dem jeweiligen Zivilisationsstand unterscheiden. Schule bedeutet immer: die Sprache lernen, d. h. die Sprache der eigenen Gruppe, aber auch die Sprachen anderer Gruppen, beispielsweise der sozialen Elite, der Funktionsträger, die Sprache der Überlieferung, die Sprache der Kommunikationspartner außerhalb der eigenen Gruppe. Während der längsten Zeit der europäischen Kulturgeschichte hatte das Lateinische eine überragende Bedeutung als Sprache der Kirche und als diejenige Sprache, in der man die Heilige Schrift und alles mit Religion Zusammenhängende rezipierte, aber sekundär dann auch als Sprache einer gemeineuropäischen Gelehrsamkeit ⇥4.2|. Dabei war es zumindest seit dem Humanismus und der Reformation Bestandteil eines allgemeinen Kulturbewußtseins, daß man für ein vertieftes Verständnis der Heiligen Schrift auf deren Ursprachen zurückgehen müsse, auf das Griechische und Hebräische. Aus der Sicht der Alten Römer hatten die Griechen eigentliche Kultur besessen; wer als Römer gebildet sein wollte, mußte also Griechisch lernen.[6] Wer als Jude in Europa lebte, hatte die Sprache der religiösen Überlieferung zu lernen, die Sprache der umgebenden Gesellschaft, möglicherweise zusätzlich noch eine Gruppensprache wie Spaniolisch oder Jiddisch. Indem sich in der Neuzeit die europäischen Nationalsprachen zu Literatursprachen entwickelten, die sukzessive auch zu Sprachen der Religion, des Rechts und der Wissenschaften wurden, erwies es sich für einen gebildeten Europäer als essentiell, zumindest die Hauptsprachen der europäischen Kulturentwicklung zu beherrschen, also Italienisch und Französisch ⇥4.3| (eventuell Spanisch), seit dem 18. Jahrhundert auch Englisch ⇥4.4| und seit dem 19. Deutsch.

Außer dem Sprachenlernen ging es in den Schulen immer um Schreibenlernen: Einweisung in die praktischen Fertigkeiten, die mit der Beherrschung der Schreibgeräte zusammenhingen, in Kombination mit ausgebildeter Feinmotorik der Finger und Konzentrationstraining im Stillhalten, in

---

6   Knapper Überblick: Art. Schulen, in: Lexikon der Alten Welt, 3 Bde., München und Zürich 1990, Bd. 3, Spalten 2735–2740.

kontrollierten Bewegungen, in bezug auf die Sitzhaltung, die Augenführung, das visuelle Gedächtnis. Schreibenlernen mußten die Schüler im Alten Griechenland oder Rom genauso wie die Klosterschüler des Mittelalters[7] und die Schüler in unseren heutigen Schulen.

Wie weit zu den einfachsten Kulturtechniken auch das Rechnen gehörte und wie weit darauf aufbauende Künste der Arithmetik und Geometrie, der Musik und Astronomie, der Trigonometrie und Physik und so weiter Gegenstand schulischen Unterrichts waren, wandelte sich nach Zeiten und Ländern, nach Schulstufen und gesellschaftlichen Anforderungen ganz gewaltig.

Schulen sind immer als Spiegel der Gesellschaft gesehen worden; nicht nur in dem Sinne, daß sie die Normen und Werte einer Gesellschaft nebst ihrem zivilisatorischen Niveau spiegeln, sondern auch in dem Sinne, daß ihre Differenzierung den Grad der gesellschaftlichen Differenzierung widerspiegelt. Die Vorstellung allgemeiner Menschenrechte und einer demokratischen Verfassung zieht folgerichtig die Forderung nach allgemeiner Schulpflicht nach sich. Und die allgemeine Schulpflicht führt notwendig dazu, daß nun verschiedene geistige und körperliche Anlagen, unterschiedliche soziale Herkunft und gesellschaftliche Bestimmung zu einer Differenzierung der Schulformen führen mußten, ob nun dreigestuft oder als Gesamtschule, mit Ausgliederung verschiedener Formen von Sonderschulen, mit Hochbegabtenförderung innerhalb oder außerhalb der Schule, mit Nachhilfeunterricht und Zusatzangeboten.[8]

Was eine Kultur ist, läßt sich nicht nur an den höchsten Produkten erkennen, die sie hervortreibt, an ihren Kunstwerken, ihren wissenschaftlichen und philosophischen Leistungen, sondern auch aufgrund einer Analyse des allgemeinen Niveaus, also dessen, was zu einer bestimmten Zeit in einem bestimmten Land in den Schulen gelehrt und gelernt wurde.

In diesem Sinne können wir uns eine Gesellschaft und Kultur ohne Schule gar nicht vorstellen. Ob eine Kultur Universitäten braucht, ist fraglich; daß sie Schulen braucht, ist selbstverständlich. Schulen kannten deshalb auch die antiken Hochkulturen; Universitäten – jedenfalls nach unserem Verständnis – kannten sie noch nicht.

---

7   Vgl. einführend: LAETITIA BOEHM: Das mittelalterliche Erziehungs- und Bildungswesen, in: Propyläen Geschichte der Literatur, Bd. 2: Die mittelalterliche Welt 600–1400, Berlin 1988, S. 143–181.
8   Vgl. HERWIG BLANKERTZ: Die Geschichte der Pädagogik. Von der Aufklärung bis zur Gegenwart, Wetzlar 1982.

6   Universitäten   Sie sind das charakteristische Erbe des Mittelalters, damals eine gemeinsame Sache ganz Europas. So erklärte man das
Studium, das man als dritte Gewalt dem *Imperium* (Kaiser) und dem *Sacerdotium* (Papst) entgegenstellte, im frühen 13. Jahrhundert für die Aufgabe
Frankreichs, nämlich der Universität Paris.[9] Auch jenseits dieser Idealkon-
struktion blieben die Universitäten Frankreichs, Englands und Italiens die
Hohen Schulen für die Elite ganz Europas bis ins Spätmittelalter. Seit dem
15. Jahrhundert wurden Universitäten schwerpunktmäßig Landesuniversitäten, die ihre überregionale Bedeutung verloren, weil sie die Beamten und
Pfarrer jeweils eines Territoriums auszubilden hatten – ein Prozeß, der
durch die Konfessionalisierung konsequent verschärft wurde.

Die europäischen Universitäten waren nie bloß Anstalten zur Weitergabe des traditionellen Wissensbestandes, sondern immer auch Ort einer rationalen Auseinandersetzung in festgelegten Formen:[10] Immer gab es neben
der *Vorlesung* (Traditionsvermittlung) die *Disputation* (Bewährung des
Wissens im Widerstreit). So war die europäische Wissenstradition durch die
Jahrhunderte immer kritisch, d. h. an Verfahren der Überprüfung und Sicherung von Wissensbeständen orientiert – in einem Maße, wie man das über
keine andere Kultur sagen kann. Selbst die Scholastik, die als bestandsorien-
tiert und erhaltend gilt, trieb das Intellektualistische, ja Spitzfindige in besonderer Weise heraus. Dieses Element des intellektualistischen Forschens
nach Klärung der Wissensbestände wurde in den Konfessionskämpfen noch
forciert.

Im Zeitalter der Aufklärung aber führte die Suche nach Wahrheit von
überkonfessioneller Stringenz erneut zu vertiefter Reflexion auf das
Menschlich-Wesentliche. Wiederum waren es schwerpunktmäßig die Universitäten (nun neben den Akademien), welche eine gemeineuropäische
Rationalitätskultur anleiteten, die zunehmend empirische Bestände aufnahm und in der Durchdringung der Natur Ergebnisse erreichte, welche
sich auch technologisch ausmünzen ließen und die europäische Zivilisation
allen übrigen Zivilisationen überlegen machte. Das hatte viel mit der allgemeinen Hochschätzung des Wissens im Zeitalter der Aufklärung zu tun,

---

9   HERBERT GRUNDMANN: Vom Ursprung der Universität im Mittelalter, Berlin
2. Aufl. 1960 (Nachdruck Darmstadt 1976).

10   Problembezogener Überblick: WOLFGANG E. J. WEBER: Universitäten, in: MICHAEL
MAURER (Hrsg.): Aufriß der Historischen Wissenschaften, Bd. 6: Institutionen,
Stuttgart 2002, S. 15–97. Ausführlicher: WOLFGANG E. J. WEBER: Geschichte der
europäischen Universität, Stuttgart u. a. 2002.

aber natürlich auch mit beruflichen Chancen. Reformuniversitäten wurden möglich durch Entkonfessionalisierung: Freiheit der Forschung und Lehre lautete das Schlagwort. Und schließlich war es in einigen Fällen gelungen, durch institutionelle Neuverbindungen sich den gewandelten Bedingungen des literarischen Marktes, des Buch- und Zeitschriftenwesens, der Wissenschaft als Forschung anzupassen.

An der europäischen Entwicklung der Universität, wie sie seit dem Mittelalter geschildert wurde, fällt vor allem die Besonderheit auf, daß sich eine eigene Institution zu entfalten vermochte, die nicht in den vorhandenen Institutionen des Glaubens und der Macht, in Kirche und Staat, aufging. Das spannungsvolle Verhältnis von Universität und Kirche, Universität und Staat charakterisierte die Entwicklung durch die Jahrhunderte. Indem sich die Universität aus dem Schoße der Kirche zu emanzipieren vermochte, kultivierte sie einen Anspruch auf Autonomie: nicht nur im rechtlichen Sinne, sondern auch im geistigen. Wissenschaft und Universität wurden zu einer eigenen Kraft, die sich immer neu in ihrem Verhältnis zu Glauben und Kirche definieren mußte. Es lag für die Kirche immer nahe, sich die Universität dienstbar zu machen, wie es für den aufgestiegenen Staat der Neuzeit immer eine Versuchung darstellte, die Universitäten über Berufungen, Dotierung und Haushaltsrecht von sich abhängig zu machen. Die Konzeption des Liberalismus stand dem im 19. Jahrhundert entgegen; die Humboldtsche Universität entwickelte sich zu einer eigenen Gestalt. Im 20. Jahrhundert als dem Zeitalter der Ideologien erwies sich die Universität verwundbar. Aber die Rückkehr zu Selbstverwaltung und Lehrfreiheit nach 1945 bzw. nach 1990 machte offensichtlich, daß die Idee der Universität eine eigene Kraft und Attraktivität auch dort behält, wo sich die Vorstellungen von Bildung nicht mehr vereinheitlichend darstellen lassen.

Die Universität ist über ihre Vergabe von Leistungszertifikaten und Titeln zu einer Institution gesellschaftlichen Aufstiegs geworden, womit sie ein Potential, das ihr seit den Anfängen im Mittelalter innewohnte, in neuer Weise auszuschöpfen vermochte. Freilich sollte man auch bedenken, daß die Erneuerung der Universität im Humanismus und vor allem im Neuhumanismus jeweils einen Rückgriff auf altgriechische Vorstellungen von Freiheit des Denkens und Autonomie der Persönlichkeit darstellten, der nicht mehr wiederholt werden kann, wo man an die Bedeutung des Individuums, der Persönlichkeit, der Bildung durch Wissenschaft nicht mehr zu glauben wagt.

Eine Gesellschaft ist insbesondere durch die Formen charakterisiert, in denen sie ihre Kultur zu tradieren vermag. Institutionen kultureller Überlieferung wie Archive, Bibliotheken und Museen sichern Kulturgut, pflegen es und machen es zugänglich. Dazu bedarf es umfassender Zusammenhänge (Staat, Kirche). Hinzu kommen die lebendigen Bildungsinstitutionen, mit denen jede Generation die jeweils Jungen an den erreichten Stand der Kultur heranzuführen versucht, um diesen ihrerseits fortzubilden (Schulen und Universitäten).

Anregungen zur Weiterarbeit

1.   Es gibt ein Taschenbuch, in dem Sie die Geschichte genau dieser fünf Institutionen (Archiv, Bibliothek, Museum, Schule, Universität) verfolgen können: MICHAEL MAURER (Hrsg.): Aufriß der Historischen Wissenschaften, Bd. 6: Institutionen, Stuttgart 2002.

2.   Es empfiehlt sich, die Überlieferungszusammenhänge und gegenseitigen Beeinflussungen von Staat, Kirche und Gesellschaft einmal in bezug auf eine Epoche genauer zu verfolgen. Für das Altertum bietet sich an: HENRI IRÉNÉE MARROU: Geschichte der Erziehung im klassischen Altertum, München 1977. Von großer historischer Tragweite ist auch die Entstehung der Universitäten im Mittelalter, vgl. z. B.: WALTER RÜEGG (Hrsg.): Geschichte der Universität in Europa, Bd. 1: Mittelalter, München 1993.

3.   Bei stärkerem Gegenwartsinteresse kann man Gewinn ziehen aus einem Vergleich der Darstellungen der Entwicklung des höheren Bildungswesens in der BRD und in der DDR:

■ CHRISTOPH OEHLER: Die Hochschulentwicklung nach 1945, in: Handbuch der deutschen Bildungsgeschichte, Bd. 6: 1945 bis zur Gegenwart. Erster Teilband: Bundesrepublik Deutschland, München 1998, S. 412–446.

■ SIEGFRIED BASKE: Das Hochschulwesen, in: Handbuch der deutschen Bildungsgeschichte, Bd. 6: 1945 bis zur Gegenwart. Zweiter Teilband: Deutsche Demokratische Republik und neue Bundesländer, München 1998, S. 202–227.

7 Medienkultur

1 Hören und Sehen   Seit Aristoteles gibt es einen festen Kanon der ‚fünf Sinne' – Sehen, Hören, Riechen, Schmecken, Fühlen –, und wenn man von übersinnlichen Erfahrungen spricht, geschieht das nicht selten unter der Formel vom ‚sechsten Sinn'. Robert Jütte hat die Geschichte der fünf Sinne von der Antike bis zur Gegenwart erschlossen, indem er die Diskurse aller beteiligten Lebensbereiche dazu aufgenommen hat:[1] Theologie und Philosophie, Ästhetik und die Künste, Medizin und Technik, Mediengeschichte und Kochkunst – kaum ein Bereich, der nicht von den Sinnen tangiert wäre. Als grundlegendes Ordnungsschema entwickelt er eine Epochentrias: von der Antike bis zur Frühen Neuzeit, charakterisiert durch Ordnung und Hierarchisierung der Sinne – schon Platon sah im Auge eine besondere Fähigkeit, die es dem Göttlichen annäherte –; sodann das 18./19. Jahrhundert als Übergangszeit der Verwissenschaftlichung der Diskurse über die Sinne; schließlich das 20. Jahrhundert als ‚Wiederentdeckung der Sinne', ein Zeitalter neuer Sinnlichkeit. Aristoteles hatte zu beweisen versucht, daß es nicht mehr als fünf Sinne geben könne; Skeptiker der Neuzeit wie Montaigne und Campanella spielten mit der Möglichkeit der Unabgeschlossenheit und Entwicklungsfähigkeit des Menschen: Warum sollte ihm prinzipiell weiterreichende sinnliche Erkenntnis verwehrt sein? Die Wertigkeit der Sinne schwankte; waren sie für katholische Theologen, namentlich im Zeitalter der Gegenreformation, ‚Einfallstore der Sünde', so konnten sie im Laufe des Sensualismus, wie er sich im 18. Jahrhundert philosophisch entwickelte, zur Basis jeglicher Erkenntnis und mithin zum eigentlich Menschlichen des Menschen werden, seit Baumgartens *Aesthetica* (1750) auch zu einer Quelle sinnlicher, ästhetischer Erkenntnis. Sinnliche Erkenntnismöglichkeiten wurden erweitert, beispielsweise durch die großen Erfindungen des 17. Jahrhunderts, das Teleskop und das Mikroskop, sowie ihre Anwendung in den Wissenschaften, die zu einem veränderten Bild des Menschen von seinem Körper führten. Neue Nahrungsmittel, insbesondere der massenhaft importierte Rohrzucker, veränderten im 18. Jahrhundert den Speisezettel der Europäer und ihre Geschmacksempfindungen. Ausführungen über den Tastsinn grenzen immer wieder an eine Geschichte der Sexualität, des

---

1   ROBERT JÜTTE: Geschichte der Sinne. Von der Antike bis zum Cyberspace, München 2000.

Schamgefühls, der Verhaltensstandardisierung in der Neuzeit. Der Zivilisa-
tionsprozeß führt zu einer Distanzierung der Wahrnehmung: Beim Essen
durfte man, nachdem sich die Gabel in einem jahrhundertelangen Prozeß
in Europa durchgesetzt hatte, nur noch Brot beim Essen mit den Händen
anfassen. Die Industrialisierung der Umwelt im 19. Jahrhundert wurde von
den Zeitgenossen als Reizüberflutung erlebt, auf die sie mit der neuen
Krankheit der ‚Neurasthenie‘ reagierten. Während das Ohr teilweise als eigentlich religiöser Sinn reklamiert wurde, konnten die Menschen der Neuzeit das Überhandnehmen des Sehens, die Hegemonie des Gesichtssinnes
über alle anderen Sinne, handgreiflich erleben. Die Entwicklung des Ge-
ruchssinnes registrierte zunächst immer unzumutbarere Belastungen in den
Städten der industriellen Epoche, bis die Hygienebewegung die Städte zunehmend säuberte, aber auch entsinnlichte. Ein bemerkenswerter Indikator dafür ist auch die Verarmung der Sprache im Bereich der Gerüche. Ob
es (wissenschaftlich isolierbare) Geschmacksempfindungen jenseits von bit-
ter, sauer, salzig und süß geben könne – das war bis vor kurzem durchaus
umstritten. Das Feld der geschmacklichen Wahrnehmung wurde erst in den
letzten Jahrzehnten revolutioniert durch die industrielle Aromatisierung vieler Lebensmittel. Die medizinische Diagnostik erlebte wiederholte Revolutionen durch technische Erweiterungen des menschlichen Sinnesapparates,
angefangen beim Stethoskop, mit größeren Folgen durch die Röntgenstrah-
len (seit 1895). Die Photographie, insbesondere aber das Kino, stellten das
Sehen des neuzeitlichen Menschen auf eine neue Basis.

2   ‚Medium‘   Infolge der Entwicklung der Medien im 20. Jahrhun-
dert – von den Druckmedien über Hörfunk und Fernsehen zu Kino und
Internet – ist ein Begriff in das Bewußtsein der Öffentlichkeit gerückt, der
für die traditionelle Kulturgeschichte noch nicht existierte: ‚Medium‘. Eine
Mediengeschichte und Medienwissenschaft allgemein gibt es erst seit
etwa zwei Jahrzehnten. Die Einsicht in die Bedeutung der Medien für die
Kultur der Gegenwart hat eine Perspektive nach rückwärts aufgerissen:
Spielten nicht auch in früheren Epochen die damals vorhandenen Medien
eine ebenso wichtige Rolle?

Freilich fragt sich sogleich, was als ‚Medium‘ in diesem Sinne bezeichnet werden kann. Der Begriff erscheint so selbstverständlich, daß er kaum
irgendwo noch definiert wird. Gewöhnlich steht ‚Medium‘ als Kurzbegriff
für ‚Medium der Kommunikation‘. Man stellt sich vor, daß Menschen miteinander in irgendeine Art von Austausch treten müssen, und um dies tun
zu können, brauchen sie ein ‚Mittel‘, eine ‚Vermittlung‘, ein ‚Medium‘ eben.

Dies ist unmittelbar einsichtig, wenn man sich ein Telefon auf der einen Seite und ein Telefon auf der anderen Seite vorstellt; an jeder Kombination von Sprechmuschel und Lautsprecher hängt ein Mensch mit Mund und Ohr; der technische Apparat dazwischen wird dann als ,Medium' bezeichnet.

Die Situation der Gegenwart ist gekennzeichnet durch einen hohen Grad der Medialität. Statt miteinander zu spielen, sitzen Kinder vor dem Fernseher. Sie haben damit eine indirekte, vermittelte, eben mediale Wirklichkeit statt der älteren, primären Form von Kommunikation gewählt. Trotzdem gibt es auch in der Gegenwart noch vielerlei Situationen, in denen man direkte Kommunikation vorzieht: Wenn Sie beispielsweise in einer Vorlesung sitzen, statt ein Lehrbuch zu lesen. Manche Leute gehen in ein Fußballstadion, um die Atmosphäre eines Fußballspiels direkt zu erleben. Andere Leute, die nicht frieren wollen, setzen sich zuhause an den Fernseher, um dasselbe Fußballspiel bloß visuell (und nebenbei auditiv) zu verfolgen. Wieder andere hören es sich am Radio an, wo zwei Reporter ein Geschehen, das sich vor ihren Augen abspielt, in Sätze (und Schreie) zu fassen suchen und als Erzählung dramatisieren.

Ein ,Medium' kann der Speicherung dienen – beispielsweise in Form einer CD, einer Grabplatte oder Festplatte. Ein Medium kann so flüchtig bleiben wie ein Gespräch – beispielsweise bei einem nichtaufgezeichneten Telefongespräch oder einem verbrannten Brief. Ein Medium kann seinen Artefaktcharakter hervorkehren – beispielsweise als Kunstwerk, das gekauft und gesammelt wird, sogar in Museen ausgestellt. Der eine bewahrt einen handschriftlichen Brief auf, weil sich daran eine Erinnerung knüpft (beispielsweise ein Liebesgeständnis); der andere sammelt solche Briefe, weil ihn die Handschriften graphologisch interessieren. Zum Medium gehört dieses ,Dazwischen', die Möglichkeit der Selbständigkeit des Dinges, der kulturellen Formbarkeit.

Ein weiterer Aspekt läßt sich über die Frage nach Gegenbegriffen gewinnen. Für Medienwissenschaftler ist alles ,Medium'; es gibt kein ,Nicht-Medium'. Demgegenüber möchte ich als Kulturhistoriker vorschlagen, ,Medium' als Gegensatz zu ,Institution' zu profilieren. ,Institution' ⇥6.1| nenne ich solche Phänomene wie Kirche, Hof oder Universität. ,Medium' ist dagegen das Ensemble der Kommunikationsmöglichkeiten innerhalb einer solchen Institution und zwischen den Institutionen. Medien in der Kirche sind zum Beispiel Predigt, Gemälde, Statuen, Glasfenster und Orgelmusik. Medien an einem mittelalterlichen Hof sind zum Beispiel Lieder, Gedichte, Erzählungen. Medien an einer mittelalterlichen Universität sind zum Beispiel Schriften und Bücher, eventuell auch Vorlesungen und Disputationen.

Der Ansatz der Kulturgeschichte bei den Medien führt zu einer anderen Auffassung als der Ansatz bei den Institutionen. Die Begriffe ‚Medium‘ und ‚Institution‘ liegen nicht auf derselben Ebene. Trotzdem bedeutet der Übergang von einem zum anderen eine neue Dimension, eine Erweiterung und Bereicherung des Bildes einer Kultur. Werner Faulstich möchte seine Wissenschaft, eine Erweiterung der Literaturgeschichte, als ‚Medienkulturgeschichte‘ bezeichnet wissen.[2] Diese Erweiterung führt aber noch nicht zu einer ‚Kulturgeschichte‘ im umfassenden Sinne, sondern eben nur zu einer ‚Medienkulturgeschichte‘. Die Analyse der Medien, die in einer jeweiligen Kultur vorhanden sind – und zwar sowohl jedes für sich als auch ihr wechselseitiges Verhältnis – erbringt zusätzliche Einsichten für die Kulturgeschichte. Wir würden entscheidende Elemente der Kultur übersehen, wenn wir nicht die Medien ihrer Kommunikation eigens thematisieren würden.

Mir scheint, daß man sich den einen Gesichtspunkt gewissermaßen als Kontrolle des anderen vorstellen kann: Manche Erkenntnisse erlangen wir gerade dann, wenn wir nach den Medien fragen; andere gerade dann, wenn wir nach den Institutionen fragen. Es bedeutet einen Perspektivwechsel, ob man das eine oder das andere tut.

‚Institution‘ hat etwas mit Macht zu tun, mit Herrschaftskonzentration, mit Monopolisierung von Ressourcen. ‚Medien‘ sind hier offener, freier, privater – wobei allerdings sogleich hinzuzufügen ist, daß Institutionen dazu neigen, Medien für ihre Zwecke in Dienst zu nehmen und zu unterwerfen.

Der Gesichtspunkt ‚Institution‘ ist mit (relativer) Dauerhaftigkeit verbunden: ‚Höfe‘ kennen wir seit mehr als dreitausend Jahren. ‚Kirche‘ (in dem beschriebenen Sinne) gibt es seit zweitausend Jahren, Universitäten immerhin schon über achthundert Jahre. Im Vergleich damit sind alle Medien, die gewöhnlich als Medien bezeichnet werden, kurzlebig oder zumindest jung. (Vielleicht mit Ausnahme des gedruckten Buches, das auch schon über fünfhundert Jahre alt ist, und des Briefes, von dem man in gewisser Hinsicht sagen kann, er sei auch schon über zweitausend Jahre alt.) Mit einem dieser jüngeren Medien wollen wir uns nun zunächst etwas eingehender beschäftigen.

---

2   WERNER FAULSTICH: Das Medium als Kult. Von den Anfängen bis zur Spätantike (8. Jahrhundert), Göttingen 1997, S. 15–17.

3   Geschichte des Hörfunks   Für dieses Medium, das sich binnen kurzem zum Massenmedium entwickelte, bedurfte es besonderer physikalischer und technischer Voraussetzungen. Zunächst einmal mußten die elektromagnetischen Wellen entdeckt sein – dies gelang dem Karlsruher Physiker Heinrich Hertz 1884. So wurde drahtlose Telegraphie und Telephonie prinzipiell möglich. Sodann mußte eine Sendeantenne für drahtlose Nachrichtenübermittlung entwickelt werden – dies gelang dem in England tätigen Italiener Guglielmo Marconi 1897. 1906 wurde zum ersten Mal eine menschliche Stimme mit drahtloser Telegraphie übertragen. Das war besonders für die Schiffahrt nützlich: Nun konnte man zum Beispiel Seenotrufe auf diesem Wege absetzen. Im Ersten Weltkrieg wurde diese neue Technik der drahtlosen Nachrichtenübermittlung zu einem Instrument der Kriegsführung: sowohl zur Anordnung von Truppenbewegungen als auch zur Information und Desinformation des Feindes. Hans Bredow gelang es 1917, den Truppen an der Westfront Musik per Rundfunk zuzuspielen. Ebenfalls 1917 übermittelte Lenin die russische Kapitulation per Funkspruch. In den Jahren nach dem Ersten Weltkrieg wurden die entscheidenden Versuche gemacht und die entscheidenden organisatorischen Strukturen für den Rundfunk geschaffen. Wenn wir uns im folgenden auf Deutschland konzentrieren, muß doch mitbedacht werden, daß sich analoge Entwicklungen auch in anderen Ländern abspielten: In den USA sogar noch ein paar Jahre früher als in Deutschland.[3]

Technisch war Rundfunk mit Hilfe zweier verschiedener Apparaturen zu empfangen möglich: Detektoren, die man auch selber basteln konnte, fingen Bodenwellen auf. Man konnte sie über Kopfhörer abhören. Röhrengeräte mit Drei-Elektroden-Röhren erzielten eine Verstärkung der Schwingungen im Hochfrequenzbereich; so konnte man über Lautsprecher Übertragungen akustisch hörbar machen. Diese Röhrengeräte waren allerdings lange Zeit sehr teuer. Politisch wurde die neue Funktechnik nach dem Ersten Weltkrieg zunächst als gefährlich angesehen: nicht nur wegen ihrer Verwendung in der Revolution, sondern auch deshalb, weil aus dem Krieg etwa 100.000 Männer zurückgekehrt waren, die damit umzugehen wußten. Manche von ihnen betrieben die Funktechnik in den Anfangsjahren der Weimarer Republik weiter – schwarz natürlich, ohne Erlaubnis und Gebüh-

---

3   Im folgenden orientiere ich mich an: HANS JÜRGEN KOCH/HERMANN GLASER: Ganz Ohr. Eine Kulturgeschichte des Radios in Deutschland, Köln, Weimar und Wien 2005. Vgl. auch KONRAD DUSSEL: Deutsche Rundfunkgeschichte, Konstanz 2. Aufl. 2004.

ren. Es war also zunächst die Frage, ob man dies freigeben oder verbieten sollte. In Deutschland entschloß sich der Staat sehr schnell, den drahtlosen Funk als Hoheitsrecht aufzufassen und im Bereich des Reichspostmonopols verankert zu sehen. Der Staat beanspruchte, allein Funksignale senden zu dürfen bzw. Personen und Institutionen zu lizenzieren. Eine von AEG und Siemens getragene neugegründete ‚Gesellschaft für drahtlose Telegraphie GmbH (Telefunken)‘ mit Hans Bredow an der Spitze wurde maßgeblich in diesem Bereich. Sie sicherte sich politisch und juristisch ab. Am 29. Oktober 1923 wurde die erste Rundfunksendung in Deutschland ausgestrahlt: ein einstündiges Konzert der ‚Deutschen Stunde‘ aus dem VOX-Haus in Berlin. Die ersten Rundfunksendungen wurden hauptsächlich von Hörern in Berlin empfangen: Technikbegeisterte, Großstadtbürger, Jugendliche.

In seiner Frühzeit übernahm das neue Medium ausschließlich die Formen der alten Medien. Man übertrug Konzerte aus den Konzertsälen, Theaterstücke aus den Theatern und Vorträge aus Hörsälen. Eine Reflexion auf die Eigengesetzlichkeit des neuen Mediums, auf seine Möglichkeiten und Grenzen, brauchte Jahre. Allmählich bildete sich – je mehr Sendestunden am Tag das neue Medium belegte – ein charakteristischer Rundfunkprogrammablauf heraus.

Wer die ausgestrahlten Sendungen hören wollte, brauchte nicht nur ein Gerät zum Empfang, sondern auch eine behördliche Genehmigung, die anfangs mit immens hohen Gebühren verbunden war. Am 1. Dezember 1923 waren nicht mehr als 467 zahlende Hörer registriert. Das Reichspostministerium mußte erst durchsetzen, daß Schwarzhörer mit Geld- und Gefängnisstrafen bedroht wurden, um die Zahlen deutlich zu erhöhen. Bis zum Stichtag 16. April 1924 wurden Schwarzhörer amnestiert, wenn sie sich freiwillig zum Gebührenzahlen meldeten. Das taten etwa 50.000. Die Gebühr wurde nun auf 2 Mark monatlich gesenkt. Ende 1924 waren schon über eine halbe Million zahlende Hörer gemeldet, ein Jahr darauf schon eine Million. Der Rundfunk wurde zu einem Massenmedium, das sich in erster Linie über die Gebühren seiner Hörer finanzierte, daneben aber auch Werbeeinnahmen erhielt.

Daß die Hörer anfangs hauptsächlich in Großstädten saßen, erklärt sich nicht nur aus den Sendezentralen und dem Lebensstil der großstädtischen Bevölkerung, sondern auch aus der Tatsache, daß ländliche Regionen damals noch nicht überall an das elektrische Stromnetz angeschlossen waren. Die allgemeine Elektrifizierung war Voraussetzung für das neue Medium; gleichzeitig trug der Rundfunk, je populärer er wurde, auch dazu bei, die Elektrifizierung flächendeckend zu vollenden.

Seit 1924 (erste ‚Deutsche Funkausstellung') begann die Funkindustrie, sich zu einem eigenen Wirtschaftszweig zu entwickeln. Immer öfter baute man nun in Rundfunkempfänger eigene Lautsprecher ein, so daß man auch hören konnte, ohne sich mit einem Kopfhörer nahe ans Gerät setzen zu müssen. Dies veränderte in der Folge die Rezeptionsweise und auch die Programme. Die äußere Gestalt der Radios entwickelte sich von einem technischen Apparat zunehmend zu einem Möbel. Das bürgerliche Heim erhielt einen neuen Anziehungspunkt durch solche Geräte. Der gemeinsame Rundfunkempfang wurde zur Unterhaltung in der Familie. Statt in Konzerte und Theater zu gehen, genoß man nun die Kultur teilweise aus der Ferne am heimischen Rundfunkempfänger. Der Besitz eines Radios entwickelte sich zum Statussymbol.

In der Anfangszeit hatte sich der Rundfunk der ‚Unterhaltung' verschrieben, wobei man unter ‚Unterhaltung' in erster Linie Musiksendungen verstand, und zwar solche mit Unterhaltungsmusik aller Art. Die klassische Musik spielte eine größere Rolle als später. Prominent vertreten war die damals auch im Konzertbetrieb vorherrschende ‚leichte Muse', also Operetten und Salonmusik, wie man sie in den Kaffeehäusern spielte. Neue Musik aus Amerika hörte man gewöhnlich nur in bearbeiteten Versionen durch deutsche Salonorchester, bei denen die rhythmischen Elemente zurückgenommen waren und das Fremde an die europäischen Hörgewohnheiten angepaßt wurde. Die Hauptunterhaltungszeit war auch die Hauptsendezeit: der Abend und der Sonntag. Bildende Vorträge spielten eine große Rolle im frühen Rundfunkprogramm. Teilweise wurde es geradezu als eine Art ‚Volkshochschule' propagiert, wenngleich die frühen Programmacher schnell erfuhren, daß die Hörer überwiegend Unterhaltung verlangten. Aber auch Kurse in Fremdsprachen nahmen verhältnismäßig viel Sendezeit ein. Anfangs wurden sechs Stunden am Tag gesendet, nach wenigen Jahren aber schon 19 Stunden am Tag. Immer neue Zielgruppen wurden einbezogen, etwa die Hausfrau, die es sich leisten konnte, während der häuslichen Arbeit den Rundfunkempfänger einzustellen, später auch die Kinder mit besonderen Kinderstunden am frühen Nachmittag. Die ersten Rundfunkexperten bezeichneten den Rundfunk als gemeinschaftsstiftendes Medium: Über alle Grenzen hinweg verbreite er Bildung und Wissen; er arbeite gegen Einsamkeit, Absonderung und Isolierung der Menschen. Er stelle eine länderübergreifende öffentliche Meinung her, welche es unmöglich mache, daß Regierungen ihre Bevölkerung einseitig beeinflußten und Kriege vorbereiteten. Übrigens wurde auch die ‚Ablenkungsfunktion' damals positiv gesehen und herausgestellt: Angesichts der großen wirtschaftlichen Not, der Inflation und Arbeitslosigkeit sowie der politischen Frustration eines geschlagenen Volkes sei es wünschenswert, den Menschen unterhaltende Ablenkung zu bieten, sie auf andere Gedanken zu bringen, ihre Stimmung durch Musik zu heben und sie so letzten Endes arbeitsfreudiger und leistungskräftiger zu machen.

Während die Beiträger des etablierten Kulturbetriebs, Professoren und Schriftsteller, Sänger und Schauspieler, anfangs noch die traditionellen Medien der Kulturvermittlung vorzogen, wurden sie im Laufe der Weimarer Republik immer mehr auch vom Rundfunk in Dienst genommen, der hohe Honorare zu bieten hatte. Manche strebten auch zum Rundfunk, um größere Massen zu erreichen und ihre Botschaft in weitere Kreise zu verbreiten. Politisch bewußte Schriftsteller wie Alfred Döblin oder Bertolt Brecht wandten sich dem Rundfunk zu, um demokratisierend zu wirken, Kultur in breitere Schichten zu tragen.

»Aus den zumeist wenig überzeugenden Versuchen, die Theaterbühne als Sendespiel in die Studios des Rundfunks zu verlegen, entstand Ende der zwanziger Jahre das Hörspiel. Diese avantgardistische ›originäre Rundfunkkunst‹ galt bei den Hörern keineswegs als esoterisch – angesiedelt in den Nischen der Minderheitenprogramme, wie es in späteren Jahren der Fall war. Das Hörspiel war durchaus beliebt – ein Gesprächsthema in Büros wie Familien; und es wurde von der Kritik beachtet. In Verschmelzung der literarischen Gattungen (Lyrik, Drama, Epik) mit Musik und unter Nutzung der technischen Möglichkeiten geriet es zum ›akustischen Theater‹.«[4]

Man sprach damals viel vom ‚Radiofilm‘: Man stellte sich vor, der Rundfunk könne und solle im akustischen Bereich das leisten, was das Kino im visuellen geleistet hatte – die Entwicklung neuer Formen der Wahrnehmung aufgrund neuer technischer Verfahren. Die künstlerischen Theorien der Zeit, vor allem die ‚Neue Sachlichkeit‘, empfahlen die Konzentration auf das Medium selbst und seine Spezifik, statt nur sekundär der Wiedergabe der vorhandenen bürgerlichen Kunstformen zu dienen. Der Journalist war eine Leitfigur der Zeit. Die Reportage gewann weiter an Farbigkeit, als die Übertragungstechniken sich verbesserten. Passende Themen mußten gefunden werden, um die angestrebte ‚Aktualität‘ zu verwirklichen (Sportübertragungen, Berichte über Zeppelin-Flüge und andere Sensationen).

---

4   KOCH/GLASER, Ganz Ohr, S. 41.

Nach der ‚Machtergreifung' der Nationalsozialisten am 30. Januar 1933 stand die Kontrolle des Rundfunks im Zentrum ihres Interesses. Genau deshalb, weil sie anfangs noch keine parlamentarische Mehrheit hatten und zunächst ihre politischen Gegner ausschalten wollten, erschien es ihnen wichtig, durch Propaganda die Massen zu beeinflussen. Allerdings war ihnen auch klar: Wenn Rundfunk nur Propaganda geboten hätte, wäre er nie populär geworden. Wenn er aber in erster Linie das Unterhaltungsbedürfnis der Leute befriedigte, konnte man auf diesem Wege auch Propaganda an den Mann und die Frau bringen. Die Nationalsozialisten setzten damit konsequenter eine Linie fort, die schon in der Endphase der Weimarer Republik eingeschlagen worden war. Insbesondere seit den Notverordnungen des Reichskanzlers Heinrich Brüning (1930) war der Hörfunk zu einem Staatsapparat geworden: So wurden beispielsweise die ‚Notverordnungen' (anstelle parlamentarisch beschlossener Gesetze) durch Verkündigung im Rundfunk in Kraft gesetzt (und erst anschließend gedruckt). Noch ungenierter nutzte Reichskanzler Franz von Papen ab 1932 den Hörfunk für Selbstdarstellung und politische Meinungsbildung. Er setzte die Hörfunkordnung außer Kraft, schaltete die Privataktionäre aus den Rundfunkgesellschaften aus und setzte staatliche Kommissare an die Spitze der Reichrundfunkgesellschaft wie auch der regionalen Sendegesellschaften. Der Staat hatte sich also schon vor Hitler des Rundfunks bemächtigt. Allerdings gingen die Nationalsozialisten zielstrebiger und rücksichtsloser vor. Schon wenige Tage nach seiner Ernennung zum Reichskanzler richtete Hitler das ‚Reichsministerium für Volksaufklärung und Propaganda' ein mit Joseph Goebbels an der Spitze. Die Gleichschaltung des Rundfunks war viel einfacher als beispielsweise die der damals 4000 Zeitungen in Deutschland. Goebbels erklärte dann die geistige Mobilmachung zu einer der Hauptaufgaben des Rundfunks. Die Reichsrundfunkgesellschaft wurde personell ‚gesäubert', desgleichen die regionalen Rundfunkgesellschaften. Die neuen Machthaber unterstellten die Nachrichtenabteilung des Rundfunks der Presseabteilung des Propagandaministeriums. Alle Nachrichten des ‚Dritten Reiches', schon gar während des Krieges, wurden dort reichsweit zentral hergestellt und erst nach politischer Absicherung ausgestrahlt.

Um die Deutschen zu einem Volk der Radiohörer zu machen, wurde seit Sommer 1933 der ‚Volksempfänger' verkauft, ein preiswertes Gerät, dessen Typenbezeichnung VE 301 an den Tag der Machtergreifung der Nationalsozialisten am 30. 1. erinnern sollte. Zwar stieg die Zahl der Rundfunkhörer in Deutschland von 4 Millionen 1933 auf 12 Millionen im Jahr 1938 und auf 16 Millionen 1943. Doch rankt sich um den ‚Volksempfänger' ein ähnlicher Kranz von Legenden wie um den ‚Volkswagen' und um die Auto-bahn. Als die Nationalsozialisten an die Macht kamen, herrschte bereits ei-ne stürmische Entwicklung im Rundfunk. Das erkennt man vor allem im Vergleich: In anderen europäischen Ländern gab es parallele Entwicklun-gen unter anderen politischen Voraussetzungen. Die Dichte der Radio-geräte war beispielsweise in England und Schweden in den dreißiger und vierziger Jahren weit höher als in Deutschland.

Wenn die Nationalsozialisten nun den Sport ins Zentrum stellten, war dieser ja nicht frei von Politik und Ideologie: Sie feierten den ‚deutschen Menschen', seine Kraft, seinen Willen, seine Überlegenheit. Und wenn sie klassische Musik inszenierten, hatten sie es darauf abgesehen, der Welt die deutschen Kulturleistungen ins Gedächtnis zu rufen und im Hörer den Stolz auf Zugehörigkeit zu einer solchen Volksgemeinschaft zu wecken.

Am Ende des Krieges, als die Alliierten einrückten, waren fast alle deut-schen Sender verstummt, entweder dem Bombenhagel erlegen oder von fa-natischen Nazis auf Befehl Hitlers am Ende selbst zerstört worden, um dem Feind kein Propagandainstrument in die Hand zu geben. Wenige Tage im Mai 1945 waren fast überall in Deutschland funkfrei. Am 2. Mai besetzte die Rote Armee das Berliner Funkhaus. Bereits am 4. Mai nahm der unzerstör-te Sender ‚Radio Hamburg' erneut den Sendebetrieb auf – nun als britischer Militärsender, am 12. Mai ‚Radio München' als amerikanischer Militär-sender. Auf ‚Radio Flensburg' wurde noch bis zum 13. Mai nationalsozia-listische Propaganda verbreitet. Vielerorts wurde das Kriegsende im April und Mai 1945 dadurch akustisch symbolisiert, daß man nun auflegte, was die Nazis nicht hatten hören wollen: Jazz-Platten.

Die Besatzungszeit bedeutete Entnazifizierung und Wiederaufbau ei-nes Rundfunks, der allmählich wieder in deutsche Hände übergehen sollte. Selbstverständlich stellte er auch ein Instrument der Herrschaft und der Pro-paganda dar für die vier Siegermächte, die jeweils in ihren Besatzungszonen die Rundfunkhoheit übernahmen und eigene Sendeanstalten aufbauten. Während der Rundfunk in Deutschland im Krieg zunehmend zentralisiert worden war, wurde er nun in den vier Besatzungszonen der Russen, Ame-rikaner, Briten und Franzosen regionalisiert. Dabei verfolgten allein die Amerikaner bewußt das politische Ziel einer Dezentralisierung. Briten und Russen arbeiteten jeweils an einer Zentralisierung des Rundfunks in ihrer jeweiligen Zone.

Nach dem Krieg waren die meisten Rundfunkgeräte zerstört. Auch fehlte es anfangs an Material und Ideen für eine neue Rundfunkindustrie. In dieser Situation schlug die Stunde des Fürther Kaufmanns und Rundfunkhändlers Max Grundig: Er produzierte unter der Bezeichnung ‚Heinzel-mann' einen Bausatz, der als Spielzeug deklariert wurde und alles enthielt, was man brauchte, um sich selber einen Detektor zu bauen. Dieser Bau-kasten wurde zu einem solchen Erfolg, daß Grundig darauf ein Unterneh-men aufbauen konnte, das sich zum größten Radiohersteller Europas ent-wickelte.

Anfangs waren die Wortsendungen alles beherrschend: Schließlich wollten alle Besatzungsmächte der deutschen Bevölkerung politische In-formationen und Kenntnisse über ihre Heimatländer vermitteln. So wurde man in der SBZ über die russische Kultur, im Bereich des NWDR über die britische Kultur, im deutschen Südwesten (Rundfunksender in Saarbrücken und Baden-Baden) über die französische Kultur, im übrigen Bereich (Sende-häuser in Frankfurt, Stuttgart und München) über die amerikanische Kultur belehrt. Die beliebtesten Sendungen der Nachkriegszeit waren Wetter-bericht, Nachrichten, Kabarettsendungen und Tanzmusik.

Die Deutschen faßten den Rundfunk als Staatssache auf, die Inhaber der militärischen und politischen Gewalt aber als öffentlich-rechtliche An-gelegenheit. Die heute noch gültige Verfassung der Rundfunkanstalten als Anstalten des öffentlichen Rechts mußte den Deutschen von Briten und Amerikanern erst aufgezwungen werden. Von Anfang an hatten die Regie-rungen der neugebildeten Länder im Westen die Tendenz, den Rundfunk bestimmen zu wollen. Sie wurden durch entsprechende Gesetze daran ge-hindert, dies zu tun, und traten dann den Weg der Kontrolle des Rundfunks über die Gremien an – was auch heute noch so ist. Die Sender werden kon-trolliert durch Rundfunkräte, in denen relevante ‚gesellschaftliche Gruppen' in festgelegten Proportionen Sitze innehaben, nicht aber Parteien. In Wirk-lichkeit sind diese Sitze seit Jahrzehnten zu Parteidomänen geworden, weil jeweils für gesellschaftliche Gruppen ihre politisch organisierten Vertreter, eben Mitglieder politischer Parteien, dort tätig sind. Infolgedessen wird die Rundfunkpolitik nach dem politischen Proporz der jeweiligen Bundesländer gestaltet und wechselt mit den Regierungen.

1949 wurde die Rundfunkhoheit von den westlichen Besatzungs-mächten den neuen Bundesländern übergeben. Es ist kein Zufall, daß de-ren Ländergrenzen sich weitgehend mit den Sendegebieten decken. Aus Radio München wurde nun der Bayerische Rundfunk, aus Radio Frankfurt der Hessische Rundfunk, aus Radio Stuttgart der Süddeutsche Rundfunk. Dieser konkurrierte jahrzehntelang mit dem Südwestfunk, dem von Baden-Baden ausgestrahlten Sender der französischen Besatzungszone (erst vor wenigen Jahren fusioniert zum Südwestdeutschen Rundfunk). Das Saarland hatte zunächst einen eigenen völkerrechtlichen Status. Die Franzosen hatten früh in Saarbrücken einen weiteren Sender installiert; er wurde 1955 zum Sender für das Bundesland Saarland. 1955 trennte sich Köln von Hamburg ab, aus dem Nordwestdeutschen Rundfunk wurden der WDR und der NDR. Eine Besonderheit blieb Radio Bremen, das als amerikanischer Sender in der britischen Zone errichtet worden war, weil die Amerikaner Bremen bzw. Bremerhaven als Nachschubbasis brauchten; nun wurde es zum Sender des gleichnamigen Bundeslandes. Berlin stand unter Viermächtestatus; weil die Amerikaner den Russen, welche das Berliner Funkhaus übernommen hatten, nicht das Monopol lassen wollten, bauten sie den RIAS auf, den ‚Rundfunk im amerikanischen Sektor‘.

Rundfunk nach dem Krieg bestand aus Propaganda, Werbung und Unterhaltung, aber doch auch aus mehr. Dieses Mehr läßt sich zum Teil mit dem Ausdruck ‚Schulfunk‘ fassen. Diese Sendeform hatte ihre große Zeit in den 1950er und 1960er Jahren. Hervorgegangen war sie aus der Lehrmittelknappheit nach dem Zweiten Weltkrieg: Die Nazimaterialien waren unbrauchbar geworden, aber die Papierknappheit führte auch dazu, daß man nicht sogleich alles neu drucken konnte, was man für Schule und Unterricht brauchte. Der Hörfunk füllte diese Lücke. Jahrzehntelang wurden Schulfunk-Sendungen der verschiedenen Fächer und Lernstufen sowohl vormittags als auch nachmittags gesendet. Populär waren Kurse in modernen Fremdsprachen (auch abends, auch am Wochenende): Wenn man sich dazu noch die Begleitmaterialien kaufte, hatte man eine wirklich die Möglichkeiten des Mediums ausnutzende Lernform gefunden. Aber auch in allen anderen denkbaren Fächern gab es Angebote des Schulfunks. In den späten 1960er Jahren wurde (nach dem Vorbild der britischen *Open University*) ein ‚Funkkolleg‘ geschaffen, das wirklich im Medienverbund arbeitete: Die willigen Hörer, die in den späten Abendstunden Kurse nehmen wollten, hatten gewöhnlich einen Block von zwei halbstündigen Vorlesungen zu hören (mit Wiederholungen am Wochenende und zu versetzten Zeiten). Das ‚Deutsche Institut für Fernstudien‘ in Tübingen vertrieb dazu Studienbegleithefte, welche dreierlei Texte enthielten: zur Vorbereitung, zur Sendebegleitung und zur Nachbereitung. Auch Übungsaufgaben mit Lösungen im Anhang wurden so konzipierbar. Aber nicht nur dies: Das DIFF verschickte Klausuren zur Kontrolle von Lernfortschritten. Angemeldete Kursteilnehmer, die sich in regionalen Begleitzirkeln treffen konnten, erhielten sogar ihre Klausuren korrigiert zurück nebst Zertifikaten über erfolgreiche Teilnahme. – Das Ende des ‚Funkkolleg‘ in den 1990er Jahren war eine Folge der Privatisierung.

Der Kontakt zwischen der Literatur und dem Medium Hörfunk war besonders eng in den 1950er und 1960er Jahren. Damals wandten sich fast alle Schriftsteller dem Hörfunk zu, sei es in Form von Lesungen aus ihren Werken, eigens konzipierten Hörspielen, Essays oder Kritiken. Eine ganze Generation von Schriftstellern lebte wesentlich von ihren Funkhonoraren, die meist deutlich höher waren als die Buchhonorare (und sich überdies mit diesen bestens kombinieren ließen). Es begann damit, daß man die Theaterproduktionen der Nachkriegsschriftsteller wie beispielsweise Wolfgang Borcherts *Draußen vor der Tür* oder Friedrich Dürrenmatts *Besuch der alten Dame* für Hörfunk bearbeitete. Schriftsteller wie Günter Eich, Ingeborg Bachmann, Heinrich Böll oder Hans Magnus Enzensberger wandten sich sofort dem Hörspiel zu als einer poetisch-dramatischen Bühne, die sie neben den von ihnen sonst gepflegten Gattungen der Schriftlichkeit bespielen konnten. Von ihnen wurden diejenigen Produktionen realisiert, welche heute als Klassiker des Hörspiels gelten. Manche dieser Schriftsteller erhielten auch feste Stellen beim Funk für Aufgaben verschiedener Art, beispielsweise in Redaktionen (Alfred Andersch, Hans Magnus Enzensberger, Eugen Gomringer).

Große Bedeutung hatte der Hörfunk auch für die Geschichte der Musik. Zum einen hielt er zu allen Zeiten die klassischen Produktionen der Konzertsäle bereit für ein aufnahmefähiges Publikum, das sich zum großen Teil aus solchen Menschen zusammensetzte, die sonst nie einen Konzertsaal betreten hätten. Der Hörfunk erreichte auch strukturschwache, ländliche Gebiete, und er erreichte auch Frauen und Arbeiter. Die Rückwirkung auf den Konzertbetrieb bestand keineswegs darin, daß dieser ausgetrocknet wäre; vielmehr multiplizierte der Hörfunk das Interesse an und die Kenntnis von Musik und erschloß diese Welt auch für weniger Begünstigte, während der allgemeine Konzertbetrieb noch zunahm. Aber auch für die Musiker war der Hörfunk enorm wichtig als Arbeitgeber in den nun überall gegründeten Rundfunkorchestern sowie in den Musikredaktionen.

Beim Thema Musik und Rundfunk muß man mitbedenken, daß hier die technische Entwicklung eine wichtige Rolle spielte, vor allem die Techniken der Aufnahme und Wiedergabe von Musik. Die akustische Qualität des frühen Hörfunks läßt die alten Konzerte für heutige Ohren fast unerträglich erscheinen. Das änderte sich erst durch die Erschließung des UKW-Bereichs. Rundfunksendungen wurden früher auf den Frequenzen der Langwelle, der Mittelwelle und der Kurzwelle gesendet. Diese Frequenzen waren bestimmten Eigentümern zugeteilt. Von Zeit zu Zeit wurden internationale Konferenzen abgehalten, um die Senderechte auf den verschiedenen Frequenzen neu zu ordnen. 1948 fand eine solche Konferenz in Kopenhagen statt, auf der die Siegermächte des Zweiten Weltkrieges den geschlagenen Deutschen die wichtigsten Frequenzen entzogen. Allerdings erlaubte man ihnen, auf Wellenbereiche geringer Reichweite auszuweichen, die man für weniger gefährlich hielt. So entstand Rundfunk auf UKW, der eine Reichweite von etwa 70–80 Kilometern hat. Allerdings erwies es sich, daß diese Frequenz auch einen besonderen Vorteil hatte: nämlich eine höhere Übertragungsqualität. Insbesondere nachdem sich in den 1960er Jahren das Stereo-System mit zwei Lautsprechern durchgesetzt hatte, konnte man über UKW (und *nur* über UKW) ‚Raumklang' erzielen. Nun wurde der Hörfunk in ganz anderer Weise zum Medium der Musikübertragung als früher. Als erster Sender hatte der Nordwestdeutsche Rundfunk 1950 ein zweites Programm über UKW anzubieten, die anderen Sender folgten binnen kurzem. Dies verbesserte die Tonqualität und bot zusätzliche Möglichkeiten eines pluralistischen Rundfunkprogrammes. Den zweiten Programmen folgten bald dritte, die sich auf bestimmte Zielgruppen ausrichteten, beispielsweise Gastarbeiter oder Jugendliche.

4   Geschichte des Fernsehens   Das erste regelmäßige Fernsehprogramm wurde in Deutschland am 22. März 1935 ausgestrahlt.[5] Unvermeidlicherweise in dieser Zeit: Es begann unter politischen Auspizien. Das Fernsehprogramm bot im Wechsel Politik, Information und Unterhaltung. Die Programmverantwortlichen entwickelten Programmformen, die sich in den 50er Jahren als feste Programmbestandteile etablierten: Wochenschauen, Kulturfilme, Fernsehspiele und Unterhaltungsshows. Das neue Medium etablierte sich, indem es die vorhandenen Medien integrierte. Konzerte, Theaterstücke und dergleichen konnte man nun mit Auge und Ohr zugleich aufnehmen. Das Fernsehen kaufte die Stars und Serien des Hörfunks auf und nahm deren Hörerschaft gewissermaßen zum Fernsehen mit. Beispielsweise entwickelte sich die erste deutsche Familienserie, die *Familie Hesselbach*, von einer Hörfunk- zu einer Fernsehproduktion. Stars des Hörfunks wie Peter Frankenberg oder Hans Rosenthal oder Werner Höfer wurden zu Fernsehstars.[6] Die Konkurrenz des Fernsehens bedeutete aber nicht zwangsläu-

---

5   Vgl. HELMUT SCHANZE (Hrsg.): Handbuch der Mediengeschichte, Stuttgart 2001. KNUT HICKETHIER: Geschichte des deutschen Fernsehens, Stuttgart und Weimar 1998.

6   RICARDA STROBEL/WERNER FAULSTICH: Die deutschen Fernsehstars, 4 Bde., Göttingen 1998.

fig den Tod des Hörfunks. Denn die Interessenten des einen Mediums waren zugleich die Interessenten des anderen Mediums. Es gab zum Beispiel Millionen Hausfrauen, die tagsüber in ihren Wohnungen das Radiogerät in Betrieb hatten und sich abends oder am Sonntag vor den Fernseher setzten. Später zeitigte das Fernsehen Rückwirkungen anderer Art auf den Hörfunk: Man versuchte nämlich, die optisch ausgeprägten Rezeptionsgewohnheiten (schnelle Schnitte, kurze Beiträge, ständiger Wechsel der Reize, ‚Entwortung') für den Hörfunk zu übernehmen, weil ‚Experten' die Theorie vertraten, die akustische Dimension sei in gleicher Weise zu bedienen wie die optische.

Die systembedingten Voraussetzungen lassen das Fernsehen als Sonderform des Rundfunks in Erscheinung treten. Wie der Hörfunk wendet es sich zunächst nicht unbedingt an vereinzelte private Nutzer, sondern an Familien, an Gruppen anderer Art, an die Öffentlichkeit schlechthin, welche die Übertragungen in Räumen für gemeinsame Zusammenkünfte aufnimmt – nicht anders als im Kino. Aber anders als das Kino sind die Empfangsvoraussetzungen im Prinzip für ein individualisiertes Massenkommunikationserlebnis offen; sobald preiswerte Fernsehempfangsgeräte angeboten wurden, nahm das Fernsehen diese Richtung.

Die aufgenommenen Formen sind im Prinzip zunächst ebenfalls die vorhandenen: der Spielfilm und der Trickfilm, die Wochenschauen. Hinzu kam im Laufe der Zeit die besondere Aktualitätsdimension, die der Hörfunk mit seinen Reportagen und Direktübertragungen erreicht hatte: Sobald es Aufnahmemöglichkeiten für solche Reportagen in Form des Bildes gab, wurden sie vom Fernsehen integriert. Das Kino blieb (hauptsächlich) bei Spielfilmen; das Fernsehen vermittelte (wie die Zeitung) Aktualität und Zeitgenossenschaft. Zunehmend entstand die Illusion, man könne als Teilnehmer von Hörfunk und Fernsehen überall auf der Welt die aktuellsten Entwicklungen direkt verfolgen.

Ein weiteres Charakteristikum des Fernsehens ist die Programmstruktur. Kinoprogramme waren nach Analogie des Theaters aufgebaut: Ein Spielfilm bildete hier das Hauptprogramm wie dort ein Theaterstück. Hinzu kam vielleicht ein Vorfilm, vielleicht weiteres Rahmenprogramm einschließlich der Werbung. Fernsehprogramme entfernten sich schnell von diesem Eventcharakter, dem Kennzeichen einer herausgehobenen Veranstaltung. Fernsehstationen ‚gingen auf Sendung', sie waren darauf aus, ihr Publikum länger als nur für einen spezifischen Film vor dem Empfangsgerät zu halten. Dazu mußten sie fortwährend Bilder generieren. Die bloße Übertragung vorhandener Theateraufführungen und das Abspielen von bereits produzierten Filmen genügten auf Dauer nicht. Es mußten ‚Füllsel' her, und zwar insbesondere billige Produktionen aus dem Studio. Aber wie konnte man Zuschauer über längere Zeit bei der Stange halten, ohne ihnen nur (wechselnde) sprechende Köpfe anzubieten?

Aktualität war das Zauberwort: Hier konnte das Kino nicht mithalten. Aber die Aktualität der immer in Bewegung befindlichen Politik vermochte nur begrenzt zu faszinieren. Der Aufstieg des Sports in der modernen Gesellschaft hängt mit diesem Bedürfnis der Medien nach Aktualität zusammen. Im modernen Sport wurden Spielformen und Wettbewerbszusammenhänge entwickelt, die eine immer hungrige Medienmaschine mit Events beliefern, deren *Aktualität* ganz unbezweifelbar ist – wenn auch ihre *Bedeutung* bezweifelt werden kann.

Wie beim Hörfunk waren es anfangs vor allem Sportereignisse wie die Sechstagerennen und die Olympischen Spiele, die übertragen wurden. Später rückte der Fußball in den Vordergrund. Zum Durchbruch des Fernsehens als Massenmedium trugen wesentlich bei: die Übertragung der Krönung der englischen Königin Elisabeth II. am 2. Juni 1953 und die des Endspieles der Fußballweltmeisterschaft in Bern am 4. Juli 1954. Nun saßen erstmals Massen von Deutschen vor den Fernsehgeräten. Damals hießen die Slogans, das Fernsehen sei ein ‚Fenster zur Welt', es bringe ‚die Welt ins Haus'. Die Erwartung an Bilder war verknüpft mit dem Kitzel der Teilnahme aus der Ferne an denjenigen Ereignissen, die zu ‚Events' stilisiert wurden.[7] Ein weiterer Fernsehwerbeslogan aus den fünfziger Jahren besagte, Fernsehen sei im Wohnzimmer ‚die fünfte Wand'. Ein Reiz dieses nun privatisierten Fernsehkonsums konnte auch darin bestehen, spionieren zu wollen, was die Nachbarn so treiben. Familienserien waren eine Neuheit des Fernsehens gegenüber dem Kino (wenn auch der Hörfunk schon solche Formate gekannt hatte). Hier ging das Fernsehen später (obwohl es Familienserien immer noch gibt, wenn man die Vorabend-*Daily-Soaps* hier einordnet) weiter: einerseits die *Talkshows*, die auszugsweise etwas vom Leben ins Studio zu holen versprechen, andererseits Inszenierungen wie *Big Brother*, das durchgehend gefilmte Zusammenleben zufällig zusammengewürfelter Menschen.

Eine fernseheigene Bildvermittlungsmaschine wurde in Anlehnung an die früher in Großstädten vorhandenen *Variétés* geschaffen: die Unterhaltungsshows aller Art, ob nun als Kabarett, als Nonsense-Show, als Spielshow

---

7   Vgl. WINFRIED GEBHARDT/RONALD HITZLER/MICHAELA PFADENHAUER (Hrsg.): Events. Soziologie des Außergewöhnlichen, Opladen 2000.

oder als Quiz. Hier ließen sich vielerlei Ausdifferenzierungen entwickeln. Gemeinsam ist diesen Shows die Illusion, der Betrachter vor seinem Fernsehgerät habe teil an einer Aufführung, an einem Event. Insofern ist hier auch die schon besprochene Aktualitätsdimension im Spiel. In mancher Hinsicht sind solche Shows Nachfahren populärer Konzerte, Theateraufführungen, Kabaretts. Nur eben mit dem Unterschied, daß sie mit Bild und Ton zum privatisierten Fernerlebnis werden. Ihre Hauptabsicht ist die Unterhaltung.

Die Geschichte des deutschen Fernsehens wurde unter diesem Gesichtspunkt, dem der Zuschauerreichweite und Zuschauersoziologie, von Helmut Kreuzer nach drei Perioden gegliedert: In den fünfziger Jahren gab es das Familienfernsehen. In den sechziger Jahren dominierte gesellschaftlich-politisch orientiertes Fernsehen: Magazine vom Typ *Monitor* und *Panorama* traten in den Vordergrund, Dokumentarfilmreihen wie *Zeichen der Zeit* und sozialkritische Fernsehspiele. Seit dem Auftreten der Privatsender, seit der Mitte der achtziger Jahre, hat das Fernsehen den Charakter eines ‚Warenhauses‘: Verschiedene Zielpublika werden nebeneinander so bedient, daß sich jeder angesprochen fühlen kann.[8] Diese Entwicklung wird im *Pay TV* noch weiter getrieben.

5   Medien und menschliche Sinnesausstattung   Wir betrachten hier das Fernsehen sozusagen als eine der letzten medialen Entwicklungen, die wesentlich von der Vermittlung von *Bildern* leben (wenngleich es ein Fernsehen ohne Ton so gut wie gar nicht gibt). Fernsehkritiker der Frühgeschichte des Fernsehens wie Theodor W. Adorno und Günther Anders (beide hatten ein entwickeltes Medium Fernsehen schon im amerikanischen Exil erlebt) haben dies schärfer markiert, als es gegenwärtig im Bewußtsein ist. Sie haben stark herausgestellt, daß Fernsehen „Dominanz der Bildsprache" bedeute und eine Überwältigung des Zuschauers durch Bilder.[9] Was für sie zu kurz kam, das waren die Vermittlungsformen des Wortes, der Sprache. Die Bildsprache sei primitiver als die der Worte, Menschen würden durch das Fernsehen der Sprache entwöhnt. Günther Anders formulierte:

---

8   HELMUT KREUZER/CHRISTIAN W. THOMSEN (Hrsg.): Geschichte des Fernsehens in der Bundesrepublik Deutschland, München 1994.

9   Vgl. THEODOR W. ADORNO: Prolog zum Fernsehen, in: THEODOR W. ADORNO: Eingriffe. Neun kritische Modelle, Frankfurt a. M. 1963, S. 69–80.

»Da uns die Geräte das Sprechen abnehmen, nehmen sie uns auch die Sprache fort.«
»Worte sind für sie nicht mehr etwas, was man spricht, sondern etwas, was man nur
hört; Sprechen ist für sie nicht mehr etwas, was man tut, sondern etwas, was man erhält.«[10]

Aus der Sicht solcher Bildungsbürger bedeutet der Verzicht auf Sprache zugleich einen Verlust an Differenzierungsmöglichkeiten, letztlich an Rationalität. Die Sprache der Bilder steht unter Verdacht, ohne Einschaltung der
Vernunft einen direkten Weg zum Gehirn zu finden, mithin den Möglichkeiten der Manipulation passiv Rezipierender durch die Wirkungsabsicht
der Macher keinen Widerstand entgegensetzen zu können. Freilich: Auch
mit Sprache kann man manipulieren; auch mit Bildern kann man aufklären.
Beispielsweise ist die Anti-Vietnam-Bewegung nicht zu denken ohne den
Bildjournalismus (und auch das Fernsehen), welcher letztlich zum Rückzug
der USA aus Vietnam geführt hat, indem er eine internationale Friedens-
bewegung motivierte.

Vielleicht darf man zuspitzen: Die Macht der frei Haus gelieferten und
individuell konsumierten Bilder beschädigt nicht nur die Sprechfähigkeit,
sondern mehr noch das Realitätsbewußtsein. Daß in der gegenwärtigen Alltagssprache indirekte Rede fast ausgestorben ist, daß Konjunktiv und Irrea-
lis nicht mehr zur Anwendung kommen, hängt möglicherweise mit jener
Überwältigung durch die aktualitätsnah gelieferten Einblicke in jeden Win-
kel des *global village* zusammen, die uns erst das Fernsehen geliefert hat,
noch nicht der Hörfunk. Gleichzeitig hat die Welt der *Science Fiction*, der
Fantasy und der Simulation virtueller Welten, die durch den Computer auf-
kam und im Fernsehen massenwirksam verbreitet wurde, neue Krankheits-
bilder des Wirklichkeitsverlustes hervorgerufen. Kinder ekeln sich vor
harmlosen Regenwürmern, können aber leicht ganze Galaxien virtueller
Feinde abknallen. Fernsehende Jugendliche verlieben sich wahrscheinlich
auf die Weise und in den Formen, die sie vom Fernsehen her kennen. (Ein
analoges Problem trat im 18. Jahrhundert bei den frühen Romanlesern und
Romanleserinnen in Erscheinung.) Einen eklatanten Fall der Verwirrung in
der Verarbeitung wirklicher und medialer Realität hat Günther Anders früh
schon beschrieben: Eine Frau, die sich in einen Fernsehhelden verliebt, den

---

10 GÜNTHER ANDERS: Die Antiquiertheit des Menschen, Bd. 1: Über die Seele im
Zeitalter der zweiten industriellen Revolution, München 1956 (Neuausgabe
2. Aufl. 2002), S. 107, 109.

sie täglich sehen muß, und darüber ihren wirklichen Mann vernachlässigt, der schließlich straffällig wird, weil er dem wirklichen Schauspieler, in dessen Fernsehgesicht sich seine Frau verliebt hatte, eine Morddrohung schickt.[11] Sehr ernst ist auch die Rückwirkung der Medien auf die Politik. Schon Günther Anders hat die These aufgestellt: „Sendungen löschen den Unterschied zwischen Sache und Nachricht aus".[12] In dem halben Jahrhundert, das seither verflossen ist, haben Politiker noch weit größere Anstrengungen unternommen, politisches Handeln durch Fernsehhandeln zu ersetzen. Im liberalen 19. Jahrhundert regierte die Grundvorstellung, politische Auseinandersetzungen fänden als rationale Debatten im Parlament statt. In der Gegenwart können Parlamentssitzungen sehr schwach besucht sein, da der Auftritt im Fernsehen als ‚wirklicher‘ betrachtet wird als derjenige im Parlament.

Die technischen Apparate zielen auf eine Vervielfachung der Sinnesreize, aber auch auf Distanz. Per Fernsehen können wir heute leicht das ganze Elend aller Kontinente ins Wohnzimmer holen. Schmutz und Gestank werden aufgesogen von der Sauberkeit unserer vier Wände. Die Realitätsempfindung schwindet durch die Verwendung von Medien. Wir können Massen von Informationen empfangen, sammeln, aufnehmen und verarbeiten; doch fragt es sich, ob dabei nicht die schlichte ‚Menschlichkeit‘ leidet. Auge und Ohr sind ohne Zweifel ‚Distanzsinne‘. Freilich: Der haptische Eindruck leidet schon, wenn wir zum Essen die Gabel benutzen. Insofern wäre also zu fragen, ob nicht durch die neuen apparativen Möglichkeiten eine neue, andere Art von Menschlichkeit entsteht.

Ein Problem der Apparate ist außerdem, daß sie ihre Benutzer in ihrer Sozialität beschädigen: Hörfunk und Fernsehen können auch von einzelnen empfangen werden und führen erfahrungsgemäß nicht selten zur Vereinsamung.[13] Gleichwohl ist hier einzuwenden, daß diese Medien auch in Gemeinschaft genutzt werden können, so daß sie ihrerseits wiederum zum Focus eines Gemeinschaftserlebnisses werden können. In der Frühzeit des Fernsehens gab es ‚Fernsehstuben‘, in denen sich die Interessenten versammelten (wie in Kinosälen). Die Übertragung von Sportereignissen auf Großleinwänden kann ebenso gemeinschaftsstiftend wirken wie herkömmliche Theateraufführungen es konnten.

---

11 Ebd., S. 148–151.
12 Ebd., S. 159.
13 Vgl. MARSHALL MC LUHAN: Das Medium ist Massage, Frankfurt a. M. und Berlin 1969.

Jeder mediale Wandel rief bisher Kritiker auf den Plan, welche das Wesentliche des Menschen gefährdet sahen: Platon wetterte gegen die Gefahren der Schrift.[14] Pietistische Kritiker sahen in der Fiktion des Romans eine fundamentale Gefahr für die Menschheit.[15] Medien sind ohne Zweifel Teil unserer Kultur; Massenmedien bilden eine Konsequenz unserer Massenkultur. Ein globales Bewußtsein bestand schon im Zeitalter der Aufklärung;[16] es lief den technischen Möglichkeiten voraus. Heute verwirklichen wir technisch, was man früher erträumte. Die apparative Erweiterung der Leistungsmöglichkeiten unserer Sinne befriedigt unsere Machtphantasien, doch stumpfen die nicht mehr geübten Sinne auch ab. Die neuen medialen Möglichkeiten zerstören unsere Träume (von fernen Ländern beispielsweise), zugleich regen sie uns aber auch zum Träumen an.

Der Ausdruck ‚Medien' dient heute meist kurz für ‚Medien der Massenkommunikation'. Er erfaßt vor allem die neuere technische Entwicklung der Medien seit dem Buchdruck, den Zeitungen und Zeitschriften (‚Printmedien'). Wie jene die menschliche Wahrnehmungs- und Speicherungsfähigkeit tiefgreifend beeinflußt haben, unterliegen auch heute die menschlichen Sinne infolge der technischen Neuerungen einer grundlegenden Erweiterung, die zugleich zu einer sinnlichen Einschränkung geführt hat. Am Beispiel des Rundfunks (Hörfunk und Fernsehen) wurde erläutert, wie technische, wirtschaftliche, politische und kulturelle Gegebenheiten in Deutschland im 20. Jahrhundert ineinander spielten.

---

14 Vgl. ERIC A. HAVELOCK: Als die Muse schreiben lernte, Frankfurt a. M. 1992 (Neuausgabe Berlin 2007).

15 „Wer Romans list, der list Lügen", vgl. EBERHARD LÄMMERT u.a. (Hrsg.): Romantheorie. Dokumentation ihrer Geschichte in Deutschland 1620–1880, Köln und Berlin 1971, S. 50 f.

16 Vgl. MICHAEL MAURER: Alltagsleben, in: NOTKER HAMMERSTEIN/ULRICH HERRMANN (Hrsg.): Handbuch der deutschen Bildungsgeschichte, Bd. 2: 18. Jahrhundert. Vom späten 17. Jahrhundert bis zur Neuordnung Deutschlands um 1800, München 2005, S. 33–68, hier: S. 44 f.

Anregungen zur Weiterarbeit

1.   **Schreiben Sie einen Besinnungsaufsatz,** in dem Sie zuerst eine Bestandsaufnahme machen, welche Medien Sie persönlich zu welchen Zwecken nutzen, um dann in einem zweiten Teil Argumente aufzustellen, die für und gegen die Nutzung bestimmter Medien sprechen.

2.   **Was weiß man eigentlich** heute über die Bedeutung einzelner Sinne, beispielsweise des Auges und des Ohres, für den Menschen? Kompakte Information dazu finden Sie bei CHRISTOPH WULF (Hrsg.): Vom Menschen. Handbuch Historische Anthropologie, Weinheim und Basel 1997 (Artikel ‚Auge' S. 446–458, Artikel ‚Ohr' S. 459–464, jeweils mit Literaturangaben).

3.   **Aus der Erkenntnis** der Kulturbedeutung der Medien in der Gegenwart ergibt sich eine neue Sensibilität für Medien in der Vergangenheit. Die ältere Mediengeschichte ist vorbildlich aufgearbeitet von WERNER FAULSTICH in seinem Werk Geschichte der Medien (bisher 5 Bände über die einzelnen Epochen bis 1900, Göttingen 1996–2004).

8 Zeitkultur

Die entscheidende Bedingung menschlichen Lebens ist seine Zeitlichkeit: daß uns Zeit, da wir sterblich sind, nicht beliebig zur Verfügung steht, sondern endlich ist. Nicht die physikalische Gegebenheit der Zeit betrifft uns, sondern – in anthropologischer Wendung – das Bewußtsein des Menschen von seiner Zeitlichkeit. Zeit ist eine Ressource, die man kultivieren kann. Je nachdem, wie wir unsere Zeit gestalten, ist sie leer oder erfüllt.

1 Tag und Jahr, Monat und Woche Die Eingebundenheit in die Zeit wird uns schon deutlich durch Sonne und Mond: Die Sonne gibt uns den Tag, der Mond den Monat. Es genügt die Beobachtung mit bloßem Auge; Technik ist dafür nicht vonnöten. Aber schon die frühesten Kulturen kannten Versuche der Zeitmessung und präzisen Beobachtung: Sonnenuhren z. B. oder Steinkreise, welche auf den Jahreslauf der Sonne geeicht waren.

Nicht aus der Natur abzuleiten ist nur die Woche: Die Einheit von sieben Tagen ist eine Kulturleistung, keine Naturgegebenheit. Sie findet sich zuerst im alten Babylon, dann auch in Ägypten. Weltgeschichtlich wirksam wurde sie durch die Juden: Im Alten Testament erschafft Gott die Welt in sechs Tagen, „am siebten Tage aber ruhte Gott". Damit war das Gliederungsschema für die alltägliche Kultivierung der Zeit in der Religion selber verankert. Über das Christentum (und den Islam) wurde die Sieben-Tage-Woche der Juden weltweit wirksam. Auch die Römer kannten in der Epoche um die Zeitenwende eine Art ‚Woche' von acht Tagen, die durch die regelmäßig wiederkehrenden Markttage bestimmt war *(‚nundinum')*, und aus dem Orient drangen zur selben Zeit die Bezeichnungen für eine siebentägige ‚Planetenwoche' nach Westen vor. Die Sieben-Tage-Woche stand von Anfang an in Spannung zu den anderen Einheiten, weil sie weder mit dem Mond- noch mit dem Sonnenlauf problemlos zu verrechnen ist. Das Wesen der Woche liegt in der Betonung des Ausnahmetages, des siebten Tages: bei den Juden der Sabbat, bei den Christen der Sonntag. Dieser 7. (oder 1.) Tag ist der Kulttag: Man läßt die Arbeit ruhen und erinnert sich an das Sinnzentrum des Lebens. Solange die Christen im Römerreich in der Minderheit waren, hoben sie sich von den Juden ab, indem sie nicht den Sabbat, sondern den darauffolgenden Tag gottesdienstlich begingen; sie mußten eventuell am Sonntag, den sie als Tag der Auferstehung Christi heilig hielten und mit gemeinsamen Zusammenkünften zum Gottesdienst feierten, auch noch arbeiten. Kaiser Konstantin ordnete für den Sonntag allgemeine Arbeitsruhe an und hielt ihn somit für den Gottesdienst frei.[1]

Die grundlegenden Einheiten der Zeitkultur sind mit Tag und Jahr, Monat und Woche gegeben. Auch in der säkularisierten Gesellschaft der Gegenwart rechnet man noch mit der aus der Religion entstandenen Sieben-Tage-Einheit. Versuche, diese abzuschaffen und durch 10- bzw. 5-Tage-Einheiten zu ersetzen, unternahmen die Revolutionäre in Frankreich seit 1790 wie auch Stalin in Rußland – ohne dauerhaften Erfolg.[2]

2   Kalender   Jede Kultur besitzt ihren Kalender nicht nur zur Verständigung zwecks Terminabsprache und zur Zeitmessung, sondern auch als gemeinschaftsstiftendes Sinnzentrum. Die chinesische und die ägyptische Kultur haben besonders weit zurückreichende Kalender. Doch wie kam es dazu, daß heute überall auf der Welt die Zählweise nach Christi Geburt gilt, auch dort, wo man nicht an ihn glaubt? Dies ist zunächst dem mittelalterlichen Mönch Dionysius Exiguus zuzuschreiben, der einige Zeit vor dem Jahre 532 den Einfall hatte, mit der Zählweise von Christi Geburt an zu beginnen.[3] Nach seiner wissenschaftlichen Erkenntnis fixierte er diese retrospektiv; man beachte: mehr als ein halbes Jahrtausend später! Christus bedeutete für einen Christen das absolute Sinnzentrum: das Hereinbrechen des Heils in die Weltgeschichte. Der Vorschlag des Dionysius Exiguus überzeugte viele und wurde später vom Papst verbindlich gemacht. Allgemein setzte sich die Zählweise der Jahre ‚nach Christi Geburt‘ aber erst im 12. Jahrhundert durch. Jahrhundertelang war dies nur ein Vorschlag neben anderen. Die meisten Menschen (Christen, Juden, Muslime) rechneten ‚seit Erschaffung der Welt‘. Bei Juden und Muslimen bildet diese Zählweise noch heute die Grundlage ihres religiösen Kalenders, auch wenn die modernen Staaten – bürgerlich, politisch – überall auf der Welt die Rechnung der Christen nach Christi Geburt übernommen haben: zuletzt Japan 1872, Rußland 1918, Griechenland 1923, Rumänien 1924, Türkei 1927, China 1949. Vereinzelt schon im Mittelalter, konsequent aber erst seit dem 18. Jahrhundert, begann man, von Christi Geburt an rückwärts zu zählen (man nennt

---

1   Vgl. MICHAEL MAURER: Der Sonntag in der Frühen Neuzeit, in: Archiv für Kulturgeschichte 88 (2006), S. 75–100.

2   Vgl. HANS MAIER: Die christliche Zeitrechnung, Freiburg, Basel und Wien 2. Aufl. 1991.

3   Vgl. ANNA-DOROTHEE VON DEN BRINCKEN: Historische Chronologie des Abendlandes. Kalenderreformen und Jahrtausendrechnungen, Stuttgart u. a. 2000.

das ,retrospektive Inkarnationsära'). Auf diese Weise konnte man dann etwa das legendäre Gründungsdatum Roms, das die Römer aufgrund ihrer Tradition zum Anfangspunkt einer eigenen Zählung gemacht hatten, als „753 v. Chr." auf die christliche Zeitrechnung beziehen. Durch solche Angaben wurde es möglich, historische Überlieferung der eigenen Tradition mit Traditionen anderer Kulturen zu parallelisieren.

Julius Caesar führte in seiner Eigenschaft als Pontifex Maximus im Jahre 46 v. Chr. die entscheidende Kalenderreform durch.[4] Bei seiner Umorientierung vom Mondjahr auf das Sonnenjahr bediente er sich ägyptischer Astronomen. Das Sonnenjahr umfaßt etwa 365 ¼ Tage; also führte Caesar ein Jahr von 365 Tagen ein und in jedem vierten Jahr einen Schalttag. Den Jahresanfang legte er auf den ersten Neumond nach der Wintersonnwende fest. Diesen Kalender nennt man nach dem *nomen gentile* Caesars den ,Julianischen Kalender'. Die Bezeichnung der Monate mit den lateinischen Zahlbuchstaben, die sich noch in unseren Benennungen September, Oktober, November und Dezember findet (also der 7., 8., 9. und 10. Monat) hält noch heute fest, daß die Römer vor Caesar ihren Jahresanfang mit dem März machten. Sein Adoptivsohn und Nachfolger Augustus benannte den bis dahin ,Quintilis' geheißenen Monat zu Ehren Caesars als ,Julius'; noch später wurde der ,Sextilis' zu Ehren des Augustus ,Augustus' genannt.

Die Dauerhaftigkeit von Caesars Kalenderreform und ihre Durchsetzung in weiten Teilen der Welt macht Staunen. Es blieb aber eine kleine astronomische Differenz, die im Laufe der Jahrhunderte immer auffallender wurde. Das Sonnenjahr dauert nämlich nicht 365 ¼ Tage, sondern genauer: 365 Tage, 5 Stunden, 48 Minuten und 46 Sekunden. Das war den Astronomen schon im Mittelalter aufgefallen. Schriften mit Reformvorschlägen mehrten sich im Spätmittelalter. Doch erst Papst Gregor XIII. wagte 1582 die große Neuerung.[5] Dabei war der Papst von den führenden Astronomen seiner Zeit gut beraten worden. Seine Angleichung des Kalenders an das Naturjahr hatte manches für sich: Ohne Reform wäre die Differenz zwischen dem Naturjahr und dem Kalenderjahr immer größer geworden. Ostern war von der katholischen Kirche schon früh auf den Sonntag nach dem ersten Frühlingsvollmond festgelegt worden. Wenn man nicht nachgebessert hätte, hätte man das natürliche Empfinden der Menschen verletzt;

---

4 Vgl. JÖRG RÜPKE: Zeit und Fest. Eine Kulturgeschichte des Kalenders, München 2006.

5 Dazu MAIER, Die christliche Zeitrechnung.

die Bauernregeln, welche sich mit Wetter und Wachstum auf bestimmte Feste des Kirchenjahres beziehen, waren zunehmend von Sinnlosigkeit bedroht. Also hatte Gregor XIII. angeordnet, auf den 4. Oktober 1582 den 15. Oktober folgen zu lassen. Desgleichen hatte er die Schaltjahresregelung verbessert (runde Jahrhunderte sollten keine Schaltjahre mehr sein, wohl aber die durch 400 teilbaren). Noch heute rechnen wir nach dem von Gregor verbesserten julianischen Kalender; die Abweichungen vom natürlichen Sonnenjahr sind dadurch minimal geworden. Zur Zeit der Umstellung allerdings mußte es Ärger geben: Wie konnte man die Mieten angleichen, wie die Zinsen auf Kapital bestimmen? Das gab stets eine große Rechnerei und mancherlei Zwist.

Am schlimmsten war freilich die Uneinheitlichkeit, die von da an in Europa einriß. Da diese Reform vom Papst eingeführt wurde, weigerten sich die Protestanten zunächst, sie anzuerkennen. Neben den katholischen Ländern mit dem reformierten Kalender standen nun die anderen, welche die Reform nicht übernahmen. Viele Jahrzehnte lang rechnete man mit Datumsangaben nach altem und neuem Stil. In einem konfessionell gemischten Land wie Deutschland mußte ständig mit zwei verschiedenen Kalendern gearbeitet werden. Und in einer gemischtkonfessionellen Stadt wie Augsburg feierten Katholiken und Protestanten die christlichen Feste mit zehn Tagen Differenz. Ständig gab es Reibereien darum, ob Feiertag war, ob man Markt halten durfte oder nicht. Wie konnte man in einem konfessionell gemischten Rat zusammenarbeiten, wie in einem Gericht oder einer Firma? Lange Jahrzehnte trug man darum Konflikte aus; die konfessionelle Zugehörigkeit stand obenan, die praktische Vernunft mußte nachhinken. Im Jahre 1700 jedoch schlossen sich auch die letzten protestantischen deutschen Staaten der gregorianischen Reform an (andere protestantische Länder folgten später: Großbritannien 1752 und Schweden 1753). Dies bedeutete nicht nur eine weitgehende Einheitlichkeit (nun erst fielen Festtage wie Ostern und Weihnachten wieder auf denselben Termin, unabhängig von der Konfession); man einigte sich auch auf den einheitlichen Jahresanfang des bürgerlichen Jahres am 1. Januar. Bis dahin hatte es konkurrierende Jahresrechnungen gegeben, die beispielsweise am 25. März (,Annuntiationsstil') oder am 25. Dezember (,Nativitätsstil') begonnen hatten. Der kalendarische Rahmen war nun weitgehend einheitlich; die Bedeutung der Heiligentage blieb freilich im protestantischen und katholischen Deutschland unterschiedlich. Vor allem im bäuerlichen Bereich hatte die Terminierung nach Heiligentagen allgemein noch große Bedeutung: Martini (11. November) als Gesindewechseltag, Michaelis (29. September) beispielsweise als Semester-

beginn. Statt „am 1. Mai" sagte man: „an Jakobus und Philippus"; Terminabsprachen wurden häufig in Relation zu kirchlichen Festtagen vorgenommen. Gegenüber diesen kirchlichen Bezügen drangen aber im 18. Jahrhundert die Angaben nach den Tagen und Monaten des bürgerlichen Jahres vor.

Die Herrschaft über die Zeit als Verfügung über den Kalender – diese
Tendenz trat am schlagendsten im Kalender der Französischen Revolution
hervor.[6] Wenn dieser auch in Deutschland nur in Randbereichen Geltung
erlangte, erschienen doch auch im deutschen Sprachbereich übersetzte Kalender nach dem neuen System. Indem die Französische Revolution eine
Konsequenz zog, die im Aufklärungsdenken angelegt war, mag sie hier als
Extrempunkt markiert werden. Zwei Tendenzen verbanden sich im Revo-
lutionskalender, wie er von der französischen Nationalversammlung am
24. November 1793 eingeführt wurde: eine Tendenz zur rationalen, mathe-
matischen Ordnung und eine Tendenz zur Orientierung an den natürlichen
Gegebenheiten des bäuerlichen Jahreslaufes. Das Ärgernis der seit Julius
Caesar in ihrer ungleichen Länge fixierten Monate wurde bereinigt: Jeder
Monat hatte nun 30 Tage, die verbleibenden fünf (sechs) Tage am Ende des
Jahres wurden (nach dem Vorbild des ägyptischen Kalenders) als Festtage
aus dem üblichen Ablauf herausgenommen. Als Jahresanfang und Nullpunkt des Kalenders wurde der 22. September 1792 bestimmt, der Anfangs-
tag der Republik (nicht zufällig auch der Herbstanfang des Naturjahres): Die
Bezeichnungen der Monate folgten dem Naturjahr: ‚Weinmonat', ‚Nebel-
monat' usw. Die Kulturleistung der alten Babylonier und Juden, den Wo-
chenrhythmus mit einem Ruhetag nach sechs Arbeitstagen, wollte man zugunsten einer Zehntagewoche aufgeben, womit die Woche in den Monat
eingepaßt werden konnte, vor allem aber der christliche Sonntag getroffen
werden sollte. Diese Regelung fand nur geringen Anklang und setzte sich
im bäuerlichen Bereich am wenigsten durch: nicht nur wegen des traditionellen Anhängens an christliche Bräuche, sondern auch wegen der Einschränkung der Ruhe- und Freizeit. Die Wochentage wurden einerseits nur
nüchtern gezählt, andererseits aber bildhaft symbolisiert: jeder zehnte Tag
(*Décadi*) mit einem bäuerlichen Gerät (Butte, Faß usw.), jeder fünfte Tag
(*Quintidi*) mit einem Arbeitstier (Pferd, Esel usw.), die übrigen Tage durch
Pflanzen und Früchte. Ein Tag wurde in zehn Stunden untergliedert, eine
Stunde in 100 Minuten, eine Minute in 100 Sekunden. Wie zuvor schon bei

---

6 Vgl. MICHAEL MEINZER: Der französische Revolutionskalender (1792–1805). Pla-
   nung, Durchführung und Scheitern einer politischen Zeitrechnung, München
   1992.

den Längenmaßen und bei den Gewichten, führte die Französische Revolution durchgehend das Dezimalsystem durch. Im ländlichen Frankreich ließ sich der Revolutionskalender kaum durchsetzen, und in den von den Franzosen besetzten ausländischen Gebieten fand er wenig Anklang. Napoleon schaffte ihn am 31. Dezember 1805 offiziell ab. Er konnte wenig Gefallen daran haben, einen Kalender zu benutzen, der sich auf die Einführung der Republik bezog, die er ja schließlich bewußt überwunden hatte mit seiner Kaiserkrönung. Außerdem spielte für Napoleon eine Rolle, daß er ein Konkordat mit dem Papst suchte.

3 Epochenbewußtsein   Eine Schwelle im Bewußtsein der Zeit stellte das 18. Jahrhundert dar. Im ‚Zeitalter der Aufklärung' entwickelte sich in Europa ein grundsätzlich neues Bewußtsein von Zeit und Geschichte, das sich wesentlich als ‚Dynamisierung' beschreiben läßt.[7] Wenn im frühen 18. Jahrhundert das Denken noch eher statisch war, man auch für Geschichte Metaphern eher aus dem Bereich des Räumlichen wählte (‚Gebäude' usw.), war das späte 18. Jahrhundert beherrscht vom Bewußtsein der Verzeitlichung des Lebens und der Beschleunigung der Geschichte. Und dies nicht erst seit den großen politischen Ereignissen von 1789, sondern bereits vorher, als Ergebnis einer erfahrenen Veränderung der Lebenswelt. Der Faktor der Veränderung war dabei noch kaum der ökonomische; von Industrialisierung läßt sich in Deutschland vor dem Ende des 18. Jahrhunderts kaum sprechen. Lebensprägende Kraft besaß das Denken selbst, die aus dem Religiösen abgeleitete Vorstellung von der Selbstmächtigkeit des Menschen, von seiner Berufung zur Mitwirkung an Gottes Schöpfungswerk, das erst noch zu vollenden sei. Vom Abgeschlossenen zum Unabgeschlossenen: Auf diese Formel ließe sich die entscheidende Tendenz der Zeit bringen.

Auch wer nur passiv, aber reflektierend die Entwicklungen seiner eigenen Lebenszeit im späten 18. Jahrhundert Revue passieren ließ, konnte sich beispielsweise erinnern, daß es früher noch Hexenprozesse gegeben hatte, nun aber – ein Triumph der Humanität – keine Frau mehr fürchten mußte, als Hexe verbrannt zu werden. Die Folter war aus der Wahrheitsfindung in Rechtsprozessen weitgehend verschwunden. Die persönliche Sicherheit innerhalb der wohlpolizierten Staaten des Aufgeklärten Absolutismus hatte zugenommen. Wo früher morastige Wege kaum ein mühseliges Fort-

---

7   Vgl. REINHART KOSELLECK: Vergangene Zukunft. Zur Semantik geschichtlicher Zeiten, Frankfurt a. M. 3. Aufl. 1984.

kommen ermöglicht hatten, gab es nun herrliche Chausseen für ein schnelles Fortkommen in der Kutsche. Die Kindererziehung hatte sprunghafte Fortschritte gemacht: vom Abrichten mittels brutaler Körperstrafen zu einem individuellen Eingehen auf die jeweilige Entwicklungsstufe des Kindes. Fortschritte der Aufklärung und der Humanität sah man allenthalben; die Aufklärung breitete sich immer mehr aus, auch auf bildungsferne Schichten. Für die Zukunft konnte man alles hoffen! Führende Mediziner, die sich keineswegs als Marktschreier abtun ließen, lehrten durch Diätetik und Hygiene *Die Kunst, das menschliche Leben zu verlängern* (der Jenaer Christoph Wilhelm Hufeland im Titel eines seiner berühmten Werke, *Makrobiotik*, 1796).

Besondere Aufmerksamkeit für den Wandel und die Geschichtlichkeit aller Dinge zeigten die Gelehrten. Nicht nur, daß sie selbst zum Fortschritt des Wissens beitrugen; ihr ganzes bewußtes Leben erfuhren sie als Teil eines übergreifenden Prozesses, in dem alles im Fluß war. Wer lange genug gelebt hatte, konnte auf sein Leben zurückblicken als eine Periode grundsätzlich gewandelter Auffassungen in den betreffenden Wissenschaften. So konnte der Theologe Johann Balthasar Lüderwald 1789 seine Autobiographie als Teilhabe an einer fünfzigjährigen Entwicklung der Theologie beschreiben oder Johann Wolfgang Goethe sein Lebenswerk im Rückblick in den Rahmen der historischen Entwicklung seiner Epoche stellen (*Dichtung und Wahrheit*). Dazu gehörte nicht nur ein bestimmtes Konzept des Verhältnisses von Individuum und Allgemeinem, sondern auch ein Bewußtsein von der Geschichtlichkeit und zeitlichen Beschleunigung im Verlauf der eigenen Lebenszeit.

Seit dem späten 18. Jahrhundert begriffen sich die Menschen als Angehörige ihres Jahrhunderts. Nach einem berühmten Vorläufer im 16. Jahrhundert hatte sich im 17. schon öfter eine Gliederung der Weltgeschichte nach Jahrhunderten zu erkennen gegeben: Hauptsächlich zu didaktischen Zwecken, zunächst in der Kirchengeschichte, hatte man die einzelnen Jahrhunderte mit charakterisierenden Bezeichnungen versehen. Wie man seit Voltaire von einem ‚*génie du siècle*'und seit Herder von einem ‚Zeitgeist' sprach, wurde es nun immer üblicher, zeitlichen Einheiten von hundert Jahren einen Epochencharakter zuzusprechen und unterschiedliche Erscheinungen verschiedener Lebensgebiete unter einem einheitlichen Gesichtspunkt zu interpretieren. In diesem Sinne sahen Individuen sich bestimmt von der Fülle der zu ihrer Zeit wirkungsmächtigen Faktoren der Geschichte; sie deuteten ihr eigenes Leben als Bestandteil einer Säkularausprägung des Humanen. Dies geschah erstmals im 18. Jahrhundert; solche Denkweise setzte ein spezifisch historisches Bewußtsein voraus.

Damit zusammenhängend: Erstmals 1700, stärker 1800 feierte man die Jahrhundertwenden, das heißt die kalendarisch runden Zahlen, letztlich zufällige Daten.[8] Solche Feiern waren stets verbunden mit der sophistischen Frage, ob das neue Jahrhundert mit der Endziffer 0 oder 1 beginne. Schillers *Das neue Jahrhundert* ist nur ein einzelnes Gedicht aus einem breiten Strom der Jahrhundertpublizistik; August von Kotzebue verspottete termingerecht den Jahrhundertrummel in einer Komödie mit dem Titel *Das neue Jahrhundert*.

4   Zeitmessung und Zeitbewußtsein   Das 18. Jahrhundert wurde zu einem Zeitalter, in dem sich die Herrschaft der Uhr in Europa endgültig durchsetzte.[9] Ein grundlegend gewandeltes Bewußtsein vom Wert der Zeit durchdrang allmählich alle Schichten der Bevölkerung und führte zu einem fundamentalen Verhaltenswandel, der die spätere Industrialisierung sowohl ermöglichte als auch von ihr erneut verschärft wurde.

Die technischen Voraussetzungen waren schon gegeben: Turmuhren an Kirchtürmen und (in der Neuzeit zunehmend) auch an Rathäusern und anderen profanen Bauten gab es schon seit dem Mittelalter. Minutenzeiger hatten sie freilich im allgemeinen erst seit dem 17. Jahrhundert erhalten. Daß die Schlagwerke außer Stunden auch Viertelstunden anzeigten, war erst in der zweiten Hälfte des 17. Jahrhunderts üblich geworden.

Eine entscheidende Verbesserung der herkömmlichen Räderuhr gelang Christiaan Huygens 1657 mit der Pendeluhr: Nun erst wurden Uhren so genau, daß sich die Minutenanzeige lohnte. Die Uhrmacher arbeiteten in der Folge an genaueren Pendeln, um Außeneinflüsse auf die Uhr (wie beispielsweise die Temperatur) möglichst zu neutralisieren. Sie erreichten im Laufe des 18. Jahrhunderts zunehmende Genauigkeit ohne prinzipielle Neuerungen.

Was dagegen die Aufklärungszeit kennzeichnete, war die allgemeine Verbreitung der Uhr und ihr Eindringen in das bürgerliche und bäuerliche Alltagsleben – vor allem in Gestalt der Taschenuhr. Sie wurde zum Statussymbol; in immer kunstvollerer Verzierung und mit immer mehr Beson-

---

8   Vgl. LOTHAR GALL (Hrsg.): Das Jahrtausend im Spiegel der Jahrhundertwenden, Berlin 1999.

9   RUDOLF WENDORFF: Zeit und Kultur. Geschichte des Zeitbewußtseins in Europa, Opladen 3. Aufl. 1985. GERHARD DOHRN VAN ROSSUM: Die Geschichte der Stunde. Uhren und moderne Zeitordnungen, München 1992. CARLO M. CIPOLLA: Gezählte Zeit. Wie die mechanische Uhr das Leben veränderte, Berlin 1997.

derheiten symbolisierte sie zugleich Reichtum, Schönheitssinn, ein modernes Bewußtsein und die Herrschaft über die Zeit. Seit dem Ende des 17. Jahrhunderts hatten die besten Exemplare schon Sekundenzeiger. Und um die Mitte des 18. Jahrhunderts erfand ein Genfer Uhrmacher bereits die Automatik, d. h. einen Mechanismus, mit dem die Bewegung des Körpers dazu genutzt wurde, die Uhr aufzuziehen.[10] Am Ende des 18. Jahrhunderts trugen Herren gewöhnlich zwei Taschenuhren in ihren Westen, äußerlich sichtbar und dekorativ präsentiert durch Uhrketten und Berlocken.

Die soziale Verbreitung der Räderuhr zeigt sich im bäuerlichen Haushalt zunächst in Form von Standuhren; seit dem 18. Jahrhundert gehörte eine repräsentative Standuhr mit Gewichten zum Inventar von Bauernstuben, zunächst in Süddeutschland, dann auch darüber hinaus. Technische Voraussetzung dafür war eine standardisierte Herstellungsweise, welche die Anschaffung verbilligte. Den entscheidenden Durchbruch schafften die Schwarzwälder Bauern, die im Winter als Uhrmacher tätig waren, durch die Kombination von Metall- und Holzteilen. Sie rationalisierten die Produktion durch Standardisierung der Teile; um 1720 erfand ein Schwarzwälder Bauer und Uhrmacher ein Zahngeschirr, das es ihm ermöglichte, die Produktionszeit für eine Uhr von sechs Tagen auf einen einzigen zu senken. In Vertriebsgesellschaften organisierte Schwarzwälder Uhrenträger verbreiteten solche Uhren über die ganze Welt. Die Uhr wurde als Alltagsgegenstand allgegenwärtig. Natürliche Zeitabläufe, die Orientierung an Sonnenstand und Jahreszeit, wurden ersetzt durch mechanische Zeitabläufe, die nun durch präzisere Messung das Leben umzugestalten erlaubten.

Dies änderte zunächst nichts daran, daß präzise Zeitmessung an den jeweiligen Ort gebunden war. Eine Standardisierung der Zeitmessung in geographisch umfassendem Maßstab wurde erst seit den 1760er Jahren durch die Schiffschronometer von John Harrison möglich. In Deutschland blieb während des 18. Jahrhunderts aufgrund des Standes der Verkehrsmittel noch eine beträchtliche Differenz zwischen den verschiedenen Ortszeiten erhalten. Die Reisegeschwindigkeit von Kutschen verlangte noch keine Sekunden- oder Minutengenauigkeit. Das Problem der kontinentalen Vereinheitlichung lokaler Zeiten sollte erst im 19. Jahrhundert durch die Eisenbahn virulent werden.[11]

---

10 WENDORFF, Zeit und Kultur, S. 266–274.

11 WOLFGANG SCHIVELBUSCH: Geschichte der Eisenbahnreise. Zur Industrialisierung von Raum und Zeit im 19. Jahrhundert, Frankfurt a. M. u. a. 1979.

Die Europäer gewöhnten sich an zunehmende Genauigkeit in der Zeitmessung; mit präziseren Terminabsprachen nahm aber auch die Herrschaft
der Uhr zu, d. h. der mechanisch gemessenen Zeit, die grundsätzlich keine
Rücksicht auf menschliche Befindlichkeiten nimmt. So bedeutet die präzisere Zeitbestimmung einerseits Herrschaft über die Zeit, im Sinne von er-
höhter Planbarkeit und verbesserter Zeitnutzung, andererseits aber auch
erzwungene Unterwerfung insbesondere für diejenigen, welche zu gehor-
chen hatten. Dienstboten, Arbeiter, Knechte und Schüler wurden zunehmend diszipliniert und der Herrschaft der Uhr unterworfen – eine Herrschaft, die sie vor allem als Fremdzwang empfinden mußten. Die Pädagogen des 18. Jahrhunderts arbeiteten daran, eine neue Generation zu erzie-
hen, die diesen Fremdzwang sich zum Selbstzwang gemacht hatte. *Der
Mann nach der Uhr* (von Theodor Gottlieb von Hippel) war nicht nur eine
Komödienfigur, sondern gelebte Wirklichkeit: Wenn der Philosoph Imma-
nuel Kant seinen Spaziergang machte, konnten die Königsberger die Uhr
nach ihm stellen!

Genuß an der Herrschaft über die Zeit und Leiden unter der Herrschaft
der Uhr äußerten vor allem die wachsten Zeitgenossen, unter ihnen in erster Linie diejenigen, welche aus religiöser Wurzel nun immer rationaler und
ökonomischer mit ihrer Zeit umzugehen verstanden.[12] Wo man die Zeit als
Gabe Gottes auffaßte (am deutlichsten erkennbar bei den Pietisten), galt es,
sie immer effektiver zu nutzen und möglichst wenig davon zu verschwen-
den. Verhaltensanweisungen des 18. Jahrhunderts drangen nicht nur auf die
gute Verwendung von Stunden, sondern von Viertelstunden und Minuten.
Ein grundlegender Verhaltenswandel bahnte sich an. Nicht nur, daß man
nun stärker auf Schnelligkeit bei Erledigungen und notwendigen Arbeiten
achtete; Spielen galt nun insbesondere deshalb als Sünde, weil es als Ver-
schleuderung von Zeit angesehen wurde (von den negativen Seiten der
Spielschulden, des Wettens, der Habgier und des materiellen Denkens ganz
abgesehen). In ihrer Nutzung der Ressource Zeit unterschieden sich die
Europäer bald am deutlichsten von den übrigen Weltkulturen. Unter den
Europäern gingen protestantische Nationen wie die Engländer, Holländer
und Schweizer voran; katholische Regionen folgten auch in Deutschland
zeitverzögert nach.

---

12 MICHAEL MAURER: Die Biographie des Bürgers. Lebensformen und Denkweisen
    in der formativen Phase des deutschen Bürgertums (1680–1815), Göttingen 1996,
    S. 400–415.

Daß die verbesserte Zeitmessung und die veränderte Grundeinstellung zur Zeit eine allgemeine Beschleunigung heraufführten, läßt sich beispielsweise auch in der Musik nachvollziehen, am deutlichsten bei den Militärmärschen. Seitdem Fürst Leopold I. von Anhalt-Dessau im frühen 18. Jahrhundert den Gleichschritt beim Exerzieren der Soldaten vorgeschrieben hatte, marschierte man (im gewöhnlichen Schritt) mit 60, später 72 Schritten pro Minute. Zu Beginn des 19. Jahrhunderts, in den Befreiungskriegen, wurde ein Schrittempo von 114 pro Minute üblich.[13]

Weniger meßbar ist die Beschleunigung des Tanzes, doch herrscht unter Experten Einigkeit darüber, daß die Tänze der älteren Zeit ausgesprochen gemessen vonstatten gingen und gerade in der Glanzepoche Ludwigs XIV. mit der höfischen Adaptierung volkstümlicher Tänze eine zusätzliche Verlangsamung einsetzte.[14] Im Laufe des 18. Jahrhunderts wurden nicht nur Tänze wie das Menuett etwas rascher; vor allem setzten sich seit etwa 1770 allgemein in Europa, von England ausgehend, Kontretänze durch, die grundsätzlich schneller waren, körperbetonter getanzt wurden und eine stärkere Akzentuierung der durch die Schwerkraft gegebenen Taktbetonung zum Prinzip machten.

Die Musik insgesamt erreichte um die Mitte des 18. Jahrhunderts ein neues Verhältnis zur Zeit.[15] Während man die ältere Musik des Generalbaßzeitalters (von Monteverdi bis Bach und Händel) vor allem räumlich verstehen kann, wobei eine gleichmäßig ablaufende Zeit vorausgesetzt wird, tritt die Musik seit Johann Stamitz und Mozart, gipfelnd in Beethoven, in ein neues Verhältnis zur Zeit, das sich ebenfalls als Beschleunigung verstehen läßt. Nun werden Mensuren und Takte unterschiedlich gestaltet, in möglicherweise raschem Wechsel und bei starkem Einsatz von Crescendo und Decrescendo. Das Individuum des Komponisten bzw. des Interpreten gefällt sich in seiner Herrschaft über die Zeit, in affektgeladenem Einsatz von Beschleunigung und Verlangsamung, wo im Generalbaßzeitalter unterschiedliche Tempi grundsätzlich nur als unterschiedlich charakterisierte Sätze aufeinandergefolgt waren. Musikalische Großformen wie Sonate und Symphonie schließen seit Mozart in aller Regel mit einem schnellen Satz, der nun als psychologisch notwendiger Abschluß eines weiter gespannten Gefühlsbogens angesehen wird.

---

13 WENDORFF, Zeit und Kultur, S. 264.
14 RUDOLF BRAUN/DAVID GUGERLI: Macht des Tanzes – Tanz der Mächtigen. Hoffeste und Herrschaftszeremoniell 1550–1914, München 1993.
15 WENDORFF, Zeit und Kultur, S. 256–266.

5 Lebenslauf und Übergangsschwellen   Das Leben vollzieht sich mit seinen Wachstumsphasen über Schwellen, die bei allen Völkern mit *rites de passage* (Arnold van Gennep) markiert werden. Diese Schwellen sind naturgesetzlich, nicht aber die Feste. Letztlich handelt es sich bei der festlichen Markierung von Übergängen im Lebenslauf um Kulturleistungen.

Die Verankerung des Geburtstages in der abendländischen Kultur rührt von den Römern her. Der Grund liegt in ihrem häuslichen Kult: Sie opferten dem Genius eines Menschen am Geburtstag. Im Mittelalter wußten die meisten Menschen ihren persönlichen Geburtstag nicht anzugeben. Die katholische Kirche drängte das heidnische Element der Geburtstagsfeier in den Hintergrund; stattdessen feierte sie Namenstage. Da die Sitte bestand, den Namen des Heiligen zu übernehmen, an dessen Tag man zufällig geboren war oder an dessen Tag man getauft wurde, übertrug sich etwas vom heidnischen Genius auf den christlichen Heiligen. Man feierte seinen persönlichen Namenstag, damit huldigte man aber dem Spender des Namens, unter dessen besonderem Schutz man sich fühlte. An den Heiligen richtete man seine Fürbitte. Zu seinem Heiligen, dessen Namen man trug, hatte jeder Mensch ein besonderes Verhältnis. Der Tauftag (religiös) war wichtiger als der Geburtstag (biologisch). Die Erosion des Christlichen geschah in der abendländischen Kultur schleichend. Über Jahrhunderte gab es keine amtliche Geburtsbestätigung außer der Eintragung ins Kirchenbuch aus Anlaß der Taufe, die den Pfarrern im 16. Jahrhundert zur Pflicht gemacht wurde. Der Geburtstag spielte allmählich insofern eine größere Rolle, als das Bewußtsein für Individualität wuchs. Geburtstage waren nicht so sehr Tage für rauschende Festlichkeiten als vielmehr Tage der Einkehr, der Lebensbilanz, wie man es vor allem in Tagebüchern der Zeit immer wieder finden kann. Diese Sitte ist wieder in erster Linie aus religiöser Wurzel zu verstehen. Wenn aber führende Persönlichkeiten der Zeit wie Goethe auf solche Weise bewußt ihre Geburtstage feierten und sich Rechenschaft über den Ablauf des verflossenen Lebensjahres gaben, zeugt dies nicht nur für ein gesteigertes Bewußtsein im Umgang mit der kostbaren Lebenszeit, sondern auch von der neuen Aufladung solchen Strebens durch die Idee der Bildung, der Entfaltung der eigenen Anlagen.[16]

Die kulturelle Markierung der Geschlechtsreife oder des Überganges ins Erwachsenenleben wurde in der Frühen Neuzeit tendenziell spiritualisiert. Nicht auf die sexuelle Funktionsfähigkeit und Fortpflanzungsfähigkeit

---

16 Vgl. EDWIN REDSLOB: „Mein Fest". Goethes Geburtstage, München 1956.

sollte es ankommen, sondern auf Religionsmündigkeit. Konsequenterweise gab man in dieser Phase besonders eifrig Unterricht (Kommunion-, Konfirmandenunterricht usw.), verbunden mit Prüfungen über das Gelernte.

Jahrhundertelang war es eine Selbstverständlichkeit, daß eine Heirat ein kirchlicher Akt sei; seit dem 16. Jahrhundert wurde dieser in Kirchenbüchern notariell festgehalten durch den Pfarrer. Das Zusammengeben von Mann und Frau wurde wesentlich von der Gemeinde her gesehen. Deshalb hielt man auch lange am dreifachen Aufgebot fest: Die Gemeinde erhielt die Möglichkeit zum Einspruch gegen ein Ehevorhaben. Dafür konnte es verschiedene Gründe geben: Die Information über ein bereits bestehendes Eheverhältnis oder Eheversprechen konnte zu einem Einspruch führen. Aber zur Zeit einer noch nicht allgemein vorausgesetzten natürlichen Gleichheit aller Menschen konnten auch Herrschaften gegen die Verheiratung von Dienstboten Einspruch erheben. Die ganze (Kirchen-)Gemeinde, die ja für Armenpflege aufkommen mußte, versuchte Ehen der ganz Armen untereinander zu verhindern, wo abzusehen war, daß der mögliche Nachwuchs aus solchen Verbindungen der Gemeinde zur Last fallen würde. Ein weiterer Grund für die öffentliche Eheschließung mit Kenntnisnahme der ganzen Gemeinde lag auch darin, daß die Eheschließung eine finanzielle Transaktion von einer Familie zur anderen bedeutete. Eine solche konnte nur mit Zustimmung der Väter, der Familienoberhäupter geschehen. Auch deshalb durften keine heimlichen Ehen geschlossen werden. Infolge des Aufstieges des neuzeitlichen Staates verlor die Kirche allmählich ihre notarielle Kompetenz in dieser Frage; der Staat wurde zur entscheidenden Agentur. Dieser Punkt war jedoch im 18. Jahrhundert noch nicht erreicht. Es gab keine anderen gültigen Eheschließungen in Deutschland als diejenigen, die vor einem Pfarrer (Priester) und Zeugen erfolgten. Allerdings ließ sich die Tendenz zur Privatisierung erkennen: Leitfiguren wie Schiller ließen ihre Eheschließung gewissermaßen privat, unter Ausschluß der Öffentlichkeit, vollziehen; an Schillers Heirat mit Charlotte von Lengefeld in der Kirche von Wenigenjena nahm außer dem Pfarrer nur die Mutter und Schwester der Braut teil. In manchen Fällen ließen sich Geistliche auch dazu bestimmen, zur Spendung der Sakramente in die Familien zu kommen. Vom bäuerlichen bis zum fürstlichen Lebenskreis galt die Hochzeit durch die Jahrhunderte immer als das größte Fest des Lebens.[17] Häufig verschuldeten

---

17 RICHARD VAN DÜLMEN: Das Fest der Liebe. Heirat und Ehe in der Frühen Neuzeit, in: RICHARD VAN DÜLMEN (Hrsg.): Armut, Liebe, Ehre. Studien zur historischen Kulturforschung, Frankfurt a. M. 1988, S. 67–106.

sich die jungen Eheleute oder deren Eltern sogar, um an diesem entscheidenden Tag des Lebens eine möglichst große Festgemeinde möglichst üp-
pig bewirten zu können. Fürsten feierten im höfischen Zeitalter mit Tau-
senden von Gästen mehrwöchige Feste. Aber auch Bauern lebten aus Anlaß von Hochzeiten oft tagelang in Saus und Braus.

Durch die Regelung der Riten beim Begräbnis stabilisiert sich eine Ge-
sellschaft selbst, auch in ihren Werten: Ein schlechtes Leben kann durch die
Art des Begräbnisses gewissermaßen noch nach dem Tode gerächt werden.
Im christlichen Europa war es üblich, daß Selbstmörder kein ehrliches Begräbnis erhielten, sondern auf dem Schindanger bei Nacht verscharrt wurden,
wenn sich auch im Zuge der Aufklärung das Verständnis für psychologische
Zusammenhänge schärfte.[18] Insbesondere aber wurden alle hingerichteten
Verbrecher in schimpflicher Weise bestattet.[19] Totenmahl, ehrliches Begräbnis und festliches Sterben, wie es jahrhundertelang als *,ars moriendi'*
gelehrt wurde, hatte also immer auch (trotz Krankheit, Schmerz und Tod
eines Menschen) etwas von feierlichem Abschiednehmen und erfolgrei-
chem Abschluß eines Lebens im Sinne der eigenen Gemeinschaft.[20]

Summarisch läßt sich für die Feste des Lebenslaufes im 18. Jahrhundert
festhalten, daß sie noch weitgehend kirchlich geprägt waren, und zwar auch
dort, wo Individuen autonome Lebensentwürfe zu verwirklichen suchten.
Selbst dem Kirchenglauben entwachsene Männer wie Lichtenberg und
Goethe heirateten (nach jeweils langjähriger nichtehelicher Beziehung)
unter Zuziehung eines Pfarrers. Es zeigte sich eine Tendenz zur Privatisierung des Feierns, zu individueller oder familieninterner Sinnerfüllung.

6   Jahreslauf und Festzyklus   Alle Religionen und Kulturen haben
ihren Festablauf einem natürlichen Jahr eingeschrieben.[21] Um die Zeit der

18 VERA LIND: Selbstmord in der Frühen Neuzeit, Göttingen 1999. URSULA BAU-
MANN: Vom Recht auf den eigenen Tod. Die Geschichte des Suizids vom 18. bis
zum 20. Jahrhundert, Weimar 2001.

19 RICHARD VAN DÜLMEN: Theater des Schreckens. Gerichtspraxis und Strafrituale
in der frühen Neuzeit, München 3. Aufl. 1988. JÜRGEN MARTSCHUKAT: Insze-
niertes Töten. Eine Geschichte der Todesstrafe vom 17. bis zum 19. Jahrhundert,
Köln, Weimar und Wien 2000.

20 HEIKE DÜSELDER: Der Tod in Oldenburg. Sozial- und kulturgeschichtliche Untersuchungen zu Lebenswelten im 17. und 18. Jahrhundert, Hannover 1999.

21 Vgl. MICHAEL MAURER (Hrsg.): Das Fest. Beiträge zu seiner Theorie und Systematik, Köln, Weimar und Wien 2004.

Wintersonnwende liegt in allen Kulturen ein Festkomplex. Für Christen am wichtigsten ist die Geburt des Erlösers; das Weihnachtsfest wurde im Laufe des 18. Jahrhunderts vom kirchlichen Fest zu einem Familienfest ausgestaltet, zu einem emotionalen Höhepunkt der Kleinfamilie.[22] Selbstverständlich ist die Art des gemeinschaftlichen Feierns in der (zumindest in unseren Breiten) schwierigsten Jahreszeit eine Überlebenstaktik. Zugleich ergibt sich aus dem Landwirtschaftsjahr, daß man in dieser Zeit die Scheuern voll hat und das Vieh gerade schlachtbar ist. Ein Leben in Überfluß und Muße ist in bäuerlichen Gesellschaften am ehesten in dieser Jahreszeit vorstellbar – ein paar Tage kann man sich das leisten, bevor die neue Aussaat, das schwere Pflügen und alle die übrigen Arbeiten wieder beginnen. Und das ist auch die Brücke zur ,verkehrten Welt' der närrischen Tage: Gerade in dieser Jahreszeit hielt man im Alten Rom die Erinnerung wach an das mythische Zeitalter des Saturn, in dem die Menschen noch nicht für ihren Lebensunterhalt arbeiten mußten, in dem es folglich auch keinen Herrn und keinen Sklaven gab. Vermutlich hielt sich eine Sage von solchen römischen Festen bei den mittelalterlichen Klerikern, die im kirchlichen Rahmen Feste der ,verkehrten Welt' begingen, an denen die Letzten einmal für ein paar Tage die Ersten sein durften.[23] Und vermutlich stammt alles Karnevalsbrauchtum von solchen mittelalterlichen Festen der ,verkehrten Welt' ab, welche die Kirche – naheliegenderweise – zu verchristlichen suchte, so daß man die Zeit des Überflusses und des Über-die-Stränge-Schlagens schließlich auf die Fastenzeit beziehen konnte, die 40 Tage vor Ostern.

Das Osterfest enthält für Christen das entscheidende Geheimnis ihres Glaubens, die Auferstehung Christi. Daß der Termin für dieses höchste Fest in direktem Anschluß an das Naturjahr gewählt wurde, ergibt sich schon daraus, daß er an den Sonnenlauf gebunden wurde (Sonntag nach dem ersten Frühlingsvollmond). Und der Ostertermin ist dann der Anker für Pfingsten, Himmelfahrt usw. Die Empfänglichkeit der Zeit für Natureindrücke akzentuierte Ostern, Mai und den Frühling ganz besonders.

---

22 INGEBORG WEBER-KELLERMANN: Das Weihnachtsfest. Eine Kultur- und Sozialgeschichte der Weihnachtszeit, Luzern 1978. RICHARD FABER/ESTHER GAJEK (Hrsg.): Politische Weihnacht in Antike und Moderne. Zur ideologischen Durchdringung des Fests der Feste, Würzburg 1997.

23 JACQUES HEERS: Vom Mummenschanz zum Machttheater. Europäische Festkultur im Mittelalter, Frankfurt 1986. MICHAEL MATHEUS (Hrsg.): Fastnacht/Karneval im europäischen Vergleich, Stuttgart 1999.

Die katholische Kirche beging seit dem Spätmittelalter in der traurigen Jahreszeit ihren Allerheiligen- und Allerseelentag (1. und 2. November). In diesem volkstümlichen Totengedenken ließ sich die private Trauer um Familienmitglieder ideal verbinden mit der Trauer um die Toten der Gemeinde, des Volkes. Die evangelischen Kirchen kannten zunächst keinen gemeinsamen Totengedenktag. Buß- und Bettage wurden in den jeweiligen Landeskirchen nach Bedarf angeordnet: in bezug auf Ereignisse im Fürstenhaus, militärische Niederlagen oder Naturkatastrophen. Erst nach den Freiheitskriegen zeigte sich Bedarf. Der entscheidende Schritt ist erst die Einführung des Totensonntags in Preußen durch Friedrich Wilhelm III. 1816. Dieser Totensonntag war ein kirchlicher Gedenktag in der Art eines Buß- und Bettags. Der Tod der Soldaten wurde religiös hinterfangen.

Nationalfeiertage und patriotische Feste sind erst im 19. Jahrhundert entstanden: Ausfluß eines veränderten Verhältnisses von Individuum und Gesellschaft, Gesellschaft und Staat, Staat und Kirche. Im 18. Jahrhundert hielt man noch weitgehend am brauchtümlich Herkömmlichen fest, allerdings mit gewissen Tendenzen zur Umformung. Es gab eine Diskussion um den volkswirtschaftlichen Schaden, der durch zu vieles Feiern entstehe; das merkantilistische Argument spielte seitdem eine Rolle in der Diskussion neben dem theologischen, mit dem insbesondere die Protestanten gegen katholisches Brauchtum, Heiligenverehrung und Aberglauben angingen.[24] Im Aufgeklärten Absolutismus wurden die Feiertage drastisch reduziert: aus vorwiegend merkantilistischen Gesichtspunkten, namentlich im Österreich Maria Theresias und Josephs II.[25] Die zweite wichtige Tendenz des 18. Jahrhunderts ist die Pädagogisierung: Manche Aufklärer hielten es durchaus für richtig, dem Volk seine Feste zur Ergötzung und Erholung von der Arbeit zu lassen, sie aber umzuformen und pädagogisch fortzuentwickeln. Sie sollten etwas beitragen zur Identität der Bürger, der Arbeitenden, indem sie Leistungsschau und Prämierung enthielten, Wettkämpfe zu körperlicher Ertüchtigung integrierten und bestimmte Inhalte in den Vordergrund stellten. Landwirtschaftliche Feste wie das Münchner Oktoberfest (1810) oder das

---

24 Vgl. PAUL MÜNCH: Fêtes pour le peuple, rien par le peuple. „Öffentliche" Feste im Programm der Aufklärung, in: DIETER DÜDING u. a. (Hrsg.): Öffentliche Festkultur. Politische Feste in Deutschland von der Aufklärung bis zum Ersten Weltkrieg, Reinbek bei Hamburg 1988, S. 25–45.

25 JOHANN MÖSSNER: Sonn- und Feiertage in Oesterreich, Preußen und Bayern im Zeitalter der Aufklärung (Eine wirtschaftshistorische Studie), Berlin 1915.

Fest auf dem Cannstatter Wasen (1818) entstanden aus solchem Denken.[26] Auch schon vor der Französischen Revolution regten Kameralisten und Volkspädagogen patriotische Feste zur Stärkung staatsbürgerlicher Identität an. Der Tendenz nach entwickelten sich herkömmliche Feste im 18. Jahrhundert zu Feiern, zu identitätsbestärkenden außeralltäglichen Inszenierungen. Damit traten sie neben die herkömmlichen Kirchenfeste. In den Landeskirchen des protestantischen Deutschland beging man gewöhnlich den Reformationstag als Feiertag, wenn auch nicht einheitlich den 31. Oktober, sondern meist den Tag der Einführung der Reformation im jeweiligen Territorium. Man feierte regelmäßig die Jubiläen der *Confessio Augustana* (Augsburger Konfession von 1530) und den Thesenanschlag Martin Luthers zu runden Daten.[27] Ein nationales Feiergeschehen sollte sich erst im 19. Jahrhundert entwickeln.

Der Mensch, der der Zeitlichkeit unterworfen ist, kultiviert zwangsläufig die Ressource Zeit. Gesellschaftliches Leben findet statt, indem die Unterworfenheit unter die Zeitlichkeit, wie sie ein einzelner verspürt, koordiniert wird mit den Zeitvorstellungen seiner Gruppe. Kommunikation kann nur stattfinden, wo man sich über die jeweilige Zeitmessung und Zeitrechnung problemlos verständigen kann. Zu ihrer Orientierung schaffen sich Menschen Halt im gestaltlosen Verfließen der Zeit. Sie markieren Geschichte und Erinnerung durch Feste und Feiern. Sie setzen sich als einzelne zu ihrer Gesellschaft und Kultur in Beziehung durch Teilhabe an ihren Zeitrhythmen und ihren Festen. Erziehung, Heranführung der jeweils Jungen an die bestehenden Verhältnisse, findet nicht zuletzt durch Feste und Feiern statt, durch Gedenktage und Jubiläen. Eine Kultur findet sich im gemeinsamen Erinnern. Sich-Zurecht-Finden in Zeit und Geschichte bedeutet zugleich Vermittlung von Sinn. Sogar die bloß mathematisch scheinende Angabe von Zahlen und Daten zur Orientierung in der Zeit basiert auf kulturellen Übereinkünften. Zeitkultur ist deshalb ein wichtiges Thema jeder Kulturgeschichte.

---

26 BEATE HEIDRICH: Fest und Aufklärung. Der Diskurs über Volksvergnügungen in bayerischen Zeitschriften (1765–1815), München 1984.

27 JOHANNES BURKHARDT: Reformations- und Lutherfeiern. Die Verbürgerlichung der reformatorischen Jubiläumskultur, in: DÜDING u. a., Öffentliche Festkultur, S. 212–236.

Anregungen zur Weiterarbeit

1.   **Versuchen Sie sich** in ältere Verhältnisse hineinzuversetzen, in denen gleichzeitig zwei Kalender galten und Festtage auf verschiedene Termine fielen. Dies war beispielsweise die Realität in gemischtkonfessionellen Reichsstädten, nachdem die katholische Seite den gregorianischen Kalender eingeführt hatte, die evangelische aber beim julianischen blieb. Dazu können Sie beispielsweise eine Studie über Ulm lesen: PETER LANG: Die Ulmer Katholiken im Zeitalter der Glaubenskämpfe: Lebensbedingungen einer konfessionellen Minderheit, Frankfurt a. M. u. a. 1977. Oder über Augsburg: BERND ROECK: Als wollt die Welt schier brechen. Eine Stadt im Zeitalter des Dreißigjährigen Krieges, München 1991.

2.   **Ein entscheidendes Element** der Zeitkultur neben dem Kalender bietet wohl das Fest. Manche Autoren unterscheiden ‚Fest' und ‚Feier': Für den Soziologen Winfried Gebhardt beispielsweise bedeuten *Feste* (vereinfacht gesagt) ein Erträglichmachen das Alltags durch Aussteigen (Kontrast), während *Feiern* dazu dienen, dem Alltag einen Sinnhorizont zu verleihen. Dazu wurde nach Max Webers Methode der Idealtypen eine komplexe Theoriebildung durchgeführt, die es sich sehr wohl zu studieren lohnt: WINFRIED GEBHARDT: Fest, Feier und Alltag. Über die gesellschaftliche Wirklichkeit des Menschen und ihre Deutung, Frankfurt a. M. u. a. 1987.

3.   **Im Rahmen der Zeitkulturforschung** zeichnet sich in den letzten Jahren immer stärker ein Schwerpunkt um ‚Jubiläumskultur' ab. Der eigene Alltag, die eigene Gegenwart wird historisch gedeutet durch Bezug auf ‚kulturelle Daten'. Beispielsweise: WINFRIED MÜLLER (Hrsg.): Das historische Jubiläum. Genese, Ordnungsleistung und Inszenierungsgeschichte eines institutionellen Mechanismus, Münster 2004. PAUL MÜNCH (Hrsg.): Jubiläum, Jubiläum … Zur Geschichte öffentlicher und privater Erinnerung, Essen 2005.

9 Raumkultur

Menschliches Leben ist nicht nur zeitgebunden, sondern auch raumgebunden. Infolge unserer Körperlichkeit können wir räumlichen Bezügen nicht entkommen. Auch die räumliche Dimension ist eine der primären Kulturdimensionen. Wie jede Orientierung in der Zeit sinnstiftend ist, läßt sich auch eine Orientierung im Raum nur bedeutungstragend vorstellen.

Denken geschieht zu einem hohen Maße in räumlichen Bezügen. Schon in der Antike lehrte man eine Erinnerungskunst, die mit vorgestellten oder erinnerten Räumen operierte. Der reale, lokale Raum wird oft unversehens zum ideellen, geistigen Raum.

1 Die eigene Kultur im Zentrum des Weltbildes Fast jede Kultur sieht sich selbst im Zentrum und organisiert den Rest der Welt von diesem Zentrum aus, ob nun bei den Chinesen oder bei den alten Babyloniern.[1] Dies scheint (zunächst einmal) geradezu ein Denkgesetz zu sein: Welterschließung geschieht von einem Punkt der Identität aus. Das Eigene ist das Nahe, das Ferne das Fremde.

Die jüdisch-christliche Kultur machte davon keine Ausnahme. Im Mittelalter wurden Weltkarten gezeichnet, die Jerusalem ins Zentrum setzten. Das heißt: Die geographische Organisation der Welt geschah von einem Sinnzentrum aus, das durch die Heilige Schrift gegeben war. Auf Jerusalem ließ sich die ganze Heilsgeschichte beziehen. Das Paradies, von dem die Schöpfungsgeschichte erzählt, wurde auf solchen Darstellungen am östlichen Rand eingeordnet. Was im Alten Testament in zeitlicher Reihenfolge erzählt worden war, wurde für die jeweilige Gegenwart in räumlicher Differenz, aber zeitlicher Koinzidenz dargestellt. Der jeweilige eigene Standort wurde auf dieses Sinnzentrum bezogen. So kommt es, daß auf Karten, die in mittelalterlichen Klöstern hergestellt wurden, das eigene Kloster oft in zwei räumlichen Bezugsordnungen gleichzeitig in Erscheinung tritt: Es wird in seinem Zusammenhang mit anderen Klöstern desselben Ordens gezeigt, möglicherweise auch in seinem Bezug auf den Papst, auf Rom, darü-

---

1   Ein schönes Beispiel: Babylonien, um 600 v. Chr., in: PETER BARBER (Hrsg.): Das Buch der Karten. Meilensteine der Kartographie aus drei Jahrtausenden, Darmstadt 2006, S. 16 f.

ber hinaus aber auch in seiner Nähe und Ferne zu den Stätten des Glaubens, zu Jerusalem vor allem.[2]

Dem neuzeitlichen Blick, der auf eine bestimmte Art von geographischen Darstellungen geeicht ist, erscheint eine solche symbolische Ordnung naiv, vorwissenschaftlich. Trotzdem enthält sie eine entscheidende Wahrheit über räumliche Orientierung. Mit der bloß physikalischen und geographischen Vermessung unseres jeweiligen Punktes im Raum ist uns nämlich nicht gedient; wir streben immer über eine bloße Positionsbestimmung hinaus auf Identifizierung.

2 Kartographie als Ausdruck des Weltbildes Die scheinbar rein wissenschaftliche Sichtweise unserer geographischen Karten erfolgt ebenfalls von einem bestimmten Standpunkt aus und unter bestimmten Voraussetzungen. Schon die Art der Projektion verändert die Wahrnehmung. Unser Auge ist an die von dem Duisburger Geographen Gerhard Mercator im 16. Jahrhundert entwickelte Projektion gewöhnt, die weiterhin wichtig bleibt wegen ihrer Winkeltreue: Die normalachsige Zylinderprojektion, bei der sich die als Geraden abgebildeten Meridiane und die Breitenkreise rechtwinklig schneiden, verleiht den Kontinenten der gemäßigten Zonen der nördlichen Halbkugel zusätzliches Gewicht. Dagegen stellte der marxistische Kartograph Arno Peters 1973 eine neue Projektion vor, die er wegen ihrer Flächentreue für objektiv erklärte. Sie betont die tropischen Zonen und läßt den afrikanischen Kontinent besonders lang erscheinen, während Europa minimiert wird. Sie wurde zur Ikone der Entwicklungspolitik. Immer wieder beschäftigten sich Kartographen mit dem Problem, daß die Darstellung einer Kugel auf einer Fläche in jedem Fall zu Verzerrungen führt. Wenn man eine flächentreue Darstellung anstrebt, verliert man grundsätzlich die Winkeltreue. Aber schon der Standpunkt verändert die Wahrnehmung: Die herkömmliche Kartendarstellung der Erde zeigt im Zentrum Europa (und Afrika); Amerika rückt an den linken Rand, Asien und Australien an den rechten. Ein Australier, der sich über die Position *„down under‘* ärgerte, entwarf eine Weltkarte der Umkehrung mit Australien im Zentrum und der südlichen Halbkugel in privilegierter Leseposition unseres Auges

---

2 EVELYN EDSON/EMILIE SAVAGE-SMITH/ANNA-DOROTHEE VON DEN BRINCKEN: Der mittelalterliche Kosmos. Karten der christlichen und islamischen Welt, Darmstadt 2005.

(Stuart McArthur's *Universal Corrective Map of the World*, 1979).[3] Vor der Entdeckung Amerikas hatten die Alten Griechen den Null-Meridian am äußersten Ende der bekannten Welt fixiert; und die Spanier folgten ihnen, indem sie den westlichsten Punkt der Kanarischen Inseln zum Ausgangspunkt nahmen. Später rechneten die verschiedenen seefahrenden Nationen jeweils von eigenen Null-Meridianen aus, bis 1884 auf einer internationalen Konferenz die britische Lösung als allgemeinverbindliche anerkannt wurde. Seitdem verläuft der Null-Meridian durch die königliche Sternwarte von Greenwich bei London.[4] Seit den 1830er Jahren setzte es sich allmählich durch, auf Kartendarstellungen für die Ausdehnung des *British Empire* die Farbe Rot (Rosa) zu verwenden. Obwohl sich britische Kolonialherrschaft anfangs von der spanischen und portugiesischen dadurch unterschied, daß sie wesentlich auf Handelsstützpunkte setzte, nicht auf herrschaftsmäßige Durchdringung fremder Länder, entstand durch rote Flächenfärbung nun ein ganz anderer Eindruck – zumal man den Rest der Welt auf solchen Darstellungen von Schul- und Wandkarten oft weiß ließ.[5] Die weißen Flecken schienen danach zu rufen, ebenfalls von Zivilisation und Christentum erfüllt zu werden.

3   Heilige Orte und Wallfahrten   Jede Religion heftet sich an bestimmte Orte, weil menschliches Leben nur räumlich definiert vorstellbar ist. Naturreligionen kennen heilige Haine als Orte der Nähe zu Gott, des Opfers, des Rückzugs aus der Welt. Mit Hilfe von Bäumen bestimmter Art und Konstellation wird ein Ort markiert, der sich aus der allgemeinen Fläche der Landschaft heraushebt. Die Kelten (und andere Kulturen) hoben besonders heilige Quellen hervor: An bestimmten Wassern und Gewässerursprüngen machten sie göttliche Präsenz dingfest. Auch in christlicher Zeit bewahren solche heiligen Quellen oft noch eine gewisse Würde; ihrem Wasser schrieb man heilende Kräfte zu. Berge und Gipfel, insbesondere mit weiten Aussichten und landschaftsdominierender Position, gelten in vielen

---

3   UTE SCHNEIDER: Die Macht der Karten. Eine Geschichte der Kartographie vom Mittelalter bis heute, Darmstadt 2004, S. 64 f.

4   JEREMY BLACK: Geschichte der Landkarte. Von der Antike bis zur Gegenwart, Leipzig 2003, S. 114.

5   ZOË LAIDLAW: Das Empire in Rot. Karten als Ausdruck des britischen Imperialismus, in: CHRISTOPH DIPPER/UTE SCHNEIDER (Hrsg.): Kartenwelten. Der Raum und seine Repräsentation in der Neuzeit, Darmstadt 2006, S. 146–176.

Religionen als heilige Orte. Dieses Element war besonders wichtig bei den Kelten, aber auch in christlicher Zeit wurden oft Heiligtümer auf Berge verlegt, Wallfahrtsorte auf Bergen angelegt, Orte spiritueller Herausgehobenheit mit Bergen in Verbindung gebracht.

Erst allmählich wurde Palästina als ‚Heiliges Land' erschlossen. Helena, die Mutter Kaiser Konstantins, pilgerte als erste 326 dorthin. Sie suchte nach lokalen Überlieferungen und erkundigte sich, wo Christus im Jordan getauft worden war, wo er gekreuzigt worden war usw. Den ersten Bericht über eine Wallfahrt ins Heilige Land verfaßte ein Pilger aus Bordeaux im Jahre 333. Im Laufe des 4. Jahrhunderts wurden Wallfahrten, Berichte und entsprechende Bauten zur Markierung der ‚heiligen Orte' im Heiligen Land immer zahlreicher. Es entwickelte sich zu einem wichtigen Element des Glaubens, die Heilsgeschichte mit einer realen Geographie zu verbinden. Das Hereinbrechen des Heils durch Christus wurde sinnfällig, wo man auf seinen Spuren wandeln konnte. Es schien gewissermaßen nacherlebbar; die Gläubigen waren gierig nach Bezugnahme zu einem anfaßbaren Heiligen.

Der französische Soziologe Maurice Halbwachs hat 1940 nachgezeichnet, wie Palästina zu einem Heiligen Land gemacht wurde, indem man bestimmten Orten in der geographischen Landschaft eine spirituelle Bedeutung zuschrieb. Da Jerusalem im Jahr 70 von den Römern erobert und zerstört worden war, konnte es keine wirkliche Kontinuität geben. Unter Hadrian war an alter Stelle eine neue Stadt gebaut worden, doch war es Juden (und Judenchristen) bei Todesstrafe untersagt, sie zu betreten. Eine Möglichkeit, den Ort der Kreuzigung oder Auferstehung Christi aufzusuchen, war also in den ersten Jahrhunderten nicht gegeben. Erst als das Christentum Staatsreligion geworden war, erschloß sich das Heilige Land als konkrete Topographie der Heilsgeschichte.

Der französische Soziologe jüdischer Herkunft versuchte nun zu rekonstruieren, worauf sich die Erinnerung der frühen Pilger richtete, was sie in der Landschaft suchten und fanden. Erstaunlicherweise stellte er fest, daß sich die Erinnerung in vielen Fällen an Zeichen festmachte, die schon in jüdischer Überlieferung bedeutungstragend gewesen waren. Beispielsweise besuchten die Pilger Bethlehem als Geburtsort Christi; aber Bethlehem war zugleich die ‚Stadt Davids'; mit dem Bezug auf diesen Ort hatte das Neue Testament zu belegen versucht, daß Christus, der ‚Sohn Davids', der den Juden verheißene Messias war. Auch die Kreuzigung in Jerusalem ließ sich auf alttestamentarische Hinweise beziehen: In Jerusalem, am Ort des jüdischen Tempels, überlagerte die christliche Heilstradition die ältere, was an keinem Ort so sichtbar gemacht werden konnte wie gerade an diesem.

Halbwachs spricht davon, daß sich das kollektive Gedächtnis der Christen einen Teil des kollektiven Gedächtnisses der Juden aneignete und sein eigenes Ansehen zu mehren suchte, indem es sich einen Teil der Ortserinnerung der Juden einverleibte.[6]

Bei diesem komplexen Prozeß (der ja, unter den vorliegenden Umständen, nicht an eine kontinuierliche Überlieferung anknüpfen konnte, also ‚konstruiert' werden mußte) lassen sich mancherlei merkwürdige Mechanismen des kollektiven Gedächtnisses nachweisen. Beispielsweise läßt sich zeigen, daß zuweilen zwei verschiedene Ereignisse auf ein und denselben Ort bezogen wurden (daß man beispielsweise den Saal des letzten Abendmahls zugleich als Ort der Ausgießung des Heiligen Geistes ansah), aber auch umgekehrt: daß man ein und dasselbe Ereignis auf zwei verschiedene Örtlichkeiten bezog (beispielsweise zeigte man in Bethlehem zwei verschiedene Stellen für die Geburt Christi und die Krippe). Allgemein läßt sich sagen, daß die Gläubigen sich wesentlich für die dogmatisch zentralen Aussagen ihres Glaubens (wie sie eben zu dieser Zeit auf dem Konzil von Nicaea 325 fixiert worden waren) interessierten und besonders eifrig nach dem Ort der Kreuzigung und dem Ort der Auferstehung Christi suchten. Diese Stellen wurden früh schon durch sakrale Gebäude markiert und besonders herausgehoben.

Jahrhundertelang bildeten Wallfahrten nach Jerusalem und ins Heilige Land ein wichtiges Lebensziel für Christen in ganz Europa. Daneben entstand im 9. Jahrhundert ein weiterer wichtiger Bezugspunkt im äußersten Westen der bekannten Welt. Im Abwehrkampf der Christen gegen die Muslime auf der Iberischen Halbinsel stieg eine Stadt am Rande Europas, im äußersten Galicien, zum entscheidenden Bezugspunkt auf: Santiago de Compostela, der Ort, wo 813 angeblich die Gebeine des heiligen Jacobus aufgefunden wurden. Mit dieser Wallfahrt gelang es den Königen von Galicien, eine Verbindung zum Kernbereich Europas herzustellen und über Jahrhunderte aufrechtzuerhalten, die sonst vielleicht abgerissen wäre. Im Heidenkampf war es besonders wichtig, die Christen in ganz Europa für diesen Rand zu interessieren. So entwickelte sich Santiago de Compostela im Mittelalter zum dritten großen Wallfahrtsort der Christenheit (nach Jerusalem und Rom, diese drei nannte man *‚peregrinationes maiores')*.[7]

---

6 MAURICE HALBWACHS: Stätten der Verkündigung im Heiligen Land. Eine Studie zum kollektiven Gedächtnis, Konstanz 2003, S. 184 f.

7 PAOLO CAUCCI VON SAUCKEN: Pilgerziele der Christenheit. Jerusalem – Rom – Santiago de Compostela, Stuttgart 1999.

Für Rom sprachen die Gräber der Apostel Petrus und Paulus. Der Aufstieg des Bischofs von Rom zum Papst der lateinischen Christenheit wurde möglich durch die Bedeutungszuschreibung an diesen spezifischen Ort, der eben kein zufälliger Ort sein durfte – sonst hätten ja andere Bischöfe denselben Vorrang beanspruchen können. Rom war also einerseits der Ort, von dem aus ein heidnisches Weltreich erobert und regiert worden war; derselbe Ort Rom entwickelte sich sekundär zum Zentrum des Christentums, aber nur über die Brücke einer gewissen Heiligkeit, die diesem Ort zugeschrieben werden mußte. Nach Rom pilgerten Christen durch die Jahrhunderte, verstärkt seit dem Heiligen Jahr 1300, das der Papst ausgerufen hatte, nachdem das Heilige Land an die Muslime gefallen war (Fall Akkons 1291) und Jerusalem für Christen nicht mehr zugänglich war. Nun sollten alle nach Rom kommen, wo man allein einen vollkommenen Ablaß erwerben konnte (wie es ihn vorher nur am Heiligen Grab in Jerusalem gegeben hatte – als Gratifikation für die Kreuzritter, welche unter Einsatz ihres Lebens diese gefährliche ,Reise‘ auf sich genommen hatten). Rom wurde zu einer Stadt mit sieben bedeutungstragenden Kirchen ausgestattet, die jeder Pilger besuchen mußte, um den vollkommenen Ablaß zu erhalten. ,Heilige Jahre‘ sollten zunächst alle 100, dann alle 50, schließlich, seit 1475, sogar alle 25 Jahre gefeiert werden (hinzu kamen später noch unregelmäßig angeordnete außerordentliche Heilige Jahre).[8] Noch heute pilgern katholische Christen nach Rom.

Das Beschreiten heiliger Wege wird für den Gläubigen (ob nun Christ, Muslim oder Buddhist) zu einer Vollzugsform seines Glaubens; das Erreichen der großen Pilgerziele wird als spirituelle Erfüllung beschrieben, mag auch das konkrete Verhalten am Heiligen Ort bei verschiedenen Religionen differieren.[9]

Auch die Verweigerung von Bezugnahme, der Verzicht auf Wallfahrt, stellt eine spezifische Form religiösen Verhaltens dar. Die Protestanten drängten seit Luther das magische Moment der Beziehungsstiftung zum Heiligen zurück; Verehrung von Bildern und Reliquien wurde von ihnen als mindere und abzulehnende Form von Religionsausübung angesehen ⇥ **11.3**|. Auf Wallfahrten verzichteten sie grundsätzlich. Sie wollten nicht

---

8   HORST FUHRMANN: „Jubel". Eine historische Betrachtung über den Anlaß zu feiern, in: HORST FUHRMANN: Einladung ins Mittelalter, München 1989, S. 239–252.

9   Vgl. UDO TWORUSCHKA: Heilige Wege. Die Reise zu Gott in den Religionen, Frankfurt a. M. 2002.

mehr nach Rom, weil dort der Papst saß (für Luther: der ‚Antichrist'); sie lehnten aber auch die kleineren Wallfahrten zu lokalen und regionalen Heiligen ab. Die Verweigerung solcher Praxis sollte ‚allein der Schrift' die Ehre geben; im Lesen und Hören von Gottes Offenbarung suchten sie die Wahrheit ihres Glaubens.

Umgekehrt entwickelte die katholische Kirche der Gegenreformation ein forciertes Wallfahrten zu einem wichtigen Element christlicher Glaubenspraxis: Weil die Protestanten nicht mehr wallfahrteten, zeigte sich als Katholik, wer es tat. Nun wurden lokal und regional viele neue Zentren zu Anziehungspunkten für Wallfahrer gemacht. Die ganze katholische Landschaft wurde durchstrukturiert mit Wallfahrtszielen, die man in kürzeren Reisen von ein bis drei Tagen zu Fuß erreichen konnte. Besonders wichtig wurden die Marienheiligtümer für die Glaubenspraxis der Gegenreformation. An Maria wandte man sich bevorzugt mit seinen Bitten und Fürbitten; auf Maria richtete sich die Phantasie des katholischen Volkes, ihr schrieb man eine herausgehobene Kraft zu, als Mittlerin bei ihrem Sohn (Christus) Heil und Segen auch für den einzelnen Gläubigen mit seinen konkreten Nöten und Gebrechen zu erwirken.

4 Bildungsreisen   Es gab und gibt nicht nur religiöse Wallfahrten, sondern auch weltliche. Das Sich-in-Beziehung-Setzen zu einer örtlich-räumlichen Gegebenheit ist mit aller menschlichen Kultur verbunden. Neben Kulturen, in denen solche Bezüge hochwichtig sind, existieren andere, in denen eher abstrakte spirituelle Vorstellungen vorherrschen. Es ist durchaus eine hochgradige Innerlichkeit denkbar, welche die äußeren räumlichen Bezüge möglichst zurückdrängt, ja leugnen will. – Paradox ist dabei nur, daß auch Phantasien und Träume, Visionen und mystische Erscheinungen meist räumlich erlebt oder jedenfalls unter Zuhilfenahme räumlicher Strukturen beschrieben werden. Zu den ältesten religiösen Schriften gehören Bücher mit Visionen, in denen imaginäre Reisen beschrieben werden.[10]

Aber auch nichtreligiöse Kultur heftet sich oft an Orte und bestimmte räumliche Gegebenheiten. Die Liebhaber des Altertums, die Gelehrten und Künstler, suchen seit Jahrhunderten bestimmte Stätten auf, die ihnen ‚etwas zu sagen' haben, weil sie hinter den geographischen und topographischen Namen, die sie aus ihren gelehrten Schriften kennen, die Wirklich-

---

10 Vgl. PETER DINZELBACHER: Himmel, Hölle, Heilige. Visionen und Kunst im Mittelalter, Darmstadt 2002.

keit einer bestimmten Örtlichkeit suchen. Auch hier figuriert wieder Rom
mit seinem archäologischen Reichtum ganz oben auf der Liste. Generationen von weltlichen Reisenden ließen sich faszinieren von der Vorstellung,
auf dem Forum Romanum zu stehen, wo in der Antike die berühmtesten
Redner aufgetreten waren, oder ließen sich im Kolosseum die Schauer über
den Rücken jagen bei der Vorstellung unmenschlicher Gladiatorenkämpfe.
Sie besuchten das von Horaz gepriesene Tivoli und die Phlegräischen Felder. Später, als auch Griechenland zugänglich wurde, lag eine reichhaltige
Erinnerungslandschaft vor den Gebildeten Europas: Mit der Akropolis von
Athen und den Stätten von Delphi, dem Schlachtfeld von Marathon und
der Burg von Mykene. Dies sind nur wenige herausgegriffene Punkte aus einer unermeßlich reichen Fülle.[11] Diese Fülle wurde immer größer, je mehr
die Archäologen freilegten. Es gab Zeiten, in denen von Olympia fast nichts
zu sehen war; seit den Ausgrabungen um 1900 erst erschloß sich die Faszination dieses Heiligen Ortes.[12] Die Stadt Troja zog seit den Ausgrabungen
Heinrich Schliemanns Generationen von Archäologen in ihren Bann und
verursacht auch in der Gegenwart noch erbitterten Streit um Deutungen
und Zuschreibungen.[13] Die Kultur der Römer wurde in ein neues Licht gerückt, als man nach 1730 die vom Vesuvausbruch des Jahres 79 verschütte-
ten Römerstädte Pompeji und Herculaneum wieder freizulegen begann, die
sofort zu einem Muß aller Liebhaber des Altertums avancierten.[14] Der englische Schriftsteller Joseph Addison verfaßte 1712 eine Beschreibung seiner
Italienreise, bei der er sich auf Schritt und Tritt an seine klassische Bildung
erinnert fühlte. Kein Tag verging, keine noch so kleine Wanderung oder Reise, ohne daß er nicht reale Örtlichkeiten im Italien seiner Zeit transparent
gemacht hätte in bezug auf Personen und Geschehnisse der Antike.[15]

Die Reisenden der Frühen Neuzeit vollzogen eine Bewegung im Raum,
die ihrer Bildung Ausdruck verlieh, aber natürlich auch zur Perfektionierung

---

11 ELKE STEIN-HÖLKESKAMP/KARL-JOACHIM HÖLKESKAMP (Hrsg.): Erinnerungsorte
    der Antike. Die römische Welt, München 2006.
12 MICHAEL SIEBLER: Olympia. Ort der Spiele – Ort der Götter, Stuttgart 2004.
    ULRICH SINN: Das antike Olympia. Götter, Spiel und Kunst, München 2004.
13 JUSTUS COBET/BARBARA PATZEK (Hrsg.): Archäologie und historische Erinne-
    rung. Nach 100 Jahren Heinrich Schliemann, Essen 1992.
14 THORSTEN FITZON: Reisen in das befremdliche Pompeji. Antiklassizistische Antiken-
    wahrnehmung deutscher Italienreisender 1750–1870, Berlin und New York 2004.
15 [JOSEPH ADDISON] Remarks on Several Parts of Italy etc. In the Years 1701, 1702,
    1703, London 1705.

ihrer Bildung dienen sollte. Sie bewegten sich in einem gesellschaftlichen Netzwerk von Hof zu Hof, von Akademie zu Akademie, bei dem der aktuelle Bezug zu lebenden Menschen stets hinterfangen war von einem historischen Bezug auf die essentiellen Bedeutungsträger ihres Bildungshorizontes. Obwohl sich auch hier Konjunkturen und Veränderungen erkennen lassen, war die Konstanz doch sehr hoch. Über Jahrhunderte glaubte man zu wissen, worauf es ankam, was wichtig war, was man besuchen mußte.

Dies versperrt uns zuweilen den Blick auf die andere Einsicht, daß nämlich solches Reisen ebenfalls hochselektiv war. Der Besuch heiliger Stätten der Bildung setzt einen Kanon voraus, eine Übereinkunft über das, was wichtig ist, und das, was man vernachlässigen darf. Dies läßt sich beispielsweise an der Italienreise Goethes zeigen.[16] Viel wichtiger als alles Kirchliche war ihm das Heidnische. So zog er an Assisi vorbei, dem Wallfahrtsort des Heiligen Franz, ohne diesen eines Blickes zu würdigen, während er mit Interesse einen Minervatempel ganz in der Nähe anschauen wollte. Ebenso ließ er den berühmten Wallfahrtsort Loreto, den sein Vater noch im Pflichtprogramm gehabt hatte, großzügig beiseite. In Rom besuchte er zwar neben den klassischen Stätten auch den Petersdom, freilich mit deutlichen Zeichen der Distanz (er sprach ironisch davon, daß sich dort seine „protestantische Erbsünde" geregt habe).[17] Aber mehr noch: Auch innerhalb der heidnisch-antiken Überlieferung interessierte er sich nur für das, was nach einem bestimmten Maßstab als ‚klassisch' angesehen wurde, so daß ihn die Tempelanlagen von Paestum mit ihren verhältnismäßig plumpen Säulen, die aus vorklassischer Zeit stammen, höchlich irritierten und er auf Sizilien den Besuch anderer vorklassischer Tempel vermied, weil sie ihm seine Idealvorstellung der Antike getrübt hätten. Wir sehen: Eine mehrschichtig mit Bedeutung aufgeladene Bildungslandschaft wie die italienische ist auch nach verschiedenen Anweisungen lesbar. Das Drehbuch solcher Reisen lieferten und liefern durch die Jahrhunderte jene Reiseführer, die dem Bildungssuchenden Anweisung geben, was zu besuchen ist und was nicht; was einen, zwei oder drei Sterne verdient hat (um die genial didaktische Verfahrensweise zu erwähnen, die John Murray und Karl Baedeker in diese Literatur einführten).

---

16 Vgl. NORBERT MILLER: Der Wanderer. Goethe in Italien, München und Wien 2002.

17 Vgl. MICHAEL MAURER: Italienreisen. Kunst und Konfession, in: HERMANN BAU-SINGER/KLAUS BEYRER/GOTTFRIED KORFF (Hrsg.): Reisekultur. Von der Pilgerfahrt zum modernen Tourismus, München 2. Aufl. 1999, S. 221–229.

Die nächste Überlegung müßte sich darauf richten, wie solche Bedeutungszuweisung geschieht, wer sie vornehmen darf, welche Konsequenzen die Aufladung bestimmter Orte mit Bedeutung hat. Am Beispiel Goethes: Die Geringschätzung des Christlichen und die Hochschätzung des heidnisch Antiken entsprachen seinem Weltbild, seiner Weltanschauung, wie sie sich im Laufe seines Lebensweges herausgebildet hatte. Reisen bestätigt diese geistigen Voraussetzungen gewissermaßen – wenn auch nicht auszuschließen ist, daß man durch Reisen mit fremder Realität konfrontiert wird, die ihrerseits wiederum auf den Bildungshorizont des Reisenden zurückwirkt. Goethe etwa hatte sich eine Vorstellung von klassischer Architektur gebildet, die eigentlich klassizistisch war, angeleitet von Palladio und Winckelmann, eine gewissermaßen gereinigte, abstrahierte und idealisierte Vorstellung der Antike. Diese lenkte seinen Blick an den Bauwerken anderer Epochen vorbei.

Mit barocken Bauwerken wußte man damals allgemein nichts anzufangen; sie standen im Widerspruch zu den fundamentalen ästhetischen Voraussetzungen der klassizistischen Zeit. Eine spätere Generation von Italienreisenden aber suchte speziell das Barocke auf. So gestaltete sich Schicht um Schicht ein anderes Italienbild; je nachdem, mit welchen geistigen Voraussetzungen die Reisenden kamen, selektierten sie das Besichtigenswerte. Die Anlage der individuellen Reiseroute folgte einem überlieferten Muster, konnte aber variiert werden. Jeder einzelne Reisende aktualisierte so in seinem persönlichen Erleben die allgemeine Bildung; er modifizierte sie durch Ausschluß bestimmter zu vernachlässigender Punkte oder durch Hinzunahme neuentdeckter.

5   Denkmäler als Markierung bedeutsamer Orte   Die Reisenden der Tradition orientierten sich an Relikten, aber auch an bewußt gesetzten Denkzeichen, mit denen Mächtige eine bestimmte Erinnerung erhalten wollten. In der europäischen Tradition waren Denkmäler zunächst wesentlich Herrschaftszeichen: In Wiederaufnahme griechischer und römischer Vorbilder errichtete man seit der Renaissance Bildsäulen und Reiterstatuen für Fürsten, gelegentlich auch Feldherrn und andere Persönlichkeiten.

Denkmäler erforderten einen bestimmten Platz und das Verfügungsrecht über denselben. Zumeist waren sie an städtische Räume, Plätze, Straßenkreuzungen, Sichtschneisen, repräsentative Gebäude gebunden. Nicht nur das Denkmal selbst war bedeutungstragend, sondern auch sein Aufstellungsort. Es konnte leicht zum Kristallisationskern für herrscherliche Selbstdarstellung, für dynastische Kontinuität, politische Willensbekundung, patriotische Ehrung werden. Einerseits ist ein Denkmal also ein Kunstwerk, andererseits Fokus für Identitätsbildung und politisch, sozial, religiös oder kulturell aufgeladenes Zeichen mit Verweischarakter.[18]

Wem ein solches Denkmal zu widmen sei, war stets umkämpft und konsensbedürftig. Da gab es wohl auf der einen Seite sozusagen private Denkmäler – etwa solche, die sich eine Privatperson in ihrem Garten aufstellte, in weiterem Kontext dann als Grabdenkmäler auf Friedhöfen, an oder in Kirchen. Im öffentlichen Raum war die Setzung eines Denkmals Ausdruck von Herrschaft: durch den Fürsten, durch die Kommune. Im Laufe der Moderne wurden Denkmäler, indem sich die politischen Vorstellungen wandelten, verbreiterten und demokratisierten, Elemente des Kampfes um die Macht. Denkmäler für Privatpersonen – oft auf der Grundlage von Subskriptionen – entstanden erst im 19. Jahrhundert. Den Anfang machte das Luther-Denkmal in Wittenberg 1817–1821; es folgten Denkmäler für August Hermann Francke 1826 in Halle, 1837 für Albrecht Dürer in Nürnberg und für Johannes Gutenberg in Mainz, 1839 für Friedrich Schiller in Stuttgart, 1841 für Wolfgang Amadeus Mozart in Salzburg, 1844 für Johann Wolfgang Goethe in Frankfurt am Main, 1845 für Ludwig van Beethoven in Bonn. In der zweiten Hälfte des 19. Jahrhunderts entstand eine Fülle solcher Denkmäler in fast allen deutschen Städten. Im Jahre 1800 hatte es nicht mehr als 18 Denkmäler in Deutschland gegeben; 1883 waren es über 800![19]

Während die bürgerliche Kulturnation ihre Identifikation in Vorbildern der Kultur suchte, gab es aber auch ein politischen Drängen nach spezifisch nationalen und demokratischen Denkmälern. Um alle diese Großunternehmungen rankten sich vielfältige Aktivitäten und Einflußnahmen. Oft auf Initiative von monomanen Privatpersonen entstanden, entwickelten sie sich jeweils zu gesellschaftlichen Unternehmungen, für die Subskriptionen und Sammlungen veranstaltet, Krieger-, Gesang- und Turnvereine aktiviert wurden; meist bedurfte es dann zum Abschluß doch noch öffentlicher Gelder, sei es von den Landtagen bzw. vom Reichstag, sei es aus der Privatschatulle von Fürsten.

---

18 Überblicksdarstellungen: THOMAS H. VON DER DUNK: Das Deutsche Denkmal. Eine Geschichte in Bronze und Stein vom Hochmittelalter bis zum Barock, Köln, Weimar und Wien 1999. HELMUT SCHARF: Kleine Kunstgeschichte des deutschen Denkmals, Darmstadt 1984.

19 THOMAS NIPPERDEY: Deutsche Geschichte 1800–1860. Bürgerwelt und starker Staat, München 1983.

Die Bewegung für Nationaldenkmäler war am glühendsten zu der Zeit, als die Einheit der deutschen Nation noch keine staatliche Form gefunden hatte. Nach der italienischen Einigung erhielten die deutschen National- und Denkmalsbestrebungen nochmals Auftrieb; nach der Reichseinigung von 1870/71 schließlich flauten sie ab. Nun wurde deutlicher, daß sich ein vorhandenes Bedürfnis umformen ließ im borussisch-deutschen Sinne. Wenn auch die Bestrebungen Wilhelms II., einen Kult um Wilhelm I. („den Großen') zu stiften, insgesamt erfolglos blieben, führten sie doch zu einer Fülle von Denkmälern für Kaiser Wilhelm, selbst im Rheinland, in Bayern und in süddeutschen Städten. Eigentlich populär war dagegen die Bewegung zur Errichtung von Bismarcktürmen.[20] In ihm sah man den wahren Einiger des Reiches, den Sieger über den äußeren Feind und den Bändiger der inneren Divergenzen. Die Studentenschaften proklamierten, überall in Deutschland Bismarcktürme zu bauen, mit der Zwecksetzung, auf der Plattform Feuer entzünden zu können. Bismarcktürme standen außerdem grundsätzlich in freier Natur, auf Bergen, meist in exponierter Lage und mit großer Fernwirkung. Hunderte davon sind noch heute vorhanden.

Während Denkmäler in älterer Zeit Stadt und Platz beherrscht hatten, entwickelte sich im Deutschland des 19. Jahrhunderts infolge von Romantik, neuem Naturbewußtsein und Hauptstadtmangel die Vorstellung, ein deutsches Denkmal sei in wilder Natur, auf Bergen exponiert und von (Eichen-) Hainen umgeben. Diese Vorstellung vertrat schon Ludwig I. von Bayern mit seinen Plänen für die Walhalla auf einem Felsvorsprung über der Donau bei Regensburg und mit der Siegeshalle von Kelheim; sie wurde allgemein, ob man an das Kyffhäuser-Denkmal (für Wilhelm I. mit Anknüpfung an die Barbarossa-Sage, das preußisch-deutsche Reich mit dem mittelalterlichen Kaiserreich der Staufer in Verbindung bringend) denkt, an das Niederwalddenkmal, an das Kaiserdenkmal der Porta Westfalica, an das Hermannsdenkmal.

Denkmäler waren immer, im Positiven wie im Negativen, Anziehungspunkte (auch die bayerischen Revolutionäre vom November 1918 sammelten sich an der Bavaria). Sie konnten in Vergessenheit geraten (wie zeitweise das Völkerschlachtdenkmal bei Leipzig, das in der DDR dann erneut in

---

20 WERNER GREILING/HANS-WERNER HAHN (Hrsg.): Bismarck in Thüringen. Politik und Erinnerungskultur in kleinstaatlicher Perspektive, Rudolstadt 2003. KAI KRAUSKOPF: Bismarckdenkmäler. Ein bizarrer Aufbruch in die Moderne, Hamburg und München 2002.

Funktion treten sollte) oder zum Anziehungspunkt für Ausflüge und Fackelzüge, für Tourismus und nationale Wallfahrten werden. In solchen Fällen galt es stets mitzubedenken, wie die Umgebung des Denkmals zu gestalten sei: als Aufmarschplatz und Weihefläche, oder sich den Massen verweigernd und den individuellen Pilger optisch überwältigend. Denkmäler dieser Art wurden oft im Zusammenhang mit Grablegen und Ehrenfriedhöfen geplant. Erstmals bei dem 1927 vollendeten Tannenbergdenkmal stand die aufmarschierende Menge im Zentrum; ein Aufbau von Wehrtürmen und Mauern umschloß einen leeren Platz, auf dem eine Menschenmenge als solche in Erscheinung treten konnte – das feiernde Volk oder das Volk in Waffen. Im Nationalsozialismus (auch im italienischen Faschismus) wurde dieses Element weiterentwickelt; das Reichsparteitagsgelände in Nürnberg bot im wesentlichen Platzarchitektur, nicht mehr ein Denkmal im klassischen Sinne. Arena und Sportfeld waren nun an die Stelle von Statue und Tempel getreten. Denkmäler stehen also in enger Verbindung mit Fest und Ritus, mit Religion und Religionsersatz. Im Kern aber sind Denkmäler Beiträge zur kulturellen Formung öffentlicher Meinung in einem Zeitalter der Säkularisierung.

Denkmäler markieren Orte: Durch den Bezug auf einen bestimmten Ort wird einer Landschaft Bedeutung eingeschrieben. Das im Raum Vorhandene wird zum Zeichenträger, der eine bestimmte Bedeutung mit einem bestimmten Ort verbindet.

6   Die Inszenierung von Landschaft   Denkmäler verleihen topographischen Punkten einen zeichenhaften Charakter, machen Orte zu ‚Semiophoren‘ (Krzysztof Pomian). Auch ganze Landschaften können zu ‚Semiophoren‘ werden. Wie eine naturhaft gegebene Landschaft symbolisch besetzt wurde und damit gewissermaßen Denkmalcharakter erhielt, soll hier am Beispiel des Rheins gezeigt werden. Das Phänomen ‚Rhein‘ ist deshalb besonders vielschichtig, weil sich hier (im späten 18. Jahrhundert) eine spezifisch ästhetische Form neuerer Landschaftswahrnehmung katalysierte und weil der Rhein (fast gleichzeitig) national ‚besetzt‘, also mit zusätzlichen politischen Konnotationen aufgeladen wurde.

‚Der Rhein‘ im hier gemeinten Sinne ist nicht der Fluß von der Quelle bis zur Mündung, sondern im wesentlichen das Phänomen des Durchbruches durch das Rheinische Schiefergebirge unterhalb von Bingen und abwärts bis zur Moselmündung, bis Koblenz. Dabei geht es immer auch um den Kontrast mit den lieblichen Landschaften der Verbreiterung des Tales, also oberhalb der Rheingau von Mainz bis Bingen und unterhalb die

‚Kölner Bucht' von Koblenz bis Köln. Diese Umschreibung kennt aber keine festen Grenzen. Je nachdem, wie die Ausdehnung dieser Landschaft bestimmt wird, kann sich damit auch eine Bedeutungsverschiebung ergeben.

Ein früher Schlüsseltext eines anonymen Autors, der 1779 in der Berliner *Litteratur- und Theaterzeitung* ein *Fragment aus Briefen* über eine Rheinreise publizierte, bietet eine Schilderung der Empfindsamkeit mit Zügen des Sturmes und Dranges.[21] „Mit fühlender Aufmerksamkeit auf jede einzelne Schönheit der Natur" zu reisen, ist das eingangs explizierte Programm. Der Anonymus läßt eine ältere, arkadische Landschaftsauffassung der „schönen Natur" durchblicken. Zwei Freunde reisen, unternehmen eine „Wallfahrt". Sie sind zwar nicht zu einem bestimmten religiösen Ziel unterwegs, aber sie verhalten sich gewissermaßen analog, indem sie die Suche nach Heil säkularisieren und umwenden: Sie sind auf der Suche nach einem „heiligen Ort"; sie haben eine Prädisposition, unterwegs etwas Heiliges aufzuspüren, das ihre „Ehrfurcht" auf sich lenkt. Ihre Frömmigkeit richtet sich auf die Natur, die freilich noch nicht autonom wahrgenommen wird, sondern zunächst als Landschaftshintergrund. Das Binger Loch wird als gefährliche Eingangspforte in die Rheinwelt markiert. Die Beschreibung der geographisch-geologischen Gegebenheiten bleibt rationalistisch, aufklärerisch. Die langsame Bewegung auf dem Schiff, das eine Perspektive durch die Bergesketten bildet, unterstützt solche Wahrnehmung, die sich aber sogleich auf die verfallenen und zerstörten Schlösser auf diesen Bergen fixiert. Nun entstehen im empfindsamen Betrachter „Phantasien", „Empfindungen und Wünsche", „Bilder der Vergangenheit". Angesichts der Schloßruinen am Rhein schwärmt man von einer Ritterwelt. Es ist die Welt des *Götz von Berlichingen*, es ist Ritterromantik, wie sie auch heute noch und wieder in den sommerlichen Mittelalterspektakeln auf deutschen Burgen inszeniert wird.

Ein zweites Beispiel dokumentiert die gemeinsame Rheinreise der Freunde Achim von Arnim und Clemens Brentano im Sommer 1802.[22] Die jungen Dichter benutzen das Marktschiff, sind also vom Fahrplan abhängig, erleben aber damit auch das „Volk", das nun so wichtig wird. Die Rhein-

---

21 Zit. nach THOMAS GROSSER: Der romantische Rheinmythos. Die Entdeckung einer Landschaft zwischen Politik und Tourismus, in: REINHARD W. GASSEN/ BERNHARD HOLECZEK (Hrsg.): Mythos Rhein. Ein Fluß zwischen Kitsch und Kommerz, Ludwigshafen am Rhein 1992, S. 11–39; hier: S. 18–20.

22 Zit. ebd., S. 25.

länder werden idealisiert als ein fröhliches und poetisches Volk. Im Volk offenbart sich eine göttliche Stimme: Von „Freiheit und Vaterland" predigt ein betrunkener Schiffer. Die Menschen sind nicht nur vom Wein, sondern auch von „Poesie berauscht". Wie im vorigen Zitat: Freundschaft und Buch. Aber nun: „deutscher Eichenwald" im Kontrast zu dem „griechischen Tempel" (der damals knapp unterhalb der Stelle stand, wo später das Niederwalddenkmal errichtet werden sollte). Im Blick auf die Natur ständige Parallelen von Wein und Menschen. Der Wein sichert Teilhabe an einer höheren Welt der Poesie, des Rausches. Im Volk erfahren die Dichter so etwas wie eine „Wiedergeburt": „das Leben war frisch angebrochen". Ein festliches Hochgefühl erfaßt die beiden, begeistert sie zum Singen und Dichten. Im Hintergrund noch: „Freiheit und Vaterland". Hinzu kommt erstmals die Personifikation des Rheines: „so braust […] der starke Rhein und schäumt unwillig über den nutzlosen Widerstand". Das läßt sich als Landschaftsbeschreibung vom Binger Loch lesen, aber auch symbolisch: der Rhein verkörpert auch den „ewigen, schöpfenden Geist", zugleich eine Naturgewalt und ein mythologisiertes Wesen. Völlig neu ist der Zusammenhang mit der umgebenden Natur: Der genießende Betrachter lebt sich quasi in die Landschaft ein und begreift diese als Emanation seines Selbst. Die ganze Natur und das ganze Volk stecken in ihm, können wieder aus ihm hervorgehen. Die Landschaft, das Volk und die Dichter stehen in einem inneren mystischen Zusammenhang.

1806 veröffentlichten Aloys Wilhelm Schreiber und Nicolaus Voght ein Buch mit dem Titel *Malerische Ansichten des Rheins*, welches zeittypisch politische Akzente setzte.[23] Der Mittelrhein wird mit seiner landschaftlichen Schönheit („Paradies von Teutschland") als Kulturlandschaft gedeutet (Drusus, Karl der Große, Gutenberg), als „heiliger Boden". Damit wird eine religiöse Zuschreibung auf etwas Nicht-Religiöses angewandt, säkularisiert. Vorsichtig werden politische Akzente angedeutet: in der Rückbesinnung auf eine nationale Vergangenheit; daneben aber auch in der Formel „der erste heiße Kampf um unsere Freiheit" – gemeint ist der Kampf des Arminius gegen die Legionen der Römer. Die Deutschen sah man in ungebrochener Kontinuität mit den Germanen; als Nachfahren der Römer sah man die Franzosen. Wo einst „der edle Drusus" über den Rhein ging, folgte wenige Jahre später, 1813/14, Blücher mit der schlesischen Armee der Preußen.

---

23 Zit. ebd.

Im Jahre 1803 hatte Friedrich Schlegel mit der Herausgabe einer Zeitschrift *Europa* begonnen. Er eröffnete dieses Periodikum mit einer Reise
nach Paris, auf welcher der Rhein (nach der Wartburg) eine entscheidende
Station darstellte.[24] Diese Station war keineswegs nur als Wegstrecke zu verstehen; alle genannten Orte werden symbolisch hoch aufgeladen. Der
Rhein wird hier zur entscheidenden Schwelle zwischen Deutschland und
Frankreich. Das Rheinland wird als verlorenes Land angesehen, auf das sich
gerade deshalb die höchsten Gefühle richten: „heiliger Boden". Mit religiöser Sprache wird nun Nationales bedacht. Der Strom selber, wie er sich seinen Weg durch das Rheinische Schiefergebirge bricht, wird zum „Bild unsers Vaterlandes, unsrer Geschichte und unsers Charakters". Die Landschaft
wird historisch vertieft. Es ist eine „Vorzeit" als Zeit der „Helden". Die Seelenlandschaft ist charakteristischerweise der „deutsche" Wald. Burgen als
Zeichen der Ritterzeit wecken in Schlegel wohl Gefühle der Trauer und
Ruinenseligkeit, die in eine ethische Erneuerung münden (sollen). Die
Schroffheit des Rheintales wird zum Bild des deutschen Nationalcharakters,
auch seiner „Riesenkraft". Demgegenüber wird die französische Landschaft
vom französischen Nationalcharakter her gedeutet: „artig", „reizend", „ge-
schmückt" usw. sind Epitheta, die man sonst auf die Franzosen anzuwen-
den pflegte, die Schlegel aber hier in die französische Landschaft hinein-
projiziert. Damit spricht er gleichzeitig den Franzosen das Recht auf die
wildromantische „deutsche" Landschaft, auf die Wälder und den reißenden
Strom, ab. Frankreich aber war damals bereits im Besitz des linken Rhein-
ufers, und das ist es, was die vorigen Assoziationen zum Mittelalter, zum
rheinischen, fröhlichen Volkscharakter, zur kontrastreichen Natur nun bün-
delt und umlenkt auf etwas Politisches. Es ist die politische Besetzung des
Rheines als „deutsche Landschaft", die für das 19. Jahrhundert so folgenreich
werden sollte.

Vorangegangen war eine entscheidende politische Veränderung. Nach-
dem sich die deutschen Fürsten unter Führung des Herzogs von Braun-
schweig 1792 entschlossen hatten, eine ‚Campagne in Frankreich' gegen die
Revolution zu führen und damit gescheitert waren, kamen die französischen
Truppen nach Deutschland. Sie besetzten das linke Rheinufer 1793; seit dem
Frieden von 1795 bzw. 1797 bildete der Rhein jene Grenze, die im Text
Friedrich Schlegels als „unnatürlich natürliche Gränze" angesprochen wird.

---

24 Europa. Eine Zeitschrift. Herausgegeben von FRIEDRICH SCHLEGEL, Frankfurt
am Main 1803 [Reprint Stuttgart 1963], Bd. 1, S. 15–18.

Seit dieser Zeit also war der Rhein ein Grenzfluß. Und genau dadurch wurde er zum „deutschen Rhein", das heißt zu einer Seelenlandschaft, nach welcher man sich sehnte. Der „deutsche Rhein" evozierte nicht mehr nur mittelalterliche Ritterherrlichkeit, sondern neben dem „Schmerz" auch „Muth", eine „Quelle starker Jugend".

Ein „Gefühl romantischer Freiheit" ist erfahrbar in den „herrlichsten Waldungen", die zugleich Mittelalter und „Deutschland" evozieren. Seit Tacitus und Montesquieu gab es den Topos von der Freiheit der alten Deutschen (Germanen) in ihren Wäldern. Diese Freiheitsrhetorik rückte nun in ein neues Beziehungsfeld durch den doppelten Bezug auf die Errungenschaften von 1789 („Freiheit, Gleichheit, Brüderlichkeit") und die Freiheit von den Franzosen als Besatzern. Es handelt sich hier um allgemeine politisch-ideologische Vorstellungen, die aber konkreten Anhalt finden an einer erfahrbaren Landschaft, am Rhein. Genauso wie die Wälder für deutsche Freiheit stehen, steht der Rheinstrom für urwüchsige Kraft, für eine Naturgewalt, die sich ihren Weg unaufhaltsam durch das Gebirge bricht und in diesem dramatischen Schauspiel einen Vorschein der deutschen Kraft zur Erneuerung bietet. Der Rhein ist hier also nicht mehr nur Fluß und Landschaft, sondern Symbol. Er wird politisch besetzt, wie es erst in dieser Zeit möglich war, da diese als „deutsch" empfundene Landschaft französisch beherrscht und verwaltet war.

Die gesamteuropäische Konstellation des Kampfes um die Freiheit und gegen Napoleon zog sich am Rhein auf eine symbolisch hoch aufgeladene Region zusammen, welche einerseits mit Assoziationen einer tiefen Geschichte belegt war, andererseits immer wieder eine Rolle im aktuellen politischen Kampf spielte. Zwischen der Niederlage Preußens 1806 und der Niederlage Napoleons in der Völkerschlacht von Leipzig 1813 liegen jene Jahre politischer Bewußtseinsbildung und ideologischer Aufrüstung, die beispielsweise Ernst Moritz Arndt zu seiner bekannten Streitschrift veranlaßten, welche den Titel trug: *Der Rhein, Deutschlands Strom, nicht Deutschlands Gränze.*

Das Ergebnis der Neuordnung Europas von 1815 brachte für das Rheinland nicht die Rückkehr zum Status quo, sondern eine neue Verbindung: die mit Preußen. Das Rheinland war nun wieder deutsch, aber auch preußisch. Und es sollte sich erweisen, daß dieser politische Zusammenhang für die weitere Ausbildung der Rheinromantik wichtig werden sollte. Denn Preußen – das war seit dem Wiener Kongreß eine weitgestreckte Agglomeration von Ländern; im Osten Ostpreußen, im Westen das Land am Rhein. Die Verklammerung dieser nicht nur geographisch, sondern auch konfessionell und sozial weit auseinanderstehenden Landschaften geschah durch Militär und Verwaltung, aber auch durch die Ausbildung einer borussischen Staatsideologie. Zu dieser gehörte auch die Vorstellung von der „Wacht am Rhein", daß nämlich die militärische Macht Preußens die Garantie dafür sei, daß der Rhein deutsch bleibe. Koblenz wurde zur maßgeblichen deutschen Festung ausgebaut. Die Rheinische Friedrich-Wilhelms-Universität in Bonn wurde zum bildungsmäßigen Stützpunkt Berlins am Rhein. Ein Sommersemester zumindest studierte fast jeder preußische Student in Bonn. Damit verband sich ein entsprechendes Studentenleben („Wein, Weib und Gesang"); damit wurden politische Zusammenhänge in jede einzelne Biographie der Gebildeten eingeschrieben. Mit der Zeit am Rhein verknüpfte man allgemein Erinnerungen an ein fröhliches Leben in paradiesischer Natur. Die ästhetischen Erlebnisse, der Naturgenuß und das Wandern verbanden sich mit patriotischen Gefühlen, mit preußischen Tugenden und deutschem Nationalismus. Rheinromantik war zu einem Gutteil Verklärung eines unbeschwerten Studentenlebens; als solche wurde sie tausendfach inszeniert und von Nichtstudenten nachgeahmt. Der „preußische Rhein" ist eine späte Zutat zu einem bereits ausgebildeten kulturellen Komplex. Aber gerade diese preußische Hefe sollte den ideologischen Teig mächtig aufgehen lassen. Eine wichtige Persönlichkeit war in diesem Zusammenhang der preußische Kronprinz Friedrich Wilhelm, als Friedrich Wilhelm IV. dann seit 1840 der „Romantiker auf dem Thron". Als 19jähriger hatte er 1815 den Rhein bereist und war in begeisterte Schwärmerei ausgebrochen. Die Stadt Koblenz schenkte ihm 1823 die Burgruine Stolzenfels; er ließ sie zu einem Prunkstück von einer mittelalterlichen Burg ausbauen. Sein Vetter Friedrich Ludwig von Preußen hielt es nicht viel anders mit der von ihm gekauften Burg Rheinstein. Bankiers und Unternehmer folgten und schufen sich Symbole ihres finanziellen Reichtums und gesellschaftlichen Glanzes, indem sie Dutzende von Burgen am Mittelrhein wiederherstellten und damit patriotische und nationale Vorstellungen verbanden. In größerem Stil wurde der Kölner Dom vollendet (Grundsteinlegung 1842, Einweihung 1880).[25] Durch Dampfschiff und Eisenbahn wurde das Rheinland im 19. Jahrhundert erschlossen. Was um 1800 der Sensibilität und dem Geschichtsbewußtsein einiger Gebildeter entsprungen war, wurde durch die verkehrstechnische Entwicklung zum Gemeingut einer nationalisierten Masse, damit freilich unvermeidlicher-

---

25 THOMAS NIPPERDEY: Der Kölner Dom als Nationaldenkmal, in: Historische Zeitschrift 233 (1981), S. 595–613.

weise trivialisiert und verkitscht. Der Rhein verdankt seine Popularität also wohl einer teils ästhetischen, teils politischen Ideologiebildung. Was zunächst nur wenige gedacht und empfunden hatten, wurde im Laufe des 19. Jahrhunderts zu einem Erfahrungsmuster für viele. Nicht nur wurde dasselbe für immer mehr Menschen erfahrbar und erschwinglich; der preußisch-patriotische Reiseanreiz wurde zu einem wesentlichen Katalysator deutschen nationalen Denkens und Fühlens. Immer mehr Lieder, Gedichte, Sagen und Märchen wurden auf konkrete Orte am Rhein bezogen (Loreley!). ‚Rheinromantik' bedeutet auch symbolische Besetzung der Landschaft mit Erzählungen, Mythen, Geschichten.

Der im Raum lebende Mensch gestaltet diesen kulturell, er verleiht räumlichen Gegebenheiten Sinn und Bedeutung. Und er muß zwangsläufig vereinfachen beim Versuch, eine komplexe Wirklichkeit wahrzunehmen. Auch die wissenschaftliche Geographie bietet nur perspektivische Projektionen. Der Mensch orientiert sich im Raum durch Benennen, er assoziiert mit Ortsnamen geschichtliche Inhalte, die für seine Identität relevant werden können. Indem Menschen reisen, tragen sie ihre ‚selbstgesponnenen Bedeutungsgewebe' (Clifford Geertz) in die Welt hinaus; sie verwirklichen ihr ‚Weltbild' durch Bildungsreisen und Wallfahrten zu weltanschaulich fundierenden Punkten, sei es religiös oder weltlich.

Anregungen zur Weiterarbeit

1.   **Nehmen Sie ein großes weißes Blatt** vor sich und beginnen Sie mit einer Skizze der für Sie persönlich wichtigen Orte. Beginnen Sie an dem Ort, an dem Sie sich eben befinden. Vielleicht dann der Geburtsort? Der Ort, an dem die Eltern (oder andere persönlich wichtige Menschen) sich befinden? Vielleicht die Orte, an denen Sie früher schon gewohnt haben? Dann, in anderer Farbe, die Orte, denen Sie eine kulturelle Bedeutung für Ihr Leben zuschreiben würden. Jerusalem? Athen? Rom? Paris? London? Schließlich, in einer dritten Farbe: die Orte, an die Sie im Laufe Ihres weiteren Lebens gerne reisen möchten.

2.   **Machen Sie einen Spaziergang** durch die Stadt, in der Sie sich befinden, und schreiben Sie die Standorte aller Denkmäler auf, die Sie finden. Wer wird dargestellt? Warum wohl (hier ist eventuell nachzuschlagen)?

10 Kirche und Kultur

1 Allgemeines   ‚Kirche' wird hier als eine Institution in den Blick genommen, nicht in erster Linie im Sinne von ‚Gemeinschaft der Gläubigen', sondern von deren sozialer Verfassung. Seit der Reformation haben wir es mit ‚Kirchen' im Plural zu tun; davor gab es die ‚eine katholische Kirche', die römische Kirche. Allerdings bedeutet dies bereits eine Vereinfachung, denn faktisch waren auch im Mittelalter nicht alle Christen vom Papst in Rom abhängig. In ältester Zeit beispielsweise die keltischen Randbereiche, seit dem großen Schisma hauptsächlich die griechisch-orthodoxe Kirche mit ihrem Zentrum in Byzanz.

‚Kirche und Kultur' – was kann dieses Verhältnis bedeuten? Ein religiöses Anliegen läßt sich selten rein in die historisch-politische Wirklichkeit umsetzen; fast immer tritt es uns nur gemischt entgegen – etwas Religiöses, beispielsweise die Versöhnungsbereitschaft, trifft sich mit anderen Anliegen, beispielsweise einem nationalen, und nimmt so Gestalt an. Die zentralen religiösen Anliegen der Suche nach Heil und Erlösung können hier nicht behandelt werden. Es geht hier unter dem Stichwort ‚Kirche und Kultur' nur um die Auswirkungen einer Institution, in diesem Falle der Kirche, auf die historische Entwicklung.

Der entscheidende Punkt der Entwicklung der Kirche als Institution liegt im 4. Jahrhundert: Der römische Kaiser Konstantin nimmt das Christentum an (312); seit Theodosius (380) ist es die Staatsreligion des ganzen Reiches. Seit Konstantin haben wir beispielsweise den Sonntag, einen von sieben Tagen jeder Woche, als arbeitsfreien ‚Feiertag'. Den gläubigen Christen erinnert dieser Tag jede Woche an die Auferstehung Christi.

Voraussetzungen dieser Entwicklung waren eine zunehmende Unterscheidung von Klerikern und Laien seit dem 2. Jahrhundert und die Auszeichnung von Bischöfen. Allmählich paßte sich die Kirchenverfassung der Verfassung des Römischen Reiches an: In den Hauptstädten der Provinzen wurden Synoden und Konzilien abgehalten; ihre Bischöfe, die Metropolitane, behaupteten eine Sonderstellung gegenüber den anderen Bischöfen.

Der Bischof von Rom stärkte seine Stellung durch erfolgreiches Eingreifen in Glaubensstreitigkeiten. Er wurde zum angesehensten Mann Roms, als Konstantin im Streit mit der Stadt seine Residenz nach Osten verlegt hatte (Konstantinopel). Der Bischof von Rom berief sich darauf, in der Nachfolge des Petrus, den man allmählich (in der lateinischen Kirche) als den „Apostelfürsten" ansah, Stellvertreter Christi auf Erden zu sein.

In der Zeit der Völkerwanderung, als das weströmische Reich zusammenbrach, wandte sich die Stadt Rom zunehmend ihrem Bischof zu, der das höchste Ansehen beanspruchte und sich tatsächlich große Verdienste um die Aufrechterhaltung der Ordnung, die Abwehr der Feinde, die Überlieferung der (christianisierten) antiken Kultur erwarb. Mit Leo dem Großen (440–461) trat erstmals ein mächtiger Kirchenfürst auf, der diese Rolle auch auszufüllen vermochte. Er ist der Begründer des römischen Primats. Er hat als erster von Rom aus die abendländische Kirche geführt.[1]

Ein weiterer Meilenstein war die Verbindung der fränkischen Dynastie mit dem Bischof von Rom, das Zusammenwirken von *imperium* und *sacerdotium*, von Kaiser und Papst, in den Jahrhunderten des Mittelalters. Das beginnt mit der Taufe des Merowingers Chlodwig (498/99) und findet einen symbolischen Höhepunkt in der Kaiserkrönung Karls des Großen durch den Papst in Rom im Jahre 800.[2] – Damit haben wir die strukturellen Grundlagen dafür, daß die Kirche (also nun die römische, päpstliche, katholische Kirche) in eine Position geriet, von der aus sie die gesamte Entwicklung des Abendlandes prägen konnte.

Die kulturelle Wirkung der Kirche wäre also zunächst in bezug auf das Weltbild und die Lebensformen der Menschen im christlich geprägten Europa zu untersuchen. Sodann wäre an das Bild der Menschen von sich selber zu denken und daran, welche anthropologische Ausformung ein christliches Weltbild beförderte. Bekanntlich war Nietzsche im späten 19. Jahrhundert der Ansicht, das Christentum habe eine ‚Sklavenmoral' verbreitet. Dies könnte man auch positiv sehen: Demut und Liebe. Andererseits ist völlig klar, daß dies noch nicht das ganze Christentum ist: Schließlich gab es auch Kreuzritter, die mit Feuer und Schwert im Nahen Osten einfielen.

Ein subtilerer Gedanke führt zur Frage nach der Individualität, der Persönlichkeit.[3] Ist es nicht so, daß der antike und außereuropäische Mensch

---

1   CHARLES UND LUCE PIÉTRI (Hrsg.): Die Geschichte des Christentums. Religion - Politik - Kultur. Bd. 2: Das Entstehen der einen Christenheit (250–430), Freiburg, Basel und Wien 1996.

2   GILBERT DAGRON/PIERRE RICHÉ/ANDRÉ VAUCHEZ (Hrsg.): Die Geschichte des Christentums. Religion – Politik – Kultur, Bd. 4: Bischöfe, Mönche und Kaiser (642–1054), Freiburg, Basel und Wien 1994.

3   Vgl. ANNEMARIE PIEPER: Individualität, in: HERMANN KRINGS/HANS MICHAEL BAUMGARTNER/CHRISTOPH WILD (Hrsg.): Handbuch philosophischer Grundbegriffe, Bd. 2, München 1973, S. 728–737. MANFRED FRANK/ANSELM HAVERKAMP

in viel stärkerem Maße ein Kollektivwesen war, Bestandteil einer Gruppe, eines Stammes, einer Zunft (usw.), und sich nicht im späteren Sinne als Einzelmensch verstand? Dagegen ließe sich einwenden, daß zumindest die Alten Griechen ein starkes Bewußtsein ihrer Individualität kultiviert hatten, jedenfalls in den klassischen Zeiten Athens. Aber richtig bleibt dieser Kerngedanke insofern, als der Übertritt zum Christentum (ob nun durch Juden, Griechen oder andere) eine Lebensentscheidung bedeutete, eine Neuakzentuierung persönlicher Verantwortung und Freiheit. Das Heil konnte aus christlicher Sicht jeder Einzelseele zugesprochen werden, und jeder einzelne Mensch hatte sich durch sein Leben zu qualifizieren für das Heil. Als Christen konnten die Menschen wirkliche Individuen werden, unbeschadet der Möglichkeiten des Mittelalters, wieder stärker das Kollektive, die Zugehörigkeit, die Eingebundenheit zu betonen. Unter Rückgriff auf die Alten Griechen stellten sich die Menschen der Renaissance und der Reformation dann neu ihrer personalen Verantwortung und übernahmen mit Begeisterung die neu empfundene Freiheit. Aber auch später noch, im Pietismus beispielsweise, kam es zu weiteren Schüben der Individualisierung, der Herauslösung des einzelnen aus den sozialen Zusammenhängen, und zwar durch Neuakzentuierung spezifischer Bestandteile christlicher Frömmigkeit. Es ist also kaum zu leugnen, daß das Christentum an dieser Entwicklung nicht *allein* beteiligt war, aber ebenso, daß diese Entwicklung ohne das Christentum nicht möglich gewesen wäre. Daran hängen dann in der Neuzeit weitere Vorstellungen von großer Tragweite, die Menschenrechte, die Naturrechtsvorstellung des Staates, die Idee der Demokratie.

Ein weiteres Beispiel auf einer anderen Ebene: die Einstellung des frühen Christentums zur Sexualität.[4] Gegen Ende des ersten nachchristlichen Jahrhunderts prägte sich ganz allgemein die Vorstellung aus, das eigentliche Leben in der Nachfolge Christi sei Abkehr von der Welt. Das asketische Ideal fand seinen Prototypen im Eremiten, der sich in die Wüste

---

(Fortsetzung Fußnote 3)

(Hrsg.): Individualität, München 1988. RICHARD VAN DÜLMEN (Hrsg.): Die Entdeckung des Ich. Die Geschichte der Individualisierung vom Mittelalter bis zur Gegenwart, Köln, Weimar und Wien 2001.

4 INES STAHLMANN: Der gefesselte Sexus. Weibliche Keuschheit und Askese im Westen des Römischen Reiches, Berlin 1997. PETER BROWN: Die Keuschheit der Engel. Sexuelle Entsagung, Askese und Körperlichkeit am Anfang des Christentums, München und Wien 1991. PHILIP SHERRARD: Christianity and Eros. Essays on the Theme of Sexual Love, London 1976.

wandte und sich nur noch seiner seelischen Läuterung widmete, ohne für
sein materielles Wohlergehen, für seine Nachkommen oder für die Zukunft
zu sorgen. Es bildete sich die Vorstellung, daß der Leib möglichst wenig
ernährt werden solle; die sexuellen Begierden würden dann von selber
absterben. Unzucht und Unreinheit wären dann kein Problem mehr. Von
diesem asketischen Ideal her färbte sich aber auch die Einstellung zur Ehe:
Paulus hatte die Ehe empfohlen, um Unzucht zu vermeiden; wenn einer sich
nicht sexuell enthalten könne, sei es besser, zu heiraten als zu „brennen".
Unter diesem Gesichtspunkt hatte die Ehe nicht mehr die positive Zielstellung der Genesis (*Wachset und mehret euch und seid fruchtbar*), sondern erschien als eine Art Not-Institut für diejenigen, die nicht ohne auskommen
konnten. Dies hängt freilich auch mit der endzeitlichen Erwartung der
frühen Christen zusammen; sie glaubten an die baldige Wiederkehr Christi
und an das nahe Ende der Zeiten. Nachkommen zu haben erschien nicht
erstrebenswert. *Wachet und betet!* Das asketische Ideal und die totale Hinwendung zur Läuterung der Seele für ein nahe bevorstehendes ewiges
Leben im Jenseits schien das Gebot der Stunde. Die religiöse Wendung
erzwang in Abgrenzung gegen die anderen Religionen einen radikalen kulturellen Wandel.

Auf einer anderen Ebene der Kultur kann man bemerken, daß die Religionsausübung des Christentums mediterrane Kulturvoraussetzungen uni-
versalisierte. Beispielsweise gehören zum christlichen Abendmahl Brot und
Wein. Brot aber ist ein spezifisches Kulturprodukt. Es gibt und gab auch damals Ernährungskulturen auf der Basis von Brei. Ohnehin der Wein: Die
Notwendigkeit, gekelterten und vergorenen Traubensaft für die heilige
Handlung bereit zu haben, zwang beispielsweise die Grönländer und Skan-
dinavier, als sie Christen wurden, in Handelsbeziehungen mit den südliche-
ren Völkern zu treten. Ganz davon abgesehen, daß es auch immer religiö-
se Kulturen gab, welche Alkohol grundsätzlich verpönten, beispielsweise im
Islam. Und die Benutzung und Weihe von Öl (Salböl, Chrisam) ist ohne
Zweifel auch ein Element der vorderorientalisch-mediterranen Kultur.
Ebenso der Weihrauch.

Die Christen bildeten Gemeinden; für ihre Versammlungen benötigten
sie Räume, die ursprünglich möglichst verborgen und geheim sein sollten,
zur Zeit des Christentums als Staatsreligion dann möglichst repräsentativ.
Kirchenbauten sind ein wesentlicher Teil christlicher Kultur. Was wir heute nicht mehr erkennen können, ist, daß sie über anderthalb Jahrtausende
den ganzen Kulturkreis prägten, schon rein optisch: Wenn man sich einer
Siedlung näherte, sah man zunächst den Turm der Kirche. Meistens war die

Kirche überhaupt das einzige hohe Gebäude der Gegend und mithin ein Sinnbild für die spirituelle Bedeutung der Architektur. Erst spät wurden Schlösser (Herrschaftsarchitektur) so hoch, groß und prächtig gebaut, daß sie die Sakralbauten ausstachen. Und erst im 20. Jahrhundert überragten rein wirtschaftlich genutzte Profangebäude die Kirchen. Soweit sich das Christentum ausbreitete, baute es Kirchen. Und wer sich jemals mit dem Bau einer *gotischen* Kathedrale befaßt hat, weiß, wie komplexe mathematische, mystische, baustatische und technische Überlegungen nötig waren, um so etwas zu verwirklichen.[5] Die christliche Kultur war im Mittelalter die Kultur schlechthin.

2   Bild und Kult   In den ersten zwei Jahrhunderten ihrer Geschichte verwendeten die Christen keine Bilder. Die frühen Christen lebten in Erwartung der Wiederkehr Christi und mithin des Endes der Welt. Sie konzentrierten sich auf das Wesentliche. Eine ästhetische Dimension kannten sie nicht; sie waren grundsätzlich gegen alles Sinnenhafte eingestellt. Die Sinne wurden mit dem Sündigen im Menschen in Zusammenhang gesehen. Es galt, die Sinne zu überwinden, um spirituell rein zu werden. Und die Verehrung von Bildern gehörte zu denjenigen Religionen, gegen die sie sich abgrenzten. Gerade im römischen Kaiserkult war es vorgeschrieben, das Bild des Kaisers als Gott zu verehren. Die frühen Christen beriefen sich mit Vorliebe auf die Bibelstelle 2 Mos 20,4, wo geschrieben steht:

»Du sollst dir kein Gottesbild machen, keinerlei Abbild, weder dessen, was oben im Himmel ist, noch dessen, was unten auf Erden, noch dessen, was in den Wassern unter der Erde ist.«

Mit Bezug auf diese Stelle wird übrigens auch im Judentum und im Islam die Bildende Kunst abgelehnt.

Von dieser Argumentation und dem prinzipiellen Verzicht auf Bilder bis zu den Freuden der Malerei in barocken Kirchen ist es ein weiter Weg. Wir wollen ihn kurz durch Angabe der Hauptmarkierungen rekonstruieren:[6]

---

5   OTTO VON SIMSON: Die gotische Kathedrale, Darmstadt 4. Aufl. 1982. GÜNTHER BINDING: Was ist Gotik? Eine Analyse der gotischen Kirchen in Frankreich, England und Deutschland 1140–1350, Darmstadt 2000.

6   Das Folgende nach HORST SCHWEBEL: Die Kunst und das Christentum. Geschichte eines Konflikts, München 2002.

1. Im Alltag der Spätantike gab es bildliche Darstellungen durchaus, beispielsweise auf Siegelringen, mit denen man sein Eigentum zu stempeln pflegte. Die frühen Christen sollten sich nach Meinung ihrer geistigen Führer auf religiös aussagekräftige Symbole beziehen, und wo sie auf vorhandene Zeichen rekurrierten, diesen einen religiösen Sinn geben. Beispielsweise einen Fisch als Zeichen für Christus, ein Schiff mit geblähten Segeln, weil sich darin ein Kreuz unterbringen ließ, oder ein Anker für den Grund des Glaubens.

2. Ab dem dritten Jahrhundert tauchen in christlichen Kreisen Adaptionen hellenistischer Bilderfindungen auf. Beispielsweise ein Hirte: In ihm sah man nun Christus. Solche Bilder bleiben aber meist im Bereich der Volkskunst; sie zeigen keinen künstlerischen Stilwillen.

3. Mit der Konstantinischen Wende ändert sich auch das Verhältnis der Christen zur Bildenden Kunst. Seit dem 4. Jahrhundert gibt es Majestas-Darstellungen, also meist eine männliche, bärtige Figur auf einem Thron, frontal abgebildet, mit segnendem Gestus. Gerne schmückte man mit solchen Darstellungen die Apsis einer Basilika. Es handelt sich um Übertragungen des Kaiserbildnisses in einen christlichen Zusammenhang. Es soll gezeigt werden, daß Christus nun der Herrscher der Welt ist. In manchen Fällen wird auch Maria in solche Mosaiken und Bilder aufgenommen, auch andere Figuren.

4. Den nächsten entscheidenden Einschnitt bildet die Eroberung Roms durch Alarich 410. In den folgenden Jahrzehnten entstanden die ersten Darstellungen von Christus am Kreuz. Vom Weltenherrscher war er zum universalen Leidenden geworden. In den älteren Darstellungen hat er die Augen geöffnet: Obwohl leidend, ist er noch immer der Herrscher. Deshalb können romanische Kreuzigungsdarstellungen auch lange Gewänder und sogar eine Krone verwenden. Die veränderte Einstellung zum Gekreuzigten hängt außer mit der allgemeinen Weltlage auch mit einem spezifischen Detail zusammen: In der römischen Antike war Kreuzigung die Strafe für aufrührerische Sklaven. Von Konstantin wurde diese Strafe faktisch abgeschafft. In diesem Sinne war das Kreuz nun historisch geworden. So konnte schließlich auch der Heilsbringer als Gekreuzigter ins Bild gesetzt werden.

5. Im 5. und 6. Jahrhundert änderte sich die Einstellung zum Bild als Kultbild. Während Kultbilder für die frühen Christen Elemente der heidnischen

Religionen gewesen waren, die man ablehnte, war diese Abgrenzung in der zunehmend christlich werdenden Welt nicht mehr notwendig. Allmählich wurden Kultbilder auch in christliche Religionsausübung einbezogen. Die christliche Kirche erfaßte immer breitere Bevölkerungsschichten und mit diesen auch religiöse Bräuche, die aus dem Heidentum ins Christentum übertragen wurden. Während die Theologen noch gegen Bilder argumentierten, wurden diese von vielen Gläubigen als Kultbilder verwendet und in christliche Glaubenspraxis einbezogen.

6. Der entscheidende Schritt sind hier solche Bilder, von denen man annahm, sie seien nicht von Menschenhand gemalt, sondern *acheiropoieta*, Abdrücke von Urbildern. Solche angeblich authentischen Portraits von Christus, dann auch von Maria zogen alle Verehrung auf sich. Sie schienen das Göttliche ins Leben hereinzuholen. Dies galt insbesondere für das ‚Mandylion‘ (Tuch), unter dessen Zeichen das belagerte Konstantinopel 544 den Rückzug der Perser erzwang. In der westlichen Kirche entstand im 13. Jahrhundert die Veronika-Legende als Legitimation der Existenz eines authentischen Abdrucks vom Gesicht Christi. Solchen Bildern schrieb man übernatürliche Kräfte zu. Sie wirkten magisch, konnten Wunder bewirken, wurden zu Zentren einer neuen Ausprägung des christlichen Kultes.

7. Gerade als solche blieben sie aber stets umstritten, denn die Theologen beharrten lange darauf, daß die Schrift die eigentliche Wahrheit der christlichen Religion enthalte, nicht die Bilder. Andererseits gab es auch Verteidiger der Bilder; in der Ostkirche entwickelte sich in den Ikonen ein eigener Kanon heiliger Bilder, wie sich zuvor ein Kanon der heiligen Schrift entwickelt hatte. Die Auseinandersetzung darum erschütterte die christliche Welt über ein Jahrhundert lang, von 726 bis 843. Der Auslöser war ein Erdbeben, das der oströmische Kaiser Leon III. als Gottesgericht deutete, als Hinweis darauf, daß die Christenheit nicht auf dem rechten Weg sei. Er ließ die Christusikone an einem der Tore des kaiserlichen Palastes in Konstantinopel entfernen. Johannes von Damaskus verfaßte daraufhin eine Schrift zur Verteidigung der Bilder. Seine Argumentation wurde zunächst nur im engsten Kreis bekannt, aber in späterer Zeit zu einer verbreiteten Lehrmeinung in der Ostkirche. Das Bild stand seiner Ansicht nach für die Inkarnation. Es bedeutete die Fleischwerdung Christi, enthielt also eine Botschaft der Erlösung. Das Bild bedeutete für ihn einen Übergang vom Göttlichen zum Menschlichen; im Bild wurde sinnfällig, was Gott getan hatte, als er den

Menschen seinen Sohn schickte. Das zitierte Bilderverbot der Genesis habe nur für die alten Juden gegolten; es sei ein Zeichen des neuen Bundes, daß die Christen nun ihre Erlösung vor Augen hätten. Es wurden Konzilien einberufen, die sich für und gegen diese Position entschieden. Auf der einen Seite stand eine Theologie des Bildes, welche die Verehrung der Bilder forderte und sich trotzdem durch eine gesuchte Differenz vom heidnischen Bilderkult abgrenzte: *Latreia* (Anbetung) gebühre nur Gott selbst; dem Bild Gottes, der Ikone, gebühre aber *Proskynesis* (kniefällige Verehrung). Diese Position wurde für die Ostkirche kennzeichnend: Noch heute begründet man in der griechischen und russischen Orthodoxie die Verehrung der Bilder mit dieser Argumentation. Auf der anderen Seite steht eine Theologie des Wortes, die für die lateinische Kirche, für den Westen kennzeichnend wurde. Sie stellt das Bild unter Verdacht, weil es die Sinne einnimmt. Letztlich sieht sie im Bild sogar eine Gefahr für den wahren Glauben, weil die quasi magische Umgangsweise, zu der Bilder immer verführen, die Beschäftigung mit der Heiligen Schrift in den Hintergrund drängt. Im Umkreis von Karl dem Großen entstanden die *Libri Carolini*, eine Schrift, die in dem Grundsatz gipfelt: *„adoratio … solum Deum decet, qui solus adorandus, solus colendus est“* (Anbetung gebührt allein Gott, der allein anzubeten, allein zu verehren ist). Eine Anbetung von Bildern sei in der Bibel an keiner Stelle bezeugt; wo in ihr von Bildern die Rede sei, seien immer Götzenbilder gemeint, also eine abgelehnte und abzulehnende rituelle Praxis.

8. Diese Position der *Libri Carolini* wurde freilich nicht allgemein bekannt und konnte schon deshalb nicht zur Richtschnur des christlichen Glaubens werden. Deshalb kann man zwar einerseits Ostkirche und Westkirche nach ihrem Verhältnis zu den Bildern unterscheiden. Theologisch-dogmatisch hält sich dieser Unterschied durch. Praktisch-didaktisch freilich wurden in der lateinischen Kirche Bilder zugelassen als *littera laicorum* und *biblia pauperum,* d. h. als Wort für die Laien und Bibel der Armen. Für diejenigen, die nicht lesen konnten, schien es sinnvoll, die Heilsbotschaft über Bilder aufzunehmen. Sie konnten beispielsweise in die Kirchen gehen und dort in Wandbildern, Mosaiken und Glasfenstern die entscheidenden Geschichten und Aussagen in bildlicher Darstellung finden. Man muß sich freilich davor hüten, diese Position mit derjenigen der Ostkirche zu verwechseln. Im Gegensatz zum Judentum und zum Islam gab es nun Bilder auf beiden Seiten des Christentums; aber im Osten waren sie Kultbilder, im Westen Medien der Didaktik. – Das Problem liegt nun darin, daß Nicht-Theologen diesen Unterschied nicht immer sehen konnten; im volkstümlichen Umgang mit

Bildern war diese Grenze in manchen Epochen eher unscharf (und ist es im mediterranen Katholizismus bis heute).

9. Hoch- und Spätmittelalter entwickelten sich zu einer Epoche, die von Bildern dominiert war. Die Ausgestaltung der Kirchen mit Gemälden und Glasfenstern, plastischem Schmuck und gemalten und geschnitzten Altären wurde zur Regel. Aber auch im Bereich des Schreibens wurden die Bilder immer wichtiger. Die ersten gemalten Bücher sind die der iroschottischen Mönche in Iona und Lindisfarne (berühmt vor allem das *Book of Kells*). Von anfangs rein dekorativen, oft floralen Schmuckelementen, -bändern und -verzierungen schritt man fort zu figürlichen Darstellungen. Einen Höhepunkt der Buchmalerei bildeten die Bibeln der ottonischen Zeit. Die Bilder dienten der Didaxe, aber auch der Andacht, der Erhebung zu Gott.

10. Mit der Zulassung von Bildern verstrickte sich die abendländische Kirche in ein Problem, das immer wieder einmal im Laufe ihrer Geschichte an die Oberfläche trat. Während nämlich die Ostkirche das Heilige und das Zeichen für das Heilige (die Ikone) schlicht in eins gesetzt hatte und somit theologische Möglichkeiten wie auch Probleme negierte, blieb das abendländische Bildverständnis immer dadurch gekennzeichnet, daß man das Bild als eigene Wirklichkeit auffaßte, die allenfalls zeichenhaft auf das Heilige hindeuten konnte. Diese Zeichenhaftigkeit blieb jedoch stets bedroht durch den Kurzschluß der Identifikation. Wo man aber die unterschiedliche Seinsweise von Bild und Sache betonte, konnte es leicht zum Problem werden, daß sich das Bild vor die Sache schob, daß der ästhetische Überschuß den religiösen Gehalt bedrohte. Der einflußreiche Bernhard von Clairvaux schrieb beispielsweise in einem Pamphlet gegen die Gemälde im Kloster Cluny:

»Was suchen in euren Kreuzgängen, in denen die Mönche die heilige Lektüre pflegen, jene grotesken Fabelwesen, jene außergewöhnlichen, unförmigen Schönheiten und jene schönen Unförmigkeiten? Was bedeuten hier die schmutzigen Affen, die reißenden Löwen, die wunderlichen Zentauren, die nur halbe Menschen sind? [...] Ja, die Vielfalt der Formen ist so groß und so wunderlich, daß man den Marmor entziffert statt in den Handschriften zu lesen, daß man den Tag damit zubringt, diese Sonderbarkeiten zu betrachten, statt über das Gesetz Gottes nachzudenken. Herr, wenn man über diese Absurditäten nicht errötet, so möge einem wenigstens leid tun, was sie gekostet haben.«[7]

---

7   Zitiert nach SCHWEBEL, Die Kunst und das Christentum, S. 47.

Solche Kritik wurde in der Hochrenaissance von Savonarola aufgenommen, der die Florentiner zum Bildersturm anreizte. Die Differenz zwischen Ethik und Ästhetik konnte nur nach der moralischen Seite hin aufgelöst werden, solange es akzeptiert war, daß die Kunst ihre Normen aus der Religion bezog. Erst der Aufschwung autonomer Kunst in der Moderne ließ hier auch andere Möglichkeiten zu.

11. Trotzdem trat in der Reformationszeit mit ihrer Betonung des Wortes und mit ihrer Abschaffung ritueller Praktiken und Wallfahrten sofort wieder das Bilderproblem an die Oberfläche. Karlstadt predigte und schrieb *Von abtuhung der Bylder* (1522). Er bezog sich vor allem auf das mosaische Bilderverbot: Gottes Gebot für die Juden sei auch für die Christen voll gültig. Der Bezug auf Bilder bedeutete für Karlstadt Aberglauben; Bilder seien Götzen auch dann, wenn ihre Anbeter behaupteten, einen Unterschied zu machen. Die Gewalt der Bilder über das Auge sei so stark, daß sich ihnen ein Mensch nicht entziehen könne. Es helfe nur, die Bilder zu zerstören. Die Wittenberger folgten seiner Predigt und unternahmen einen Bildersturm, bis Luther kam und Einhalt gebot. Luther wandte sich gegen das Zerstören, aber auch gegen die Verehrung der Bilder. Das Kernzitat für seine Auffassung steckt in den Invocavit-Predigten von 1522:

»Wir müssens dabei bleiben lassen, daß die Bilder weder das eine noch das andere, weder gut noch böse sind, sondern man lasse es frei sein, sie zu haben oder nicht zu haben. Nur solle man nicht den Glauben oder Wahn hegen, daß wir mit unserem Bilderstiften Gott einen Dienst oder Wohlgefallen tun würden.«[8]

Er sah wohl das Element der Ablenkung vom Wort durch das Bild, wußte aber auch das didaktische Element zu schätzen. Die Reformation Martin Luthers setzte nicht nur auf die Medien der Predigt und des Liedes, sondern auch auf Bildpropaganda und Flugblätter mit Holzschnitten. Aber andere Reformatoren hatten hier andere Vorstellungen. Zwingli und Calvin vertraten eine bilderfeindliche Haltung. Auch in England und den Niederlanden wurden die Kirchen gesäubert von Bildern, wo die Reformation durchgriff.

---

8   Zit. ebd. S. 55.

12. Dies zeitigte komplexe Folgen für das gesamte Verhältnis von Kirche und Kultur. Einerseits bedeutete das bilderfeindliche Verhalten der radikalen Reformation natürlich für die Künstler eine existentielle Bedrohung. Ohne die kirchlichen und laienfrommen Aufträge für Bilder und Skulpturen wurde ihnen die Lebensgrundlage genommen. Andererseits konnte das reformatorische Eingreifen auch bedeuten, daß die Kunst im außerkirchlichen Raum Fuß faßte. Die Künstler waren gezwungen, sich nach neuen Auftraggebern umzusehen. Das konnten sowohl die Fürsten und Adligen als auch reiche Bürger sein. Indem sie für diese Auftraggeber profane Aufträge übernahmen, änderte sich das thematische Spektrum der Kunst – eine Entwicklung, die sich freilich in der italienischen Renaissance ohnehin schon angekündigt hatte. Der Weg der Bildenden Künste in die Autonomie, den man auch als Befreiung der Ästhetik von theologischen Vorgaben sehen kann, hängt ursächlich mit diesem teilweise bilderfeindlichen Verhalten der protestantischen Kirchen zusammen.

13. Im Bereich der katholischen Kirche prägte sich genau die gegenläufige Tendenz aus: Indienstnahme aller Künste für einen erneuerten Glauben durch die Gegenreformation. Das Barock, das man (mindestens zum Teil) als Kunst der Gegenreformation ansehen kann, setzt auf Überwältigung aller Sinne durch Schönheit, Größe, Dynamik. Das bedeutet auch, daß die katholische Kirche, indem sie das Ansprechen aller Sinne zum Programm machte, den Zusammenhang mit der Volkskultur aufrecht erhielt. Sie wollte keine Kirche der Gelehrten sein, sondern eine Kirche für alle. Auf der Gegenseite nahm die Reformation (abgesehen von der lutherischen, aber teilweise auch der anglikanischen, die in dieser Frage eine schwankende Haltung einnahm) einen besonderen Ernst an, eine Strenge, die einerseits spezifisch modern erscheint, andererseits natürlich durch ihren Bezug auf Wort und Schrift auch eine bestimmte Komponente einer intellektuellen Kultur hervortrieb, die der Ausbildung der Wissenschaften zugute kam.

3   Musik und Kult   „Es ist kaum ein religiöser Kult vorstellbar, bei dem Musik keine Rolle spielt."[9] Die unkörperliche, akustische Komponente des Schalls regte schon die Alten Griechen zu vielfältigen Spekulationen

---

9   HELGA DE LA MOTTE-HABER (Hrsg.): Musik und Religion, Laaber 2. Aufl. 2003, S. 7.

über Weltharmonie und Sphärenklang an, die auch im Mittelalter bei Mystikern und Theoretikern eine Rolle spielten.[10] Auch wenn Menschen immer singen können und in allen Kulturen Formen von Gesang anzutreffen sind, ob nun einzeln oder gemeinsam, polyphon oder homophon, melodisch oder dissonant, ist es doch allgemein hörbar, daß die abendländische Kunstmusik einschließlich ihrer theoretischen Grundlagen eine Entwicklung aus den Kirchen und Klöstern heraus darstellt. Über viele Jahrhunderte war die höchste Form der Musik die christliche Kirchenmusik.

Einfache Musik innerhalb der Liturgie gab es wohl schon in der Frühzeit des Christentums: Die Vorbilder des Tempels von Jerusalem wie auch die griechische Musik legen dies nahe. Schon bei Paulus gibt es eine Stelle, die davon ausgeht, daß bei christlichen Zusammenkünften „jeder ein Lied" hat (1 Kor 14,26). Basilius der Große (330–379) war überzeugt von der einstimmenden und belehrenden Kraft des Mitsingens. Johannes Chrysostomos (344/54–407) formulierte:

»Nichts erhebt die Seele auf ähnliche Weise, nichts beflügelt sie so, befreit sie vom Irdischen, löst sie von den Körperfesseln, gibt ihr Liebe zur Weisheit ein und läßt sie alle dem irdischen Sein gehörigen Dinge spöttisch mißachten, wie der melodische Gesang und der auf der Zahl beruhende Bau heiliger Hymnen.«[11]

Dem Bischof Ambrosius (339–397) wird die Einführung des Kirchengesanges im Abendland zugeschrieben. Eine grundsätzliche Spannung zwischen Musik und christlicher Religion gab es zunächst nicht: Musik schien naheliegend zum Lob Gottes, innerhalb des Gottesdienstes und sonst zum Aussprechen religiöser Gefühle. Dafür steht auch der Name eines Papstes, dem man dies im wesentlichen (übrigens fälschlich) zuschrieb: ‚Gregorianik'.[12]

Zum Problem sollte dieses Verhältnis freilich später durch die musikalische Entwicklung werden. Das begann schon mit der Frage, ob man außer

---

10 Vgl. die Beiträge von ALBRECHT RIETHMÜLLER: Antike Mythen vom Ursprung der Musik sowie HARTMUT MÖLLER: Die Musik als Abbild göttlicher Ordnungen. Mittelalterliche Wirklichkeit – Wahrnehmungsweisen – Deutungsschemata, in: ebd., S. 13–34 bzw. 47–74.

11 Zit. nach MARIE und JANNIS VLACHOPOULOS: Christentum und Musik, in: PETER ANTES (Hrsg.): Christentum und europäische Kultur. Eine Geschichte und ihre Gegenwart, Freiburg u. a. 2002, S. 38–71; hier: S. 44.

12 REINHOLD HAMMERSTEIN: Die Musik der Engel. Untersuchungen zur Musikanschauung des Mittelalters, Bern 2. Aufl. 1990.

Gesang auch Instrumente in der Kirche verwenden dürfe. In Ostrom war die Orgel entwickelt worden; sie gelangte durch Geschenke byzantinischer Kaiser an Pippin III. (757) und Karl den Großen (811) in den Westen und fand so Eingang auch in die Kirchen der lateinischen Christenheit. Oft ‚Königin der Instrumente' genannt, wurde die Orgel zum eigentlichen Kircheninstrument: Seit langem gehört eine Orgel praktisch in jede Kirche. Und der Orgelklang war auf Kirchenräume beschränkt. Erst seit dem 19. Jahrhundert gibt es Orgeln auch in Konzertsälen (beispielsweise in Jena im Volkshaus). Bis zur Elektronik war die Orgel auch das technisch kompliziierteste Werk, eine richtige Himmelsmaschine, deren Klang die Menschen hinreißen und bezaubern sollte.[13] Andererseits blieben Instrumente in der Kirche lange umstritten, da Puristen die Ablenkung durch einen zweckfreien Schönklang, ohne Bindung an Worte, fürchteten. Dem standen platonische und mystische Auffassungen entgegen (beispielsweise bei Hildegard von Bingen, 1098–1179), möglichst klangreiche Musik als Widerhall himmlischer Harmonien aufzufassen.

Später kam dann die Vielfalt der Instrumente ins Spiel: Mochte es auch in allen Städten Turmbläser und in allen Dörfern Bierfiedler geben – die höchste Form der Musik fand über Jahrhunderte in den Kirchen statt; dort erklangen die schönsten Stimmen, dort wurden die raffiniertesten Instrumentalklänge zum Lobe Gottes zusammengemischt.

Eine weitere Wegkreuzung im Verhältnis von Musik und Kult ergab sich durch die Entwicklung von der Monophonie zur Polyphonie seit dem 15. Jahrhundert. Lange Jahrzehnte war diese Spezifik der europäischen Kunstmusik umstritten, weil sie den Klang des Wortes verunklarte. Anders gesagt: Die Polyphonie, wie sie seit John Dunstable (1370/80–1453), Guillaume Dufay (1400–1474) und Josquin des Près (1440–1521) im Vordringen war, stellte eine autonome Entwicklung der Musik dar, die nicht primär der Verkündigung des Wortes diente. Die Zeitgenossen blieben gespalten: Martin Luther erkannte die Schönheit der Polyphonie; die Reformatoren Ulrich Zwingli und Johannes Calvin lehnten sie ebenso ab wie die Päpste der Gegenreformation (das Konzil von Trient legte sich auf Monophonie fest). Allerdings gelang es dem italienischen Komponisten Giovanni Pierluigi da Palestrina, die Bedenken des Papstes Marcellus II. gewissermaßen zu überwinden durch seine *Missa Papae Marcelli* (1563), in

---

13 F. JAKOB: Die Orgel. Orgelbau und Orgelspiel von der Antike bis zur Gegenwart, Mainz 8. Aufl. 2001.

welcher er demonstrierte, daß sich Polyphonie mit Verkündigung zusammenbringen ließ: Er setzte alle wichtigen liturgischen Texte syllabisch, d. h. jeweils eine Note akkordisch zu einer Sprechsilbe, wogegen auch Puristen nichts einwenden konnten.[14] In gewisser Weise rettete er damit die neueste Entwicklung der Musik für den Gebrauch im katholischen Gottesdienst. Palestrinas Stil wurde zum päpstlich approbierten *stilus ecclesiasticus* der Gegenreformation.

In der Neuzeit machte sich die Konfessionsspaltung auch in der Musik geltend.[15] Denn im katholischen Bereich war die Messe die entscheidende Form, d. h. ein festgelegter, lateinisch gesungener Text, den man einfacher oder kunstvoller vertonen konnte, der aber wenig Spielraum für künstlerische Entfaltung bot. Im Gegensatz dazu war die Messe von den Protestanten abgeschafft worden und durch einen Gottesdienst in der Muttersprache ersetzt, in dessen Zentrum zwar die Predigt stand, der aber außerdem (vor allem bei den Lutheranern und Anglikanern) zu einer reichen Entfaltung des Kirchenliedes in der Muttersprache führte. Choralkompositionen wurden zum wesentlichen Kennzeichen protestantischer Kirchenmusik, sodann Kantaten, d. h. in den Kirchen aufgeführte Kompositionen für Chor und Orchester, bei denen teils biblische, teils aber auch moderne literarische Texte zugrundegelegt wurden. Das bedeutet zugleich, daß die protestantische Kirchenmusik eng an die musikalische Entwicklung überhaupt angekoppelt blieb. Auch geistliche Kompositionen entwickelten sich in dem Maße, wie sich die weltliche Musik entwickelte. Beispielsweise konnten Rezitativ und Arie, also Bauformen weltlicher Opern, auch in kirchliche Kantaten Eingang finden. Die protestantische Kirchenmusik entfaltete sich vor allem in Deutschland und England zu ungeahnter Höhe – von Heinrich Schütz bis zu Johann Sebastian Bach. – Die nachlassende Kirchlichkeit breiterer Bevölkerungskreise im 19. Jahrhundert mußte dann allerdings für die Kulturgeschichte der Musik entscheidende Folgen zeitigen.

4   Die Autonomie der Künste   Seit der Zeit um 1800 entwickelten sich Ideen über die Autonomie der Künste. Romantische Schriftsteller, Musiker und Maler dachten darüber nach, wie ihre Künste aussehen könnten,

---

14 VLASSOPOULOS, Christentum und Musik, S. 59.

15 Problemorientierte Argumentation auf hohem Niveau: HEINZ VON LOESCH: Glaubensspaltung - Spaltung der Musik? Oder: Was ist evangelisch an der evangelischen Kirchenmusik?, in: DE LA MOTTE-HABER, Musik und Religion, S. 75–100.

wenn sie nicht mehr von den Institutionen Kirche und Hof abhängig wären. Im Bereich der Musik führte das schließlich zu einer hochgestimmten Gleichsetzung von Musik und Religion: Schleiermachers Definition der Religion als „Bewußtsein des Unendlichen und Ganzen", als „irgendeine Anschauung des Unendlichen im Endlichen"[16] schien den Romantikern vollkommen übertragbar auf die Musik. Manche betrachteten die Musik als eine Offenbarung ohne Worte, als Versinnlichung religiöser Zusammenhänge und Gefühle. Dabei richteten sich solche Vorstellungen vor allem auf die früher weniger geschätzte Instrumentalmusik. Gerade in einer Musik ohne Worte, in reiner Symbolisierung harmonischer Zahlenverhältnisse und Evokation transzendenter Gefühle, schien die religiöse Anlage des Menschen zu sich selbst zu kommen. „Wo immer Musik die Menschen erhebt, ist Gottesdienst; Konzert- und das Opernhaus werden zu Tempeln, die Künstler zu Priestern."[17] Den Gipfel und die eigentliche Bestätigung fanden Zeitgenossen wie E.T.A. Hoffmann dann in den Symphonien Beethovens. Bereits gleichzeitig mit dessen frühesten Werken veröffentlichten Wilhelm Heinrich Wackenroder und Ludwig Tieck 1797 und 1799 anonym *Herzensergießungen eines kunstliebenden Klosterbruders*, in denen diese Anschauung in Worten fixiert ist. „Die Tonkunst ist gewiß das letzte Geheimnis des Glaubens, die Mystik, die durchaus geoffenbarte Religion."[18] In historischer Betrachtung schien es nun so, als sei die Religion eine überwundene historische Gestalt; im Kult der absoluten Musik sei eine spezifische Form der Moderne an deren Stelle und in deren Funktion getreten. Für das Unaussprechliche, das Höchste im Menschen hatte man nun die Musik; viele Zeitgenossen glaubten, diese führe zu Gott.

Analoge Einschätzungen prägten auch die Auffassung der Bildenden Kunst in der Romantik. Eine Schlüsselfigur ist Caspar David Friedrich. Dessen Altarbild *Kreuz im Gebirge* (1807/08, auch als *Tetschener Altar* bezeichnet) rief eine heftige Kontroverse unter Zeitgenossen hervor; der Kritiker Heinrich von Ramdohr sprach davon, es sei „eine wahre Anmaßung, wenn die Landschaftsmalerei sich in die Kirchen schleichen und auf die Altäre

---

16 FRIEDRICH DANIEL ERNST SCHLEIERMACHER: Über die Religion. Reden an die Gebildeten unter ihren Verächtern. Hrsg. von H.-J. ROTHERT, Hamburg 1958, S. 149, 157.

17 WILHELM SEIDEL: Absolute Musik und Kunstreligion um 1800, in: DE LA MOTTE-HABER, Musik und Religion, S. 129–154; Zitat: S. 132.

18 WILHELM HEINRICH WACKENRODER: Werke und Briefe, Heidelberg 1967, S. 251.

kriechen will".[19] Er spürte, daß sich hier eine Kunst darstellte, die sich von den Vorgaben kirchlicher Ikonographie freigemacht hatte. Auf der anderen Seite hat man Friedrichs Gemälden wie dem *Mönch am Meer* oder der *Ruine von Eldena*, die nicht für kirchliche Räume gedacht waren, stets im romantischen Sinne metaphysische Qualitäten zugeschrieben. Über den Begriff des ‚Erhabenen' zielte man auf eine ästhetische Erfahrung mit ethischen Wirkungen. Angesichts der Überwältigung durch die Unendlichkeit und Größe der Natur sollte der Mensch auf sich selbst zurückgeworfen und zu autonomem sittlichem Handeln befähigt werden. Kurz: Auch im Bereich der Bildenden Kunst gab sich eine Strömung zu erkennen, welche auf die Idee der Autonomie der Künste aufgebaut war. Kunst sollte nicht mehr eine bestimmte Religionsauffassung predigen oder verbildlichen, sondern stellte sich statt dessen an die Stelle der Religion selbst. Eine Erfahrung, welche früheren Generationen im Raum des Religiösen zuteil geworden war, sollte nun im Raum des Ästhetischen gewonnen werden. In historischer Betrachtung schien dabei die kirchliche Auffassung die ältere, nun überwundene; die ästhetische erschien dagegen frei und modern.

5   Folgerungen für die Institutionenkunde   Dies kann man nun nach verschiedenen Seiten entfalten. Man kann nach dem *Verhältnis von innen und außen* schauen; nach der *Binnendifferenzierung* und nach dem *Grad von Institutionalisierung*. Wir wollen diese abstrakten kulturgeschichtlichen Überlegungen hier zum Schluß nur kurz noch anreißen.

VERHÄLTNIS VON INNEN UND AUSSEN   Es ist ja nicht so, daß die Bildende Kunst auszuschalten wäre, indem man ihr von theologischen Positionen aus eine Entfaltung unmöglich macht. Wir erinnern uns an die ‚symbolischen Formen' Cassirers |➡ 1.2|; man kann prinzipiell davon ausgehen, *daß es Kunst gibt*. In verschiedenen Zeiten ist sie wichtiger oder tritt eher zurück, aber *prinzipiell gibt es das Schöne*, das sinnlich in Erscheinung Tretende, die Dimension der Ästhetik. In den Anfängen des Christentums definierte man Kunst als außen, nämlich eine Sache der Heiden, ja, man sah sie gar als eine Bedrohung des eigenen Glaubens. ‚Bilder' assoziierte man mit ‚Götzen'.

---

19   JENS CHRISTIAN JENSEN: Caspar David Friedrich. Leben und Werk, Köln 1974, S. 100 f. Das Thema ist übrigens aktuell heiß umstritten: Vgl. HELMUT BÖRSCH-SUPAN: Caspar David Friedrich, München 4. Aufl. 1987. WERNER HOFMANN: Caspar David Friedrich. Naturwirklichkeit und Kunstwahrheit, München 2000.

Später wurde diese Dimension in die Kirche einbezogen. Doch gab es auch im Christentum (wie im Judentum und im Islam) immer wieder die Tendenz, hier einen Trennungsstrich zu ziehen und die Bilder als Bedrohung echter Religiosität anzusehen. Umgekehrt setzte die Ostkirche voll auf die Bilder, machte sie zum wesentlichen Inhalt ihrer Religion. Für einen konsequent protestantischen Kirchenhistoriker wie Adolf von Harnack wurde die orthodoxe Kirche durch dieses Merkmal zu einem „Christentum zweiter Ordnung", einer Religion, die man in dieser Hinsicht nur noch graduell vom heidnischen römischen Kaiserkult unterscheiden konnte. Aber die zunächst theologisch konsequent erscheinende Aussonderung des Ästhetischen aus dem Religiösen wurde in der lateinischen Kirche des Mittelalters letztlich durch ein entspannteres Verhältnis zu den Bildern überwunden, indem man nämlich ihre magisch-rituelle Komponente ignorierte und die didaktische in den Vordergrund schob. So eroberte sich die Kunst auch hier ihren Ort *in der Kirche*.

Umgekehrt schloß der radikale Flügel der Reformation Kunst aus. Diese Exklusion zeitigte jedoch komplexe Folgen: Die Kunst außerhalb konnte sich entweder auf die katholische Seite wenden oder autonom werden. Die Moderne ist gekennzeichnet durch eine autonome Kunst, die sich im Extremfall sogar an die Stelle der Religion setzte.

BINNENDIFFERENZIERUNG Es gab kaum jemals ‚die Kirche' schlechthin; zumeist existierten in der Kirchengeschichte rivalisierende Meinungen, wenn nicht gar konkurrierende Institutionalisierungen. Dies ist zumindest im Großen Schisma überdeutlich, zumal gerade in der Bilderfrage eine Trennungslinie zwischen Ost und West verläuft. Es wird dann noch deutlicher in der Reformation, wo allerdings nicht einfach ‚katholisch' gegen ‚evangelisch' steht, sondern ein Pluralismus von Konfessionen beachtet werden muß, die wieder jeweils ihre eigene Geschichte haben. Als plakatives Beispiel vergleiche man niederländische Kirchenbilder des 17. Jahrhunderts, die programmatisch weiß und bildlos sind, mit der lutherischen Frauenkirche in Dresden, die in ihrer überwältigenden künstlerischen Gestaltung gewissermaßen ‚katholisch' erscheint (wie sie ja auch in Konkurrenz zur katholischen Hofkirche entstanden war).

Die Frühe Neuzeit prägte eine Kultur paralleler Konfessionen aus |➡ 11|, die man in ein Verhältnis zu den *Nationalkulturen* setzen muß |➡ 14|. Beispielsweise ist englische Kultur zutiefst geprägt nicht nur durch die anglikanische Kirche, sondern auch durch die Puritaner. Man müßte sie aber auch in ein Verhältnis zu den *Standeskulturen* setzen |➡ 12/13| und Fragen stellen von der Art wie die, was es für den Adel bedeutete, seine Kultur innerhalb oder außerhalb der Institution Kirche zu entfalten. Die katholische Kirche war von oben her Adelskirche mit Pfründen für Standespersonen, von unten her aber Bauernkirche: Auch ein Bauern- oder Handwerkersohn konnte studieren und die kirchliche Karriereleiter besteigen.

Aber auch auf anderen Ebenen müßte man die Binnendifferenzierung verfolgen. Die katholische Kirche prägte eine besondere Kultur der Klöster aus. Im Mittelalter verfolgten die Zisterzienser beispielsweise im Schwarzwald ein beeindruckendes Werk der Landeserschließung und -kultivierung. Gegründet wurde der Orden aus geistlichen Motiven, aber Wirkungen hatte er auch auf die Wirtschaft, auf die Wissenschaften und auf die Künste.[20] Diese Wirkungen waren aber unterschiedlich, da die Orden ein unterschiedliches Gepräge hatten.[21] Beispielsweise waren die Franziskaner und Dominikaner darauf spezialisiert, für Volksmassen zu predigen. Manche Orden wie die Trappisten versuchten jeden Kontakt mit der profanen Mitwelt zu kappen und sich auf Kontemplation zu beschränken. Wieder andere widmeten sich der Krankenpflege oder der Ritterschaft. Wenn man ein komplexes Phänomen wie ‚Kirche und Kultur' in den Blick nimmt, muß man auch solche Binnendifferenzierungen erfassen. Es gibt eben nicht nur ‚die Kirche' und es gibt auch nicht nur ‚die Kirchen' (im Sinne von ‚Konfessionskirchen'); es gibt innerkirchliche Institutionalisierungen auf verschiedenen Ebenen (von Sekten ganz zu schweigen).

GRAD DER INSTITUTIONALISIERUNG   Schließlich muß man sich als Kulturhistoriker auch darüber Rechenschaft geben, welche Bedeutung jeweils dem Gesichtspunkt ‚Institution' im Rahmen einer Kultur zukommen soll. Es gibt niedere Formen der Institutionalisierung und höhere. Dementsprechend wäre die Prägekraft einer Institution für die gesamte Kultur oder für Teilkulturen zu bestimmen. Die (katholische) Kirche des Mittelalters war hochinstitutionalisiert, beispielsweise hatte sie ein eigenes Recht ausgeformt, das kanonische Recht; sie gestaltete komplexe, aber definierte Beziehungen zur politisch-sozialen Welt, also zu möglichen konkurrierenden Institutionen, ferner zu den Universitäten, die aus ihrem Schoß hervorgin-

---

20   GEORGES DUBY: Die Kunst der Zisterzienser, Stuttgart 1993. JÜRGEN SYDOW u. a.: Die Zisterzienser, Stuttgart 2. Aufl. 1991.
21   Vgl. PETER DINZELBACHER/JAMES LESTER HOGG (Hrsg.): Kulturgeschichte der christlichen Orden in Einzeldarstellungen, Stuttgart 1997.

gen, aber Institutionalisierungen eigener Art darstellten. Als zentralisierte und hierarchisierte Institution vermochte die katholische Kirche eine hohe Schlagkraft und tiefgreifende Wirksamkeit auszubilden (unterschiedlich in den verschiedenen Epochen). Auf der anderen Seite gibt es niederinstitutionalisierte Religionsgemeinschaften wie zum Beispiel Sekten, die zwar einen hohen Grad an innerer Kohärenz und Verbindlichkeit für eine bestimmte Gruppe entfalten können, aber in bezug auf die Gesamtkultur möglicherweise wirkungslos bleiben müssen. Grundsätzlich ist es denkbar, daß eine ‚Kirche' sich auf den spirituellen Bereich zurückzieht und Kultur, Gesellschaft und Staat gewissermaßen freiläßt. Aber es kam auch immer wieder in der Geschichte die Tendenz an die Oberfläche, von einer ‚Kirche' her die ganze Kultur, Gesellschaft und den Staat zu durchdringen und zu überformen. – Ich denke, wir können schlußfolgern, daß die kulturgeschichtliche Erforschung solcher Zusammenhänge Einsichten erbringt, die von anderen Wissenschaften nicht geleistet werden können.

Wir haben gesehen, daß die Institution Kirche unübersehbare Auswirkungen auf die Formung von Kultur hat, und zwar nicht nur in dem landläufigen Sinne, daß die Kirche als Auftraggeber für sakrale Gebäude, Musik und Kunstwerke in Erscheinung tritt, sondern auch in dem tieferen Sinne, daß das, was die Institution Kirche anordnet oder verbietet, unabsehbare Konsequenzen für die Kulturalität des Menschen hat. Ob er eher die Augen öffnet oder eher die Ohren, ob er auf das Wort setzt oder auf das Bild, ob er seine künstlerischen Fähigkeiten entwickelt oder seine wissenschaftlichen, ob er die Literatur, die Kunst und die Musik innerkirchlich entfaltet, also in den Dienst der Kirche stellt, oder umgekehrt die Kirche eine theologische Grundauffassung vorgibt, welche für sinnliche Entfaltung blockierend, ableitend oder feindlich wirkt, ist von entscheidender Bedeutung für menschliches Leben, für menschliche Entfaltung, für die Möglichkeit von Glück.

Anregungen zur Weiterarbeit

1.   **In kulturgeschichtlicher Hinsicht** wäre es sinnvoll, speziell das Verhältnis von *Bild und Kult* weiterzuverfolgen. Ein einfach zu lesendes Buch, welches die altkirchlichen Auseinandersetzungen mit aktuellen Fragen der Gestaltung von Kirchenräumen verbindet: HORST SCHWEBEL: Die Kunst und das Christentum. Geschichte eines Konflikts, München 2002. Alternative: NORBERT WOLF: Die Macht der Heiligen und ihrer Bilder, Stuttgart 2004.

Wenn Sie kunstgeschichtlich interessiert sind, werden Sie sich mit den grundlegenden Arbeiten von Hans Belting auseinandersetzen, zunächst: HANS BELTING: Bild und Kult. Eine Geschichte des Bildes vor dem Zeitalter der Kunst, München 1990, 6. Aufl. 2004 (Paperback). Sodann: HANS BELTING: Das echte Bild. Bildfragen als Glaubensfragen, München 2005.

2.   **Freilich stellt die Frage** nach *Bild und Kult* nur eine der möglichen kulturgeschichtlichen Arbeitsrichtungen dar. Diejenigen unter Ihnen, die eher musikgeschichtlich orientiert sind, könnten sich statt dessen auch mit dem wechselnden Verhältnis von Kirche und Musik beschäftigen, beispielsweise anhand des folgenden Sammelbandes: HELGA DE LA MOTTE-HABER (Hrsg.): Musik und Religion, Laaber 2. Aufl. 2003. Ein weiterer Ansatz: Eher literarisch Interessierte könnten das Verhältnis von *Literatur und Kult* durchdenken. Ein möglicher Zugang: GEORG LANGENHORST: Christentum und Literatur, in: PETER ANTES (Hrsg.): Christentum und europäische Kultur. Eine Geschichte und ihre Gegenwart, Freiburg, Basel und Wien 2002, S. 73-95.

3.   **Der breitest mögliche Ansatz** wäre der einer Kulturgeschichte des Christentums. Welche Dimensionen müßten dabei berücksichtigt werden? Es gibt eine neues, umfassendes Sammelwerk dieser Art, das Sie sich einmal in der Bibliothek ansehen und in dem Sie einmal blättern könnten, um sich eine Vorstellung von den Dimensionen dieser Aufgabe zu verschaffen: Die Geschichte des Christentums, 14 Bde., Freiburg, Basel und Wien 1992–2004 (jeweils Epochenbände).

11 Konfessionskulturen

Für die früheren Jahrhunderte der Neuzeit war die Unterscheidung nach ‚katholisch' oder ‚evangelisch' wichtiger als jede andere: wichtiger als nationale oder ethnische Trennungen. Diese Frage gilt es also nun schärfer ins Auge zu fassen. Wie kam es überhaupt zur Trennung Europas in verschiedene Konfessionen?

1 Die Reformation in Europa   Am Anfang steht die Reformation Martin Luthers. Es war nicht so sehr seine reformatorische Entdeckung, daß Glaubensgewißheit allein aus der Heiligen Schrift, allein im Vertrauen auf die Gnade Gottes zu gewinnen sei, welche Europa spaltete. Es war vielmehr so, daß dieser ehemalige Augustinermönch, Professor der Theologie an der kurz zuvor gegründeten Universität Wittenberg, die Kritik breiter Schichten an der Verweltlichung der römischen Kirche artikulierte. Er konnte sich auf die Strömung des Humanismus stützen und fand in den Fürsten eine Macht, die ihn zunächst gegen das Ketzerrecht zu schützen vermochte, dann zu einer Organisation der protestierenden Stände führte, welche in einem weltgeschichtlichen Moratorium (Vordringen der Türken auf dem Balkan; Bündnisse des französischen Königs gegen den Kaiser) eigene Kirchenorganisationen aufzubauen vermochten. Daraus entstand ein Religionskrieg; im Augsburgischen Religionsfrieden erfolgte die reichsrechtliche Anerkennung der Anhänger der neuen Konfession.

Diese Sicht ist natürlich radikal weltlich.[1] Doch die Vorstellung, daß sich neue Ideen allein aufgrund ihrer Überzeugungskraft durchzusetzen vermögen, ist wohl zu einseitig. Auch die mächtige Persönlichkeit Martin Luthers erklärt nicht das Ergebnis. Die Konfessionsgrenzen des 16. und 17. Jahrhunderts waren Herrschaftsgrenzen, Machtgrenzen. Der Augsburgische Religionsfrieden ist berühmt für sein Prinzip *‚cuius regio, eius religio'*, das bedeutete eine Aufspaltung nach Herrschaftsebenen: Nicht mehr der Kaiser konnte im Reich bestimmen, wie die Religion zu regeln war; vielmehr durfte es jede Obrigkeit in ihrem Herrschaftsbereich. So entstanden über hundert lutherische ‚Kirchen', die alle den reichsrechtlichen Schutz der

---

1 Das theologische biographische Standardwerk ist MARTIN BRECHT: Martin Luther, 3 Bde., Stuttgart 1983–87. Aktuellste Darstellung: VOLKER LEPPIN: Martin Luther, Darmstadt 2006.

,Confessio Augustana' genossen und sich im übrigen unterschiedlich entwickelten.[2]

Ein Rundblick in Europa führt zu folgendem Befund:[3]

SCHWEIZ Wenngleich die Schweiz am Beginn der Neuzeit noch zum Heiligen Römischen Reich Deutscher Nation gehörte (formalrechtlich bis 1648), hatte sie doch starke Tendenzen eigener Staatlichkeit ausgebildet. Insbesondere waren die großen Stadtrepubliken wie Zürich, Bern und Basel weit über die bäuerlichen Regionen ihrer Umgebung und über die gemeinsamen Untertanengebiete hinausgewachsen. In Zürich entwickelte Ulrich Zwingli, angeregt durch Luther, eine eigenständig profilierte Reformation. Insbesondere war er gemeindlich orientiert, auf die Stadtgemeinde ausgerichtet, welche seine humanistischen und reformerischen Bestrebungen unterstützte. Auch die anderen Schweizer Städte und Kantone haben jeweils ihre eigene Reformationsgeschichte. Die der Reformation anhängenden und die sie ablehnenden gerieten in eine militärische Auseinandersetzung; seit deren Ausgang 1532 war die Schweiz konfessionell ebenso zersplittert wie Deutschland. Eine Sonderrolle fiel Genf zu, weil es damals politisch zwischen dem Herzog von Savoyen und der Schweizer Eidgenossenschaft zu lavieren suchte und weil es das reformierte Bern verstand, das konfessionelle Geschehen in Genf zu beeinflussen. Unter dem Eindruck der mächtigen Persönlichkeit des Franzosen Johannes Calvin entwickelte sich in Genf das radikale Modell einer Theokratie, eines von Theologen durch ihren Einfluß auf den Rat dominierten Gemeinwesens, das bei aller Rigorosität eine große Ausstrahlungskraft auf Europa in der zweiten Hälfte des 16. Jahrhundert entwickeln konnte. Hier, meinten manche Zeitgenossen, sei man der Ausbreitung des Ruhmes Gottes und der Einrichtung einer gottgefälligen Republik am nächsten gekommen. Calvins Genfer Akademie zog Anhänger aus ganz Europa an – sogar aus Schottland, Ungarn, Siebenbürgen und Navarra. Wie Wittenberg das Zentrum des Luthertums geworden war, so wurde Genf zum Zentrum der Reformierten, das vor allem auf das benachbarte Frankreich einzuwirken suchte.

---

2   HORST RABE: Deutsche Geschichte 1500–1600. Das Jahrhundert der Glaubensspaltung, München 1991.

3   MARC VENARD (Hrsg.): Die Geschichte des Christentums. Religion – Politik – Kultur. Bd. 8: Die Zeit der Konfessionen (1530–1620/30), Freiburg, Basel und Wien 1992.

SKANDINAVIEN Lutherische Landeskirchen bildeten sich in Skandinavien. Europas Norden war im Spätmittelalter in einer politischen Einheit zusammengefaßt (1397), einer Personalunion der drei Wahlkönigreiche Norwegen, Schweden und Dänemark (mit ihren Nebenländern) unter dem König von Dänemark. Bestrebungen zur Auflösung dieser Union amalgamierten sich mit Ständekämpfen und den neuen theologischen Gedanken. Merkwürdig ist freilich, daß Reformation und Gegenreformation nicht die Fraktionskämpfe und sozialen Konflikte nachzeichneten, sondern jeweils das nationale Königtum der überlieferten drei Wahlmonarchien bestärkten und sich mit ihm verbanden. Am Ende standen deshalb in Skandinavien, trotz regionaler und nationaler Unterschiede, überall lutherische Staatskirchen nebeneinander, die ähnlich strukturiert waren, da sie von deutschen lutherischen Kirchenordnungen beeinflußt waren. Kulturgeschichtlich ist von Bedeutung, daß man in *Dänemark* schon seit den 1520er Jahren Gottesdienst in dänischer Sprache feierte und daß die Bibel 1529 von Christiern Pedersen in einer gültigen dänischen Übersetzung vorgelegt wurde – ganz im Gegensatz zu *Norwegen*, wo eine nennenswerte Rezeption humanistischer und lutherischer Gedanken fehlte und auch keine Bibelübersetzung in die Muttersprache erfolgte, so daß die Reformation rein von außen und mit Gewalt stattfand, nämlich als Unterwerfung des Wahlkönigreiches Norwegen unter die dänische Krone. Ein Teil des Volkes widersetzte sich den Dänen und ihrer neuen Religion über Jahrzehnte hinweg und blieb bis ins 17. Jahrhundert möglichst katholisch. Wie Norwegen wurde *Island* von der dänischen Krone als bloßes Nebenland geführt. Die Reformation wurde im Zusammenhang der stärkeren herrschaftsmäßigen Durchdringung der Insel durchgesetzt. Dabei traf sie auf langen und anhaltenden Widerstand sowohl der Bevölkerung als auch vor allem der Bischöfe. Am Ende stand freilich doch ein Sieg der dänischen Krone. Im Unterschied zu Norwegen hatte Island durchaus Medien der Reformation in der eigenen Volkssprache. Oddur Gottskálksson hatte 1540 das Neue Testament übersetzt, das in Roskilde in Dänemark gedruckt und nach Island gebracht wurde. In *Schweden* gab Olaus Petri bereits 1526 das Neue Testament in schwedischer Sprache heraus. Das neue nationale Königtum der Vasa setzte sich mit der lutherischen Staatskirchenbildung in Schweden durch (1544). *Finnland* gehörte zur schwedischen Krone und mußte sich der schwedischen Kirchenpolitik fügen. Der schwedische König ernannte einen finnischen Adligen, Martinus Skytte, zum Bischof von Turku (Åbo); unter diesem wurde die Messe als Opfer abgeschafft, die Predigt gefördert und die Heiligenverehrung zurückgedrängt. Vor allem aber schickte er begabte Finnen zum Studium nach Wittenberg.

Unter diesen war der bedeutendste Michael Agricola, sein späterer Nachfolger. Er gilt als Schöpfer der finnischen Schriftsprache, da er das Neue Testament ins Finnische übersetzte (1548). Auch in Finnland wurde die Verbreitung von Schriften in der Muttersprache durch den Buchdruck entscheidend. Agricola hatte in Turku die erste Druckerei Finnlands zur Verfügung.

FRANKREICH   In Frankreich war ebenfalls früh lutherischer Einfluß zum Tragen gekommen, doch durch hartes Durchgreifen ausgerottet worden wie in den Niederlanden. Die zweite Welle der nun von Calvin geprägten Reformation erfaßte aber auch Frankreich, allerdings sozial differenziert: ein Teil des Adels wurde reformiert, ein anderer Teil nahm um so heftiger für die alte Kirche Partei. Es entstand ein vierzig Jahre während der Religionskrieg als Bürgerkrieg: Die Kodierung der Ziele war auf die Religion bezogen, die Interessen dagegen waren die verschiedener Adelsparteien. Ein Ende brachte der Übertritt des Protestantenführers Heinrich von Navarra zur katholischen Kirche ("Paris ist eine Messe wert") und seine Erhebung zum König als Heinrich IV. Frankreich blieb also offiziell (vom Königtum) her katholisch; faktisch gab es in verschiedenen Landesteilen protestantische Bevölkerungsanteile, die seit dem Edikt von Nantes (1598) auch offiziell Toleranz genossen.

ENGLAND   Ihre definitive Form nahm die anglikanische Staatskirche zwar erst unter Elisabeth I. seit 1559 an. Doch bereits unter Heinrich VIII. hatte das Parlament die entscheidenden Gesetze beschlossen, die zum Aufbau einer eigenen, von Rom unabhängigen Staatskirche führten. Die Aktionseinheit der im Ober- und Unterhaus versammelten politischen Nation mit dem König an der Spitze erbrachte diesen kollektiven Austritt aus der römischen Kirche (1534). Er wurde möglich infolge des weitverbreiteten Antiklerikalismus, der sich gegen die Wirtschaftstätigkeit des Klerus, die umfassende Bedeutung des Kirchenrechts und die Fiskalisierung aller Beziehungen richtete. Gelegenheitsursache bot das vom Papst unerfüllte Begehren Heinrichs VIII. nach Ungültigkeitserklärung seiner Ehe. Als willkommen wurde die Möglichkeit zur Aufhebung der Klöster und zur Einziehung der Meßstiftungen betrachtet: Die Tudor-Dynastie bereicherte sich schamlos auf Kosten der alten Kirche und beteiligte die führenden Schichten an der Beute, womit sie diese dauerhaft in ihr Interesse zog. Die Lehre der neuen Anglikanischen Kirche schwankte lange: Zunächst hatten reformerische Kräfte Einfluß. Die Bibel wurde in einer muttersprachlichen Übersetzung gedruckt und mußte in allen Kirchen ausgelegt werden. Erst nach Heinrichs

Tod (1547) wurde wirklich die Reformation eingeführt, konnte sich jedoch nicht konsolidieren, da sein Sohn Eduard VI. bereits 1553 verstarb und seine katholische Nachfolgerin Maria die anglikanische Staatskirche erneut dem Papst unterstellte. Der Klerus wurde gesäubert; Hunderte von Protestanten aus der Unterschicht endeten als Ketzer auf dem Scheiterhaufen. Die politische Nation jedoch arrangierte sich schnell mit den neuen Konfessionsverhältnissen, nachdem gesetzlich gesichert war, daß die erfolgten Säkularisationen von Kirchengütern nicht rückgängig gemacht wurden. Daß sich die Anglikanische Kirche schließlich doch zu einer in der Doktrin calvinistischen Kirche entwickelte, die freilich eine Bischofskirche blieb und im Äußeren des Gottesdienstes, der Kirchengewänder und der Kirchenmusik weitgehend am katholischen Brauch festhielt, ergab sich als Resultat aus der langen Herrschaft Elisabeths (1558–1603).

IRLAND In Irland schien sich die Reformation anfangs wie in England durchsetzen zu lassen: Heinrich VIII. berief auch hier ein Parlament ein, das die Loslösung von Rom ebenso bewilligte wie die Aufhebung bestimmter Klöster. Eine wirkliche Protestantisierung bedeutete das jedoch nicht. Außerhalb des *Pale* (Gebiet um Dublin) fehlten die Reformatoren und die Medien. So vollzog sich eine überraschende Neuformierung der irischen Gesellschaft: Nicht nur die gälische Grundbevölkerung blieb beim alten Glauben, sondern auch die im Mittelalter angesiedelte Bevölkerung anglonormannischer Abstammung, die *Old English*. So wurde die protestantische Konfession zum Signum der elisabethanischen Neueinwanderer; in militärischen Auseinandersetzungen begann allmählich das identitätsstiftende Potential der Konfession eine Rolle zu spielen. Eine Universität wurde in Irland erst 1592 gegründet; es fehlte an Schulen und Büchern in gälischer Sprache. Auch der Buchdruck kam erst sehr verzögert nach Irland. Die englischen Herren vermochten ihre irischen Untertanen nicht in deren eigener Sprache anzusprechen und für ihre Religion zu gewinnen. So konnte in Irland die in der zweiten Hälfte des 16. Jahrhunderts erstarkte Gegenreformation an Boden gewinnen, bevor die reformatorische Bewegung durchgedrungen war.

SCHOTTLAND In Schottland, das damals noch ein eigenes Königreich war, wandte sich verhältnismäßig früh ein Teil des Adels dem protestantischen Glauben zu; dieser wurde zum einigenden ideologischen Band im ständischen Kampf gegen die Dynastie. 1557 schloß sich der protestantische Adel zu einem feierlichen Bund (*Covenant*) gegen die katholische, französi-

sche Regentin zusammen. Das bewirkte der Reformator John Knox, der in
Genf bei Calvin studiert hatte. 1560 wurde die *Confessio Scotica*, ein protestantisches Glaubensbekenntnis, durch eine Ständeversammlung verkündet. Bibel und Gottesdienst in englischer Sprache förderten in Schottland
die Anglisierung. Das im 15. Jahrhundert noch als Literatursprache blühen-
de (*Lowland*) *Scots* wurde zurückgedrängt und vom Englischen als der Sprache der neuen Religion überformt.

NIEDERLANDE Obwohl in den Niederlanden früh das Luthertum ein-
drang, konnte es dort nicht zu Gemeindebildungen kommen, da die Regie-
rung von Anfang an kompromißlos durchgriff. Erst eine zweite Welle der
Reformation, die in den 1540er Jahren von Süden kam und von Calvin inspi-
riert war, änderte das. Wie in Schottland und in Frankreich verbündete sich
ein Teil des Hochadels gegen den Repräsentanten des spanischen Königs:
Es war die Zeit, da Philipp II. von Spanien die Niederlande mit harter Hand
regierte. Wirtschaftliche und ständische Interessen vermischten sich mit den
religiösen; ein ‚Achtzigjähriger Krieg' entspann sich, an dessen Ende das
Land in eine spanisch-katholische und eine ständisch-protestantische Hälfte auseinanderbrach. Die Trennungslinie war zwar noch nicht mit der heutigen zwischen Belgien und Holland identisch, aber diese zeichnete sich doch
schon ab.

OSTEUROPA Im östlichen Europa entwickelten sich die Konfessions-
verhältnisse überall sehr verschieden, doch sind sie gerade durch ihre Uneinheitlichkeit von den west- und nordeuropäischen Staaten abgehoben.
Die staatliche Zersplitterung bewirkte in den meisten betroffenen Staaten,
daß sich aus differenzierten Verhältnissen ein relativ hoher Grad an Religionsfreiheit ergab. Zahlreiche Sondergruppen, die sich aus der Wurzel der
Reformation entwickelt hatten (Täufer, Mennoniten, Hutterer, Schwenck-
feldianer, Unitarier) konnten sich nirgendwo halten als gerade hier. Dem
Muster der territorialen Herrschaftsverdichtung durch Einrichtung einer
eigenen Kirchenverwaltung und Landeskirche folgte noch am ehesten das
Herzogtum Preußen. Am anderen Ende der Skala steht das Fürstentum
Siebenbürgen mit seiner weitgehenden Toleranz für vier bzw. sogar fünf
Bekenntnisse. Die Frage bleibt jedoch offen, ob eine ständisch gesicherte
Religionsfreiheit mehr bedeutete als bloß die Verlagerung der Religions-
hoheit von der höchsten Ebene auf die zweithöchste. Doch vor allem in
Siebenbürgen, aber auch in Böhmen und Polen gibt es Ansätze zu einer
Religionsfreiheit der jeweiligen Einzelgemeinden. Teilweise waren diese

freien Gemeinden dann wiederum in ein Kirchensystem eingebunden, an dessen Spitze ein Superintendent oder Bischof stand. Freilich wird sich allgemein sagen lassen, daß in den Fällen, wo sich Landstände verschiedener Bekenntniszugehörigkeit auf Landtagen gegenübersaßen und sich kollektiv über die grundsätzliche Freiheit des Bekenntnisses und die verfassungsmäßige Sicherung dieser Freiheit einigten, wie etwa in Polen oder Siebenbürgen, der Gedanke der Uniformität, der sonst das Europa des 16. Jahrhunderts als verpflichtende Norm beherrschte, überwunden wurde zugunsten einer positiven Toleranz im Sinne der Freiheit des Andersdenkenden.

Während es anachronistisch wäre, im 16. Jahrhundert allgemein von einem ‚Nationalbewußtsein' auszugehen, ist es doch von hoher Bedeutung für die Entwicklung der Neuzeit, daß nun ethnische Zusammenhänge – gerade im östlichen Europa – bewußtseinsmäßig neu definiert und verstärkt wurden durch eine Konfessionsbildung, welche die ethnischen Grenzen nachzeichnete. Dies ging freilich selten rein auf (beispielsweise gab es neben den calvinistischen Ungarn auch weiterhin andere). In einer späteren Phase, die im östlichen Europa meist erst im frühen 17. Jahrhundert zum Tragen kam, wurde dieses Problem verschärft durch die Gegenreformation, als weite Teile Polens, Schlesiens und des habsburgisch beherrschten Ungarn wiederum katholisch wurden. Überall im östlichen Europa bedeutete ein hoher Bildungsgrad zunächst, daß die Chance bestand, daß jemand in den Einflußbereich des Humanismus geriet. Allgemein kann man das humanistische Denken aber als Vorbereitung für die Reformation ansehen. Deshalb brachten auch im östlichen Europa die Schulbewegung, die akademischen Kontakte und der Buchdruck zunächst Fortschritte der Reformation, die Heilige Schrift in der Muttersprache und damit häufig erstmals Grundlagen für eine Literatur in der Muttersprache: kroatisch, slowenisch, ungarisch.

2 Protestantismus und Katholizismus in einem gespaltenen Europa

Das Anliegen einer Kulturgeschichte als vergleichende Konfessionsgeschichte ergibt sich nun daraus, daß diese in verschiedener Weise gemischten Länder und die zum neuen Glauben übergegangenen in einem gemeinsamen Europa mit den katholisch gebliebenen Ländern lebten und weiterhin auch zusammenwirkten.[4] In mancher Hinsicht erscheinen uns

---

4 Zum Folgenden allgemein: KASPAR VON GREYERZ: Religion und Kultur. Europa 1500–1800, Göttingen 2000. RONNIE PO-CHIA HSIA: Gegenreformation. Die Welt der katholischen Erneuerung 1540–1770, Frankfurt a. M. 1998.

Berichte über das Leben im konfessionell gespaltenen Europa der Frühen Neuzeit wie Berichte aus einem ‚Kalten Krieg‘: Man unterschied scharf in Schwarz und Weiß, Freund und Feind; man verdächtigte sich gegenseitig und glaubte auf beiden Seiten an Verschwörungstheorien. Trotzdem gibt es natürlich auch im konfessionellen Europa ein reges Hin und Her; es gibt gemeinsame Vorstellungen und Institutionen und vor allem Medien der Kommunikation, welche es verhinderten, daß sich gegnerische Lager wirklich als feindliche Blöcke voreinander abschotteten. Dies soll nun im folgenden noch etwas näher beleuchtet werden.

Abgesehen von der katholischen Kirche, stand wohl in erster Linie die Institution der Universität für die Zusammengehörigkeit des christlichen Abendlandes. Sie hatte sich weitgehend autonom entwickelt, aber immer noch versammelten sich die Bildungswilligen und Gebildeten aus ganz Europa zu den Füßen der Meister, ob nun in Paris oder Bologna, in Oxford oder Prag. Die Herkunft der Studenten hielt sie nicht in den Schranken der entstehenden Nationalstaaten; noch immer gab es eine übergreifende Einheit der Gelehrten und ein Bewußtsein ihrer Gemeinsamkeit. Gleichzeitig ist der Versuch unübersehbar, die Universitäten in die sich festigenden Nationalstaaten einzubeziehen und Zentren der Bildung innerhalb der Territorialstaaten anzusiedeln (Landesuniversitäten). Dieser Prozeß der Territorialisierung höherer Bildung mit dem Ziel der Uniformisierung und Kontrolle der Beamtenschaft wurde forciert durch die Konfessionalisierung, und zwar insbesondere im protestantischen Bereich, wo neben der Ausbildung der Juristen die Ausbildung der Theologen des eigenen Bekenntnisses entscheidend wurde für die innere Festigung von Staaten mit Hilfe von Staatskirchen. In dieser Hinsicht bedeutete die Summe neuzeitlicher Prozesse eine Entkräftung übergreifenden Bewußtseins; Landesuniversitäten waren ein Schlag gegen die Einheit und den Zusammenhalt Europas.

Das katholische Interesse der Gegenreformation verflocht sich mit dem dynastischen Interesse der katholisch gebliebenen Familien – der Habsburger und Wittelsbacher, der Valois und Guise (usw.). Eine Serie zwischenstaatlicher Kämpfe nahm konfessionelle Färbung an – um die Niederlande, um Irland, um Schweden, um Polen – ja, man kann geradezu sagen, daß das konfessionelle Element in allen sozialen und politischen Fragen des Konfessionellen Zeitalters eine Rolle spielte.[5] Insofern förderte und forcier-

---

5   Vgl. ERNST WALTER ZEEDEN: Hegemonialkriege und Glaubenskämpfe 1556–1648, Frankfurt a. M. u. a. 1975 u. ö. (Propyläen Geschichte Europas).

te die Konfessionalisierung die Ausprägung neuzeitlicher Staatlichkeit nicht nur, sondern transzendierte sie zugleich: Wenn der Papst spanische Expeditionen nach Irland initiierte und finanzierte; wenn politische Allianzen unter Konfessionsgesichtspunkten geschmiedet wurden und Bürgerkriege und zwischenstaatliche militärische Auseinandersetzungen die Färbung von Religionskriegen annahmen.

Konfessionalisierung bedeutete auch Expansion der eigenen Konfession. Calvin suchte durch seinen weitgespannten Briefwechsel einflußreiche Leute und vor allem Fürsten in ganz Europa für seine Ziele zu gewinnen – von Polen-Litauen bis Navarra, von Siebenbürgen bis Schottland.[6] Die Korrespondenz des Ignatius von Loyola war weltumspannend; erhalten sind 6815 Briefe, das wohl „größte erhaltene Briefcorpus des XVI. Jahrhunderts".[7] Der Verzicht auf die alte *stabilitas loci* und ein geregelter Wechsel gehörten zu den Konstitutionsprinzipien der Jesuiten. Eine Karte mit den Lebensstationen des Petrus Canisius knüpft ein europäisches Netz über einen beträchtlichen Teil Mittel- und Südeuropas, von Osnabrück und Arnheim im Norden bis Messina im Süden, von Löwen und Freiburg (Uetikon) im Westen bis Warschau im Osten.[8] Jesuitenkollegien verteilten sich über ganz Europa – abgesehen von England und Schottland. Manche anderen Orden entwickelten ebenfalls weit ausgreifende Aktivitäten; die Kapuziner beispielsweise knüpften in dieser Epoche ein beinahe europaweites Netz von Niederlassungen.

Aber auch die umgekehrte Blickrichtung, wenn man nämlich auf die gesuchten Bildungseinflüsse schaut, zeigt eine analoge Tendenz: Weil beispielsweise katholische Iren in ihrem überwiegend von protestantischen Engländern beherrschten Heimatland keine höhere Bildung erlangen konnten, suchten sie Kollegien und Klöster überall auf dem europäischen Kontinent auf und gründeten auch eigene, von Salamanca bis Löwen, von Paris bis Rom.[9] Der katholisch gebliebene Adel protestantisch gewordener Land-

6   ERNST WALTER ZEEDEN: Aufgaben der Staatsgewalt im Dienste der Reformation. Untersuchungen über die Briefe Calvins an Fürsten und Obrigkeiten, in: ERNST WALTER ZEEDEN: Konfessionsbildung. Studien zur Reformation, Gegenreformation und katholischen Reform, Stuttgart 1985, S. 259–285.

7   Vgl. IGNATIUS VON LOYOLA: Briefe und Unterweisungen. Übersetzt von P. KNAUER, Würzburg 1993, S. XXV.

8   Vgl. RAINER BERNDT (Hrsg.): Petrus Canisius SJ (1521–1597). Humanist und Europäer, Berlin 2000.

9   Kartographische Übersicht: RUTH DUDLEY EDWARDS: An Atlas of Irish History, London und New York 2. Aufl. 1981.

schaften wurde systematisch nach Rom zur Ausbildung gezogen; für die Deutschen und Ungarn gründete der Papst schon früh das *Collegium Germanicum* in Rom.[10]

Zu berücksichtigen ist in diesem Zusammenhang ferner die Auswanderung von Bevölkerungsteilen infolge konfessioneller Verfolgung. Bevölkerungsbewegungen hatten im Konfessionellen Zeitalter zumeist religiöse bzw. konfessionspolitische Ursachen. Die Ausbildung nationalstaatlicher und territorialer Konfessionskirchen zwang in vielen Fällen einen dissentierenden Teil der Bevölkerung zum Abzug, zur Flucht oder zur Auswanderung. Die ersten Heimatlosen der Reformationszeit waren die Spiritualisten und (Wieder-)Täufer; oft zwar einzelne, oft aber auch ganze Gemeinschaften von Menschen, für die weder im Bereich der alten Kirche noch im Rahmen der Reformationskirchen Raum zu sein schien. Sodann wichen die jeweils gerade durch die aktuelle Konfessionspolitik bedrohten und verfolgten Untertanen temporär oder auf Dauer ins Ausland aus: England etwa verlor unter Maria (1553–58) zunächst einen aktiven Teil überzeugter Protestanten, die nach Emden, Straßburg, Frankfurt am Main, Basel, Zürich und Genf gingen und unter Elisabeth größtenteils in ihre Heimat zurückkehrten. Umgekehrt wurden unter Elisabeth Katholiken zwar zunächst vorsichtig geduldet und teilweise integriert, nach 1570 aber verschärft verfolgt, bestraft und hingerichtet, woraus dann neben dem im Norden Englands verbreiteten Kryptokatholizismus auch erneute Auswanderung entstand.

Im Zuge des Freiheitskampfes der Niederlande, in dem nun plötzlich die protestantische Konfession eine Rolle spielte, da das katholische Spanien die Protestanten als Ketzer verfolgte, kam es mehrfach zu größeren Umsiedlungen, etwa zur Abwanderung eines beträchtlichen Teiles der Kaufleute aus Antwerpen nach Amsterdam – übrigens auch von Protestanten, die in innerprotestantischen Konflikten den Kürzeren zogen. In England und in Deutschland entstanden verschiedentlich Niederlassungen holländischer Flüchtlingsgruppen. Manche Fürsten förderten die Ansiedlung von Glaubensflüchtlingen aktiv; beispielsweise wurden eigene Flüchtlingsstädte angelegt wie (Neu-)Hanau und Frankenthal, Freudenstadt im Schwarzwald und Glückstadt in Holstein.

Nach der Unterwerfung Böhmens durch die Habsburger wurden die protestantischen Ständevertreter entweder hingerichtet oder sie flohen; bei

---

10 PETER SCHMIDT: Das Collegium Germanicum in Rom und die Germaniker. Zur Funktion eines römischen Ausländerseminars (1555–1914), Tübingen 1984.

der Wiederbesetzung der Güter wurden Katholiken von außerhalb Böhmens angesiedelt. Auf diese Aktion gehen auch die wirtschaftlich bedeutsamen Niederlassungen von Böhmen in Sachsen zurück.

Irland wurde im frühen 17. Jahrhundert von Engländern und Schotten teilweise neu besiedelt, vor allem in Ulster; nach Aufstand und Bürgerkrieg wurden unter Cromwell drei Viertel des Landes für Protestanten reserviert; katholische Landbesitzer wurden in den abgelegenen und wenig einladenden Nordwesten, nach Connaught, verwiesen.

Die Kehrseite dieses Prozesses ist die Aufnahme von Konfessionsbrüdern. Wenn diese auch oftmals unter sich blieben, in geschlossenen Gruppen siedelten und segregiert wohnten, bewirkte die Konfessionalisierung doch eine Mobilisierung und mithin ein Aufbrechen des herrschenden Lokalismus – wenn auch nicht geradezu ein Bewußtsein europäischer Gemeinsamkeit, so doch eine Vorstellung vom Gemeinsamen der eigenen Konfession, das Landesgrenzen und Herrschaftszusammenhänge überschritt und durchaus europaweit ausgreifen konnte.[11]

3   Die Entstehung einer protestantischen Kultur   Wenn man weiß, wie die verschiedenen Konfessionskulturen entstanden sind und wie sich die verschiedenen europäischen Länder nach ihren Konfessionskulturen unterschieden, erhebt sich die Frage, welche Bedeutung diese Trennung *auf Dauer* hatte. Dazu wollen wir uns die reformatorische Verhaltensprägung an einem besonders plastischen Beispiel vor Augen führen: Schottland. Die von John Knox angeführte Reformation war gekennzeichnet durch eine markante Gewalt gegen Sachen ('Ikonoklasmus', Bildersturm ⮞ 10.2|), der offensichtlich symbolische Konkretionen der katholischen Kultur des Mittelalters treffen sollte. Die neue Kirche wollte eine Kirche des Wortes sein, der Bibel, der Predigt, des Katechismus.[12] Sie traf Anstalten, das gesamte gläubige Volk zum Hören des Wortes und zum Lesen der Heiligen Schrift zu qualifizieren. Aus der Reformation entstand eine Alphabetisierungskampagne, eine Gründungswelle von Schulen, eine Blüte der Univer-

---

11 Vgl. ANTON SCHINDLING: Glaubensvielfalt als Kulturkonflikt. Europa in der Frühen Neuzeit, in: KLAUS JÜRGEN BADE (Hrsg.): Die multikulturelle Herausforderung. Menschen über Grenzen – Grenzen über Menschen, München 1996, S. 46–66. MICHAEL MAURER: Kirche, Staat und Gesellschaft im 17. und 18. Jahrhundert, München 1999.

12 Das Folgende nach MARGO TODD: The Culture of Protestantism in Early Modern Scotland, New Haven und London 2002.

sitäten. Zu einem Teil kann man in der schottischen Reformation durchaus einen Rationalisierungsschub sehen: eine Betonung des Kognitiven, Intellektuellen. Magische Elemente wurden zurückgedrängt, Wallfahrten abgeschafft.

Offensichtlich manifestierte sich in der schottischen Reformation ein Wertesystem, das nicht eigentlich neu und heterogen war, sondern sich auf Wurzeln in der schottischen Gesellschaft stützen konnte. Allem Anschein nach ist es etwas Städtisches, dieses Pochen auf Ordnung, Pünktlichkeit, Sparsamkeit, Nüchternheit, sexuelle Zurückhaltung, rastlosen Wissenserwerb, kurz: Regulierung der Lebensführung. Im städtischen Milieu setzte sich die Reformation zuerst durch, auf dem Lande später, in den Clangesellschaften der *Highlands* zuletzt. Die Reformation hätte auch in Schottland nicht durchdringen können, wenn sie nur die Theologen von Beruf für sich gehabt hätte. Auf Gemeindeebene waren es Tausende Aktive aus dem Laienstand, welche sich für die neue Lehre einsetzten. Zu einer *Kirk Session* gehörten neben dem Prediger mindestens ein Dutzend Laien, die sich für die presbyterialen Aufgaben zur Verfügung stellten. Sie konnten aus allen Ständen und Berufen stammen, aber natürlich standen die Gebildeten und die Wohlhabenden an der Spitze. Die Tätigkeit aktiver Laien ist ein Spezifikum Schottlands, das so weder zur deutschen noch zur englischen Reformation gehört. Von der Kirchenverfassung her stammt dieses Merkmal aus der Genfer Reformation Calvins. Auf der Ebene der Kirchengemeinde wirkten ,Presbyter' mit, d. h. von der Kirchengemeinde selbst gewählte Laienälteste, die den Prediger beim Katechismusunterricht unterstützten oder andere Aufgaben übernahmen: Vorleser, Vorsänger, Ordner in der Kirche. Vor allem bildeten sie mit den *Kirk Sessions* ein Gremium der Aufsicht und Überwachung der Gläubigen. Gottesdienstbesuch war verpflichtend; wer nicht erschien, wurde ermahnt und im Wiederholungsfall mit immer höheren Geldstrafen belegt. Die Presbyter schickten auch Aufseher aus, welche während der Gottesdienstzeiten umhergingen, um ,Sabbatschänder' aufzuspüren. Sie hatten sogar das Recht, in Häuser einzudringen, in denen sie Übertreter der religiösen Vorschriften versteckt vermuteten.

Das Entscheidende der Reformation war der Bezug auf das Wort, die Heilige Schrift, die Predigt. Natürlich hatten die Gläubigen jeden Sonntag in der Kirche zu erscheinen. Allerdings ging es nicht nur um eine Predigt vormittags, sondern auch nachmittags. Dazwischen wurde der Katechismus eingepaukt und abgefragt, was vor allem die Kinder und die Dienstboten betraf. Die Anordnung des Gottesdienstbesuches bedeutete zugleich Sozialdisziplinierung. Es war nicht selten, daß die Gläubigen ihre eigenen Bibeln mit zum Gottesdienst brachten und dem Prediger Fragen stellten. In Schottland war etwas üblich, was es sonst auch in der protestantischen Welt kaum gab: das Mitschreiben von Predigten. Tausende solcher Mitschriften haben sich in den Archiven erhalten. Außer den Predigten war in Schottland das Singen der Psalmen auf einfache Melodien geläufig. Die Psalmenübersetzung war metrisch, und so war es leicht, sich die Worte zu merken.

Während in der mittelalterlichen katholischen Welt das rituelle Element entscheidend war, sollte seit der Reformation jeder einzelne sein Heil finden durch persönliche Auseinandersetzung mit dem Wort Gottes. Entscheidend dafür wurde (neben der Predigt) der Katechismusunterricht. In Frage und Antwort wurden die wesentlichen Sätze des Glaubens eingeübt, wiederholt, abgefragt. Es genügte nicht, bei solchen Katechisationen anwesend zu sein; es wurde tatsächlich von jedem einzelnen verlangt, daß er in Glaubenssätzen sattelfest war, und dieses Wissen wurde an den Vorbereitungssamstagen vor den Abendmahlssonntagen abgefragt. Nur dann wurde man zum Abendmahl zugelassen.

Durch die Reformation waren die sieben Sakramente der katholischen Kirche abgeschafft worden, bis auf Taufe und Abendmahl. Das Abendmahl wurde zum zentralen Sakrament der Reformation: Die Gemeinde kam zusammen, um nicht nur das Wort Gottes zu hören, sondern sich auch, im Gedenken an Christi letztes Abendmahl, um einen Tisch zu setzen und in symbolischer Form Brot und Wein zu nehmen. In der katholischen Kirche nahm nur der Priester Brot und Wein; die Gemeinde erhielt nur Brot. Die Kommunion unter beiderlei Gestalten bedeutete also eine Höherschätzung der Laien. In der katholischen Kirche zelebrierte der Priester die Messe zum Altar hin. In den reformierten Kirchen wurde der Altar abgeschafft und zerstört. Zum Abendmahl setzte man sich um Holztische herum. Um dem Sakrament seinen magischen Charakter zu nehmen, verzichtete man auf Gold und Silber; man verwendete zum Abendmahl in der Kirche gewöhnliches Gebrauchsgeschirr, das sich der Prediger von Gemeindegliedern auslieh. Die schottische Reformation feierte das Abendmahl als reines Gedächtnismahl, also ohne den Glauben an die Transsubstantiation, an dem mit der katholischen Kirche auch Luther festgehalten hatte, nicht aber Zwingli und Calvin.

Kennzeichen der schottischen Reformation war neben der Kanzel ein weiteres Möbelstück im Kirchenraum: der Sündenstuhl. Wer sich irgend etwas gegen seine Mitmenschen oder gegen Gott hatte zu schulden kommen lassen, wurde vor die *Kirk Session* zitiert und zur Rechenschaft gezogen. Je nach Schwere des Delikts gehörte dazu auch die Anprangerung, nämlich das Platznehmenmüssen auf dem Armesünderbänkchen und die Einkleidung in Sackleinen. Wenn er Reue zeigte, wurde er wieder in die Gemeinde aufgenommen. In der reformierten Kirche Schottlands war dieses Ritual einer dramatischen Performance von Reue zu einem zentralen Akt geworden. Darin drückte sich die Auffassung aus, daß die Gemeinde in kollektiver Haftung gegenüber Gott stand. Gott strafte mit Donner und Blitz, mit Seuchen und Mißernten. Seinen Zorn konnte man nur durch ein wohlgefälliges Leben besänftigen. Die Gemeinde mußte darüber wachen, daß kein Übeltäter ungestraft in ihrem Schutze wohnen konnte.

Die *Kirk Sessions* wachten auch über den Frieden der Familien, indem sie sexuelle Übergriffe bestraften. Der Tendenz nach arbeiteten sie auf stabile Familienverhältnisse hin. Sie bestraften also Ehebrecher aufs härteste. Sie sorgten dafür, daß möglichst keine defekten Familien entstanden. Wenn ein Mann eine Frau nichtehelich geschwängert hatte, wurde alles aufgeboten, um ihn zu verfolgen und zur Eheschließung zu zwingen. Kindsmord und Abtreibung wurden aufs schärfste verfolgt. Hebammen entwickelten spezielle Fähigkeiten, Gebärende zur Nennung unehelicher Väter zu bringen. Wenn Hebammen bei Totgeburten assistierten, mußten sie Zeugen aufbieten, welche aussagten, daß das Kind nicht gelebt hatte, andernfalls kamen sie in den Verdacht der Beihilfe zum Mord. Die Ältesten dienten auch als Eheberatungsstelle, indem sie Gewalt in der Familie ahndeten oder entzweite Ehegatten wieder zusammenbrachten. Ehe war in der reformierten Gemeinde bis zu einem gewissen Grade eine öffentlich überwachte Institution. Heiraten durfte nur, wer eine strenge Prüfung in Glaubensdingen bestanden hatte. Die Reformation wirkte gegen die ständischen Eheschließungen, bei denen die Väter das Sagen hatten und hauptsächlich finanzielle und familienpolitische Gesichtspunkte verfolgten. Nicht selten ergriffen die *Kirk Sessions* Partei für junge Leute, die aus Liebe heiraten wollten, weil sie sich davon stabile Ehen versprachen, nicht aber von arrangierten Zwangsehen. Außerdem waren im protestantischen Europa Scheidungen möglich geworden – weil die Ehe nicht mehr als Sakrament angesehen wurde. In Schottland waren Scheidungen sogar auf niederer Ebene erreichbar, d. h. durch die *Kirk Sessions* einer Gemeinde. Zuerst hatten sie die Pflicht, den ehelichen Frieden wiederherzustellen und auf Einigung zu drängen. Wo dies als hoffnungslos angesehen wurde, konnten kirchliche Scheidungen ausgesprochen werden.

Die schottischen Reformatoren wollten in jeder Kirchengemeinde eine Schule. 1633 wurde ein Gesetz erlassen, das eine Schule pro Pfarrei verpflichtend machte. Aber auch schon vor diesem Datum sind 405 Schulen in den *Lowlands* aktenmäßig bezeugt, eine beträchtliche Zahl in den *Highlands*, fünf auf den Orkney- und Shetland-Inseln und fünf auf den Hebriden.

Das gesamte Leben der Schotten wandelte sich infolge der Reformation grundlegend. Die Menschen wurden einem komplexen Mechanismus der Sozialdisziplinierung unterworfen und an methodische Lebensführung gewöhnt. Dabei wuchs ihnen aber ein starkes Selbstbewußtsein zu, indem sie sich ihrer Verantwortung als einzelne bewußt wurden. Auf Gemeindeebene hatten sie hohe Handlungskompetenz zur Gestaltung ihres Lebensraumes. Es ist wohl nicht übertrieben, in solchen religiösen Verhältnissen eine wichtige Voraussetzung von Verantwortung für das Gemeinwohl, bürgerlicher Gleichheit und Demokratie zu sehen. Und manches von dem, was in schottischen Gemeinden entwickelt wurde, kam später in Amerika zur Reife.

4   Die Weber-These: Protestantismus und Kapitalismus   Als Fragen der Verhaltenssteuerung aufgrund verschiedener religiöser Prägung im späten 19. Jahrhundert erstmals umfassender diskutiert und wissenschaftlich behandelt wurden, war es vor allem Max Weber, der Furore machte mit seiner These eines Zusammenhanges von Protestantismus und Kapitalismus. Weber setzte voraus, daß die Entwicklung einer kapitalistischen Denkform und Handlungsweise sozusagen die anspruchsvollere, die Menschen mehr fordernde, moderne Form war, und konzentrierte sich auf die Frage, wie sie sich durchsetzen konnte gegen die Tradition, das bequeme, einfache Leben der Überlieferung. Weber hielt die damals wirtschaftlich entwickeltsten Gebiete – in seiner Sicht: Genf, Schottland, Niederlande, England – für diejenigen, welche prädisponiert waren, die Reformation aufzunehmen, und umgekehrt die Reformation für diejenige Ausprägung des Christentums, welche der weiteren wirtschaftlichen Höherentwicklung im Sinne des Kapitalismus kongenial war. Weber sah das Kausalverhältnis so, „daß die *anerzogene geistige Eigenart*, und zwar hier die durch die religiöse Atmosphäre der Heimat und des Elternhauses bedingte Richtung der Erziehung" entscheidend war.[13]

Weber bestand darauf, daß eine wirkliche Erklärung für einen Zusammenhang von Protestantismus und Kapitalismus, wenn sich denn ein solcher beweisen lasse, nur durch Rückgang auf die eigentliche theologische Substanz der Konfessionen gefunden werden könne. Allerdings wollte er

---

13 MAX WEBER: Gesammelte Aufsätze zur Religionssoziologie I, Tübingen 9. Aufl. 1988, S. 22.

sich dabei nicht auf die dogmatische Ethik der Konfessionen beschränken, sondern auf die gelebte Ethik eingehen, auf das wirkliche Alltagsleben der Anhänger dieser Konfessionen und dessen Normierung.

Weber fragt nach der ‚Kulturbedeutung‘, d. h. nach der historischen Wirksamkeit eines Phänomens für die gesamte Kultur. Beobachtet werden kann ein solches Phänomen nur an konkreten Erscheinungen, also Individualisierungen, welche freilich nicht in jedem Falle Einzelmenschen sein müssen, sondern auch individuelle Ausgestaltungen von Gruppenverhalten. Über anschauliche Einzeldarstellungen wie die Untersuchung von Schriften Benjamin Franklins führt er uns zu der Einsicht, daß dasjenige, was dort an ‚kapitalistischem Geist‘ zu finden ist, an Sparsamkeit, Nützen der Zeit, Herstellen von Kreditwürdigkeit, letztlich keine Einzelerscheinung und auch keine bloße Anleitung für wirtschaftlich erfolgreiches Verhalten ist, sondern Ausdruck eines spezifischen ‚Ethos‘, eines ‚Geistes‘ des Kapitalismus.

Die hier erreichte Position dient ihm dazu, Trivialeinwände abzuweisen, die trotzdem auf seine Aufsätze hin reichlich diskutiert wurden: Gab es Kapitalismus denn nicht schon längst vor dem Protestantismus, in den Städten der italienischen Renaissance zum Beispiel, auch im Mittelalter, auch im Altertum? Und gab es Kapitalismus nicht auch im alten China oder Indien? Nein, sagt Weber, so läßt sich das Problem nicht fassen. Natürlich gab es Kapitalismus im Sinne von Kapitalakkumulation und Reicher-werden-Wollen zu allen Zeiten und überall. Das zu erklärende Phänomen ist aber nicht der Kapitalismus in diesem allgemeinen Sinne, sondern vielmehr der neuzeitliche Kapitalismus, welcher zur industriellen Entwicklung und zur Umgestaltung aller Lebensverhältnisse führte, also eben ein protestantischer oder post-protestantischer Kapitalismus, und zwar nicht als bloße Kapitalakkumulation oder Reicher-werden-Wollen, sondern als habitualisiertes Verhalten, als Arbeits- und Berufsethik. Weber statuiert zunächst grundsätzlich, daß dem vor- und außerprotestantischen Kapitalismus „jenes eigentümliche Ethos fehlte“.[14] – Später untersuchte er dann auch andere Weltreligionen daraufhin.

Für Weber konnte ein neuzeitlicher Kapitalismus noch nicht entstehen, wo die Menschen nur gut leben wollten, ihren Bedarf decken und reich werden; er konnte erst dort entstehen, wo das betreffende Verhalten durch das Wesen der Religion bestimmt war. Diese schwierige Aufgabenstellung, nämlich der Beweis, daß protestantische Religiosität ihren Zweck nicht (wie

---

14 Ebd., S. 34.

es dem Selbstverständnis ihrer Theologen entsprach) im Religiösen hatte, sondern in einem Außerreligiösen, nimmt Weber so auf, daß er die Ethik der protestantischen Kirchen und Sekten untersucht. Relativ unergiebig scheint hier das Luthertum, weil Luther zwar eine hohe Berufsauffassung predigte, aber zugleich jeden in seinem Beruf und Stand zu befestigen suchte. Eine Mobilisierung von ganzen Bevölkerungsschichten konnte so nicht geleistet werden. Eine Produktivitätssteigerung fand nicht statt. Demgegenüber erblickte Weber im Calvinismus und den protestantischen Sekten das eigentliche Potential des Kapitalismus. Dies macht er plausibel durch den spezifisch theologischen Unterschied zwischen Luther und Calvin, nämlich die Prädestinationslehre. Calvin lehrte, vereinfacht ausgedrückt, daß das Schicksal eines jeden Menschen von Gott vorherbestimmt sei: zum Heil oder zur Verdammnis. Daraus, könnte man sagen, folgt zunächst also gar nichts: Der Mensch könnte auch die Hände in den Schoß legen und abwarten. Dies allerdings – und hier sind wir bei einem zentralen Bestandteil Calvin'scher Theologie – wird dadurch unmöglich, daß der Mensch von Gott zur Ehre Gottes geschaffen sei. Folglich wird Gottes Ehre um so mehr in Erscheinung treten, je mehr Menschen auf Erden zu seiner Ehre wirken. Jedes Wirken im Sinne Gottes ist gut; den Maßstab für gottgefälliges Handeln beziehen wir aus der Heiligen Schrift.

Dagegen ließe sich nun einwenden, daß in der Heiligen Schrift ja gerade nicht steht, daß wir uns bereichern sollten, also auch kein Auftrag zur Entwicklung des Kapitalismus bestehe. Gewiß; und Weber behauptet auch nicht, daß Calvin das so gelehrt und gewollt habe. Er argumentiert vielmehr verschlungener: Unter den Nachfolgern Calvins habe sich erst die breitenwirksame Auffassungsweise der Prädestinationslehre durchgesetzt, und zwar alltagspraktisch, nicht theologisch-dogmatisch. Man habe nämlich den Druck, der auf dem Einzelmenschen lastete, herauszufinden, ob er nun zum Heil oder zur Verdammnis bestimmt sei, dadurch aufzufangen versucht, daß man sich in seiner alltäglichen Arbeit als ‚Kind Gottes' zu erweisen versucht habe. Anders ausgedrückt: Ein Mensch, der nach den Maßstäben der Heiligen Schrift handelt, ist entweder wirklich von Gott auserwählt, oder erscheint zumindest seinen Mitmenschen so durch sein Verhalten und seine Werke. Gerade *weil* sich Gott nicht in die Karten blicken läßt, entsteht die Möglichkeit, innerweltlich, nämlich in Hinsicht auf die Mitmenschen, sich so zu verhalten, als sei man ein Erwählter Gottes. Die Theologen der Generation nach Calvin lehrten, so Weber, daß es möglich sei, sich gewissermaßen Sicherheit über seine Auserwähltheit dadurch zu verschaffen, daß man sich wie ein Auserwählter verhalte.

Hier sehen wir überdeutlich, daß Weber nicht als Theologe spricht, sondern als Kulturhistoriker, der die ‚Kulturbedeutung' des von ihm ins Auge gefaßten Phänomens herausarbeiten will, indem er die Motivation zu dem von ihm entscheidend zugespitzten sozialen Handeln aufdeckt. Weber meinte, es komme nicht auf die offizielle *Lehre* einer Glaubensgemeinschaft an, „sondern auf etwas ganz anderes: auf die Ermittlung derjenigen durch den religiösen Glauben und die Praxis des religiösen Lebens geschaffenen psychologischen *Antriebe*, welche der Lebensführung die Richtung wiesen und das Individuum in ihr festhielten."[15] Rein auf die Theologie beschränkt, meint Weber, sei die Calvin'sche Prädestinationslehre eine „pathetische Unmenschlichkeit"; sie werfe das gläubige Individuum völlig auf sich zurück; Weber spricht vom „Gefühl einer unerhörten inneren *Vereinsamung des einzelnen Individuums*".[16] Diese Lehre ist für ihn gewissermaßen die äußerste Konsequenz einer neuzeitlichen Religionsentwicklung: keine Entlastung mehr durch gute Werke, durch Sakramente, durch Priester, durch die Heilsanstalt einer Kirche. Weber sieht dies im großen Kontext der Religionsentwicklung, welche die Magie immer weiter zurückgedrängt habe. Die Linie der Rationalisierung – er spricht gern von „Entzauberung der Welt" – beginnt für ihn bereits im altjüdischen Prophetentum, die sich dann im Christentum der Reformationszeit erfülle. Im Calvinismus bewirkt die Ungewißheit über die eigene Auserwähltheit, daß sich der einzelne Mensch, der diese Spannung nicht aushalten kann, Entlastung verschafft durch Arbeit. Weber nennt dies „innerweltliche Askese". Das ist so zu verstehen: Im ältesten Christentum schon gab es einzelne, die sich für auserwählt hielten und daraus einen besonderen Lebensstil ableiteten, die Weltentsagung durch Verzicht auf Nahrungsaufnahme, sexuellen Verkehr usw. Sie zogen sich von ihren Mitmenschen zurück in dem Glauben, so ein gottgefälliges Leben zu verwirklichen. Im Mittelalter wurde diese Denkrichtung zu einer breiten Bewegung im abendländischen Mönchtum, seit Benedikt von Nursia in der Verbindung von Arbeit und Gebet. Die Reformation nun, welche solche bevorzugte Lebensweise rigoros eliminierte und den Stand der Mönche und Nonnen abschaffte, wollte die Möglichkeit des Heils für alle Menschen. ‚Askese' war nun eine Parole innerweltlicher Art: Der Mensch sollte nicht zum Heil gelangen durch Flucht aus der Welt, sondern durch Zuwendung zur Welt. Weber nennt dies ‚innerweltliche Askese',[17] nämlich ein auf Verzicht und

---

15 Ebd., S. 86.

16 Ebd., S. 93.

17 Ebd., S. 118 f.

Aufopferung beruhender Lebensstil, der sich nicht von der Welt abwendet, sondern zur Welt hin öffnet. Der einzelne arbeitet – auch, um sich zu kasteien, nicht nur, um reich zu werden, und zwar deshalb, weil ihm von der protestantischen Ethik her die Vorstellung vermittelt wird, er tue Gutes, indem er arbeite. Die Früchte der Arbeit genießt er teilweise selbst, teilweise seine Familie, die durch Luther bekanntlich einen besonderen, neuen Akzent bekommt, teilweise seine Gemeinde, schließlich die Gesellschaft im ganzen. Indem einer arbeitet und seine Berufspflicht erfüllt, führt er ein gottgefälliges Leben. Indem er sich also nach den Normen und Bedürfnissen seiner Religion verhält, entwickelt der Protestant einen Habitus und ein Verhalten, welches zwar nicht auf ökonomische Tugenden zielt, sondern auf das Seelenheil, aber letztlich die Grundlage dafür bietet, daß ein eigener ökonomischer Sektor entstand, indem Arbeit und Beruf ganz neu gewichtet wurden. Insofern ist protestantische Arbeitsmoral, wie Weber darlegt, letztlich die Voraussetzung und sogar die entscheidende Bedingung für die Entstehung des neuzeitlichen Kapitalismus. Weber rundet diesen Gedanken ab und vertieft ihn durch genauere Untersuchungen zu protestantischen Sekten, insbesondere den Täufern, den Methodisten, den Quäkern und anderen, die in besonderem Maße für diese Verbindung von religiöser Motivation und ökonomischem Erfolg stehen konnten.

5   Säkularisierung und Rekonfessionalisierung   Die meist kurz so genannte ‚Weber-These' ist nach wie vor international umstritten.[18] Einerseits sieht man inzwischen deutlicher, inwieweit Webers universalgeschichtliche These durch seine eigene Biographie und Familienzugehörigkeit bedingt war: Seine Verwandten mütterlicherseits waren ostwestfälische Textilunternehmer, die mit protestantischem Ethos arbeiteten.[19] Andererseits sieht man auch deutlicher, wie Webers Denkansatz in seiner eigenen Zeit verhaftet war, in welcher Auseinandersetzungen zwischen dem Prote-

18 Vgl. z. B. CONSTANS SEYFAHRT/WALTER M. SPRONDEL (Hrsg.): Seminar: Religion und gesellschaftliche Entwicklung. Studien zur Protestantismus-Kapitalismus-These Max Webers, Frankfurt a. M. 1973. HARTMUT LEHMANN/GUENTHER ROTH (Hrsg.): Weber's Protestant Ethic. Origins, Evidence, Contexts, Cambridge 1987. WOLFGANG SCHLUCHTER/FRIEDRICH WILHELM GRAF (Hrsg.): Asketischer Protestantismus und der ‚Geist' des modernen Kapitalismus. Max Weber und Ernst Troeltsch, Tübingen 2005.

19 HARTMUT LEHMANN: Max Webers „Protestantische Ethik". Beiträge aus der Sicht eines Historikers, Göttingen 1996.

stantismus als dem (angeblichen) Weg der Modernisierung und dem Katholizismus als einem nicht-nationalen Prinzip gerade auch in Preußen virulent geworden waren. Dies überbrückt schließlich die Spanne vom Konfessionellen Zeitalter zur Gegenwart: Aktuell wird in den Kulturwissenschaften die Frage diskutiert, ob das 19. Jahrhundert ein „Zweites Konfessionelles Zeitalter" gewesen sei.[20] Der Hintergrund: Lange hatte man sich in Soziologie und Geschichtswissenschaft mit der vereinfachten Vorstellung zufriedengegeben, die mit der Aufklärung erreichte gedankliche Position sei die letztgültige; die Neuzeit sei gekennzeichnet durch zunehmende Verweltlichung (Säkularisierung), durch ein Nachlassen der Bindekraft der Kirchen, durch ein Verblassen des religiösen Diskurses. Dagegen hat Olaf Blaschke die Antithese gesetzt, das 19. Jahrhundert sei nicht nur durch ein Wiederaufleben des konfessionellen Denkens gekennzeichnet, sondern sogar ein „Zweites Konfessionelles Zeitalter", in dem also erneut die entscheidende Grenze zwischen Menschen zwischen Protestanten und Katholiken verlief. Für Blaschke endete dieses „Zweite Konfessionelle Zeitalter" erst nach 1960.

Um diese Antithese fundiert zu diskutieren, müßte man die Lebensverhältnisse des 19. Jahrhunderts genauer auf das Element der Konfession hin untersuchen, als dies bisher geschehen ist, und dabei auch den wachsenden Anteil der im wesentlichen von einer Bildungsreligion bestimmten Gebildeten, der Agnostiker und Atheisten sowie der materialistischen Anhänger der Arbeiterbewegung berücksichtigen.[21] Ein weiterer kulturwis-

---

20 OLAF BLASCHKE: Das 19. Jahrhundert: Ein Zweites Konfessionelles Zeitalter?, in: Geschichte und Gesellschaft 26 (2000), S. 38–75. OLAF BLASCHKE: Das 16. Jahrhundert und das 19. Jahrhundert: Zwei Konfessionelle Zeitalter? Ein Vergleich, in: ANGELA GIEBMEYER/HELGA SCHNABEL-SCHÜLE (Hg.): Das Wichtigste ist der Mensch. Festschrift für Klaus Gerteis zum 60. Geburtstag, Mainz 2000, S. 117–138 OLAF BLASCHKE (Hrsg.): Konfessionen im Konflikt. Deutschland zwischen 1800 und 1970: ein zweites konfessionelles Zeitalter, Göttingen 2002. Für die britische Welt CALLUM G. BROWN: The Death of Christian Britain. Understanding Seculatization 1800–2000, London 2001.

21 Reichlich Material findet man dazu schon bei FRANZ SCHNABEL: Deutsche Geschichte im neunzehnten Jahrhundert, Bd. 4: Die religiösen Kräfte, Freiburg 1937 (3. Aufl. 1955, Nachdrucke Freiburg 1965 und München 1987). THOMAS NIPPERDEY: Religion im Umbruch. Deutschland 1870–1918, München 1988. CHRISTEL KÖHLE-HEZINGER: Evangelisch – katholisch. Untersuchungen zu konfessionellem Vorurteil und Konflikt im 19. und 20. Jahrhundert vornehmlich am Beispiel Württembergs, Tübingen 1976. LUCIAN HÖLSCHER: Geschichte der protestantischen Frömmigkeit, München 2005.

senschaftlicher Forschungszweig wäre die Untersuchung der Transpositionen: Elemente früherer Kirchlichkeit dienen auch dazu, den gesellschaftlichen Bereich zu gestalten, beispielsweise bei Festen aller Art und im politischen Kult.[22] Es führt keine einfache Linie von der Kirchlichkeit zur Säkularisation; es ist vielmehr ein differenziertes kulturelles Forschungsfeld, das einer Bearbeitung harrt, die einerseits nicht hinter die Ergebnisse der konfessionsgebundenen kirchengeschichtlichen Forschung zurückfallen darf, sich andererseits aber auch nicht an deren Grenzen Halt gebieten lassen sollte.

,Konfession' war vor dem großen Schub der Verweltlichung im 20. Jahrhundert eine fundamentale Denkkategorie. Führende Geister widmeten sich der Profilierung und Interpretation verschieden ausgeprägter protestantischer und katholischer Konfessionskulturen – beispielsweise dann, wenn es darum ging, so etwas Weltliches wie den ,Geist des Kapitalismus' zu erklären. Die vergleichende Untersuchung der Konfessionskulturen ist von großer Bedeutung im Rahmen einer vergleichenden europäischen Kulturgeschichte, weil ,Konfession' außer ,Stand' und ,Nation' die entscheidende Kategorie ist.

Anregungen zur Weiterarbeit

1. Während in diesem Kapitel stark die Eigenart protestantischer Kultur herausgestellt wurde, könnte man sich kontrastweise stärker mit katholischer Religionspraxis und Volksfrömmigkeit befassen. Ein älteres, aber materialreiches und insofern wichtiges Werk ist LUDWIG ANDREAS VEIT/ L. LENHART: Kirche und Volksfrömmigkeit im Zeitalter des Barock, Freiburg 1956. Eine Darstellung der drei Hauptkonfessionen Katholizismus, Luthertum und Calvinismus in ihrer formativen Phase bietet ERNST WALTER ZEEDEN: Das Zeitalter der Gegenreformation, Freiburg 1967 (Neudruck München 1979).

2. Neu als Taschenbuch: MAX WEBER: Die protestantische Ethik und der Geist des Kapitalismus. Hrsg. von DIRK KAESLER, München 2004. Lesenswerte Alternative eines vergleichbaren, aber in mancher Hinsicht abwei-

---

22 Vgl. z. B. GEORGE L. MOSSE: Die Nationalisierung der Massen. Von den Befreiungskriegen bis zum Dritten Reich, Frankfurt a. M. und New York 1993.

chenden Standpunktes: ERNST TROELTSCH: Die Bedeutung des Protestantismus für die Entstehung der modernen Welt, München 3. Aufl. 1924.

3.   Eine Möglichkeit zur alltagsbezogenen Beleuchtung des Forschungs-
feldes von Säkularisierung und Resakralisierung bietet beispielsweise die Betrachtung des Umgangs mit dem Tod. Sammeln Sie Todesanzeigen aus verschiedenen Zeitungen (regionalen und überregionalen), um sich ein Bild
von der aktuellen Verwendung religiöser Symbolik zu machen! Gehen Sie
über einen alten Friedhof und analysieren Sie die Grabsteine verschiedener
Entstehungszeiten in bezug auf die Veränderung der verwendeten Formen
und Formeln!

12 Hofkultur

1   Begriffsklärung   Ein ‚Hof‘ ist etwas, was in verschiedenen Zeiten und in verschiedenen Kulturen auftreten kann: Auch Kaiser Konstantin hielt Hof und Dschingis Khan ebenfalls.[1] In besonderem Maße erfüllte jedoch der Hof der Frühen Neuzeit, des europäischen Absolutismus, den Begriff des Hofes. Man denkt unweigerlich an Ludwig XIV. von Frankreich und an Versailles, wenn von ‚Hofkultur‘ die Rede ist. Und das hat gute historische Gründe.

Trotzdem muß man sich natürlich überlegen, was zur Definition eines Hofes gehört. Zunächst einmal ist ein Hof ein Machtzentrum: um einen Herrscher herum. Damit ist er auch ein Verwaltungszentrum. Zu einem Hof gehören also ein Herrscher, seine Beamten, seine Diener, seine Gesandten. In aller Regel hat ein Hof einen festen Ort, der in der Neuzeit durch ein Schloß markiert ist, doch war Hofhaltung auch schon eine Ausprägung der mittelalterlichen Reiseherrschaft. In der Neuzeit aber hat ein Herrscher entweder einen Hof oder mehrere Höfe. Philipp II. von Spanien zentralisierte seine Herrschaft: Vorher war es üblich gewesen, daß der Herrscher die verschiedenen Schlösser und Herrschaftszentren reihum beehrte. Auch in England konzentriert sich der König erst im 16. Jahrhundert allmählich auf eine einzige Hofhaltung. In Frankreich führt erst Ludwig XIV. die eindeutige Zentralisierung herbei; vorher residierten die Könige auch in St-Germain-en-Laye, in Vincennes, in Fontainebleau und im Louvre. Die neue Zentralität brachte die Möglichkeit einer Steigerung höfischer Machtentfaltung mit sich.

Indem man nun den Hof als Herrschaftszentrum in den Blick nimmt, erscheint er als Haushalt des Königs, als Lebensmittelpunkt seiner Familie, der Prinzen von Geblüt, der führenden Familien des Adels, erweitert um Beamte und Funktionsträger. Was für einen König ‚privat‘ und ‚Familie‘ ist, hat öffentliche Bedeutung, zeitigt Wirkungen für die Gesellschaft, den Staat. Das Element der persönlichen Herrschaft ist dabei archaisch; es findet sich auch bei einem Stammeshäuptling. Neu dagegen ist die Zuordnung der gesam-

---

1   ALOYS WINTERLING (Hrsg.): Zwischen „Haus“ und „Staat“. Antike Höfe im Vergleich, München 1997 (Historische Zeitschrift, Beiheft 23). JOACHIM BUMKE: Höfische Kultur. Literatur und Gesellschaft im hohem Mittelalter, 2 Bde., München 1986.

ten gesellschaftlichen Pyramide auf diese Spitze: ‚Hof' kann der König nicht alleine sein; zum Hof gehört es, daß die konkurrierenden Machtzentren zugeordnet werden, daß die Machteliten sich am Hof einfinden, daß der Adel sich unterwirft. Die Zentralisierung der Herrschaftsfunktion bildet insofern einen bestimmten gesellschaftlichen Zustand ab. Der Adel sieht sich nicht mehr neben dem König, sondern in einem definierten Verhältnis zum König; zwar untergeordnet, aber in einer festen, feingliedrigen Abstufung, die ihn zugleich zu allen Mitbewerbern in ein Verhältnis setzt. ‚Hof' bedeutet also symbolische Repräsentation von Herrschaft.

Die höfische Gesellschaft repräsentiert innerhalb des jeweiligen Staates die soziale und politische Ordnung und stellt nach außen ihren Geltungsanspruch dar. Die Erscheinung ‚Hof' bezieht ein wesentliches Merkmal daraus, daß sie, in bezug auf den ganzen europäischen Kulturraum gesehen, immer nur im Plural vorkam. Es gab immer eine Vielzahl von Machtzentren, welche miteinander konkurrierten. Diese Machtzentren standen in Kommunikation miteinander durch Gesandte und Besucher. Die Diplomatie entfaltete sich als ein eigenes, hoch formalisiertes System gegenseitiger Information (und Spionage). Internationale Beziehungen wurden auf friedlichem Wege gepflegt durch Diplomaten, was nicht ausschloß, daß man gegeneinander auch Kriege führte, also auf die archaische Form der Gewalt zurückgriff, um seinen Ansprüchen Geltung zu verschaffen und sein Prestige zu steigern.

Der ‚Hof' war eine erstklassige Institution nicht nur zur Darstellung sozialer Ordnung und internationaler Zusammenhänge, sondern auch zur kulturellen Entfaltung. Was an einem Hof getan und gezeigt wurde, enthielt eine Komponente symbolischen Handelns, eine rituelle Handlungsgestalt mit Ausstrahlung zunächst auf den jeweiligen Hof, dann aber auch auf die anderen Höfe. (Zu bedenken wäre, inwieweit Höfe auch auf Städte ausstrahlten, auf die gesamte Gesellschaft einer Zeit.) Höfe bildeten Zentren der Mode, d. h. der Kleidung, des Wohnens, der Sitten, der Umgangsformen. Die höchste Entfaltung der Macht und des materiellen Reichtums ergaben ein solches Prestige, daß andere kulturelle Entfaltungsformen daran teilhatten. Von der Spitze der Macht ging etwas über auf diejenigen, die sich durch ihre Nähe zur Macht ein Ansehen verschaffen wollten. Man ahmte an Höfen nach und die Höfe wurden nachgeahmt. Der Kampf um Macht und Geltung ereignete sich in den durch die Hierarchie vorgegebenen und kontrollierten Medien. Wer sich einen Namen verschaffen wollte, wußte, wo dies allein möglich war: am Hof. Wer bei Hof Erfolg haben wollte, wußte, wie er sich zu benehmen hatte: höfisch. Die höfische Welt bewirkte eine einzigartige kulturelle Entfaltung, die alle Künste und Wissenschaften erfaßte, alle Leistungsträger an sich zog, alle Medien in Dienst nahm und so schließlich der gesamten europäischen Kultur der Epoche ihren Stempel aufdrückte.

2 Domestizierung, Zivilisierung und Repräsentation   Seit der epochalen Arbeit des Soziologen und Kulturhistorikers Norbert Elias hat man immer wieder *ein* Element der höfischen Gesellschaft besonders in den Vordergrund gerückt: die Domestikation des Adels.[2] Das Modell ist vom Hof Ludwigs XIV. abgeleitet und hebt darauf ab, daß im mittleren 17. Jahrhundert der französische Adel das Königtum in einer Serie von Aufständen bedroht hatte und daß Ludwig XIV. aufgrund der Geschehnisse seiner Kindheit traumatisiert war durch die Möglichkeit, daß führende Adlige die Macht an sich reißen könnten. Er arbeitete deshalb darauf hin, den Adel abzulenken, zu beschäftigen und zu unterwerfen. Dazu diente ihm nun in besonderer Weise sein zentraler Hof. Denn am Hof wurden zahlreiche Ämter geschaffen, für die nur Adlige in Frage kamen. Am Hof wurden Geschenke und Pensionen vergeben. Die Nähe zum Fürsten wurde ganz zynisch belohnt. Wenn ein Adliger auf seinem Landschloß sitzen blieb, fiel er in der Konkurrenz mit seinen Standesgenossen immer weiter zurück, zumal die Erträge der Landwirtschaft im Laufe der Jahrhunderte abnahmen, mithin auch der abschöpfbare Mehrwert. Adlige kamen also an den Hof mit der Aussicht auf Gewinn und Prestige.

Dort aber mußten sie sich ihre Stellung erst erwerben und sich beständig die Gunst des Königs zu erhalten suchen. Der König geriet also in eine Schiedsrichterposition zwischen verschiedenen Adelsgeschlechtern; er konnte Wohlverhalten belohnen und ungünstiges sanktionieren. In diesem Sinne wurde der Adel in Frankreich mehr und mehr an den Hof gezogen, dort in eine Hierarchie eingeordnet, beschäftigt und sogar beaufsichtigt, überwacht. Er wurde mithin ‚gezähmt‘, ‚domestiziert‘. Seine Neigung zu Aufruhr und Widerstand wurde ihm in einem jahrzehntelangen Erziehungsprozeß ausgetrieben. Die ständischen Versammlungen des Adels der verschiedenen Provinzen wurden nicht mehr einberufen. Sie konnten sich mit dem Aufstieg und der Zentralisierung des Hofes unter Ludwig XIV. nicht zu einer Gegenmacht entwickeln.

---

2   NORBERT ELIAS: Die höfische Gesellschaft. Untersuchungen zur Soziologie des Königtums und der höfischen Aristokratie, Darmstadt und Neuwied 2. Aufl. 1975. JÜRGEN FREIHERR VON KRUEDENER: Die Rolle des Hofes im Absolutismus, Stuttgart 1973.

Diese Domestizierung des Adels führte zu einer Zivilisierung aller Be-
teiligten.[3] Man muß sich das zunächst so vorstellen, daß Adlige in älterer
Zeit, wenn sie in Streit gerieten, einfach zum Degen griffen und ihren Strauß
miteinander ausfochten. Das gehörte zum älteren Ideal des Ritters. Am
Hofe nun konnte es der König keineswegs dulden, daß sich jeder nach
Belieben mit Gewalt durchsetzte. Es mußten also Formen geschaffen werden, welche die Schwelle der erlaubten Gewalt sehr hoch ansetzten. Die
Regeln des höfischen Lebens wurden vom König vorgeschrieben; am Hof
hatte nur Chancen, wer sich diesen Regeln unterwarf. Daraus ergab sich
eine ‚Zivilisierung‘, d. h. eine Verhaltensregelung, welche den direkten Ausdruck der Affekte einschränkte. Ein Wutausbruch, Gier, sexuelle Triebhaf-
tigkeit – all das konnte nie direkt zum Ausdruck gebracht werden, sondern
nur sublimiert, verfeinert, den am Hofe herrschenden Formen angepaßt. Da
sich das Hofleben nicht unter dem Gesichtspunkt von Arbeit und Effizienz
entfaltete, sondern unter dem der Repräsentation, wurden alle Lebensformen immer ausgeklügelter, immer differenzierter. Selbst primitive Verrich-
tungen wie das Aufstehen und Ankleiden des Königs wurden zu einem
hochsymbolischen Zeremoniell ausgestaltet.

Die höfische Zivilisierung hatte direkte Auswirkungen auf Kleidung
und Haartracht: Das höfische Kleid bestand vorzugsweise aus Seide, aus
möglichst teuren und hochveredelten Stoffen. Die höfische Haartracht war
die Perücke, d. h. künstliches Haar, das man zu wechselnden Frisuren zusammensetzte, unter Ludwig XIV. als gepuderte Allongeperücke, mit gigan-
tischer Lockenpracht. Essen bei Hofe wurde auf den wertvollsten Materialien serviert: Edelmetall (vor allem Silber), hochwertiges Glas (z. B. aus
Venedig), dann auch Porzellan, das weiße Gold, das aus China bekannt war
und um 1700 am sächsischen Hof von Böttger neu erfunden wurde. Auf
diesen kostbaren Trägermaterialien wurde das Auserlesenste an Essen und
Trinken serviert, was jene Zeit zu bieten hatte. Auch Exotisches war stets
gefragt, beispielsweise Ananas gab es damals nur an Höfen. Kaffee und
Schokolade waren anfangs mit höchstem Prestige befrachtet, bevor sie sich
in größeren Kreisen der Bevölkerung verbreiteten. Tischdecken kannte
man ursprünglich nur bei Hofe. Lange verwendete jeder das gemeinsame
Tischtuch, um sich Mund und Hände abzuwischen, bevor man zu individuellen Servietten überging. Das Trinkgeschirr wird erst in dieser Phase indi-

---

3   NORBERT ELIAS: Über den Prozeß der Zivilisation. Sozio- und psychogenetische
    Untersuchungen, 2 Bde., Frankfurt a. M. 1969.

vidualisiert, vorher hatte man einen Krug oder eine Schale reihum gehen lassen. Mit der Gabel setzte sich in der Neuzeit ein Mittel der Distanz durch: Nun konnte man Fleisch und andere Nahrung zu sich nehmen, ohne die Finger beflecken zu müssen. Das Tischgerät differenzierte sich; die Bestandteile einer kompletten Tafel wurden immer zahlreicher. Die Nahrungsaufnahme wurde immer stärker geregelt: Ein bestimmtes System geschmacklich abgestimmter, aufeinander folgender Gänge mußte erst einmal erfunden werden. Die Anordnung von salzigen oder scharfen Appetitanregern bei den Vorspeisen, Fleisch, Geflügel, Fisch im Zentrum der Hauptgänge und süße Speisen zum Schluß der Mahlzeit breitete sich von Italien kommend in der Neuzeit allgemein aus.

Auch im Umgang der Geschlechter miteinander, in ihrem Verhalten in intimen Situationen, im Schlafraum, in den gebräuchlichen Himmelbetten und um diese herum, in bezug auf Körperhygiene und Kosmetik entfalteten sich bestimmte Standards, die sich zwar noch stark von den später üblichen unterschieden, aber damals doch eine merkliche Zivilisierung bedeuteten. Der Tendenz nach wurde alles künstlicher, geregelter, definierter. So konnte man der höfischen Verhaltensformung später ein ‚natürliches‘ Verhalten als neues (‚bürgerliches‘) Ideal entgegensetzen.

Die höfische Verhaltensformung bedeutet von der einen Seite her Zwang, von der anderen die Möglichkeit zur Selbstdarstellung und Entfaltung. In erster Linie ist es der König selbst, der sich darstellt; abgestuft aber auch alle weiteren Personen am Hofe. Jeder bringt etwas mit von seinem Reichtum, seiner Familientradition und persönlichen Bildung; jeder versucht, seine positiven Seiten zur Geltung zu bringen, anderen gegenüber in Erscheinung zu treten, Vorrang durchzusetzen. Entscheidend ist die Distribution von Gunsterweisen von oben her. Der König tritt in Erscheinung, indem er spendet, austeilt, Großzügigkeit demonstriert.

Repräsentation entfaltet sich in jeder kulturell möglichen Weise. Man repräsentiert durch sein Auftreten, seine Kleidung, seine Sprache; durch die Art, wie man ißt und was man ißt; durch ‚Höflichkeit‘ und Manieren, durch besondere Fertigkeiten und Kenntnisse. In einer sensibilisierten Lebenswelt wird alles zum Zeichen, zum Symbol; jedes Element der Kultur wird gewissermaßen aufgeladen durch die Möglichkeit der Distinktion, der Partizipation, der Repräsentation. An einem großen, hierarchisch gegliederten Hof herrscht ein beständiger Wettbewerb der Höflinge untereinander und eine Konkurrenz um die Gunst des Monarchen. Der Tageslauf und der Jahreslauf werden zunehmend ritualisiert, weil kein kultivierbarer Bestandteil mehr freigelassen wird. Alles wird mit Bedeutung aufgeladen.

Insbesondere aber werden alle Künste der höfischen Repräsentation dienstbar gemacht. Beispielsweise die Musik: Jeder Musiker, der etwas auf sich hielt, suchte die Gunst des Hofes; aber auch nur am Hofe konnten die besten Musiker in Konkurrenz zu einander treten, konnte man ihre Leistungen vergleichen. Höfisch sind in besonderem Maße die Tanzkunst, die Oper, das Drama. Höfisch sind aber auch Architektur und Gartenkunst, alle Bildenden Künste von der Skulptur bis zur Malerei – und die angewandten Künste, das Kunsthandwerk, ohnehin. Spiegel waren höfisch, Gobelins, Teppiche, Möbel, Kristallüster. Im Zentrum des höfischen Lebens steht das Fest.

Die höfische Welt bildet eine Ausnahmewelt, den Gegensatz zum Alltag. An der sozialen Spitze gelten andere Normen und Werte als in der Breite der Gesellschaft. Hier herrscht nicht die Arbeit, sondern der Müßiggang. Man nutzt nicht das Tageslicht, sondern macht die Nacht zum Tage. Gartenbau dient nicht der Ernährung, sondern der Zierde. Auf die Jagd geht man nicht, um Nahrung zu beschaffen, sondern für eine zweckfrei-sportliche Bewegungsentfaltung im Kampf gegen die Langeweile.

Höfisches Leben bedeutet Distinktion. Gesetze der Notwendigkeit und des Mangels, welche die frühneuzeitliche Lebenswelt sonst beherrschen, gelten nicht am Hofe: Hier *verschwendet* man – Zeit, Geld, Ressourcen. Diese Verschwendung (der amerikanische Soziologe Thorstein Veblen hat dafür den Fachausdruck *‚conspicuous consumption‘* eingeführt[4]) geschieht gesellschaftlich, d. h. im Hinblick auf andere, die damit beeindruckt werden sollen. ‚Repräsentation‘ bedeutet insofern nicht nur Selbstentfaltung und Selbstdarstellung, sondern Demonstration von Überfluß, Reichtum, Großzügigkeit.

3   Sozialpsychologische Folgen   Die höfische Lebenswelt formt einen höfischen Menschen, der sich vom gewöhnlichen Menschen außerhalb des Hofes und von Menschen anderer Zeiten und Lebenswelten deutlich unterscheidet. Das beginnt schon mit jener Verhaltensformung, die man als ‚Höflichkeit‘ bezeichnet: Aufmerksamkeit, Ehrerbietung, glatte Manieren. Dazu gehört eine kultivierte Sprache, insbesondere aber auch ein Wissen um passende Anrede- und Höflichkeitsformeln. Der höfische Mensch weiß genau, wen er mit welchem Titel und Rang anzusprechen hat und wel-

---

4   THORSTEIN VEBLEN: Theorie der feinen Leute. Eine ökonomische Untersuchung der Institutionen, München 1981.

che Weise in bezug auf das jeweilige Verhältnis die richtige ist. Er weiß, wann man Kürze von ihm verlangt und wann man ihn plaudern zu hören wünscht. Er kennt die ehrerbietige Unterwerfung genauso wie die gnädige Herablassung. Er weiß, wann es angemessen ist, sich von gleich zu gleich zu begegnen. Und er hat präzise Vorstellungen davon, wie man einer Dame begegnet, wie einem Herrn, wie einem Fremden, wie einem Standesgenossen, wie einem Kirchenmann, wie einem Militär. Das damalige Lebensideal, der unübersetzbare *‚honnête homme‘*,[5] ist ein hochgradig trainiertes, ausgebildetes, differenziertes, körperlich, geistig und seelisch entwickeltes Wesen, wie man es sich in unserer nivellierten Massenkultur kaum noch vorstellen kann.

Um sich an einem Hof einführen, durchsetzen und behaupten zu können, brauchte man vielerlei Fähigkeiten und Fertigkeiten, Talente und Eigenschaften. Insbesondere wurde an Höfen die Beobachtungsgabe geschult, eine spezifische Aufmerksamkeit für andere Personen am Hofe, eine schnelle und möglichst untrügliche Einschätzung ihres Charakters und ihrer Bedeutung, ihrer Herkunft und ihrer Durchsetzungsfähigkeit. An den frühneuzeitlichen Höfen prägte sich insofern eine bestimmte Art der psychologischen Analyse aus, die in einer Zeit vor der wissenschaftlichen Psychologie natürlich einen anderen Weg nehmen mußte. Sie formte sich vor allem literarisch, im Kontakt mit den klassischen Schriftstellern der Medizin und Philosophie, aber auch im Theater, durch das Studium der Charaktere der Komödien und der Tragödien. Man kannte bestimmte Rollen und Typen, war also nicht auf individuelle Beobachtungen allein angewiesen. Selbstbeobachtung und Beobachtung anderer Menschen fanden ihren Ausdruck vor allem in der Kunst der Sentenzen und Sprüche, der Aphorismen, der kurzen, entlarvenden Charakteristiken. In der französischen Literatur gibt es eine eigene Gattung der ‚Moralistik‘, z. B. La Rochefoucauld, und eine eigene Gattung des Essais, für die Michel de Montaigne die klassischen Muster lieferte. Die Formulierung und Abgleichung solcher Beobachtungen am Menschen und Charakterschilderungen geschieht in ständigem Bezug zur antiken Tradition. Beispielsweise entwickelte La Bruyère seine berühmten Charaktere als Versuch, Theophrast zu übertreffen. Fénelon stilisierte sich in seiner Erziehungsschrift für den Dauphin zum ‚Mentor‘ Telemach in Kon-

---

5   FRITZ SCHALK: Honnête homme, in: JOACHIM RITTER/KARLFRIED GRÜNDER (Hrsg.): Historisches Wörterbuch der Philosophie, Bd. 3, Basel 1974, S. 1186 f. OSKAR ROTH: Honnête homme, in: GERT UEDING (Hrsg.): Historisches Wörterbuch der Rhetorik, Bd. 3, Tübingen 1996, S. 1555–1561.

kurrenz zur damals vielgelesenen Erziehungsschrift des Pseudo-Plutarch. Komödienautoren wie Molière verarbeiteten die klassische Komödientradition von Menander und Plautus.[6] Andere sozialpsychologische Folgen, neben der Differenzierung und Verfeinerung, liegen in der Servilität und Äußerlichkeit, die man von bürgerlicher und religiöser Seite den Hofleuten schon damals oft zum Vorwurf gemacht hat.[7] Indem der Hof das Prinzip der ‚Repräsentation‘ so prägnant hervortrieb, kultivierte er den Schein, das Äußere. Das konnte natürlich dazu verführen, die Fassade für das Gebäude selbst zu nehmen, den Anschein für die Sache. Das Hofleben mit seiner Künstlichkeit war in gewisser Weise hohl. Man bemühte sich beständig um Form und erreichte ein Äußerstes in der Formkultur – genau deshalb mußte das Hofleben von einem anderen Kulturstil her als morsch erscheinen.

Hofleute waren Spezialisten für das Deferentialwesen: Jeder bekommt genau die Ehrerbietung erwiesen, die ihm zusteht, nach seiner Position in der Hierarchie der höfischen Welt. Unterwürfigkeit ist insofern nicht moralisch verwerflich, sondern adäquates In-Erscheinung-Treten der ‚richtigen‘ Ordnung. Außerhalb der höfischen Welt galten andere Verhaltensformen. Aber jemand, der vom Hofe kam, bewies ja gerade durch die Übernahme höfischer Verhaltensformen, daß er ‚dazugehörte‘.

Deutschland bildete eine Welt der Höfe nach dem Muster von Versailles. Infolge der kleinstaatlichen Zersplitterung gab es nirgendwo auf der Welt so viele Höfe. Ihre Dichte war besonders hoch und auch die Anzahl der Personen, die Kontakt mit Höfen hatten. Was Wunder, daß man es den Deutschen im 17. und 18. Jahrhundert zum Vorwurf machte, die Eigenschaften des Hofes (die negativen natürlich) besonders ausgeprägt zu haben, daß sie alle servil, titelsüchtig und rangversessen seien.[8] Die kollektive Mentalität der Deutschen war (wie die der Franzosen) durch die Schule der höfischen Gesellschaft gegangen. Man merkte ihr die höfische Phase noch lange an. In der industriellen Massengesellschaft des 20. Jahrhunderts ist sie dann untergegangen.

---

6   Vgl. HANS-JOACHIM LOPE: Französische Literaturgeschichte, Heidelberg 2. Aufl. 1984.
7   Vgl. HELMUTH KIESEL: „Bei Hof, bei Höll“. Untersuchungen zur literarischen Hofkritik von Sebastian Brant bis Friedrich Schiller, Tübingen 1979.
8   Vgl. MICHAEL MAURER: Außenwahrnehmung. Deutschland und die Deutschen im Spiegel ausländischer Reiseberichte (1500–1800), in: DIETER LANGEWIESCHE/GEORG SCHMIDT (Hrsg.): Föderative Nation. Deutschlandkonzepte von der Reformation bis zum Ersten Weltkrieg., München 2000, S. 309–325.

4 Schlösser und Gärten Höfische Herrschaft war um das Zentrum eines Schlosses gruppiert. Schlösser stellten, abgesehen von Kirchen und manchen Klöstern, die prächtigsten Bauwerke der Epoche dar. Infolge der territorialen Zersplitterung und der weitgehenden Souveränität der Fürsten des Heiligen Römischen Reiches Deutscher Nation wurde Deutschland zur dichtesten Schlösserlandschaft der Welt.[9] Die meisten entstanden im 18. Jahrhundert, ein Teil davon auch schon am Ende des 17. Jahrhunderts. Die größten und reichsten Fürsten bauten die größten und prächtigsten Schlösser – nicht nur, weil gerade *sie* dazu in der Lage waren, sondern auch deshalb, weil sich Herrschaft erst über Schloßbauten und andere damit zusammenhängende Repräsentationsanstrengungen realisierte. Unter den zahlreichen konkurrierenden Fürsten entwickelte sich ein friedlicher Wettstreit; immer großartiger, immer ausgedehnter, immer prunkvoller mußten die Anlagen erscheinen. Der prächtigste Hof nach Versailles war der Kaiserhof in Wien; die neue Anlage in Schönbrunn wurde von Fischer von Erlach als ein Über-Versailles geplant, wenn auch schließlich bescheidener ausgeführt. Wie sich um Versailles herum ein Kranz von Neben-, Lust- und Jagdschlössern entwickelt hatte, entstanden auch außerhalb von Wien mehrere andere Schloßanlagen, am bedeutendsten Laxenburg. Zum Berliner Stadtschloß kamen Potsdam und Sanssouci hinzu, in München Schleißheim und Nymphenburg.

Charakteristisch für das deutsche 18. Jahrhundert ist die Entwicklung zur Schloßstadt, wie sie sich in Karlsruhe, in Rastatt, in Mannheim und in Ludwigsburg abzeichnete: Diese Fürsten ließen utopische Idealstädte entwerfen,[10] in deren Zentrum das Schloß stand, dessen Flügel sich zu einem Ehrenhof öffneten, an den sich die Straßen der Hofbeamten anschlossen, die ebenfalls auf den gleichmäßigen Stadtbauplan verpflichtet wurden; weiter vom Zentrum entfernt konnten dann auch nicht-regelmäßige Gebäude errichtet werden.

Im Mittelalter hatten die Adligen auf Burgen gewohnt; im höfischen Zeitalter errichteten sie Stadtpalais, die sich durch ihre Lage und Größe in Relation zum fürstlichen Hof positionierten. Während fürstliche Schlösser

---

9 Vgl. WOLFGANG BRAUNFELS: Die Kunst im Heiligen Römischen Reich Deutscher Nation, 6 Bde., München 1979–1989. THOMAS DACOSTA KAUFMANN: Höfe, Klöster und Städte. Kunst und Kultur in Mitteleuropa 1450–1800, Darmstadt 1999.

10 HANNO-WALTER KRUFT: Städte in Utopia. Die Idealstadt vom 15. bis zum 18. Jahrhundert, München 1989.

in älterer Zeit mehr oder weniger Abwandlungen von Burgen gewesen waren, meist rechteckige, kompakte Wehranlagen, oft mit Ecktürmen und einer mächtigen Toranlage, wurden die Schlösser im höfischen Zeitalter an einem neuen architektonischen Ideal ausgerichtet: Ein zentrales Bauwerk, in dessen Mitte entweder die fürstliche Kapelle (Typ Escorial) oder das fürstliche Schlafzimmer (Typ Versailles) situiert war, wurde von Flügeln umgeben, die dann insgesamt den optischen Eindruck eines überwältigenden Ensembles hervorriefen. Grundsätzlich unterschied man eine Gartenfassade von einer Hauptfassade, die auf die Stadt hin ausgerichtet war. Durch diese Art der Anlage gewann man Raum für Einzüge und Prozessionen, für militärische Paraden und zivile Feste, für Zeremonien aus religiösem Anlaß wie aus fürstlich-familiärem. Schloßanlagen wurden nach dem Vorbild von Versailles so gebaut, daß Fürst und Fürstin in getrennten Flügeln residierten; sie unterhielten jeweils einen eigenen Hofstaat, der nur bei bestimmten Ereignissen zusammengeführt wurde. An die Hauptpersonen schlossen sich deren Familienangehörige, das höhere und niedere Hofpersonal an. Jedes hatte streng seinen Ort und seine Stellung zu wahren. Die ganze Hofhaltung bildete eine virtuelle Repräsentation des Herrschaftsgefüges, ein in Raumordnung und Zeremonien umgesetztes Modell des umfassenden Ordo.

In diesem repräsentativen Raumgefüge spielten die Gärten eine besondere Rolle – eine Rolle, die sie nie vorher und nie später wieder in solchem Maße zugewiesen bekamen. Die planvollen Hofanlagen (Beispiel Karlsruhe) folgten von Anfang an dem Prinzip, den architektonisch nicht verbrauchten Raum in das Gesamtkonzept einzubeziehen. Die Häuser-Alleen wurden durch Garten-Alleen verlängert; die gemauerten Wände gingen in gepflanzte Wände über, das Hoftheater verlagerte sich ins Gartentheater. Wie ein wichtiger Teil der repräsentativen Räume in jedem Schloß zum Flanieren diente – man zeigte sich, wurde gesehen, setze sich durch Blicke und Komplimente zueinander in Beziehung –, so dienten die Gartensäle eines Schlosses dem gleichen Zweck. Gewisse Partien des höfischen Tageslaufes fanden im Freien statt; zu Festen gehörten Schaustellungen in freier Natur, Fahrten auf den Kanälen des Schloßgartens und Feuerwerke.

5 Oper und Tanz   Die Oper wuchs aus dem Zusammenhang des höfischen Festes hervor. Ihr Ursprung liegt ganz klar in der Zeit um 1600 in den verschiedenen Werken für menschliche Stimmen und Instrumente, die an den Höfen der Medici in Florenz, der Gonzaga in Mantua und in Rom durch Förderung verschiedener Mitglieder der Familie Barberini zustande kamen. Den Kontext bildete immer das Fest.

Eine hochartifizielle und hochkomplexe Form wie die Oper konnte nur dort entstehen, wo ohnehin schon ein reges Musikleben bestand, und das kann man über die italienischen Städte, Kirchen und Höfe der Renaissancezeit sagen. Sie konnte aber auch nur dort entstehen, wo es eine Form von Repräsentationskultur gab, die keinen Aufwand scheute, die immer Festanlässe zu bieten hatte und dementsprechend immer Nachfrage nach solchen Inszenierungen. Das gilt für die Höfe, zunächst für die italienischen, später gesamteuropäisch. Schließlich aber mußte ein drittes Element hinzutreten, um diese spezifische Form hervorzutreiben. In den ‚Akademien' in italienischen Städten und an italienischen Höfen gab es ein konzentriertes Nachforschen, wie wohl die Musik der Griechen und Römer ausgesehen habe. Aus den überlieferten Andeutungen von Bühnenspielen erschloß man etwas mehr oder minder Fiktives – daraus entwickelte sich die neuzeitliche Oper.[11] Anders als bei der Lyrik oder im Drama gab es bei der Oper nur wenige Anhaltshaltspunkte in bezug auf die Kunstwirklichkeit der Antike; das meiste mußte man aus Intuition neu gestalten. Von antiker Bühnenkunst hatte man wohl überlieferte Texte, aber sonst konnte man darüber kaum etwas wissen. Was man wußte, war fast nur, daß von Musikinstrumenten begleitete Sänger aufgetreten waren. Aus diesem Entstehungszusammenhang in Anknüpfung an die Antike ergab sich auch, daß man bevorzugt Inhalte wählte, welche die Dichter der Antike überliefert hatten. Naheliegend war etwa, daß man Geschichten umsetzte, die mit der Kraft der Musik selbst etwas zu tun hatten, wie beispielsweise Orpheus und Euridike oder Daphnis und Chloe. Und in der Tat ist eine der ersten bekannten Opern überhaupt *Dafne* von Peri (1597) und eine der ersten überlieferten Opern *Orfeo* von Claudio Monteverdi aus dem Jahre 1607. Weiterhin boten sich Schäferspiele an in Anlehnung an die anakreontische Tradition. Apollo und Daphne, Hirten und Nymphen: Das war das Personal der frühen Oper; aus ihrer Traumwelt erbaute man die neue Kunstform.

Die Anlehnung an klassische Traditionen bedeutete auch, daß die Oper von Anfang an weltlich war: Sie trennte sich früh von der religiös gebundenen Musik ab. Das ergibt sich schon aus dem Entstehungszusammenhang des Hofes. Immerhin ist erwähnenswert, daß es im Rom der Gegenreformation Versuche gab, der *antikisierenden* Form der Oper eine *moralisierende* entgegenzusetzen. Der römische Edelmann de' Cavalieri, der am Medici-Hof in Florenz als Generalinspektor der Künste tätig war, brachte in Rom

---

11 WERNER BRAUN: Die Musik des 17. Jahrhunderts, Laaber 1981 (Neues Handbuch der Musikwissenschaft. Hrsg. v. CARL DAHLHAUS, Bd. 4), S. 71–84.

im Jahre 1600 eine Oper auf die Bühne, die er *Rappresentazione di anima e di corpo* nannte; der Titel sagt wohl schon alles: Ein allegorisches Spiel, bei dem Verkörperungen der Seele und des Körpers auftraten.

Die Oper wurde zur Oper durch die Weiterentwicklung des musikalischen Anteils, wie sie sich bereits in der Entstehungsphase an den oberitalienischen Höfen, vor allem in Florenz und Mantua, ablesen läßt. Man hat dies auf die Formel „Differenzierung und Integration" gebracht:[12] *Differenzierung* insofern, als musikdramatische Einheiten herausgearbeitet und klar profiliert wurden: Einteilung in Akte, Modellierung von Szenen, jeweils eigener ‚Ton' in beiden. *Integration* insofern, als manche Sätze mehrfach wiederkehrten, zu einem Prolog ein Ritornell kam und Sinfonien zu 8 und 5 Stimmen wechselten. Dramaturgisch gesehen, enthielt die Oper beides: *Handlung* und *Konflikt*. Ältere Formen, wie beispielsweise die in Musik gesetzte Pastorale, kannten noch keinen Konflikt.

Im Gegensatz zu später waren die ersten Opern, da sie in einen spezifischen Festzusammenhang hineingehörten, grundsätzlich ephemer, für den einzelnen Tag berechnet. Sie verschwanden wieder, wenn der Festanlaß vorbei war; sie konnten aber auch wiederbelebt, umgeschrieben, neu komponiert werden. Diese Eigenschaft, das Ephemere, teilten sie mit anderen Bestandteilen des höfischen Festes: Die Feuerwerke verpufften in der Luft, auch Bauten wurden wie andere Dekorationen (Podeste und Bühnen, Triumphbogen und Schaugerüste) oft nur aus Holz und für ein einziges Fest errichtet. Sie wurden prunkvoll bemalt und verziert, teilweise sogar vergoldet und sonst mit kostbaren Stoffen drapiert, aber am Ende des Festes war die ganze Herrlichkeit vorbei.

Und trotzdem lebt im höfischen Fest auch ein Wille, der Repräsentation Dauer zu verleihen. Das Motiv des Ruhmes gehört grundsätzlich zur Hofkultur! Seit der Zeit um 1600 wurde beinahe jedes bedeutende Fest in Publikationen verherrlicht und über den Buchdruck der Lesewelt kundgemacht.[13] Ein analoger Impuls bestand für die Erhaltung von Opernlibretti und Noten. So kommt es, daß nicht weniger als 250 Barockopern in gedruckter Form auf die Nachwelt gekommen sind (dabei versteht man unter ‚Barockoper' die Produktionen bis zum Jahre 1740, also von Monteverdi bis einschließlich Händel).[14]

---

12 Ebd., S. 81.
13 JÖRG JOCHEN BERNS u.a. (Hrsg.): Erden Götter. Fürst und Hofstaat in der Frühen Neuzeit im Spiegel von Marburger Bibliotheks- und Archivbeständen, Marburg 1997.
14 WERNER BRAUN, Die Musik des 17. Jahrhunderts, S. 81.

Besonders Venedig tat sich im Bereich der Oper hervor. Die venezia-
nische Oper, die überall an den europäischen Höfen zur herrschenden Form
wurde, ist durchaus als eigenständige Weiterentwicklung der angesproche-
nen Anfänge charakterisierbar:

Ein »musikalisches Intrigendrama in italienischer Sprache, in dem der Held (die Hel-
din) mit Mühe und nach vielen Hindernissen zum Ziel (Thron, Ehe) gelangt und das
von Nebenhandlungen so durchzogen ist, daß bei aller Typik die Orientierung mit-
unter schwerfällt. Das Leben erscheint als ein Irrgarten, zumal ja Verwechslungen und
Verkleidungen zusätzlich Unsicherheit schaffen. Blind, aber voll Leidenschaft verfolgt
jede Person ihr eigenes Ziel, der ehrgeizige Bösewicht wie die selbstlos Liebende:
Figuren an unsichtbaren Fäden, die das Fatum zu halten scheint. Keine von ihnen entwickelt sich, starr verwirklichen sie ihre Anlagen oder Grundsätze, starr kreuzen sie
ihre Bahnen, die Lösung der Konflikte erfolgt überraschend und (für den modernen
Beobachter) ohne innere Notwendigkeit.«[15]

Die Kritik an der Oper ist deshalb fast so alt wie die Oper selbst: unnatürlich (gesungene Reden), undramatisch (Triller, Koloraturen), unwahr-
scheinlich (*Deus ex machina*), ungeordnet (Nebenhandlungen, Wechsel von
Ort, Zeit und Handlung). Aus der Sicht eines bürgerlichen Aufklärers und
Rationalisten wie Johann Christoph Gottsched erschien die Oper als „das
ungereimteste Werck so der menschliche Verstand jemals erfunden hat", als
„Beförderung der Wollust und Verderberin guter Sitten".[16]
    Zum höfischen Fest gehört unabdingbar der höfische Tanz, das heißt
der sog. horizontale Tanz des Balletts. In streng abgezirkelten Figuren stellt
er einen zentralen Bestandteil der Kultur der Epoche Ludwigs XIV. dar und
unterliegt ihren Grundprinzipien. Ebenso wie die anderen Bereiche wird er
immer stärker reglementiert und kontrolliert: Ludwig XIV. richtet sogar eine eigene Akademie dafür ein. In den Jahrzehnten seiner Herrschaft hat
man drei Entwicklungsprinzipien des Tanzes herausgestellt: *Geometrisie-
rung, Verfeinerung* und *Hierarchisierung.*[17]
    Als junger König trat Ludwig selbst als Tänzer hervor; er galt als der
beste Tänzer am französischen Hofe. In späteren Jahrzehnten gelang es ihm,

---

15 Ebd., S. 84.
16 Zit. ebd., S. 71.
17 Dies und das Folgende nach RUDOLF BRAUN/DAVID GUGERLI: Macht des Tanzes –
        Tanz der Mächtigen. Hoffeste und Herrschaftszeremoniell 1550–1914, München
        1993, S. 96–165.

seine Vorstellungen von Tanzkultur zu verallgemeinern und zu multiplizieren, indem er nicht mehr selber auftrat, sondern sich durch berufsmäßige Tänzer repräsentieren ließ. Wie er sich allmählich im ganzen Lande als absolutistischer Herrscher durchsetzte, zwang er auch den gesamten Adel, sich in die Hierarchie seines Hofes und seines Balletts einzugliedern. Selbst der hohe Adel erwarb sich Distinktion durch Teilnahme am Ballett des Königs.

Ludwig XIV. verkörperte die höchsten Tendenzen seiner Zeit. Das 17. Jahrhundert pflegte überhaupt diesen Geist der Unterwerfung und Rationalität; es lebte in Geometrie und Harmonie. Dabei schöpfte man aus klassischem Fundus: Vor allem die römische Antike galt als vorbildlich; von allen Sprachen wurde das Latein am meisten gepflegt. Es war ein Zeitalter, in dem die Astronomie und die klassische Physik wesentlich gefördert wurden; die Mathematik und der Geist der Zahl bestimmten die europäische Kultur. Befremdlich ist für uns allenfalls, daß gerade der Tanz dabei so wichtig gewesen sein soll. Denken wir doch bei Tanz heute eher an Vergnügen als an Wissenschaft! Aber im Horizont der Zeit war das so.

Die königliche Akademie, die für die Tanzkunst zuständig war, bewirkte „Reglementierung, Kodifizierung, Normierung und Verwissenschaftlichung".[18] Indem Ballette choreographiert wurden, die auf das Gesehenwerden von der Gesellschaft und auf das Auge des Königs ausgerichtet waren, schuf man nach den Gesetzen der Perspektive eine optische Ordnung des Raumes, die starr sein konnte, aber durch die ständige Bewegung auch variiert erschien, also letztlich Stabilität als Kontrolle von Bewegung abbildete.

Die Ballette sind jedoch auch im Zusammenhang der Musik zu sehen, die Ludwig XIV. gleichermaßen kontrollierte und in seinen Dienst stellte, indem er den gebürtigen Italiener Jean-Baptiste Lully an die höchste Stelle aufsteigen ließ. Lully vertrat einen Stil, der als ‚Absolutismus in der Musik' gekennzeichnet werden kann. Seine Abneigung galt den individuellen Variationen der Aufführungspraxis; er kämpfte gegen jene Verzierungen, welche Virtuosen gelegentlich anzubringen liebten, ohne daß sie schriftlich notiert gewesen wären. Lully dirigierte mit einer Art von Marschallstab, mit dem er den Takt zu schlagen pflegte, weil alles auf Präzision und Einheitlichkeit ankam. (Einer Überlieferung zufolge soll er daran gestorben sein, daß er sich mit diesem Stab selbst beim Dirigieren am Fuß verletzte.) Die

---

18 Ebd., S. 125.

Unabhängigkeit musikalischer Stimmen mußte gebändigt und dem zentralen Willen des Dirigenten unterworfen werden. In der von Lully verantworteten Musik stellte sich Ludwig XIV. selbst dar und er arbeitete sehr bewußt daran, in diesem Bereich eine vollkommene Kontrolle zu erlangen. 1672 wurde Lully Intendant der *Académie de l'Opéra*. Er erhielt damit nicht nur für die Dauer von fünfzehn Jahren das ausschließliche Privileg zugesprochen, Opern aufzuführen, sondern erlangte tatsächlich ein Monopol für königliche Musik, die jeden repräsentativen Akt des absoluten Monarchen rhythmisieren sollte: Feste, Umzüge, Ballette, Promenaden in Gondeln oder im Park, Feuerwerke. Ein königlicher Befehl von 1673 verbot jede Aufführung mit mehr als zwei Stimmen und sechs Instrumenten durch andere Ensembles. Orchestermusik wurde damit als Privileg des Königs definiert und polyphone Musik so weit wie möglich verhindert. In der Politik sollte allein der König den Ton angeben, und in der Musik spielte der Solist seinen Part über dem *basso continuo*. Zuwiderhandelnde wurden mit einer Buße von 10.000 Livres und der Konfiskation ihrer Kostüme, Maschinen und Dekorationen bedroht.[19]

Wir haben gesehen, wie sich Repräsentation von Macht im Tanz ausdrückte. Wenn Ludwig XIV. auf solche Art den frondierenden Adel zum Tanzen verpflichtete, war es umgekehrt konsequent, daß sich schließlich die Opposition zuerst im Tanz hervorwagte. Die ,*Contredanses*‘, die in der Spätzeit Ludwigs XIV. aufkamen und zunächst vom Hof verbannt waren, gelten als ,Aufstand der Jugend‘.[20] Die Tanzmeister waren empört: In ihren Augen waren Kontretänze ohne Anmut und Regelmaß; sie galten als frei und willkürlich. Sie wurden zum Vergnügen getanzt und waren eher bewegungsbetont. Sie blühten dann in der Zeit nach dem Tode Ludwigs XIV., in der Zeit der ,*Régence*‘, als man plötzlich in Paris in der Oper und an anderen Orten neuartige Tanzveranstaltungen ausrichtete, die ein ganz anderes Stilempfinden und ein neues Lebensgefühl atmeten.

6   Höfisches Fest   „Das höfische Leben ist totales Fest. In ihm gibt es nichts als das Fest, außer ihm keinen Alltag und keine Arbeit, nichts als die leere Zeit und die lange Weile", schreibt Richard Alewyn.[21] Während gewöhnliche Leute arbeiten und sich um ihren Lebensunterhalt kümmern

---

19 Ebd., S. 132 f.

20 Ebd., S. 162.

21 RICHARD ALEWYN: Das große Welttheater. Die Epoche der höfischen Feste, München 1985, S. 14 f.

müssen, sind die Hofleute gewissermaßen freigesetzt aus diesem System der Zwänge. Sie leben ihr eigenes Leben, machen die Nacht zum Tage durch künstliche Erleuchtung, schlafen dann bis gegen Mittag. Im höfischen Fest konzentrieren sich alle Künste aufs höchste und prächtigste. Die höfische Epoche des 17. und 18. Jahrhunderts gilt deshalb als eigentliche Epoche des Festes.

Dabei wissen die Hofleute natürlich selber, daß sie in einer Scheinwelt leben, daß die normalen Vollzüge nur zeitlich befristet suspendiert sind. Die Heerführer müssen von Zeit zu Zeit in den Krieg; die Verwaltungsleute müssen organisieren. Aber der Dienst bei Hofe ist zu einem beträchtlichen Teil ,Festdienst': Es ist nicht nur eine Ehre, geladen zu sein, sondern vielleicht auch eine Pflicht, die lästig werden kann und welche die Selbstdisziplin auf eine harte Probe stellen kann. Besonders komplex sind die höfischen Feste auch deshalb, weil sie in erster Linie der Repräsentation eines Herrschers dienen, die Geladenen also zu passiv Schauenden werden lassen, sie andererseits aber auch immer wieder einbeziehen. Eigentlich leben höfische Feste von der Mitwirkung der Geladenen, für deren Schaulust und Unterhaltungsbedürfnis wohl ein Äußerstes geleistet wird, die aber ihrerseits auch in vielfältiger Weise beitragen müssen: als Tänzer, Schauspieler, auch durch bloße Präsenz in festlichem Putz und festlicher Stimmung. Höfische Feste können ausgelassen sein, enthalten aber ein starkes Element der Ordnung, der Repräsentation. Im Fest stellt sich die Gesellschaft spielerisch in ihren vielfältigen Rangabstufungen dar.

Barocke Feste tendieren zum Staunen-Machen, zur Überwältigung der Zuschauer und Teilnehmer. Ungeheure Zahlen getöteter Tiere; Massierungen von Lebensmitteln; Zulauf von Fremden. In diesen mit ausgeklügelter Organisationskunst in Bewegung gesetzten und angeleiteten Massen manifestiert sich ein herrscherlicher Wille, der gleichwohl (nach Willkür) jedes Gesetz aufheben und jede Ordnung wieder umstülpen kann. Höfische Feste können Elemente einer Gegenwelt enthalten (,Bauernwirtschaften', in denen das Fürstenpaar die Gäste bedient), karnevaleske Elemente, Exzesse aller Art. Durch die Einbeziehung von Opern und Komödien, Tragödien und Volksstücken, Musik und Tanz erscheinen höfische Feste als Optimum höfischer Kultur.

Hofkultur wurde hier paradigmatisch vorgestellt als spezifische Ausformung der Kultur einer Institution. Ein bestimmter Moment in der Herrschaftsgeschichte (Absolutismus) und eine bestimmte soziale Konstellation (Zentralisierung, Hierarchisierung, Ausschaltung konkurrierender Mächte) führten zu einer Bündelung aller epochal vorhandenen Möglichkeiten menschlichen Ausdrucks und zu einer Aufgipfelung aller Künste. Der Leitgedanke der Ordnung verweist auf religiöse und philosophische Hintergründe. Gleichzeitig entstehen Spannungen zwischen religiös angeleiteter Lebensführung und höfischer Autonomie. Und in der Steigerung eines einzigen Individuums (des Fürsten) werden alle übrigen in die Rolle von Untertanen gedrängt; ihre Freiheit und Individualität können nur reduziert entfaltet werden.

Anregungen zur Weiterarbeit

1.	**Der Klassiker** aus *soziologischer* Sicht: NORBERT ELIAS: Die höfische Gesellschaft. Untersuchungen zur Soziologie des Königtums und der höfischen Aristokratie, Frankfurt 4. Aufl. 1989. Die Bedeutung der Theoriebildung von Elias wurde in den letzten Jahren aus Anlaß einer textkritischen Neuedition neu in den Blick genommen: CLAUDIA OPITZ (Hrsg.): Höfische Gesellschaft und Zivilisationsprozeß. Norbert Elias' Werk in kulturwissenschaftlicher Perspektive, Köln, Weimar und Wien 2005.

2.	**Wir haben die höfische Epoche** der europäischen Geschichte hier ins Zentrum gestellt, die zum Absolutismus tendierende Epoche des monarchischen Fürstenstaates im 17./18. Jahrhundert. Trotzdem wäre natürlich zu fragen, ob es eine kulturprägende Institution ‚Hof' nicht auch in anderen Epochen gegeben habe. Wer sich für Alte Geschichte interessiert, könnte sich einmal folgenden Band ansehen: ALOYS WINTERLING (Hrsg.): Zwischen „Haus" und „Staat". Antike Höfe im Vergleich, München 1997 (Historische Zeitschrift, Beiheft 23). Wer sich für das Mittelalter interessiert, dem sei empfohlen: JOACHIM BUMKE: Höfische Kultur. Literatur und Gesellschaft im hohen Mittelalter, 2 Bde., München 1986 (Taschenbücher). In Bd. 1, S. 71–82, findet man eine zusammenfassende Analyse des Phänomens ‚Hof' im Mittelalter.

13 Bürgerkultur

1 Standeskultur (Dreierschema)   ‚Kultur' eröffnet zwar immer
wieder eine Perspektive auf ganze Gesellschaften und Epochen, doch bleibt
es unübersehbar, daß Adlige, Bürger und Bauern in jeweils unterschiedlich
geprägten Lebenswelten nach eigenen sozialen Normen und Werten leben.
Dabei versteht es sich von selbst, daß diese Dreiteilung nur eine ganz grobe
Einteilung bietet. Eigentlich müßte man noch viel genauer sozial differen-
zieren. Und trotzdem: Schon diese Grobgliederung ermöglicht wichtige Ergebnisse, die wir nicht bekommen können, wenn wir nur nach Nationalkulturen und Konfessionskulturen fragen.

Die Geschichte sozialer Vorstellungen kennt verschiedene Kriterien
und Einteilungsversuche, aber verschiedene Dreierschemata sind sehr alt
und schon im Mittelalter angewandt worden.[1] Damals sprach man beispielsweise vom ‚Wehrstand', ‚Lehrstand' und ‚Nährstand', also von Rittern,
Klerikern und Bauern. Diese Dreiteilung wurde aber schon durch das Aufkommen von Städten in Frage gestellt: Stadtbürger verteidigten höchstens
sich selbst, sie beherbergten Kleriker in ihren Mauern und bezogen Er-
zeugnisse der Primärproduktion überwiegend von Gebieten außerhalb
ihrer Mauern. In diesem Sinne mußte die Dreiteilung von ‚Wehrstand',
‚Lehrstand' und ‚Nährstand' schon im Hochmittelalter ideologisch, reak-
tionär wirken.

Die genannte Dreiteilung ‚Adel-Bürger-Bauern' ist eine neuzeitlich
modifizierte Version davon: Der Adel bildet den erblichen Herrschaftsstand
(die Fürsten wären hier noch besonders zu berücksichtigen); die Bürger in
diesem Sinne sind im wesentlichen sozialtopisch charakterisiert als Stadtbürger, also Handwerker und Kaufleute; die Bauern leben von ihrer Hände
Arbeit auf dem Lande und treiben im wesentlichen Ackerbau und Vieh-
zucht. Diese Dreiteilung eliminiert bereits den Klerikerstand: Prediger, insbesondere die protestantischen, sind hier unter ‚Bürger' einzuordnen, treten aber nicht mehr als eigene Kategorie in Erscheinung. Es versteht sich,
daß diese Einteilung im Zuge der sozialen Entwicklung noch weiter modifiziert werden muß: Die Industrialisierung brachte eine Schicht der Arbei-

---

[1] Vgl. OTTO GERHARD OEXLE: Die funktionale Dreiteilung als Deutungsschema
der sozialen Wirklichkeit in der ständischen Gesellschaft des Mittelalters, in:
WINFRIED SCHULZE (Hrsg.): Ständische Gesellschaft und soziale Mobilität,
München 1988, S. 19–51.

ter hervor und mit ihren spezifischen Lebensformen auch eine spezifische Arbeiterkultur.

2   Adelskultur als Folie der Abgrenzung   Der Adel betrachtete sich selbst als den durch Geburt zur politischen und sozialen Herrschaft berechtigten Stand.[2] Er war in sich stark hierarchisch gegliedert: Vom Fürsten und vom Hochadel bis zum Niederadel reichte eine vielfältig gegliederte Skala. Trotzdem gibt es Normen und Werte, mit denen sich der Adel insgesamt kennzeichnen läßt. Die wichtigste Gemeinsamkeit ist zunächst das Geburtsprinzip selbst: Grundsätzlich waren Adlige davon überzeugt, daß sie gewisse Verdienste, Ehrenstellen und Karrierepositionen nicht erst durch Leistung zu erobern bräuchten, sondern daß ihnen diese von selbst, durch Geburt, zustünden. Eine Legitimation für soziale Mobilität konnten sie sich grundsätzlich nicht vorstellen. Wo Bürger mit ihnen konkurrieren wollten, hielten sie diese für Eindringlinge.

Mit diesem Prinzip der Geburt und Erblichkeit eng verbunden war das Prinzip der Ehre. Als Adliger beanspruchte man eine in besonderer Weise hervorgehobene und schützenswerte Position der ‚Ehre'. Man erwartete bestimmte Anreden und Titulaturen, bestimmte Gesten der Ehrerbietung und ‚Komplimente', eine bestimmte Position beim Auftreten im Hause wie auch im öffentlichen Raum, zumal am Hof, und grundsätzlich die Berücksichtigung des Standes bei jeder Art von zwischenmenschlicher Beziehung. Adlige zeigten sich in diesem Punkt äußerst empfindlich und hatten einen bestimmten Verhaltenskodex ausgeprägt, der im Duellwesen gipfelte.

Als ehrenrührig galt für Adlige der kaufmännische, handwerkliche oder bäuerliche Erwerb. Wer sich nicht anders zu helfen wußte als durch eine sol-

---

2   Adel – Bürger – Bauern im 18. Jahrhundert, Wien 1980. Adel im Wandel. Politik, Kultur, Konfession 1500–1700, Wien 1990. RONALD G. ASCH (Hrsg.): Der europäische Adel im Ancien Régime. Von der Krise der ständischen Monarchien bis zur Revolution (ca. 1600–1789), Köln, Weimar und Wien 2001. RUDOLF ENDRES: Adel in der Frühen Neuzeit, München 1993. RUDOLF ENDRES (Hrsg.): Adel in der Frühneuzeit. Ein regionaler Vergleich, Köln und Wien 1991. JONATHAN POWIS: Der Adel, Paderborn u. a. 1986. HEINZ REIF: Adel im 19. und 20. Jahrhundert, München 1999. HEINZ REIF: Westfälischer Adel 1770–1860. Vom Herrschaftsstand zur regionalen Elite, Göttingen 1979. JOHANNES ROGALLA VON BIEBERSTEIN: Adelsherrschaft und Adelskultur in Deutschland, Frankfurt a. M. u. a. 1989. RUDOLF VIERHAUS (Hrsg.): Der Adel vor der Revolution. Zur sozialen und politischen Funktion des Adels im vorrevolutionären Europa, Göttingen 1971. HANS-ULRICH WEHLER (Hrsg.): Europäischer Adel 1750–1950, Göttingen 1990.

che direkt auf den Lebensunterhalt gerichtete Tätigkeit, schied aus dem Adel aus. ‚Arbeit' in diesem Sinne war ‚derogierend', d. h. man verlor den Adel, die Standesgenossen verweigerten die weitere Anerkennung. Um als Adliger bestehen zu können, mußte man die Erwartungen erfüllen, die der Stand an seine Mitglieder stellte. Die Lebensführung des Adels enthielt durchaus hohe Verhaltenserwartungen, die jedoch anders gelagert waren als bei Bürgerlichen. Nicht auf Arbeit und Leistung kam es in erster Linie an, sondern auf die ‚Ehre'; es galt, sich seiner Vorfahren würdig zu erweisen.

3 Bürgerliche Werte gegen adlige Werte   Bürger hatten im Laufe der Jahrhunderte eigene Normen und Werte des Verhaltens ausgeprägt, die sich vom herrschenden Adel deutlich unterschieden, ja: absichtlich gegen den Adel abgrenzend profiliert wurden. Da ihre gesellschaftliche Bedeutung wesentlich auf ihre ökonomische Basis bezogen war, spielte für sie das Geld eine besonders große Rolle. Alle ökonomischen Werte, vor allem Arbeit, Fleiß und Sparsamkeit, standen im Zentrum ihres Weltbildes. Hinzu kam das Selbstbild der ‚Tugendhaftigkeit'. ‚Tugend' bedeutete vielerlei, vor allem auch sexuelle Restriktion. Während es zum Adelsleben gehörte, auch einmal über die Stränge schlagen und eine Magd schwängern zu dürfen, gehörte es zum Selbstverständnis des Bürgertums, daß das unmoralisch sei und der Bürger sich nicht zuletzt dadurch vom Adel unterscheide, daß er strengere moralische Maßstäbe an sich anlege. Viele Bürger konnten sich ihre Existenz nur dadurch sichern, daß sie unentwegt arbeiteten, streng mit ihren Mitteln haushielten, ihren Radius auf die Familie beschränkten und sich nichts zu schulden kommen ließen. Aus diesem gewissermaßen notwendigen Anforderungsprofil bezogen sie aber andererseits ein Selbstbewußtsein der ‚Tugendhaftigkeit', einer moralischen Qualität, die sie über den Adel hinaushob. Die Verkehrskreise von Adligen und Bürgern blieben noch lange getrennt: Nicht nur deshalb, weil sich Adlige nicht mit Bürgern einlassen wollten, sondern auch deshalb, weil Bürger den Kontakt mit Adligen für ansteckend hielten. So prägten sich aufgrund der ethischen Normen distinkte Lebensformen aus. Für Bürgerleben entscheidend war alles, was mit Arbeit zusammenhing: nicht nur das Geld als materieller Erlös von Arbeit, sondern schon die Arbeitsamkeit, das unablässige Streben und Sich-Mühen. Im bürgerlichen Weltbild wurde Leistung hoch angesehen: Wer etwas zustandebrachte und Erfolg hatte aufgrund eigener Betätigung, galt etwas. Man war stolz auf solche Männer, denen man einen höheren Wert zuschrieb als dem Adel. Adelskritik und Adelsverachtung konnten dabei durchaus mit einem sozialen Ehrgeiz zusammengehen, welcher seinen Triumph darin

sah, am Ende aufgrund von eigener Leistung selber in den Adelsstand erhoben zu werden.[3]

Weil Bürger von Geburt an keinen Rang hatten, setzten sie ganz auf das
Prinzip des Leistens und Erwerbens. Entsprechend war ihre Bildung ausgerichtet. Sie legten viel größeren Wert als der Adel auf alles, was Wissen,
Kenntnisse und Fähigkeiten anbelangte. Sie drückten oft lange Jahre die
Schulbank, weil sie wußten, daß alles, was sie im Leben erreichen konnten,
wesentlich von ihrer Qualifikation abhing. Sie wollten alles sich selber zu
verdanken haben. Sie arbeiteten entweder selbständig, etwa als Handwerker, oder sie suchten Dienste und Ämter. Für Bürger zugänglich waren in
erster Linie die Verwaltungen, wo es auf Kenntnisse und Fertigkeiten ankam,
wo man aber auch mit dem Adel in Konkurrenz stand, der sich ja als ‚ge-
borener Ratgeber' des Fürsten sah. Doch im Laufe der Neuzeit wurden in
allen Verwaltungsstellen juristische Kenntnisse immer wichtiger. Hinzu kam
die geistliche Karriere: Vor allem in protestantischen Ländern richtete sich
das Hauptaugenmerk der Aufsteiger aus dem Handwerkerstand auf das
Pfarramt. Der Beruf des Lehrers war noch nicht unabhängig von der geistlichen Karriere und häufig ein Durchgangsstadium zu besser dotierten Pfarr-
stellen. Das Militär kam für Bürger kaum in Frage, weil die Offiziersstellen
von Adligen eingenommen wurden und die Ränge der Gemeinen aus dem
Bauernstand aufgefüllt wurden.

4   Bürger: Verhältnis zu Medien und Institutionen   Der *Hof* ⇒ 12|
war keine Institution des Bürgertums. Die *Kirche* muß man differenziert be-
trachten nach Konfessionskulturen ⇒ 11|. Die römische katholische Kirche
war international, aber nicht spezifisch bürgerlich. Die protestantischen
Kirchen waren tendenziell Nationalkirchen; in ihnen sammelten sich in der
Hierarchie und an den Spitzen bürgerliche Geistliche. Genauso wie die zivile Verwaltung in den meisten Ländern eine bürgerliche Domäne war, wurden die protestantischen Kirchensysteme zur Domäne von Bürgerlichen:
größtenteils als Selbstrekrutierung aus dem eigenen Stand, aber ansonsten
offen für aufstiegswillige und leistungsbereite Söhne von Handwerkern und
Kaufleuten. Die protestantischen Kirchen beruhten auf den jeweiligen Na-

---

3   WERNER CONZE/CHRISTIAN MEIER: Adel, Aristokratie, in: OTTO BRUNNER/
    WERNER CONZE/REINHART KOSELLECK (Hrsg.): Geschichtliche Grundbegriffe.
    Historisches Lexikon zur politisch-sozialen Sprache in Deutschland, 7 Bde.
    Stuttgart 1972–1992; Bd. 1, Stuttgart 1972, S. 1–48.

tionalsprachen, nicht auf dem Latein. Diese waren die Verkehrssprachen für das Bürgertum und insofern kein Hindernis für religiöse und weltliche Kultur in der Muttersprache.

Hier könnte man die Frage nach anderen Institutionen anfügen, hauptsächlich die nach der Universität |➔ 6.6|. Universitäten waren ja im Mittelalter aus den kirchlichen Zusammenhängen hervorgewachsen und hatten sich als eigenständige Institutionalisierung, gefördert von den jeweiligen Staaten, entwickelt. Auch in der Frühen Neuzeit blieben Universitäten noch lange international; ihre Kommunikation beruhte auf der lateinischen Sprache. Aber gleichzeitig verstärkten sich auch schon die nationalen Sonderentwicklungen im Bildungswesen: Seit dem Spätmittelalter bereits waren die Universitäten auf dem Weg zu Landesuniversitäten. Seit dem späten 17. Jahrhundert kam es auch in Deutschland öfter vor, daß sich die Muttersprache zur Unterrichtssprache an Universitäten entwickelte. Zwar gab es weiterhin im Bereich der Bildung übernationale Beziehungen, aber die Beschränkung auf die Nationalkultur wurde deutlicher. Die internationalen Beziehungen der Gelehrten der verschiedenen Wissenschaften gingen eher zurück. Die Bürger waren stärker national beschränkt als die Adligen.

Medien: Wenn man sagen kann, daß die katholische Kirche in der Zeit der Gegenreformation alle Künste für sich in Dienst nahm, wesentlich aber auf Bildende Kunst und Musik setzte, wurden im protestantischen Kulturbereich vor allem die Künste des Wortes kultiviert. Im Zeitalter Gutenbergs entfalteten sich die Medien wesentlich als Schrift- und Druckmedien. Bücher und Zeitschriften, Zeitungen und Flugschriften wurden zu den entscheidenden Medien der Frühen Neuzeit. Bürgerliches Lernen und bürgerlicher Eifer richteten sich schwerpunktmäßig auf diese Medien. Sie ermöglichten eine umfassendere gesellschaftliche Kommunikation als in früheren Epochen der Menschheit. Ihnen eignete eine Tendenz zur Expansion, zum Übergreifen auf immer größere Bereiche und immer größere Gesellschaftsschichten. Bürger wurden zu wesentlichen Vermittlern dieser Kommunikation in den neuen Druckmedien: als Drucker und Verleger, als Schriftsteller und Professoren, als Prediger und Lehrer. Die Expansion dieser Medien förderte die Emanzipation des Bürgertums aus der traditionalen Ständegesellschaft.

Im Zeitalter der industriellen Entwicklung ergab sich ein neues, internationales Bewußtsein ,des Bürgertums', das sich an der Spitze des gesellschaftlichen Fortschritts wähnte und sich auch dessen bewußt war, daß revolutionäre Entwicklungen im einen Land Rückwirkungen auf solche im anderen hatten. Gleichwohl waren die nationalen Tendenzen des Bürgertums in den verschiedenen Ländern stärker, gestützt auf die Sprache als Nationalsprache, die Literatur als Nationalliteratur und meist auch die Religion als nationale Religion. Sogar die Musik hielt man im 19. Jahrhundert oft für eine nationale Angelegenheit, die Bildende Kunst ebenfalls. Indem sich solches Denken immer weiter ausbreitete, ergriff es auch die kleineren Ethnien in Mittel-, Ost-, Nord- und Südeuropa, die ebenfalls Nationalstaaten werden wollten. Überall spielte das Bürgertum mit seinen Präferenzen von Medien und Institutionen eine hervorgehobene Rolle.

Die Standeskulturen der Adligen und der Bürger bieten sich besonders an, wo es gilt, Kulturgeschichte nach sozialen Gesichtspunkten zu betreiben. Die Verknüpfung des sozialen Gesichtspunktes mit Fragen der kulturellen Praxis hat sich oft schon als fruchtbar erwiesen.

5   Geschichte der Konzeptionalisierung des ‚Bürgertums'   Seit der Französischen Revolution und der Industrialisierung bürgerte sich die Redeweise ein vom ‚Bürgertum', das sich ‚emanzipiere'; vom ‚historischen Prozeß', in dem das Bürgertum eine besondere Rolle spiele. So sprach man, wenn man materialistisch dachte; so sprach man aber auch in einer (nichtmarxistischen) sozialgeschichtlichen Variante.[4] Die Crux dieses öffentlichen Sprechens über ‚Bürgertum' bestand darin, daß mehr Mißverständnisse erzeugt wurden, als es eine wissenschaftliche Vorgehensweise vertragen kann. Historiker gingen deshalb in den zurückliegenden Jahrzehnten bevorzugt den Weg ins Empirisch-Faktische: Sie ersetzten ‚Bürgertum' durch präzise Berufsbezeichnungen und verwendeten ‚Bürger' allenfalls als abstrakteren Sammelbegriff.[5] Wo man weiterhin auf ‚Bürgertum' setzte, mußte man erkennen, daß gerade die eindringende Forschung in Aporien führte: Als Forschungsstrategie schien es noch immer sinnvoll, nach dem ‚Bürger' zu

---

4   Begriffsgeschichte: MANFRED RIEDEL: Bürger, Staatsbürger, Bürgertum, in: OTTO BRUNNER/WERNER CONZE/REINHART KOSELLECK (Hrsg.): Geschichtliche Grundbegriffe. Historisches Lexikon zur politisch-sozialen Sprache in Deutschland, 7 Bde. Stuttgart 1972–1992; Bd. 1, Stuttgart 1972, S. 670–725.

5   Vgl. LOTHAR GALL: Bürgertum in Deutschland, Berlin 1989. LOTHAR GALL (Hrsg.): Stadt und Bürgertum im 19. Jahrhundert, München 1990. HANS-WERNER HAHN: Altständisches Bürgertum zwischen Beharrung und Wandel. Die traditionelle Bürgergesellschaft in Wetzlar 1689–1870, München 1990. GOTTHARDT FRÜHSORGE u.a. (Hrsg.): Stadt und Bürgertum im 18. Jahrhundert, Marburg 1993. LOTHAR GALL: Von der ständischen zur bürgerlichen Gesellschaft, München 1993.

suchen; die Ergebnisse solcher Forschungen warfen dann Licht auf Handwerker oder Unternehmer, Lehrer oder Verwaltungsbeamte. Die historische Konkretisierung ließ so gut wie nichts übrig vom strategisch eingesetzten Bürgerbegriff; wo man das alte Etikett trotzdem nochmals aufklebte, entsprach es nicht mehr dem Inhalt der neueren Forschungsdestillate.[6]

Als Grundproblem läßt sich ein semantisches benennen: Die von Marx verbreitete Begriffsverwendung orientierte sich stark am Wirtschaftsbürgertum (‚Bourgeoisie'); der ältere ständische Begriff (Stadtbürgertum) war damit nicht deckungsgleich. Insbesondere aber verschloß sich die nach 1970 wiederaufgelebte neomarxistische Verwendungsweise dem Problem der ‚Gebildeten':[7] Schon seit der zweiten Hälfte des 18. Jahrhunderts hatte sich eine Formation herausgebildet, die nicht über ihre ökonomische Funktion definierbar und trotzdem dem Bürgertum zuzurechnen war. Die Trennung von ‚Bildungsbürgertum' und ‚Wirtschaftsbürgertum' schien eine akzeptable Lösung zu bieten, die jedoch bei näherer Betrachtung mehr Probleme aufwarf, als sie löste.[8] Denn sie war kaum denkbar ohne Anschluß an das Basis-Überbau-Schema: Mochten Handwerker und Unternehmer ‚Wirtschaftsbürger' sein und Lehrer und Verwaltungsbeamte ‚Bildungsbürger', blieb gerade ungelöst, warum Handwerker Romane lasen und Beamte ‚bürgerliche' Interessen in der Paulskirche vertraten. Die postulierte Einheit von ‚Bürgertum' wurde nicht nur umgangen; der Bürgerbegriff selbst wurde weitgehend sinnentleert, wenn man ihn in ‚Wirtschaftsbürger' und ‚Bildungsbürger' auftrennte.

---

6 Vgl. JÜRGEN KOCKA (Hrsg.): Bürger und Bürgerlichkeit im 19. Jahrhundert, Göttingen 1987. JÜRGEN KOCKA (Hrsg.): Bürgertum im 19. Jahrhundert. Deutschland im europäischen Vergleich, 3 Bde., München 1988. PETER LUNDGREEN (Hrsg.): Sozial- und Kulturgeschichte des Bürgertums. Eine Bilanz des Bielefelder Sonderforschungsbereichs (1986–1997), Göttingen 2000.

7 RUDOLF VIERHAUS: Bildung, in: OTTO BRUNNER/WERNER CONZE/REINHART KOSELLECK (Hrsg.): Geschichtliche Grundbegriffe. Historisches Lexikon zur politisch-sozialen Sprache in Deutschland, 7 Bde. Stuttgart 1972–1992; Bd. 1, S. 508–551. RUDOLF VIERHAUS: Umrisse einer Sozialgeschichte der Gebildeten in Deutschland, in: RUDOLF VIERHAUS: Deutschland im 18. Jahrhundert. Politische Verfassung, soziales Gefüge, geistige Bewegungen. Ausgewählte Aufsätze, Göttingen 1987, S. 183–201. RUDOLF VIERHAUS (Hrsg.): Bürger und Bürgerlichkeit im Zeitalter der Aufklärung, Heidelberg 1981.

8 Vgl. ULRICH ENGELHARDT: „Bildungsbürgertum". Begriffs- und Dogmengeschichte eines Etiketts, Stuttgart 1986.

Eine wirkliche oder vermeintliche Stütze bezog jeder Bürgerbegriff aus zeitgenössischer Publizistik, in der im 18. und 19. Jahrhundert der Bürger dem Adligen entgegengestellt wurde[9] oder (weniger plakativ, da nicht auf einen Begriff zu bringen) den Nichtbürgerlichen, Noch-Nicht-Bürgerlichen oder Unterbürgerlichen. Dabei blieb oft ungelöst (teilweise auch absichtlich verschleiert) die Differenz zwischen der Quellensprache und der Beschreibungssprache: Nicht in allen Fällen konnte ein in Quellen des 18. Jahrhunderts als ‚Bürger‘ Bezeichneter auch im marxistischen Sinne als ‚Bürger‘ (Bourgeois) genommen werden. Und umgekehrt: Das Odium, das im marxistischen Sinne dem ‚Bourgeois‘ anklebte, stieß sich mit den in Quellen des 18. Jahrhunderts zumeist positiv konnotierten Eigenschaften des dort so genannten ‚Bürgers‘.

Als Grundproblem, das die marxistische wie auch die nichtmarxistische Sozialgeschichte nicht zu lösen vermochten, erweist sich die Übernahme der Vorstellung objektiv gegebener Sozialstrukturen. Die Sozialstrukturtheorie der westlichen Wissenschaft bezog sich zumeist auf eine im Anschluß an Max Weber vollzogene Kategorienbildung. Eine Reflexion über Kategorien sozialer Ordnung fand in den Geisteswissenschaften kaum statt, weil man sich durch die Funktionsdifferenzierung der Wissenschaften salviert glaubte und Theoretisches gerne der Soziologie zuwies. – Die Einsicht in die Veränderlichkeit nicht nur der Gesellschaft, sondern auch der Kategorien zu ihrer Erfassung sollte zur entscheidenden Wende der neueren Bürgertumsforschung werden. Ein Max-Weber-Exeget wurde hier wegweisend: Friedrich H. Tenbruck. Er zeigte (bezüglich des 19. Jahrhunderts), wie sich Bürgertum kulturell vergesellschaftete, anders gewendet: wie Bürgertum genau im Vollzug seiner Lebensweise, durch Teilhabe an der Kultur, entstand.[10]

Das zentrale Ergebnis neuerer Bürgertumsforschung lautet zugespitzt: Eine Kategorie ‚Bürgertum‘ existiert nicht a priori, läßt sich nicht universal postulieren, gilt nicht jenseits von Zeit und Raum. Bürgertum ist eine spezifische gesellschaftliche Formation, die sich nur aus dem historischen Prozeß selbst verstehen läßt. Bürgertum ist mehr Prozeß als Struktur, eher flüssig als fest. Abgeleitete Begriffsbildungen wie ‚Bürgerlichkeit‘ oder ‚Verbürger-

---

9 Vgl. JOHANNA SCHULTZE: Die Auseinandersetzung zwischen Adel und Bürgertum in den deutschen Zeitschriften der letzten drei Jahrzehnte des 18. Jahrhunderts (1773–1806), Berlin 1925 (Nachdruck: Vaduz 1965).

10 FRIEDRICH H. TENBRUCK: Bürgerliche Kultur, in: Kölner Zeitschrift für Soziologie und Sozialpsychologie, Sonderheft 27 (1986), S. 263–285.

lichung' treffen deshalb den historischen Befund besser. In dialektischer Gegenbewegung zur Sozialgeschichte der Zeit um 1970 hat etwa Thomas Nipperdey den vorausgesetzten Strukturbegriff prozessual aufzulösen versucht: Ein Aufsatztitel wie „Verein als soziale Struktur" mußte in den Ohren der sozialgeschichtlichen Orthodoxie knirschen.[11] Gesellschaft bestand nicht (per se), sie entstand (historisch). Bürgertum war nicht vorauszusetzen, sondern in seinem Werden zu beschreiben.

Unter diesem Blickwinkel ging es darum, diejenigen Befunde, die in der Quellensprache mit ‚Bürger' in Verbindung gebracht wurden, mit neu geschärfter Einsicht in sozialgeschichtliche Begriffsbildung zu überführen. Hier nun stieß man unweigerlich auf Kultur: Das Bürgerlich-Werden der Menschen des 18. und 19. Jahrhunderts vollzog sich als Prozeß der Bildung. Es galt, die Agenten der Akkulturation (Elternhaus, Schule, Universität) zu untersuchen; es galt, die Medien zu analysieren, die damals zur Verfügung standen: Bücher, Zeitschriften, Leihbibliotheken; die Kanzel; und vieles mehr …

Kultur erwies sich als das entscheidende Element im Prozeß bürgerlicher Vergesellschaftung; Sozialisierung bedeutete wesentlich Akkulturation. Diese Akzentverschiebung in der wissenschaftlichen Diskussion um ‚Bürgertum' gab erneut den Blick auf den konkreten Menschen frei. Sie verlieh der Kultur wiederum jene Würde der Autonomie, die sie im Basis-Überbau-Schema verloren hatte. Und sie machte es erneut sinnvoll, von ‚Bürgertum' zu sprechen und die alten Fragen neu zu diskutieren: Konstituierte sich ‚Bürgerlichkeit' in Abgrenzung gegen den Adel, den privilegierten Herrschaftsstand der Ständegesellschaft? Wie verhält sich das ‚Wirtschaftsbürgertum' zum ‚Bildungsbürgertum' – ist diese Opposition überhaupt sinnvoll? Wie ideologisch ist die Gleichsetzung von ‚Bürgertum' und ‚Menschheit', die nicht wenige ihrer führenden Vertreter vollzogen?

6   Wertediskussion und sozialstrategische Erwägungen   Ein Weg, diese Zusammenhänge aufzuschlüsseln, läßt sich über die Wertediskussion finden. Diesen Zugang hat vor Jahren Paul Münch gewiesen: Er untersuchte *Ordnung, Fleiß und Sparsamkeit* und stellte die Frage nach *Grund-*

---

11 THOMAS NIPPERDEY: Verein als soziale Struktur in Deutschland im späten 18. und frühen 19. Jahrhundert, in: Geschichtswissenschaft und Vereinswesen im 19. Jahrhundert. Beiträge zur Geschichte historischer Forschung in Deutschland, Göttingen 1972, S. 1–44.

werten der Ständegesellschaft.[12] Die ‚ökonomischen Werte' wurden eigens von Johannes Burkhardt thematisiert.[13] Hier ließen sich Untersuchungen zur Hygiene anschließen, zum Wert der Reinlichkeit, wie sie von Wolfgang Griep und vor allem von Manuel Frey vorgelegt wurden.[14] Eine Zuschreibung solcher Werte zu einem (wie auch immer verstandenen ‚Bürgertum') wurde dabei zwar mitbedacht, aber nicht in den Vordergrund der Betrachtung gerückt.

Die Selbstverständigung des Bürgertums über seine Werte – das ist der Weg, den eine Untersuchung über *Die Biographie des Bürgers* genommen hat, in der die Diskussion über das rechte Leben, über Gut und Böse in der Lebensführung, zum Hebel neuer Einsichten in Phänomene der Bürgerlichkeit ausgebaut wurde.[15] Dies nun allerdings in strikter Bindung an eine Quellengattung: die Biographie, und mit zusätzlichen Überlegungen zur sozialen Durchsetzungsstrategie der Vermittler des Wortes.[16]

Biographien wurden mit Wirkungsabsicht geschrieben, sie sind gedruckte Repräsentationen. Sie wandten sich zunächst an die soziale Umwelt eines Menschen (die Hinterbliebenen, die Nachkommen, die Kollegen); aber indem sie in Druck gegeben wurden, wuchs ihnen zugleich eine größere Öffentlichkeit zu, ein wahres Publikum. Die Nachfrage nach Biographien war im 18. Jahrhundert außerordentlich. Den Hunger des Publikums nach solchem Lesestoff kann man wohl nur so verstehen: Die Leser suchten die kodifizierte Erfahrung guten Lebens. Man erfuhr aus Biographien Lebenswirklichkeit, man orientierte sich am beschriebenen Leben, man

---

12 PAUL MÜNCH (Hrsg.): Ordnung, Fleiß und Sparsamkeit. Texte und Dokumente zur Entstehung der „bürgerlichen Tugenden", München 1984. PAUL MÜNCH: Grundwerte der frühneuzeitlichen Ständegesellschaft? Aufriß einer vernachlässigten Thematik, in: WINFRIED SCHULZE (Hrsg.): Ständische Gesellschaft und soziale Mobilität, München 1988, S. 53–72.

13 JOHANNES BURKHARDT: Das Verhaltensleitbild „Produktivität" und seine historisch-anthropologische Voraussetzung, in: Saeculum. Jahrbuch für Universalgeschichte 25 (1974), S. 277–289.

14 WOLFGANG GRIEP: Die reinliche Stadt. Über fremden und eigenen Schmutz, in: CONRAD WIEDEMANN (Hrsg.): Rom – Paris – London. Erfahrung und Selbsterfahrung deutscher Schriftsteller und Künstler in den fremden Metropolen, Stuttgart 1988, S. 135–154. MANUEL FREY: Der reinliche Bürger. Entstehung und Verbreitung bürgerlicher Tugenden in Deutschland, 1760–1860, Göttingen 1997.

15 MICHAEL MAURER: Die Biographie des Bürgers. Lebensformen und Denkweisen in der formativen Phase des deutschen Bürgertums (1680–1815), Göttingen 1996.

16 Ebd., S. 42–53, 208–212, 609–613.

suchte es nachzuahmen oder zu verbessern, man diskutierte über das Geglückte und Verfehlte anhand solcher empirischer Vorlagen. Biographien, mochte man sie auch nur zum Zeitvertreib oder aus Neugier lesen, waren durch ihre Orientierungsfunktion für das eigene Leben ein ganz besonderer Lesestoff – zumal in einer Zeit, die nicht mehr geneigt war, die Kompetenz über gutes Leben allein den Verwaltern der überlieferten Religion zuzubilligen, und die auf Erfahrung insistierte.

Biographien nehmen eine spezifische Stellung im Prozeß der Säkularisation ein: Offensichtlich haben sie eine Wurzel in der gelehrten Memoria, eine andere aber in den biographischen Anhängen der protestantischen Leichenpredigten. Sie sind offen bezüglich einer nicht mehr nur religiösen Deutung des beschriebenen Lebens: Sie können noch vollkommen orthodox geprägt sein; sie können aber auch schon nichtreligiösen Gesichtspunkten bei der Bewertung der Worte und Taten Verstorbener folgen. Biographien gehören (wie Romane) zu den Kulturformen einer sich säkularisierenden Welt. Sie spiegeln bürgerliche Vergesellschaftung und bewirken sie zugleich.

In der Reflexion über Welt und Leben, die in der Schrift, im Druck, in Büchern objektiviert ist, bildet sich das heraus, was wir seit dem späten 18. Jahrhundert in einem neuen Sinne ‚Bürgertum' nennen: Es ist nicht mehr einfach die Einwohnerschaft von Städten (sofern sie das Bürgerrecht hat), sondern eine soziale Formation, die sich selbst für die Menschheit erklärt, die ihre eigenen Werte und Normen universalisiert, die eine Werthegemonie über die alten Führungsschichten und über die unterbürgerliche Bevölkerung errichtet hat. Das ist ihr durch die Meisterschaft des Wortes gelungen, welcher in der Expansionsphase des literarischen Marktes entscheidende Bedeutung zukam, aber auch mit Hilfe sozialstrategischer Schlüsselpositionen wie der des Beamten und des Predigers; nicht zuletzt aber durch den Zusammenschluß des gelehrten Bürgertums mit dem Bürgertum der Städte, mit den Handwerkern und Kaufleuten.

Diese Union wurde möglich durch die Universalisierung der Wertbereiche *Arbeit* und *Tugend*. Durch ihre besondere Einstellung zu Arbeit und Tugend heben sich die Bürger sowohl vom Adel als auch von unterbürgerlichen Schichten ab. Der Adel ist derjenige Stand, der sich durch Arbeit entehrt fühlt. Und unterbürgerliche Schichten arbeiten nur, soweit es für ihren Lebensunterhalt unabdingbar ist, kennen aber Arbeit noch nicht als Wert an sich. Ähnlich steht es mit der Tugend: Der Adel kann es sich leisten, über enge Vorstellungen hinauszuschreiten, und unterbürgerliche Schichten haben wenig zu verlieren, wenn sie sich nicht an den rigiden Kodex bürgerlicher Moral halten. Es lohnt sich, diese Komplexe differenzierter aufzufassen und in ihrer Genese und in ihrem Wandel zu beschreiben.[17]

Mit Arbeit hängt etwa ein bestimmtes Verständnis von Zeit zusammen: Bürger bewirtschaften die Ressource Zeit schon aufs rigideste, als es noch kaum Fabriken, noch keine Fließbänder und Stechuhren gibt. ,Die Zeit auskaufen' ist ein Ausdruck aus dem pietistischen Milieu. Die Zeit-, Arbeits- und Berufsvorstellungen des Bürgertums haben religiöse Wurzeln. Und doch wird in der hier in Rede stehenden Phase der Geschichte der Akzent mehr und mehr auf innerweltliche Heilsverwirklichung verlagert: Des Menschen Erfolg oder Scheitern beweist sich nicht erst beim Jüngsten Gericht, sondern bereits in diesem Leben. Und zu den Tugenden gehört Rationalität: die Zurückdrängung des Aberglaubens und magischer Vorstellungen, die nun grundsätzlich unteren Bevölkerungsschichten zugewiesen werden. Die Welt des Bürgers ist durchschaubar, planbar, veränderbar.

Daraus folgt dann auch der politische Anspruch des Bürgertums: Arbeit und Leistung für das Gemeinwohl werden schließlich in Forderungen nach politischer Umgestaltung und Teilhabe umgemünzt. In bezug auf die deutsche Situation ist zweierlei entscheidend: Erstens entsteht keine Konfrontation zwischen den sozial führenden Gruppen und den neu aufsteigenden. Der Adel kann über das Konzept des Tugendadels an die bürgerlichen Vorstellungen herangeführt werden. Und zweitens wird der absolutistische Fürstenstaat nicht (wie in Frankreich) antagonistisch aufgefaßt, sondern (traditionell) als rechtmäßige Obrigkeit und (sozial) als zugängliche Hierarchie der Beamten in der Verwaltungslaufbahn und der Vermittler des Wortes auf Kanzel und Katheder, der Prediger und Professoren. Daraus ergibt sich die soziale Schlüsselposition der protestantischen Geistlichen, die Heil und Bildung vermitteln.[18] Die Karrieren der Schullehrer und Prediger sind zunächst noch nicht getrennt; erst im späten 18. Jahrhundert bildet sich ein

---

17 Vgl. MAURER, Die Biographie des Bürgers, S. 378–435, S. 232–377.
18 Vgl. MARTIN HASSELHORN: Der altwürttembergische Pfarrerstand im 18. Jahrhundert, Stuttgart 1958. MARTIN GREIFFENHAGEN (Hrsg.): Das evangelische Pfarrhaus. Eine Kultur- und Sozialgeschichte, Stuttgart 1984. LUISE SCHORN-SCHÜTTE: Die Geistlichen vor der Revolution, in: HELMUT BERDING u.a. (Hrsg.): Deutschland und Frankreich im Zeitalter der Französischen Revolution, Frankfurt a. M. 1989, S. 216–244. LUISE SCHORN-SCHÜTTE: Evangelische Geistlichkeit in der Frühneuzeit. Deren Anteil an der Entfaltung frühmoderner Staatlichkeit und Gesellschaft, Gütersloh 1996. JOHANNES WAHL: Lebensplanung und Alltagserfahrung. Württembergische Pfarrfamilien im 17. Jahrhundert, Mainz 2000.

eigener Berufsstand der Lehrer heraus. Auf dem Lande sind die Geistlichen oftmals die einzigen Bürger.

Den (protestantischen) Predigern kommt für die Herausbildung der modernen Gesellschaft in Deutschland eine einzigartige Bedeutung zu. Sie beanspruchten im 18. Jahrhundert, dem Jahrhundert der Aufklärung, eine universale gesellschaftliche Kompetenz: Sie wurden Landwirtschafts- und Sozialreformer, Fürstenerzieher und Schriftsteller. Ihnen unterstand auch das gesamte Bildungswesen: Sie waren zu Beginn ihrer Karriere meist selber Lehrer; als Prediger regulierten sie Schulen und Lehrpläne, überwachten Lehrer und Schüler. Gerade der Bildungssektor erfuhr aber seit der zweiten Hälfte des 18. Jahrhunderts eine ungeheure Expansion. Er sollte für die deutsche Geschichte entscheidend werden. Sozialstrategisch sind die Prediger als Bürger auf dem Lande an vorderster Front postiert: Sie stehen in ständiger Auseinandersetzung mit der bäuerlichen Kultur, mit der ‚Volkskultur‘, mit dem ‚Aberglauben‘. Hierin liegt ihre gesellschaftliche Schlüsselstellung. Sie predigen – aber im Zeitalter der Aufklärung keineswegs nur das Christentum, sondern auch Sozialethik, Fruchtwechsel und Blitzableiterbau. Sie führen ihr Leben als öffentlich überwachtes Vorbild – aber nicht als abgehobener geistlicher Stand mit magischer Aura, sondern als Bürger. Sie kultivieren Lesen, Schule, Bildung. Sie haben Frau und Kinder wie andere Bürger auch. Und häufig führt sie ihr Karriereweg nach jungen Jahren in Landpfarreien zurück in die Stadt. Zugleich sind die Prediger die wichtigsten Akteure im entscheidenden Prozeß der zweiten Hälfte des 18. Jahrhunderts – der Herausbildung einer bürgerlichen Öffentlichkeit, der Verbreitung des Publikums, der Entstehung eines literarischen Marktes.[19] Sie sind die Männer des Wortes; sie lesen und schreiben die Zeitschriften und Bücher, gründen Lesegesellschaften und verteilen Druckschriften an Schulen. Das ‚Volk der Dichter und Denker‘ ist ein Volk der Wortkultur. Schriftsteller in Deutschland um 1800 waren zum größten Teil Theologen. Sie waren die Träger der Schönen Literatur wie auch der Wissenschaften.

Die bürgerliche Kultur stellte ein offenes Angebot zur Akkulturation dar. Wie für die Bildung jedes einzelnen immer wieder Willenskraft, Fleiß und Leistung erforderlich waren (also nicht Geburt, Erbe, Herkunft den Ausschlag gaben), so bot auch die unlösbare Verbindung von Bürgertum

---

19 Vgl. HELMUTH KIESEL/PAUL MÜNCH: Gesellschaft und Literatur im 18. Jahrhundert. Voraussetzungen und Entstehung des literarischen Markts in Deutschland, München 1977.

und Bildung Chancen für die Integration heterogener Bestandteile der Ständegesellschaft: für Katholiken,[20] für Juden, für Frauen. Aber auch innerhalb des Bürgertums selbst führten Kultur und Wissenschaft zu Umschichtungen und Neudefinitionen: Die Töchter von Handwerkern und Kaufleuten, welche sich Bildung angeeignet hatten, kamen als Gattinnen für Akademiker in Frage. Wundärzte, Landärzte, Apotheker erhielten seit dem Ende des 18. Jahrhunderts eine wissenschaftliche Bildung, wurden Akademiker und Honoratioren. Schauspieler und Musiker gelangten aus ihrer verachteten gesellschaftlichen Randposition ins Zentrum der bürgerlichen Gesellschaft, als man ihrem Können allgemeine Bildungsrelevanz zusprach. Lateinschullehrer wurden geachtete ‚Professoren'; niedere Schullehrer rekrutierten sich nicht länger aus verkrachten Handwerkern oder abgedankten Soldaten – sie wurden respektable Bürger, da sie am Prozeß der Bildungsvermittlung teilhatten, mithin an der Distribution sozialer Chancen.

Bürgerliche Vergesellschaftung kann im Medium der Kultur stattfinden, weil die Zeit des Übergangs vom Religiösen zum Säkularen einen emphatischen Begriff des Sich-Bildens hervorbrachte: Die Verantwortung des Individuums vor einer höheren Instanz wurde begriffen als Auftrag zur Entfaltung der eigenen Anlagen. Institutionen dafür waren Schule und Universität. Medien waren in erster Linie Zeitungen, Zeitschriften, Bücher. Die Logozentriertheit der protestantisch geprägten Kultur des Nordens |➡ 11.3| ließ nur wenig Raum für Kunst und Musik, die freilich angesichts der stärker klassisch orientierten Blütezeit um 1800 in Weimar, München und Wien wichtiger wurden. Die Entfaltung einer künstlerischen und musikalischen Blüte blieb jedoch stärker als die Künste des Wortes an kirchliche oder höfische Zentren gebunden |➡ 10.2/10.3/11.5|. Das von Goethe und Humboldt geformte Bildungsideal, zu dem die nonverbalen Dimensionen gehörten, war eher von nichtbürgerlichen, adligen Einflüssen geprägt. Bürgerliche Vergesellschaftung via Kultur bedeutet insofern vor allem: im Wort, in der Literatur. Freilich nicht beschränkt auf Fiktionales. Die populärsten Gattungen des 18. Jahrhunderts waren solche, die Anspruch auf Empirie und Realität erhoben, namentlich Reiseberichte und Biographien.

Mochte die herkömmliche repräsentative Adelskultur schon unter pietistischem Einfluß Angriffen ausgesetzt gewesen sein[21] – an den Rand ge-

---

20 Zur Frage des katholischen Anteils am geschilderten Prozeß vgl. MAURER, Die Biographie des Bürgers, S. 161–164, 228–231. MICHAEL MAURER: Kirche, Staat und Gesellschaft im 17. und 18. Jahrhundert, München 1999, S. 38–46, 99 f.
21 MAURER, Die Biographie des Bürgers, S. 131–135.

drängt wurde sie durch die Entwicklung des literarischen Marktes, durch die Entstehung einer Öffentlichkeit, welche bürgerliche Werte universal umzusetzen vermochte. Einerseits bedeutete dies auch die Abtrennung einer säkularen Literatur aus den kirchlichen Zusammenhängen, die seit dem Mittelalter die Kulturfunktion des Schreibens in besonders enger Weise mit dem Kleriker verbunden hatte; andererseits wurde die deutsche Literatur in den ersten Jahrzehnten dieses Prozesses besonders stark von Theologen dominiert, die ihre Weltanschauung, ein durchgreifend ethisiertes und entmythologisiertes protestantisches Christentum, in das neue Kultursystem einbrachten. Dem Adel bot sich die Möglichkeit zur Teilhabe an der neuen Bildung. Ein Widerspruch zwischen höfischer Subkultur in französischer bzw. italienischer Sprache und neuer Universalkultur in deutscher Muttersprache brach auf. Ohne Zweifel verdanken wir dieser Spätblüte höfischer Kultur bleibende Leistungen wie Mozarts Opern; doch erlebt man gleichzeitig die Erosion des höfischen Milieus im deutschen Singspiel. Die Partikularkulturen des Adels, der Stadtbürger und der Gelehrten bildeten sich um und verschmolzen im Prozeß der Entstehung einer muttersprachlichen Nationalkultur, die bürgerlich geprägt war. Im 19. Jahrhundert standen sich deshalb nur noch *die* Kultur und die bäuerliche Volkskultur gegenüber.

Der Aufstieg der deutschen Gesellschaft als einer bürgerlichen bedeutet wesentlich Aufstieg und Durchsetzung einer bürgerlichen Hegemonialkultur. Das wichtigste Element in diesem Prozeß ist das pädagogische – eine umgreifende Vorstellung von der Bildung des einzelnen und der Bildung der Menschheit, welche nur als Derivat des religiösen Wandels richtig begriffen werden kann. Im Ansatz ist die Vorstellung einer permanenten Vervollkommnung des Menschen ein ethischer Imperativ, der sich nun, unter dem Einfluß einer ethisierten christlichen Religion, mit überlieferten Bildungsgehalten paarte. Relikte des Altertums waren durch den Humanismus neu entdeckt und in die traditionale Gesellschaft durch den Gelehrtenstand eingebracht worden. Der frühneuzeitliche Staat bedurfte der Gelehrten, namentlich der Theologen für die Landeskirchen und der Juristen für den Verwaltungsdienst. Insofern waren alteuropäische Bildungselemente in der Frühen Neuzeit stets präsent, wenn auch die Universitäten zeitweise keineswegs in Blüte standen.[22] Ihr Traditionsgut amalgamierte sich nun im mitt-

---

22 NOTKER HAMMERSTEIN (Hrsg.): Universitäten und Aufklärung, Göttingen 1995. NOTKER HAMMERSTEIN/ULRICH HERRMANN (Hrsg.): Handbuch der deutschen Bildungsgeschichte, Bd. 2: 18. Jahrhundert. Vom späten 17. Jahrhundert bis zur Neuordnung Deutschlands um 1800, München 2005.

leren 18. Jahrhundert mit den Ansprüchen einer entstehenden Öffentlichkeit und unter dem maßgeblichen Einfluß von Theologen, die eine modifizierte Religion vertraten, zu Anfängen einer literarischen Kultur in deutscher Sprache. Diese hatte die Tendenz, die verschiedenen Sozialmilieus der ständischen Gesellschaft zu überbrücken, die religiösen Zwistigkeiten des Konfessionellen Zeitalters hinter sich zu lassen und die faktische Zerteilung Deutschlands in rivalisierende Territorialstaaten zu überspielen. Dafür bestanden durch das dezentralisierte Druckereigewerbe und den florierenden Buchhandel beste Möglichkeiten, zumal eine reichseinheitliche Zensur nicht existierte und die lokalen bzw. territorialen Zensurbehörden gerade durch den kulturräumlichen Pluralismus Deutschlands an Effizienz verloren.[23] Druckerzeugnisse aus einer Vielzahl kleiner Städtchen konnten mit nationaler Reichweite distribuiert werden, und sei es im Tauschhandel der Buchhändler Ballen gegen Ballen, aber erst recht, nachdem sich seit 1764 mehr und mehr der Nettohandel gegen Geld (bzw. Verrechnung) durchsetzte.[24] Für das gelehrte Bürgertum bedeutete der expandierende literarische Markt eine unerschöpfliche Geldquelle; wer schreiben konnte, hatte zu leben.

Die Bürger vermochten es, ihre Werte, ihre Weltdeutung, ihr Gesellschaftsmodell und ihre Kultur zur allgemeinen zu machen. Aus stadtbürgerlichen Kreisen ging vor allem die Hochschätzung der Arbeit und der Primärtugenden vom Typus Ordnung, Sparsamkeit und Reinlichkeit in dieses Konzept ein. Die moralischen Vorstellungen des Bürgertums waren christlich orientiert und anti-höfisch. Die intellektualen Werte gehörten selbstverständlich zum Erbe der Gelehrtenkultur, aber in spezifischer Akzentuierung rationaler Komponenten, welche sich im Kampf protestantischer Prediger gegen Volkskultur und Aberglauben entwickelt hatten. Die emotionalen und sozialen Werte erfuhren eine tiefgreifende Umbildung erst im neuen System der bürgerlichen literarischen Kultur. Die Verhaltensmodellierung und Habitusprägung des ,Volkes der Dichter und Denker' entstammt wesentlich der Periode von *Werther* und *Siegwart*, sei es nun bezüglich der Empfindsamkeit und Innerlichkeit, des Freundschaftskultes und der Naturliebe, der Individualität und Geselligkeit.[25]

---

23 WILHELM HAEFS/YORK-GOTHART MIX (Hrsg.): Zensur im Jahrhundert der Aufklärung. Geschichte – Theorie – Praxis, Göttingen 2007.
24 Vgl. REINHARD WITTMANN: Geschichte des deutschen Buchhandels. Ein Überblick, München 1991.
25 MAURER, Die Biographie des Bürgers, S. 255–322.

Bürgerliche Kultur ermöglichte die Überwindung der ständischen Kompartimentalgesellschaft und der konfessionell geprägten regionalen Milieus; sie ermöglichte aber auch den Wandel des Verhältnisses der Geschlechter zueinander und die Aufnahme von Bevölkerungsgruppen, die bis dahin außerhalb der Gesellschaft standen, namentlich der Juden.

Für die Frauen[26] war es von höchster Bedeutung, daß sie durch die Favorisierung des Bildungselements zu entscheidenden Agenten der Bildung in der Familie, der Erziehung und Ausbildung der Kinder werden konnten, während sich gleichzeitig die bürgerliche Kernfamilie gegen das Gesinde abgrenzte. Die Einflüsse aus dem Kreis der Ammen und Knechte hielt man pauschal für gefährlich, sowohl für die Moralität als auch für die Rationalität der Kinder.[27] Hier sprangen die Hausfrauen ein, die dazu freilich oftmals selbst erst von ihren gebildeten Gatten befähigt werden mußten.

Und die Juden, die durch ihre eigene Tradition als ‚Volk des Buches' für die Idee eines Voranstrebens durch Lernen und Bildung prädestiniert waren, sahen sich am Ende des 18. Jahrhunderts aufgrund ihrer eigenen religiösen und geistesgeschichtlichen Entwicklung (Haskalah) in der Lage, die sprachliche Barriere zu überspringen und in historisch neuer Weise mit Hilfe der sich ausformenden literarischen Kultur den ‚Eintritt ins deutsche Bürgertum' anzustreben.[28]

Die Kultur des Bürgertums bot ein Akkulturationsmodell: Durch Arbeit und stetes Streben schien es jedem einzelnen möglich, ein Optimum seiner irdischen Möglichkeiten zu verwirklichen und gleichzeitig ein Optimum für die menschliche Gesellschaft zu leisten. Diese Leistung freilich wurde bürgerlich bemessen.

---

26 Vgl. UTE FREVERT: Frauen-Geschichte. Zwischen Bürgerlicher Verbesserung und Neuer Weiblichkeit, Frankfurt a. M. 1986. UTE FREVERT (Hrsg.): Bürgerinnen und Bürger. Geschlechterverhältnisse im 19. Jahrhundert, Göttingen 1988. HEIDE WUNDER: „Er ist die Sonn', sie ist der Mond". Frauen in der Frühen Neuzeit, München 1992. ANDREA VAN DÜLMEN (Hrsg.): Frauenleben im 18. Jahrhundert. München, Leipzig und Weimar 1992.

27 Vgl. MICHAEL MAURER: Dienstmädchen in adligen und bürgerlichen Haushalten, in: GOTTHARDT FRÜHSORGE u.a. (Hrsg.): Gesinde im 18. Jahrhundert, Hamburg 1995, S. 161–187.

28 JACOB TOURY: Der Eintritt der Juden ins deutsche Bürgertum. Eine Dokumentation. Tel Aviv 1972. DAVID SORKIN: The Transformation of German Jewry, 1780–1840, New York und Oxford 1987. MICHAEL MAURER: Verbürgerlichung oder Akkulturation? Zur Situation deutscher Juden zwischen Moses Mendelssohn und David Friedländer, in: ANSELM GERHARD (Hrsg.): Musik und Ästhetik im Berlin Moses Mendelssohns, Tübingen 1999, S. 27–56.

Es ist möglich, die verbrauchte Kategorie ‚Bürgertum' neu mit historischem Leben zu füllen und konkret handhabbar zu machen. Die entscheidende Einsicht ist dabei, daß es sich bei ‚Bürgertum' nicht um eine objektiv gegebene Struktur handelt, sondern um eine sich im historischen Prozeß entwickelnde Formation. Kultur ist in diesem Prozeß kein Äußeres, sondern vielmehr das Medium, in dem bürgerliche Vergesellschaftung stattfindet. Kultur erhält einen völlig neuen Stellenwert, wenn man diese Einsicht fruchtbar zu machen versteht. Die Kultur als muttersprachliche Nationalkultur, wie sie sich in Deutschland im späten 18. Jahrhundert herausbildete und die Epoche bis zum Ersten Weltkrieg dominierte, erschien lange als universale Kultur, als Kultur der Menschheit schlechthin. Seit der Entgegensetzung von ‚Bürger' und ‚Künstler' in der aufbrechenden Moderne um 1900 steht die historische Ausprägung einer bürgerlichen Kultur in einem neuen Licht: Zur Wiedergewinnung eines umfassenden Menschlichen wurden nun die bürgerlichen Werte revolutionär in Zweifel gezogen.

Anregungen zur Weiterarbeit

1.   Fertigen Sie sich eine Tabelle an, in der Sie schematisch gegenüberstellen: Adelskultur – Bürgerkultur. (Für den Adel hilft auch ein Rückgriff auf das Kapitel ‚Hofkultur' ⮕ 12|)!

2.   Bei der Profilierung von ‚Bürgertum' wurde hier stark von der formativen Phase des 18. Jahrhunderts ausgegangen. Als eigentliches ‚bürgerliches Zeitalter' gilt sonst das 19. Jahrhundert. Versuchen Sie, sich ein runderes Bild des Bürgertums im 19. Jahrhundert (in Kontinuität zum 18., aber auch im Kontrast!) zu erarbeiten, indem Sie folgende Werke auswerten: FRIEDRICH H. TENBRUCK: Bürgerliche Kultur, in: Kölner Zeitschrift für Soziologie und Sozialpsychologie, Sonderheft 27 (1986), S. 263–285. DIETER HEIN/ ANDREAS SCHULZ (Hrsg.): Bürgerkultur im 19. Jahrhundert. Bildung, Kunst und Lebenswelt, München 1996. HANS-WERNER HAHN/DIETER HEIN (Hrsg.): Bürgerliche Werte um 1800. Entwurf – Vermittlung – Rezeption, Köln u. a. 2005. MANFRED HETTLING/STEFAN-LUDWIG HOFFMANN (Hrsg.): Der bürgerliche Wertehimmel. Innenansichten des 19. Jahrhunderts, Göttingen 2000.

3.   Versuchen Sie (in der Art eines Besinnungsaufsatzes), die Frage zu klären, wie die hier beschriebene historische ‚Bürgerkultur' sich in der aktuellen Lebenswelt der Gegenwart noch wiederfindet und inwiefern sie sich gewandelt hat.

14 Europäische Kulturgeschichte

1   Umfang und Grenzen   Menschen auf der ganzen Welt haben zwar viele Kulturen, es gibt aber auch einen engeren Bereich der Kultur, den wir als ‚unsere Kultur' auffassen. Damit ist nicht gesagt, daß er ‚besser' sei als andere; aber er verdient unsere besondere Befassung, weil er ‚identitätsrelevant' ist. Wir stehen ‚innen', während wir sonst nur ‚außen' stehen. Es geht um diejenigen Bestandteile der menschlichen Kultur, welche durch Tradition, Rezeption, Aneignungsprozesse verschiedener Art auf uns gekommen sind und ‚unsere Kultur' ausmachen.

Damit erhebt sich die Frage, wo die Grenzen dieser Kultur sein sollen. Deutschland? Europa? Jede Integrationsebene hat ihr eigenes Recht; jede Integrationsebene ließe sich begründen. Trotzdem gibt es eine hoch anzusetzende Integrationsebene, der eine besondere Bedeutung zukommt: *Europa*. Konstitutiv für diese Integrationsebene ist ein Traditionszusammenhang von etwa dreitausend Jahren, der seinen Kern in älterer Zeit nicht in Mitteleuropa hat, sondern im Mittelmeerraum, und seinen noch älteren Quellbereich im Vorderen Orient. Das hat etwas mit der besonderen Bedeutung des Christentums für die europäische Kultur zu tun, aber auch mit den Alten Griechen, ihren Vorläufern und den Fremden, gegen die sie sich abgrenzten. In der Neuzeit fächert sich dieser Kulturzusammenhang in Nationalkulturen auf.

Vergleichende europäische Kulturgeschichte bedeutet in erster Linie, Erkenntnisgewinn im Vergleich derjenigen nationalkulturellen Entwicklungen zu suchen, die wir als Parallelentwicklungen auffassen können, weil sie aus demselben Traditionspotential schöpften. Sie verliefen letztlich nicht wirklich parallel, sondern zeigen charakteristische Abweichungen. Es geht nun darum, diese zu erfassen, zu beschreiben und zu interpretieren. Dies sind primär *nationalkulturelle* Vergleiche wie deutsch/französisch oder deutsch/englisch. Sekundär verbinden sich damit *konfessionskulturelle* Vergleiche ⊫ 11 |. Mit diesen beiden Trennungen verbindet sich eine dritte: die von *Standeskulturen* ⊫ 12/13 |. Diese Divergenzen sind alle Bestandteile einer vergleichenden europäischen Kulturgeschichte. Man müßte sogar fragen, ob es nicht sinnvoll wäre, mit einem Begriff von ‚Subkultur' noch kleinere kulturelle Einheiten zu beschreiben: beispielsweise die Hugenotten, die Juden.

Schließlich noch eine Frage umgekehrter Denkrichtung, die nach den Grenzen und nach der Entgrenzung. Gehört Spanien zu Europa? (Im

18. Jahrhundert gab es darüber eine Kontroverse.[1] Gehört Rußland zu Europa? (Im 19. Jahrhundert entstand in Rußland selbst eine Strömung, welche von diesem Zusammenhang nichts wissen wollte, die ‚Slavophilen'.[2]) Die Vereinigten Staaten von Amerika – sind sie nicht von europäischer Kultur geprägt? Jede Gegend der Welt hat ihre eigene Kultur und ihre spezifische Mischung von Kulturen, bei denen die europäische Kultur einen größeren oder kleineren Anteil haben kann. Die Engländer, Franzosen und Spanier, welche seit dem 17. Jahrhundert den nordamerikanischen Halbkontinent besiedelten, nahmen selbstverständlich ihre europäische Kultur mit. Aber die Amerikaner entwickelten sich im Austausch mit Indianern und schwarzen Sklaven schließlich zu einer eigenen Nation mit eigener Geschichte, eigenen Erfahrungen, eigener Mentalität. Deshalb kann man sie nicht einfach den Europäern zuschlagen.

Das Wesen der europäischen Kulturgeschichte – und auch darauf soll die vergleichende Europäische Kulturgeschichte hinführen – besteht teilweise gerade in ihrer Fähigkeit zur Expansion.[3] Was einmal früher die Kultur eines (geographisch vermessen) relativ kleinen Erdteils war (Europa ist eigentlich nur ein westlicher Zipfel, ein Subkontinent Asiens!), ist spätestens im 19. Jahrhundert zur Kultur der Welt, zu einer europäischen Kultur mit globaler Ausstrahlung geworden. Das soll nun nicht heißen, daß wir die Weltkultur überhaupt als Abweichung der europäischen Kultur auffassen wollen, es stellt aber immerhin heraus, daß die Befassung mit europäischer Kultur infolge ihrer durchgreifenden Wirkung eine besondere Bedeutung für die Weltkultur hat.

2   Das Fundament der Antike   Die Idee ‚Europa' war eine griechische Idee, die in der Abgrenzung gegen den Orient, gegen Asien, gegen die Perser, entstand.[4] Dem liegt offenbar zugrunde, daß es eine geographische Vorstellung ‚Europa' schon sehr früh gegeben haben muß; daß man mit einem Begriff ‚Europa' etwas Bestimmtes zu verbinden wußte. Wenn wir uns

---

1   HANS HINTERHÄUSER (Hrsg.): Spanien und Europa. Stimmen zu ihrem Verhältnis von der Aufklärung bis zur Gegenwart, München 1979.

2   CHRISTOPH SCHMIDT: Russische Geschichte 1547–1917, München 2003.

3   JOHN H. ELLIOTT: Die Neue in der Alten Welt. Folgen einer Eroberung 1492–1650, Berlin 1992.

4   Die einschlägigen Quellentexte findet man zusammengestellt bei HAGEN SCHULZE/ INA ULRIKE PAUL (Hrsg.): Europäische Geschichte. Quellen und Materialien, München 1994.

die Position vergegenwärtigen, die sich die Griechen in ihrem Weltbild selbst zuschrieben, kommen wir auf eine archetypische Denkform, die auch den Babyloniern und den Chinesen geläufig war: Sie setzten sich ins Zentrum ⊨9.1|. Charakteristisch für die Griechen ist nun, daß sie sich an der Nahtstelle zweier Erdteile positionierten. Die Dardanellen bildeten die Grenzscheide zwischen Asien und Europa – unbeschadet der Tatsache, daß die Küstenteile des kleinasiatischen Halbkontinentes und die vorgelagerten Inselgruppen von Griechen besiedelt wurden. Im Gegensatz zu anderen Kulturen, die sich ins Zentrum setzten und den Rest der Welt als Rand definierten, hatten die Griechen also eine differenziertere, komplexere Vorstellung: Mochte auch die Bestimmung der eigenen Position in der Mitte gewissermaßen unvermeidlich sein, so bedeutete doch die Grenzposition zwischen Asien und Europa ein geschärftes Bewußtsein dafür, was das Fremde und was das Eigene, was der Orient und was der Okzident bedeutete.

Vielleicht muß man noch einen Schritt weitergehen: Die Entstehung eines Selbstbewußtseins der Griechen als Europäer verdankt sich wohl gerade dieser Position auf der Grenze. Der geographische Begriff ‚Europa' wurde von den Griechen gefüllt durch eine ausgebaute naturwissenschaftlich-medizinische Theoriebildung über die unterschiedliche Wesensart von Asiaten und Europäern. Diese wird im medizinischen Lehrbuch des Hippokrates faßbar.[5] Die Theorie des Hippokrates von der Einwirkung der Natur und des Klimas auf den Menschen ist eine primär deterministische, kausale, die eine einseitige Richtung einschlägt. Aber daneben sind auch andere Töne zu hören gewesen, welche die Andersartigkeit aus politisch-sozialen Gegebenheiten herleiten oder solche jedenfalls ins Kalkül ziehen. Allenthalben erscheint den Griechen Asien eher als Block, monolithisch, und Europa als in sich zerklüftet bzw. differenziert. Es fällt auf, daß Asien bei Hippokrates keineswegs negativ gekennzeichnet ist – in gewisser Hinsicht kann es sogar als der attraktivere Weltteil angesehen werden. Das hängt mit der Mittelposition zusammen, welche sich die Griechen selber zuschrieben. Dieses Argument wurde, rund ein Jahrhundert nach Hippokrates, von Aristoteles in seiner *Politik* zugespitzt. Das Überraschende ist dabei die Verankerung in einer bestimmten städtischen Lebensweise. Dabei ist keineswegs nur an die politischen Qualitäten im engeren Sinne zu denken; es ist auch vom Sich-Gehen-Lassen, vom Freiraum für den einzelnen die Rede. Wo es heißt: „Wir lieben das Schöne und bleiben schlicht, wir lieben den

---

5   SCHULZE/PAUL, Europäische Geschichte, S. 27 f.

Geist und werden nicht schlaff", ist ganz deutlich die vorher herausgestellte Mittelposition der Griechen angesprochen; ausgeschmückt heißt das: „wir pflegen die Künste und Wissenschaften wie die Asiaten und sind so kriegstüchtig wie die freiheitsliebenden Europäer". Mit dieser Selbstdeutung beeindruckten die Athener die nachfolgenden Jahrhunderte, ja: noch die Gegenwart. Ihr Ideal wurde zu einem europäischen.

Das Selbstbild der Griechen beruhte also nicht nur auf dem Bewußtsein ihrer politischen Verfassung, sondern auf einem gesamtkulturellen Polisideal. Obwohl sich die Griechen der altorientalischen und ägyptischen Hochkulturen bewußt waren, bezeichneten sie doch alle Nichtgriechen als ‚Barbaren'. Dieser Ausdruck meinte zunächst eigentlich diejenigen, deren Sprache man nicht verstehen konnte, doch galten diese, eben weil man bei den Griechen auf den *Logos* so großen Wert legte, indem sie *unverständlich* waren, auch leicht als *Unverständige*. Man hatte Zweifel an der Vernunft derjenigen, die sich nicht verständlich auszudrücken wußten. Durch diese Verbindung von Sprache und Vernunft besaßen die Griechen einen Bildungsbegriff der Abgrenzung. Sie sahen sich also nicht als Angehörige einer höherwertigen Rasse (biologisch, ethnisch), sondern als teilhaftig einer bestimmten Kultur, zu der auch alle diejenigen gehören konnten, welche sich diese Kultur, zuerst also die griechische Sprache, aneigneten. Und innerhalb der Vielfalt der griechischen Welt waren es wesentlich die Bewohner von Attika, von Athen, welche die Norm dieses Bildungsbegriffes zu setzen vermochten. Und dieser war nie rein intellektuell, sondern immer gesamtmenschlich, ethisch gemeint. So kommt es, daß der Barbarenbegriff allmählich als Gegensatz zum Humanitätsbegriff gesehen wurde. Volle Humanität konnten sich die Griechen nur innerhalb der eigenen Kultur vorstellen; was außerhalb stand, war ‚barbarisch', nun im Sinne von *ungebildet* und *unmenschlich* zugleich.

Als später die Römer in Kontakt mit der griechischen Kultur kamen, erschienen sie den Griechen selbstverständlich zunächst als ‚Barbaren'. Indem die Römer aber die griechische Kultur als überlegen anerkannten und sie sich anzueignen suchten, konnten sie auch allmählich den Vorwurf der Barbarei ablehnen. Die Römer stellten sich durch ihre Option für das Griechische gewissermaßen an die Seite der kulturell führenden Hellenen.

Als in spätrömischer Zeit die gesamte Bevölkerung des *Imperium Romanum* römisches Bürgerrecht erhielt, zugleich aber die Bedrohung dieses Reiches von außen immer stärker wurde, kam es dazu, daß die Römer die griechische Selbsteinschätzung auf sich übertrugen und die äußeren Feinde, ob nun Germanen oder andere, ihrerseits als ‚Barbaren' betrachteten.

Ohne die antiken politischen Vorstellungen idealisieren zu wollen – schließlich darf man nicht übersehen, daß sie in einer Sklavenhaltergesellschaft entwickelt wurden –, kann man doch nicht umhin, sich über ihre Wirkungsmächtigkeit zu wundern. Immer wieder wurden sie seither aufgegriffen und neu bedacht; häufig wurden sie idealisiert; übertroffen wurden sie nicht. Merkwürdigerweise hat das europäische Denken schon in seiner griechischen Phase alle Komponenten bedacht, die zu bedenken waren. Der menschliche Geist ist nicht wesentlich über die schon im alten Griechenland entwickelten politischen Denkformen hinausgedrungen. Selbst die unglaublichsten technischen Entwicklungen, die Industrialisierung und die Massengesellschaft, suchte man aufgrund der so früh schon geleisteten gedanklichen Arbeit der Griechen zu bewältigen. Es ist kein Zufall, daß wir auch für die heutige Norm politischer Gestaltung noch das alte griechische Wort haben: Demokratie.

Das griechische politische Denken umfaßte eine beträchtliche Spannweite. Einen entscheidenden Schritt bedeutete aber auf jeden Fall die Vorstellung, der Mensch könne aus eigener Vernunft seine gesellschaftlichen Verhältnisse regeln – Herrschaft sei planbar und könne rational legitimiert werden. Dies ist insofern hervorzuheben, als die meisten Kulturen der Welt diesen Bereich unter religiösen Vorzeichen verstanden. Ein aus dem Religiösen abgelöstes Politisches ist eine spezifisch europäische Vorstellung – wiederum mit griechischen Wurzeln. Daß der König nicht Priester ist und der Priester nicht König – das ist es, was diese in der Neuzeit Europas so entscheidend gewordene Traditionslinie auszeichnet |➡ 2.4|.

Schon in der ionischen Naturphilosophie beginnt diese Traditionslinie, die von Platon und Aristoteles in verschiedener Weise bearbeitet und in der Stoa schließlich gültig ausformuliert worden ist.[6] Die Grundvorstellung ist, daß der Mensch kraft seiner Vernunft fähig sei, in die inneren Gesetze der Natur einzudringen, sich seiner Erkenntnis gemäß zu verhalten und die soziale Welt praktisch danach zu gestalten. Da die Vernunft aber allen Menschen eingeboren ist, läßt es sich nicht rechtfertigen, daß nur einer oder wenige herrschen; prinzipiell müssen alle Menschen jedenfalls gleiche Rechte haben. Mag dies auch eine Vorstellung von Intellektuellen gewesen sein – daß sie zu dieser Zeit schon entwickelt werden konnte, überrascht. Mag sie auch keineswegs der politischen Wirklichkeit entsprochen haben – daß sie als Norm formuliert werden konnte, ist entscheidend. Denn zu Rückgriffen

6 Ebd., S. 435–437.

auf diese Norm des Naturrechts und der Gleichheit aller Menschen kam es in der Aufklärung und seitdem immer öfter. Ein politisches Denken, das nicht von dieser Naturrechtsvorstellung der allgemeinen Gleichheit der Menschen auf der Basis der allgemeinen Vernunft aller operieren würde, können wir uns nicht vorstellen. Die letzten Versuche, seine Konsequenz zu umgehen – in der politischen Romantik, im Führerkult, in den kommunistischen Diktaturen – erscheinen vor dem europäischen Hintergrund als Abweichungen.

Die Philosophie der Griechen läßt sich als der eigentliche Fundus europäischer Philosophie ansprechen; nicht nur, daß er auf die Römer und andere mittelmeerische Völker wirkte – auch in den späteren Epochen war griechische Philosophie immer, wenn auch in unterschiedlicher Gestalt, präsent: Im Mittelalter wird kein anderer Philosoph so oft zitiert wie Aristoteles; wenn es heißt: *„philosophus ait"* [„der Philosoph spricht"], ist immer Aristoteles gemeint, kein anderer; die Renaissance ist gekennzeichnet durch eine Wiederentdeckung Platons, und die Moderne, mit Nietzsche und Heidegger an der Spitze, entdeckte die Vorsokratiker als Philosophen des Ursprungs.

Sucht man sich der besonderen Leistung der alten Griechen für das philosophische Denken Europas zu vergewissern, läßt sich vor allem der Schritt vom Mythos zum Logos akzentuieren, der zwischen Hesiod und der klassischen Philosophie der Griechen liegt.[7] Auch der Mythos wollte Einsicht in das Ganze und in den Zusammenhang der Gegebenheiten vermitteln; aber anders als die jüngere Vernunft war er anschaulich, bildhaft, erzählend. Die griechischen Philosophen dagegen waren an Begriffen orientiert, an logischen Verfahren und Argumentation. Sie stellten die bildhaften Erzählungen zurück – wenn es auch davon noch genügend gibt, man denke nur an Platons Höhlengleichnis! – und betonten das Element der Diskursivität. Die Sophisten, gegen die sich Platon richtete, waren hauptsächlich an der praktischen Verwertung von argumentativen und rhetorischen Fähigkeiten im Leben der Polis interessiert: vor Gericht, auf dem Markt, zum Zwecke der Herrschaft.

Wenn wir den ersten Schritt der griechischen und damit europäischen Philosophie in der Ersetzung des Mythos und im Übergang zu rationaler Erklärung sehen, bestand der zweite Schritt im Übergang von einzelnen Erklärungen zu Theorien, in deren Rahmen Erklärungen systematisch verbun-

---

7   Vgl. WOLFGANG RÖD: Der Weg der Philosophie, Bd. 1, München 1994, S. 33–40.

den wurden, und der dritte Schritt – der sich freilich erst in ersten Ansätzen abzeichnete – in einer Theorie des Erkennens, namentlich der philosophischen Erkenntnis selbst. Man kann es auch so formulieren: Ein mythisches Bewußtsein sieht nur eine einheitliche Welt, wo das rational-philosophische der Griechen zu unterscheiden begann zwischen einer wirklichen Welt und einer scheinhaften, zwischen der Wirklichkeit und ihrer Deutung. War dieser Bewußtseinswandel einmal eingetreten, konnte man nicht mehr gänzlich hinter diese Schwelle zurückfallen.

Das nächste Element eines grundsätzlichen Fortschritts war die formale Logik, die Aristoteles erstmals darstellte:[8] Unabhängig vom Inhalt einer Aussage kann man bestimmte Aussagen schon allein aufgrund der Art des Schließens als falsch oder richtig klassifizieren, und zwar für alle Zeiten. Und schließlich stellen auch die Reflexionsbegriffe selbst ein wesentliches Hilfsmittel zur Bewältigung von Erfahrung dar.

Die neuzeitlichen Jahrhunderte entwickelten seit dem 15., mehr aber noch seit dem 18. Jahrhundert eine Hochschätzung der Darstellung des Schönen, wie sie die Griechen im 5. und 4. vorchristlichen Jahrhundert gefunden hatten. Zuletzt fand sich das 19. Jahrhundert angesprochen von einer klassizistischen Art der Menschendarstellung und des Bauens. Skulpturen wie die des Praxiteles oder Bauwerke wie der Parthenon in Athen wurden als klassisch angesehen und immer wieder nachgeahmt. Sie galten als Zeichen für gebildeten Geschmack und erhoben einen Anspruch auf Herrschaft. In Industriezentren wie Birmingham wurden im 19. Jahrhundert Rathäuser gebaut, die sich griechische Tempel zum Vorbild nahmen. In der vorangehenden Phase zierten Säulenportici und Giebelfriese die Schlösser der Fürsten. Seit der Renaissance hatte sich in Europa eine griechisch-römische Stilrichtung der Bildenden Kunst durchgesetzt, die trotz aller Mißverständnisse und Brechungen auf jene klassische Phase der griechischen Kunst des 5. und 4. vorchristlichen Jahrhunderts zurückging.

Daß in dieser frühen Blütezeit europäischer Kultur gerade die Griechen das Ideal für Europa entwickeln konnten, hängt wiederum mit ihrem spezifischen geistigen Habitus und mit der Vielgestaltigkeit ihrer rivalisierenden Poleis zusammen. Mochten sie auch entscheidende Anstöße älteren orientalischen und ägyptischen Vorbildern verdanken: In dieser Blütezeit entwickelten sie ihre Eigenarten voll, nämlich 1. Diesseitigkeit, als Menschen gestaltete Götter und Heroen; 2. Realismus, der gleichwohl ideal konzipiert und

---

8 Ebd., S. 172–179.

auf der Herrschaft von Einsichten in Zahlen und Proportionen gegründet war; 3. Individualität, die um so mehr auffällt, wenn man sie vor der Folie der typisierenden Darstellungen des Orients sieht.

Die Römer bewunderten die griechische Kunst der klassischen Zeit; sie kauften, sammelten und kopierten sie. Unter Augustus arbeiteten in Rom zahlreiche griechische Künstler. Die Römer schufen jenes Weltreich, in dem sich die griechische Kunst in der Folge zunehmend einheitlich ausbreiten konnte. Griechische Vasen und Mosaiken, Statuen und Tempel findet man (in Resten) überall, wo die Römer herrschten – in relativer Einheitlichkeit von Britannien bis Syrien, von Marokko bis zum Schwarzen Meer. So wurde die griechische Kunst in römischer Zeit zu einer wahrhaft internationalen Kunst.[9]

Die Römer schufen rund um das Mittelmeer ein Großreich.[10] In diesem herrschaftsmäßig verbundenen Gebiet herrschte Frieden: *pax romana*. Die wesentliche Funktion dieses politisch vereinigten Gebietes bestand in der Gefahrenabwehr nach außen, aber auch in der inneren Verwaltung. Insofern waren die entscheidenden Apparate das Militär und die Beamtenschaft, die beide unter zentraler Leitung standen – seit Augustus unter einem Kaiser als *Princeps*, der sich in Relation zum Senat sah.

Eine religiöse Einheit gab es nicht. Wohl war die Herrschaft der Kaiser mit einem Kultus verbunden, doch beruhte sie nicht auf einem geschlossenen weltanschaulichen System. Augustus ließ seinen Adoptivvater Caesar vergöttlichen und reklamierte die Abstammung von einem Göttlichen. Während man im westlichen Teil des Reiches zwischen dem Kaiser selbst und seinem Genius unterschied, dem man religiöse Verehrung schuldig war, flossen diese Unterscheidungen im Osten ineinander; in orientalischer Weise verehrte man den Kaiser selbst als göttlich. 380 wurde das Christentum zur Staatsreligion des Römischen Reiches. Damit eröffnete sich dieser verhältnismäßig neuen Religion der politische Raum des Römischen Reiches. Die Jahrtausende seither sind bestimmt von dieser Perspektive; eine im Nahen Osten entstandene Erlösungsreligion wurde zur Staatsreligion des Römerreiches und in der Folge zur entscheidenden Einflußgröße für die Entwicklung des ganzen Reiches, insbesondere aber seiner westlichen Hälfte, der

9 Vgl. JOHN BOARDMAN (Hrsg.): Reclams Geschichte der antiken Kunst, Stuttgart 1997.

10 Vgl. ECKHARD WIRBELAUER (Hrsg.): Oldenbourg Geschichte Lehrbuch Antike, München 2004.

lateinischen Christenheit.[11] Daß sich das Christentum in seiner Frühzeit im Römischen Reich ausbreiten konnte, verdankte es der Tatsache, daß es als eine Spielart des Judentums angesehen wurde. Das Judentum war, als Kult eines weit verbreiteten Händlervolkes mit stark nationalem Akzent, den Römern zwar fremd, galt aber als *religio licita*, als eine derjenigen Religionen, deren Ausübung ihren jeweiligen Anhängern innerhalb des Reiches dort erlaubt war, wo sie sich aufhalten durften. Das Judentum hatte selbst im Laufe der Jahrhunderte eine starke Wandlung durchgemacht. Es war hellenistischen Einflüssen unterworfen, was besonders durch die *Septuaginta* deutlich wird, die Übersetzung des Alten Testamentes ins Griechische, welche auch eine Annäherung an die philosophischen Denkformen der Griechen bedeutet hatte. Die Juden nährten außerdem die Erwartung eines Messias, der ihnen das Heil bringen sollte. Unter der Einwirkung dieser Vorstellungen entwickelte sich nach dem Auftreten Jesu eine spezifische Christusreligion, die einerseits seine ethischen Lehren propagierte (vgl. die ‚Bergpredigt‘), andererseits als zentrale Vorstellung die einer Erlösung der Menschheit verbreitete, bewirkt durch Jesu Tod und Auferstehung. Jesus selbst wurde zum Objekt der Verehrung für seine Anhänger. Neben dem Judenchristentum in Palästina entstand bald ein Heidenchristentum, zunächst in den Großstädten Antiochia und Rom: Auch Nichtjuden bekehrten sich zur neuen Lehre. Diese Tendenz wurde maßgeblich durch den römischen Bürger Paulus geprägt. Aus verstreuten Gemeinden solcher Christusanhänger, die auf die Wiederkunft des Herrn warteten, bildete sich um etwa 180 so etwas wie eine ‚Kirche‘, nämlich ein Bund von Gemeinden, der bald das ganze Römerreich umspannte ➡ **10.1** |.

Das entscheidende Erbe, das die Römer an Europa weitergaben, war das *Römische Recht.*

»In ihrer Beherrschung des Rechts waren die Römer von einzigartiger Größe. Während Kunst, Kultur, Literatur und Philosophie sich bei ihnen durch Nachahmung belebten, war die Jurisprudenz nirgends so zu Hause wie in Rom. Die Pflege des Rechts und seiner Praxis war die einzige Kulturwissenschaft, in der die Römer sich nichts vormachen ließen. Diesen Rang verdankten sie der zunftmäßigen Verwaltung ihres Rechts.«[12]

---

11 Vgl. RAYMUND KOTTJE/BERND MOELLER/THOMAS KAUFMANN/HUBERT WOLF (Hrsg.): Ökumenische Kirchengeschichte, Bd. 1: Von den Anfängen bis zum Mittelalter, Darmstadt 2006.

12 HANS HATTENHAUER: Europäische Rechtsgeschichte, Heidelberg 2. Aufl. 1994, S. 81.

Während bei orientalischen Völkern das Recht meist religiös fundiert und göttlich gestiftet war, kultivierten die Römer ein Recht, das rein aufgrund menschlicher Satzung Bestand hatte. Ein entscheidendes Datum war das Zwölftafelgesetz von 451/450 v. Chr. In späterer Zeit, als sich Rom von einer Republik zu einer Monarchie gewandelt hatte, galt das, was Kaiser anordneten, unmittelbar als Gesetz. Durchgehend aber stabilisierte sich die römische Rechtstradition durch einen eigenen Stand von Juristen, die nicht Priester waren. Sie entwickelten das Recht zu einem praktisch-logischen System. *„Pax et iustitia"* war die Formel der Römer: So sehr sie auch ihre Herrschaft mit militärischer Gewalt ausbreiteten, so sehr waren sie doch auch davon überzeugt, daß sich Herrschaft nur dauerhaft erhalten ließe durch regelmäßige Verwaltung und rechtsförmigen Interessensausgleich.

So kommt es, daß alle sozialen Veränderungen und politischen Herrschaftsverschiebungen, von der Bauernrepublik in Latium bis zum mittelmeerischen Großreich, immer wieder in Fort- und Umbildungen der ältesten römischen Rechtsbestände aufgefangen wurden. Selbst zu der Zeit, als die Reichseinheit nur noch gewahrt werden konnte durch Verlegung der Residenz von Rom nach Konstantinopel und durch die Vierteilung des Reiches unter Konstantin, erstrebte man weiterhin Reichseinheit durch Rechtseinheit. Teilkodifikationen verschiedener Gebiete wurden aufgenommen in die Gesamtkodifikation, die schließlich im 6. nachchristlichen Jahrhundert unter Justinian vorgenommen wurde, das *Corpus Iuris Civilis.* Das Hauptanliegen war dabei nicht die historische Bewahrung und Systematisierung, sondern vielmehr die Zusammenfassung, Kürzung und Handhabbarmachung. Im *Corpus Iuris Civilis* blieb der Nachwelt ein Konzentrat von tausend Jahren römischer Rechtsentwicklung erhalten. Dieses einheitliche, rational durchgebildete Recht sollte später im Mittelalter und in der Frühen Neuzeit hohe Bedeutung erlangen. Das läßt sich auf drei Gründe zurückführen:[13]

1.   Es enthielt einen Schatz an Menschheitswissen und Menschheitsweisheit; weil es nicht an bestimmte religiöse Voraussetzungen gebunden war, sondern wesentlich rational auf eine Regelung zwischenmenschlicher Streitfälle ausgerichtet war, konnte es auf national, sozial und religiös verschiedene Fälle übertragen werden.

---

13   PETER F. STEIN: Römisches Recht und Europa. Die Geschichte einer Rechtskultur, Frankfurt a. M. 1996.

2. In einer vielgestaltigen Welt, die im Laufe des Mittelalters infolge der Völkerwanderung immer neue Einflüsse aufzunehmen und zu absorbieren hatte, diente das Römische Recht der Vereinheitlichung. In dieser Weise wurde es auch für das Kanonische Recht der Kirche zu einem wichtigen Bestandteil.

3. Das Römische Recht enthielt als *Kaiserrecht* Tendenzen, die auf eine monarchische Spitze zuliefen. Gerade in der Herrschaftszersplitterung des Spätmittelalters und der Frühen Neuzeit wirkte es unifizierend, eine einheitliche Monarchie begünstigend. So wurde es zum Kristallisationspunkt einer gesamteuropäischen Rechtsausbildung an den oberitalienischen Universitäten, insbesondere in Bologna, seit es Universitäten gab.

Bis hierher haben wir versucht, einige Grundelemente der europäischen Kulturgeschichte wie Recht, Religion, Kunst, Politik und Rationalität kurz anzuleuchten. Selbstverständlich kann es hier nicht um eine kontinuierliche Darstellung der europäischen Kulturgeschichte gehen. Andererseits muß man einen gewissen Begriff davon haben, was nun den Bestand dieser europäischen Kulturgeschichte ausmachte. Wie sonst könnte man über Wiederaufnahmen, Rezeptionen, Renaissancen sprechen?

3   Die Rhetorik des Bruches   Die europäische Geschichte läßt sich in ihrer Kontinuität erst dann verstehen, wenn man sich das Phänomen der Renaissancen klar gemacht hat. Immer wieder im Laufe der europäischen Geschichte traten solche Rückbezüge und Wiedererweckungen ein. Wenn auch erst die Humanisten an der Wende vom Mittelalter zur Neuzeit ,*Rinascità*‘, ,Wiedergeburt‘, zu einem geflügelten Wort machten; wenn auch erst seit Jacob Burckhardt (1860) ,Renaissance‘ in der französischen Prägung in den allgemeinen Bildungswortschatz einging – die Sache selber gibt es schon sehr lange. Bereits unter Kaiser Augustus kam es zu einer Renaissance griechischer Kunst: Die Nachahmung griechischer Kunstwerke wurde den Künstlern zur Aufgabe gemacht. Schon hier also entstand ein ,Klassizismus‘; die Entwicklung Athens unter Perikles wurde zu einem zeitlosen Muster erhoben. Dieser Prozeß wiederholte sich später noch mehrfach in der europäischen Geschichte. Ohne nun auf die ,Renaissancen‘ einzugehen, die man auch im Mittelalter mehrfach schon ansetzen wollte, sei doch vorgreifend gesagt, daß auch in Florenz zur Zeit der Medici und im europäischen Klassizismus, im Zeitalter Winckelmanns und Goethes, erneut dasselbe Ideal der Kunst als vorbildlich und nachahmenswert ausgerufen wurde.

Selbstverständlich baut unsere Geschichte – wie auf allen früheren Epochen – so auch auf dem Mittelalter auf. Andererseits ist das Selbstbewußtsein der Neuzeit geknüpft an jene Rhetorik des Bruches, mit der sich zunächst die Humanisten von einem ‚finsteren Mittelalter' abzugrenzen suchten, dann die Aufklärer, schließlich die Moderne. Dieses Selbstbewußtsein lebt davon, daß man einen früheren Zustand überwunden glaubt, daß man sich emphatisch hinwegsetzt über bestimmte Überlieferungsbestände, die in dem Maße dem ‚Mittelalter' zugerechnet werden, daß ‚mittelalterlich' in der Umgangssprache heute noch oft synonym gebraucht wird mit ‚veraltet'.

4   Sehnsucht nach dem Mittelalter   Schon der Begriff ‚Mittelalter' selbst enthält dieses Element einer Zwischenzeit: Er setzte sich seit dem späten 17. Jahrhundert, seit dem Geschichtsbuch des Christoph Cellarius, allmählich durch für jenes ‚schwarze Loch' zwischen der als vorbildlich angesehenen Antike und der jeweiligen – unvermeidlicherweise wichtig zu nehmenden – Gegenwart.[14] Zu jedem Klassizismus gehört die Kontrastfolie des Mittelalters: Den unbezweifelbaren Wert des Griechischen (und Römischen), ob nun in der Kunst, in der Literatur, in der Philosophie oder in der Politik, konnte man erst dann deutlich machen, wenn man die ‚Barbarei' des Mittelalters deutlich herausstellte. Welche Mühe es jeweils kostete, sich an höchsten Maßstäben, am griechischen Ideal, abzuarbeiten, wurde erst eigentlich deutlich, wenn man mit Abscheu und Verachtung auf jene Zeit hinwies, die diesem Ideal nicht genügt hatte.

Es bedarf keiner Begründung, daß solches Verständnis einem historischen Maßstab nicht standhält. Seit zweihundert Jahren sind wir Europäer eigentlich alle Historisten. Wir würden uns also schon aus prinzipiellen Gründen dagegen verwahren, jenes Jahrtausend von 476 bis 1492 so leichthin als ‚finster' abzutun.

Es kommt hinzu, daß es in den letzten zweihundert Jahren immer wieder Bemühungen gab, das Mittelalter zu rehabilitieren, d. h. also, die dem Mittelalter eigenen Werte als solche herauszuheben und seine künstlerische Hinterlassenschaft nach ihren eigenen Gesetzen zu verstehen. Auf europäischer Ebene beginnt dies mit der Vorromantik, einer literarischen und künst-

---

14 ERNST PITZ: Mittelalter, in: Lexikon des Mittelalters, Bd. 6, Stuttgart 1996, S. 684–687. KLAUS VAN EICKELS: Das Mittelalter, in: MICHAEL MAURER (Hrsg.): Aufriß der Historischen Wissenschaften, Bd. 1: Epochen, Stuttgart 2006, S. 106–199.

lerischen Strömung, die besonders in Nord- und Mitteleuropa Anhänger fand. Der Engländer Richard Hurd beispielsweise lobte in seinen *Letters on Chivalry and Romance* (1762) die Zeiten des Rittertums als romantische Zeiten voll Edelmut, Ehre und hoher Minne. Der Schotte James Macpherson wollte die bardischen Gesänge eines alten Kelten mit Namen Ossian wiederentdeckt haben (1760–63) – Lieder, welche das gebildete Europa in einen Taumel der Begeisterung versetzten. Johann Wolfgang Goethe pries 1771 das Straßburger Münster als ein Meisterwerk deutscher Baukunst.

In der eigentlichen Romantik dann, um 1800, fühlten sich die führenden Europäer in solchem Maße an einer Epochenschwelle, daß das Mittelalter – mochte man zunächst auch wenig Konkretes von ihm wissen – zu einem utopischen Raum wurde, zu einem Zufluchtsraum der Phantasie, die sich in den Wirren der Zeit nach der Französischen Revolution nur schwer noch zurechtzufinden vermochte. Man dachte es sich bevölkert von Riesen und Zwergen, von Drachen und Ungeheuern, von edlen Rittern und schönen Damen; insbesondere aber entwickelte man nun die Vorstellung, das Mittelalter sei eine Zeit der geistigen, religiösen und politischen Einheit gewesen: Alle Menschen im Schoße der einen, katholischen und apostolischen Kirche; von Hamburg bis Sizilien alles unter dem Schutze eines Kaisers; die Menschen damit befaßt, zu beten und zu arbeiten – ob nun in den Klöstern oder außerhalb. Die Brüder Boisserée begannen in Köln damit, die mittelalterlichen Altarbilder und sonstigen Kunstwerke zu sammeln, die durch die Säkularisation nun plötzlich der Vernichtung anheimgegeben waren bzw. auf dem Kunstmarkt gehandelt wurden; in England hatte man schon seit Horace Walpole damit angefangen, neue gotische Gebäude aufzurichten, d. h. sich an alten Burgen und Kirchen zu orientieren; und Friedrich von Hardenberg alias Novalis schrieb *Die Christenheit und Europa*, eine Schrift von romantischer Sehnsucht nach Mittelalter und katholischer Kirche (1799).[15]

Einige Jahrzehnte später, nach dem Wiener Kongreß, zur Zeit der Heiligen Allianz und der Karlsbader Beschlüsse, war solches Denken schon ganz gewöhnlich: Man orientierte sich sogar im politischen und religiösen Denken, nicht nur in der Kunst und Literatur, am Mittelalter. Karl Ludwig von Haller schrieb die *Restauration der Staatswissenschaft* mit der Vorstellung

---

15 NOVALIS: Die Christenheit und Europa, in: PAUL MICHAEL LÜTZELER (Hrsg.): Hoffnung Europa. Deutsche Essays von Novalis bis Enzensberger, Frankfurt a. M. 1994.

von einer vorrevolutionären, ständisch gegliederten Gesellschaft unter einem
König ohne bürgerliche Gleichheit und Naturrecht; Chateaubriand pries
Le génie du christianisme, in dem er unter anderem auch eine religiöse Denk-
haltung propagierte, die hinter die Aufklärung und Vernunftautonomie zu-
rückgehen wollte.[16]

Im 19. Jahrhundert war das Mittelalter, kurz gesagt, in Mode; man kultivierte literarische Formen, die absichtlich auf die Denkstrukturen des Mär-
chens, der Heldensage und des Volksliedes zurückgriffen; man baute epo-
chale Gebäude, wie die *Houses of Parliament* in Westminster, in neugotischem
Stil; Richard Wagner wählte sich die meisten der Sujets für seine neuartige
Musik aus dem Mittelalter.[17]

Das Mittelalter stellt also ein komplexes Erbe dar; es gilt, die Dialektik
von klassizistischer Mittelalterablehnung und historistischer Mittelalter-
hochschätzung in eine Haltung umzuformen, welche der europäischen Geschichte in ihrem Gesamtverlauf gerecht zu werden vermag.

5 Renaissance und Renaissancen

Ungeachtet der Vieldeutig-
keit, mit der er in Wissenschaft und Öffentlichkeit verwendet wird, handelt
es sich beim Begriff der ,Renaissance' um einen kulturgeschichtlichen
Fundamentalbegriff. Mit diesem Begriff soll der Rückbezug auf vergangene
Zeiten, versunkene Traditionsbestände bezeichnet werden. Es gehört zur
Spezifik dieses Begriffes, daß er damit gleichzeitig einen Bruch bezeichnet.
In diesem Sinne kann man auch von ,Renaissancen' im Plural sprechen. Und
in der Tat hat man das immer wieder getan (besonders prononciert Erwin
Panofsky, aber auch Arnold Toynbee).[18]

Präzise verwendet, gehört zum Begriff ,Renaissance', daß nicht etwas
Beliebiges wiederaufgenommen wird, sondern der Rückbezug auf die als
vorbildlich, klassisch, normativ eingeschätzte Antike gesucht wird. Auch in
diesem Sinne läßt sich die europäische Kulturgeschichte als eine Abfolge
von Renaissancen verstehen: Schon im Rom des Augustus suchte man den
Brückenschlag zur Blüte des athenischen Griechentums im Zeitalter des

---

16 KLAUS PETER (Hrsg.): Die politische Romantik in Deutschland. Eine Textsamm-
lung, Stuttgart 1985.

17 Vgl. GERD ALTHOFF (Hrsg.): Die Deutschen und ihr Mittelalter. Themen und
Funktionen moderner Geschichtsbilder vom Mittelalter, Darmstadt 1992.

18 ERWIN PANOFSKY: Die Renaissancen der europäischen Kunst, Frankfurt a. M.
2. Aufl. 1984. ARNOLD J. TOYNBEE: Der Gang der Geschichte, 3 Bde., München
3. Aufl. 1979.

Perikles. Auch unter Karl dem Großen gab es einen neuen Rückbezug auf die Antike, nun auf Rom und das klassische Latein. Zum Teil spricht man, wiederum mit einer politischen Komponente, von der ottonischen Renaissance des späteren 10. Jahrhunderts. Auch Friedrich II., der Staufer, suchte sein Reich durch Rückbezug auf das klassische Römerreich bewußt und explizit mit einer zusätzlichen Würde und Stabilität auszustatten.[19]

Vor allem aber nennt man die Zeit an der Schwelle vom Mittelalter zur Neuzeit allgemein das ‚Zeitalter der Renaissance'. Von dieser emphatisch so genannten ‚Renaissance' (im Singular) ausgehend, hat man den Renaissance-Begriff auf die früheren, analogen Erscheinungen ausgedehnt. *Die Renaissance* (im Singular) ist zeitlich im 15. und 16. Jahrhundert zu verorten, mit einzelnen Vorläufern in Italien auch schon im 13. und 14. Jahrhundert. Der normative Schwerpunkt der Renaissance liegt in Italien; von dort aus strahlte sie in die anderen europäischen Länder aus |➡ **15.3**|.

Wo man ‚Renaissance' als *‚Wiedererweckung der Antike'* verstand, hat man immer darauf hingewiesen, daß der Fall Konstantinopels 1453, also das Ende des Oströmischen Reiches, eine Schlüsselfunktion hatte, weil damals vor der Bedrohung durch die Osmanen eine Gruppe von griechischen Gelehrten nach Italien, insbesondere Florenz, geflohen war; diese brachten die griechische Sprache, die im Mittelalter über weite Strecken in Vergessenheit geraten war, erneut in Umlauf und ermöglichten damit einen direkten Zugang zu Platon und verursachten eine neuplatonische Gedankenströmung, die sehr charakteristisch für die italienische Renaissance ist. Im Florenz der Medici unternahm man es, die platonische Akademie neu zu gründen.

Wo man allerdings die Erneuerung der *Kunst* in den Vordergrund stellt, entfällt dieses Argument. Denn diese fand von Byzanz unabhängig und auch schon früher statt; ja, sie stellte geradezu eine Absetzbewegung von Byzanz dar. Immer wieder hat man auf die neue Malweise von Cimabue und Giotto hingewiesen; seit dem 15. Jahrhundert bezog sich eine mächtig werdende Bewegung in der Kunst auf diese Vorläufer im 13./14. Jahrhundert. So war es auch ein Kunsthistoriker des 16. Jahrhunderts, Giorgio Vasari, der diese Renaissancebewegung in der Kunst erstmals auf den Begriff brachte und damit eine noch heute respektierte Kontinuitätslinie der Bildenden Kunst herstellte. Man muß also davon ausgehen, daß außer der Renaissance der

---

19 HARTMUT BOOCKMANN: Stauferzeit und spätes Mittelalter. Deutschland 1125–1517, Berlin 1994.

Humanisten, die aus Liebe zur reinen Sprache und den ‚*bonae litterae*‘ der Antike den Brückenschlag suchten, auch die Künstler dieselbe Denkfigur benutzten. Auch da, wo sie faktisch etwas Neues schufen, bezogen sie sich gern auf die legitimationsstiftende Antike zurück. Im übrigen waren für sie ‚die Alten‘ und ‚die Natur‘ vollkommen identisch. Die Wendung zu einer realistisch aufgefaßten Natur war für die Künstler des Quattrocento ‚klassisch‘, orientiert am Ewigen, am Seienden, am Wahren, an der Antike.

Es kommen weitere Komponenten hinzu, welche diesen Renaissance-Komplex auffüllen und gestalten. Das *Politische* ist dabei unübersehbar: Die Italiener des 15. Jahrhunderts wurden sich ihrer Eigenart und ihrer Zersplitterung zugleich bewußt. Sie waren den Einfällen fremder Fürsten schutzlos ausgeliefert, weil sie unter sich selbst uneins waren. Wo es nun galt, die Vielzahl der italienischen Staaten als Einheit aufzufassen – und das ist ein mächtiges Thema von Dante bis Machiavelli – berief man sich mit Vorliebe auf die Größe und Macht des antiken Reiches der Römer. Auch wo nur von Sprachpflege und den Bildenden Künsten die Rede ist, schwingt oft ein Politisches mit, eine Art von Kulturnationalismus.

Schließlich kommt das *Religiöse* hinzu: ‚Renaissance‘ meint eigentlich das , was man ethisch als ‚Erneuerung‘, als ‚Wiedergeburt‘ forderte. Auf dieser Ebene ergibt sich dann eine Kontinuität der mittelalterlichen Frömmigkeitsbestrebungen (etwa der Mystik) und der frühneuzeitlichen Frömmigkeitsbestrebungen (der Reformation). Man suchte die ‚Wiedergeburt‘ des Einzelmenschen und man glaubte sich in einem eschatologischen Zeitalter, einer Zeit unmittelbar vor der Wiederkunft Christi, für dessen Kommen man sich durch eine völlige Umkehr rüsten müsse. Es wird gut sein, diese Komponente der Renaissance mitzubedenken. Bei Erasmus, bei Zwingli und Melanchthon ist leicht zu erkennen, daß der christliche Humanismus etwas mit der Rückbesinnung auf die Antike zu tun hatte.

Der allgemeine Begriff der ‚Renaissance‘ als Epochen- und als Stilbegriff ist untrennbar mit dem Namen Jacob Burckhardt verbunden, seit der Basler Kunst- und Kulturhistoriker 1860 das Werk *Die Cultur der Renaissance in Italien. Ein Versuch* veröffentlichte.[20] Den Begriff brauchte er nicht zu erfinden; ihn hatte der französische Historiker Jules Michelet schon ebenso verwendet. Auch Burckhardts berühmte Formel für das Wesen der Renaissance – ‚die Entdeckung der Welt und des Menschen‘ – findet sich schon

---

20 JACOB BURCKHARDT: Die Kultur der Renaissance in Italien. Ein Versuch, Stuttgart 10. Aufl. 1976.

bei Michelet. Doch hat Burckhardt diesen Gedanken vertieft und in einer meisterlichen Sammlung von Charakteristiken ins Gedächtnis der Menschheit eingeschrieben. Dabei hat er allerdings – und darauf hat insbesondere sein holländischer Schüler Johan Huizinga hingewiesen – den Renaissancebegriff auch einseitig festgelegt.[21] Burckhardt hat nämlich das Element des individuellen, rücksichtslos tätigen, autonomen Menschen besonders hervorgekehrt. Hier entwickelte er eine Vision seiner eigenen Zeit, die bei seinem Schüler Friedrich Nietzsche noch brutaler hervortreten sollte in dessen Konzeption des ‚Übermenschen'. Ohne Zweifel hat Burckhardt etwas Charakteristisches erfaßt, als er einzelne Heroen und Atheisten in den Vordergrund stellte. Wohl gab es im damaligen Italien Männer jenseits des Christentums (der legendäre Name für alles Unethische war lange Zeit Machiavelli). Andererseits waren dies mit Sicherheit nur wenige einzelne; man kann nicht sagen, daß die Renaissancebewegung überhaupt durch das Heidnische oder die Überwindung des Christentums gekennzeichnet sei – nicht in Italien, und in anderen Ländern noch weniger. – Durch Jacob Burckhardt wurde die ‚Renaissance' zu einem allgemeinen Kulturbegriff; es bleibt bestehen, daß Burckhardt – im Anschluß an Vasari und die Zeitgenossen, im Anschluß auch an das Selbstverständnis der Aufklärung – den Bruch der Zeiten artikulierte, das radikal Neue des Lebensgefühls, mit dem eine selbstgewisse und höchst artikulierte Generation einst hervorgetreten war. „*Iuvat vivere!*" – schrieb Ulrich von Hutten begeistert – „es ist eine Lust zu leben!"[22]

‚Entdeckung der Welt und des Menschen' ist auch deshalb eine Formel von großer Faszination, weil sie zweiseitig ist: Sie vermag zu erklären, warum wir am Beginn der Neuzeit plötzlich Autobiographien und persönliche Briefe finden, individualisierende Porträts und realistische Landschaftsdarstellungen. Andererseits schließt sie die charakteristische Wendung solcher autonom gewordener Individuen nach außen ein – am sichtbarsten in den Entdeckungsreisen, aber auch in den Neuerungen des Wirtschaftslebens, in der rationalen Gestaltung des Politischen.

Aber dieses bekannte Bild der Renaissance ist eben doch eine Vision des späten 19. Jahrhunderts, das sich so sehen wollte: individualistisch und liberalistisch, selbstmächtig und expansiv. Deshalb mußten in diesem Bild die Züge des Religiösen, des noch kulturell Gebundenen zurücktreten;

---

21 JOHAN HUIZINGA: Das Problem der Renaissance. Renaissance und Realismus, Berlin 1991.

22 ULRICH VON HUTTEN: Deutsche Schriften, München 1970.

alles, was nicht kongenial schien, wurde nun dem ‚Mittelalter' zugewiesen. Die Rhetorik des Bruches zielt auf eine Renaissance der Renaissance, auf eine zweite Renaissance, auf die Moderne.

6   Von der Moderne zur Postmoderne   Mit dem Begriff ‚modernus' (zuerst belegt in der Spätantike bei Papst Gelasius, 5. Jahrhundert[23]) hatte man einen schlagenden Begriff zur Benennung des profunden Gegensatzes zwischen Traditionsanhängern und Neuerern zur Verfügung. In den letzten Jahrzehnten des 17. Jahrhunderts entstand in Frankreich eine ‚*Querelle des anciens et des modernes*', ein ‚Streit zwischen den Alten und Modernen', welcher einem Krisenbewußtsein Ausdruck verlieh, das sich aus den neuesten naturwissenschaftlichen und philosophischen Erkenntnissen speiste und nach entsprechend veränderten geistigen, politischen und sozialen Orientierungspunkten suchte.[24]

Auch später kam das Problem des Verhältnisses von Antike und Neuzeit, von vorbildlichen Alten und fortschrittlichen Neuen, immer wieder einmal im Verlauf der europäischen Kulturgeschichte an die Oberfläche. 1789 wurde allgemein als Bruch der Geschichte empfunden: Die Romantiker antworteten darauf mit einer neuen Philosophie und Ästhetik. Für Friedrich Schlegel bedeutete ‚Moderne' den Gesamtprozeß der Emanzipierung der christlich-abendländischen Bildung von der Antike. Im Vormärz führte Karl Gutzkow den Begriff der ‚Moderne' für das Aktuelle in der Kunst ein.[25]

Grundsätzlich entwickelte sich das Moderne im späten 19. Jahrhundert zu einem Problem der Kultur, vor allem der Bildenden Kunst. Nun hatte die europäische Kulturgeschichte einen unermeßlich langen und reichen Weg hinter sich; alle Epochen waren stilistisch verfügbar geworden. Ein allgemeiner Historismus herrschte: In der Kunst lösten sich Renaissancen in schneller Folge ab: ‚Neogotik', ‚Neorenaissance', ‚Neobarock'. Gleichzeitig ergriff ein profundes Krisenbewußtsein die ganze europäische Kultur. Man suchte revolutionäre Auswege aus einem fragwürdig gewordenen Kulturzusammenhang.

---

23 Vgl. HANS ULRICH GUMBRECHT: Modern, Modernität, Moderne, in: OTTO BRUN-NER/WERNER CONZE/REINHART KOSELLECK (Hrsg.): Geschichtliche Grundbegriffe. Historisches Lexikon zur politisch-sozialen Sprache in Deutschland, 7 Bde. Stuttgart 1972–1992; Bd. 4, Stuttgart 1978, S. 93–131.

24 HANS ROBERT JAUSS: Literaturgeschichte als Provokation, Frankfurt a. M. 4. Aufl. 1974.

25 GUMBRECHT, Modern, S. 112 f.

Wiederum war es der Begriff ‚Moderne', der hier tragend werden sollte. ‚Die Moderne' wurde zum Schlagwort für jene Literatur- und Kunst-
strömungen am Ende des 19. Jahrhunderts, die durch den Bruch mit allen
überkommenen ästhetischen Normen einem kritischen Dekadenzbewußt-
sein Ausdruck verliehen. 1886 wurde erstmals im Zusammenhang der
Debatte um Kunst der Naturalismus als ‚die Moderne' bezeichnet, 1890 von
Hermann Bahr übertragen auf die antinaturalistischen Strömungen (Im-
pressionismus, Symbolismus, Neuromantik). Später wurden dann alle avant-
gardistischen Richtungen und Strömungen der folgenden Jahrzehnte (Ex-
pressionismus, Dadaismus, Futurismus, Surrealismus) in den Begriffsinhalt
einbezogen, ebenso die parallelen Entwicklungen in der Architektur.

Das 20. Jahrhundert war dann wesentlich das ‚Zeitalter der Moderne',
bis an dessen Ende eine ‚Postmoderne' neue Denkmöglichkeiten eröffnete
– vor allem im Bereich der Kunst.[26]

Die europäische Kulturgeschichte ist in ihrem Aufbau gekennzeichnet nicht nur
durch einen spezifischen Traditionszusammenhang, der sich vom Vorderen
Orient über den Mittelmeerraum in den mittleren und nördlichen Teil Europas
verlagert, sondern auch durch eine spezifische Form der mehrfach erneuerten
Auseinandersetzung mit der Antike, die eher affirmativ oder eher kritisch akzentuiert werden konnte. Zur Struktur der europäischen Kulturgeschichte gehört
aber die Figur der ‚Hypolepse': Infolge der Speichermedien (Schrift, Architektur, Bildwerke) war es immer wieder neu möglich, sich auf ein Normatives in
klassischer Vergangenheit zu beziehen. Daraus entstand nicht nur ein starkes
Bewußtsein von der Konstanz des Menschlichen, sondern auch eine vertiefte
Einsicht in dessen Wandelbarkeit. Die europäische Kultur entwickelte so ein
spezifisch historisches Bewußtsein, welches sie von anderen Kulturen unterscheidet. Der grundlegende Wandel der Lebenswelt im Industriezeitalter ereignete sich, nachdem die Europäer in Auseinandersetzung mit den Leistungen
des Altertums ein spezifisches Bewußtsein von ‚Moderne' entwickelt hatten. In
immer neuen Absetzbewegungen von der Tradition entwickelten sie ein spezifisch europäisches Bewußtsein von historischer Tiefe, aber auch von der Pflicht,
originell werden zu müssen und ihrer jeweiligen Gegenwart zu genügen (Maßstab der Kunst, aber auch der Wissenschaft).

---

26 ANDREAS HUYSSEN/KLAUS R. SCHERPE (Hrsg.): Postmoderne. Zeichen eines kulturellen Wandels, Reinbek bei Hamburg 1997.

Anregungen zur Weiterarbeit

1. Vielleicht wollen Sie eine klassische Schrift lesen, in der sich schon
einmal einer der Klassiker der Kulturgeschichte mit der Frage auseinander-
gesetzt hat, was eigentlich das Fundament der europäischen Kulturgeschichte ausmacht: ERNST TROELTSCH: Der Aufbau der europäischen Kulturgeschichte, in: ERNST TROELTSCH: Der Historismus und seine Probleme I
(= Gesammelte Schriften, Bd. 3), Tübingen 1922, S. 696–772.

2. Mein eigener Entwurf einer europäischen Kulturgeschichte: MICHAEL
MAURER: Europäische Geschichte, in: MICHAEL MAURER (Hrsg.): Aufriß der
Historischen Wissenschaften, Bd. 2: Räume, Stuttgart 2001, S. 99–187. An-
spruchsvoller, komplizierter: SILVIO VIETTA: Europäische Kulturgeschichte.
Eine Einführung, München 2005.

3. Schauen Sie sich nochmals im Kapitel ‚Erinnerungskultur‘ ⇒ 2.4 Jan
Assmanns Begriff der ‚Hypolepse‘ an und versuchen Sie aufgrund dieses
theoretischen Ansatzes auszuformulieren, welche Bedeutung das Phänomen der Renaissance für die europäische Geschichte hatte.

15 Nationalkulturen und Kulturaustausch

1   Anknüpfung   Gewisse Kulturerscheinungen, etwa der griechischen Antike oder des Christentums, werden in Europa als normativ angesehen. Es gibt also so etwas wie ein gemeinsames Fundament der europäischen Kultur, auf das alle seitherige Geschichte aufbaut ⇥ **14.2**|. Entscheidend ist aber der zweite, komplementäre Gedanke: Diese ältesten Zeiten wirken nicht etwa in Kontinuität ungebrochen seit damals auf die jeweilige Gegenwart ein, sondern wurden zu gewissen Zeiten vergessen, um dann zu anderen Zeiten wiederum erinnert und neu in den Mittelpunkt gestellt zu werden. Dies ist das Phänomen der Renaissance bzw. der Renaissancen ⇥ **14.3/ 14.5**|. Der Aufbau der europäischen Kulturgeschichte läßt sich erklären aus dem Zusammenwirken dieser beiden Mechanismen: Anerkennung eines (wechselnden) gemeinsamen Bestandes und (zeitversetzte) Wiederbelebung von zuvor vergessenem Kulturgut.

Für jeden Historiker versteht es sich von selbst, daß die Reaktivierung alter Bestände in einem neuen Zusammenhang nur bedeuten kann, daß insgesamt etwas Neues entsteht, eine Synthese anderer Art. Wenn man sich im Florenz des 15. Jahrhunderts mit den alten Griechen beschäftigt, bedeutet das auch Zurückdrängung des lateinischen Elementes der Kultur, es bedeutet, den neuentdeckten Platon gegen Aristoteles auszuspielen. Wenn man sich im revolutionären Frankreich auf die alten Römer bezieht, bedeutet das Legitimation des revolutionären Umbruchs und, unter Napoleon, Legitimation der Überwindung des Umbruchs im Stile Caesars. Wenn man im späteren 19. Jahrhundert klassizistische Tempel baute, ob nun als Walhalla oder als Rathaus von Birmingham, bedeutet das einen Schlag gegen die jeweiligen einheimischen Bautraditionen, etwas kunstvoll der Gegenwart des Industriezeitalters Abgerungenes. In all diesen Transpositionszusammenhängen konnte das Alte nicht einfach das Alte bleiben; es war schon dadurch ein Neues, daß es in einer neuen Umgebung stand.

Die Beispiele verweisen darauf, daß die Neuzeit Europas gekennzeichnet ist durch ein Bündel nationaler Sonderentwicklungen, die in je eigener Weise auf das alte Fundament aufbauten. Wie kam es zu dieser Aufspaltung? Warum besteht die europäische Neuzeit aus ‚Geschicht*en*‘, nicht aus *einer* Geschichte?

2   Elemente nationalkultureller Entfaltung   Vier solcher Faktoren stehen hier im Vordergrund: *Staat, Recht, Sprache* und *Konfession*.

1.   Das wahrscheinlich wichtigste Element in dieser Entwicklung sind die verschiedenen *Staaten*, die sich als Fürstenstaaten mit Bürokratie und Heer verstetigten und institutionell zunehmend verfestigten. Das Europa der nachmittelalterlichen Jahrhunderte ist eine Epoche rivalisierender Monarchien: Spanien, Frankreich, England stehen im Vordergrund der Entwicklung. Diese Staaten bildeten jeweils eigene politische Verfassungen aus, eigene Rechtssysteme, eigene Sozialsysteme, distinkte Nationalkulturen.

2.   Zur innerstaatlichen Einheit und zur Abgrenzung nach außen trug in hohem Maße das *Recht* bei. Die jeweiligen einheimischen Traditionen wurden ergänzt, überlagert und umgeformt unter dem Einfluß des *Römischen Rechts*, das seit dem Mittelalter, spezieller aber seit der Renaissance auf die übrigen europäischen Staaten Einfluß ausübte.[1] Die Rezeption des Römischen Rechts war durchaus unterschiedlich; beispielsweise relativ schwach in England, ausgeprägter in Schottland. Diese Differenz bewirkte sodann, daß das schottische Rechtswesen unangetastet blieb, als England und Schottland staatsrechtlich vereinigt wurden (1707). Differenzen entstanden auch über den Wirkungsbereich des Kirchenrechts: Seit der Reformation sagten sich die protestantischen Staaten von der päpstlichen Jurisdiktion und vom Kirchenrecht los. Wichtig wurde außerdem die Entscheidung, ob Recht in lateinischer Sprache gesprochen wurde oder in der Nationalsprache. In Frankreich und England waren die grundlegenden Entscheidungen über die Abfassung der Gesetze in der Nationalsprache schon früh gefallen. Das kennzeichnet die Neuzeit zutiefst: eine divergierende Entwicklung nationaler politischer Kulturen in Verbindung mit eigenen Nationalsprachen und national begrenzten konfessionellen Kulturen.

3.   Bei dieser Auseinanderentwicklung spielte die *Sprache* der führenden Schichten eines jeden dieser Staaten wie auch der breiteren Volksschichten, welche sie trugen, eine entscheidende Rolle |➝ 4|. Das Mittelalter war beherrscht vom allgemeinen Latein. Die Neuzeit entwickelte Nationalsprachen, die im romanischen Bereich aus dem Latein hervorgegangen waren (vor allem das Italienische, Spanische, Portugiesische und Französische). Die nördlicheren Gebiete entwickelten ihre germanischen Volkssprachen zu Nationalsprachen mit eigenen Literaturen: das Englische, das Deutsche,

---

1   Vgl. PETER F. STEIN: Römisches Recht und Europa. Die Geschichte einer Rechtskultur, Frankfurt a. M. 1996.

Dänische und Schwedische, um nur die wichtigsten zu nennen. Zwar blieben die Klöster und die Universitäten noch lange beim verbindenden Latein, aber je mehr sich europäische Nationalsprachen ausprägten, desto mehr drängten sie auch in diese Lebensbereiche.

4.   Seit der *Reformation* ging ein Riß durch Europa ➡ 11 |. Die mediterranen Länder, die überwiegend beim katholischen Glauben blieben und dem römischen Papsttum die Treue hielten (Italien, Spanien, Portugal), unterschieden sich von jenen mittel-, west- und nordeuropäischen Ländern, welche infolge der zunächst religiösen und theologischen Entscheidung der Reformatoren eigene Wege gingen. Diese Abspaltungen waren in sich höchst unterschiedlich, kannten aber als Gemeinsamkeit die Abtrennung von Rom und die Zentrierung auf eigene Unterzentren, auf nationale Mittelpunkte. In allen Fällen der Verbindung von politischer Macht und Reformation bedeutete die neugewonnene Kompetenz in Religionssachen für die Fürsten eine Machtsteigerung. Die Reformation stärkte also die nationalen Sonderentwicklungen. Das sieht man am deutlichsten in England und in Schweden. Eine breite Zwischenzone in Europa blieb zunächst konfessionell umkämpft: Frankreich, die Niederlande, die Schweiz, Deutschland und die mittelosteuropäischen Staatsbildungen. Es ist festzuhalten, daß alle Länder ihre eigene Geschichte der Reformation und Gegenreformation aufzuweisen haben und daß die Konfessionsbildungsprozesse von grundlegender Bedeutung für die Herausbildung nationaler Kulturen in Europa waren.

Wenn wir also zunächst einmal ganz pauschal davon ausgehen, daß die verschiedenen Nationalstaaten Europas in der Neuzeit nebeneinander standen und sich gegenseitig beeinflußten – wie hat man sich solche Interaktionen vorzustellen? Ich will dieser Frage anhand von zwei Beispielen nachgehen: Renaissance und Aufklärung. Im Zusammenhang einer europäischen Kulturgeschichte interessieren uns besonders die Ausbreitung kultureller Strömungen, ihre Gemeinsamkeiten und ihre Differenzierung.

3   Wirkungsweise kultureller Strömungen   Es stellt sich also die Frage, wie man sich die Diffusion kultureller Strömungen vorzustellen hat. Läßt sich über so komplexe Prozesse überhaupt etwas Allgemeines aussagen? Oder muß man sich darauf beschränken, Einzelbeispiele anzugeben, denen man dann die Bedeutung von Symptomen für etwas Umfassenderes zuspricht? Es stellt gewiß eine starke Vereinfachung dar, wenn man mit dem Modell von Zentrum und Peripherie arbeitet. Das Bild, das dahintersteht,

ist mechanisch: Wie man bei einem Erdbeben etwa ein Epizentrum feststellen kann, an dem die Ausschläge auf der Richter-Skala am höchsten sind,
und die Wirkungen in großer Entfernung immer schwächer werden, so –
stellt man sich vor – ließen sich kulturelle Prozesse auf einen zentralen Stoß
zurückführen, dessen Wirkungen gegen die Peripherie hin abnehmen. Das
Bild ist gar nicht so falsch; man darf es nur nicht zu naiv aufnehmen. So muß
man sich beispielsweise als Möglichkeit offenhalten, daß es Erdschichten
gibt, die Druckwirkungen leichter weiterleiten oder abbremsen; man muß
auch die Möglichkeit erwähnen, daß es mehrere Epizentren geben kann, die
dann in Kombination immer komplizierter zu berechnende Wirkungen
hervorrufen. Außerdem muß man aber auch die Wechselwirkung von Zentren und Peripherien in der europäischen Kulturgeschichte bedenken; vielleicht ist hier die geeignete Denkform die der Systole und Diastole: Wie sich
der Herzmuskel zusammenzieht und das Blut dann wieder in den Körper
pumpt, so durchforschten die italienischen Humanisten die Klosterbiblio-
theken auch des Nordens – wo sie etwa im Kloster Hersfeld das einzige erhaltene Exemplar von Tacitus' *Germania* auffanden! –, welches sie edierten
und publizierten, um es so gesamteuropäisch verfügbar zu machen oder
wieder in den Kreislauf zurückzuführen.[2] Oder, um ein anderes Beispiel zu
wählen: Die Ölmalerei wurde zuerst in den Niederlanden entwickelt, durch
Maler wie die Brüder van Eyck und Rogier van der Weyden. Die Italiener
nahmen diese Technik auf und perfektionierten sie. In späteren Zeiten kamen Männer aus ganz Europa, um in Italien die wahre Malkunst zu lernen
– durchaus auch nach ihrer technischen Seite hin.

4   Die Ausbreitung von Renaissance und Humanismus in Europa

Renaissance und Humanismus wiesen über Italien hinaus und fanden eine
Fortsetzung bzw. Weiterführung in anderen europäischen Ländern. Kulturvermittlung geschah zu einem beträchtlichen Teil durch *Reisen*.[3] Hier geht
es nun zunächst um Reisen nach Italien. – Die Europäer des 15. und 16. Jahrhunderts wußten sehr wohl, wo sie die Quellen des Wissens aufzusuchen
hatten. Italien galt immer schon als das Land der Antike. Das Papsttum in
Rom hatte entscheidende Bedeutung für die Christenheit |➡ **10.1** |. Und die
oberitalienischen Universitäten galten jahrhundertelang als Sitz der Wissen-
schaften |➡ **6.6**|. Dementsprechend gab es einen Strom nördlicher Reisen-

---

2   HERBERT JANKUHN u. a. (Hrsg.): Beiträge zum Verständnis der Germania des
     Tacitus, 2 Bde., Darmstadt 1989–92.
3   ANTONI MĄCZAK: Travel in Early Modern Europe, Cambridge 1995.

der nach Italien durch die Jahrhunderte. Aber keinesfalls alle können dafür in Anspruch genommen werden, daß sie das Wissen der Alten von den italienischen Humanisten holen wollten. Es gab auch Wallfahrten nach Rom, die religiösen Charakter hatten; es gab Badereisen und Reisen zu militärischen, diplomatischen und anderen Zwecken.[4]

Gerade Diplomaten waren es, die auf ihren Reisen immer wieder Anschluß an die aktuellen kulturellen Strömungen fanden und etwas davon in ihre Heimatländer mit zurückbrachten. Sir Thomas Wyatt war 1527 in diplomatischer Mission in Frankreich und in Italien; er nahm den Geist der italienischen Renaissance in sich auf und trat als Dichter englischer Sprache hervor, welcher die Sonettform Petrarcas ins Englische übertrug. Von Wyatt beeinflußt war Henry Howard, Earl of Surrey, der zeitweise am französischen Hof lebte und dort Renaissance-Einflüsse aufnahm; er verwendete als erster im Englischen den Blankvers.[5] In der frühen Zeit, vor 1500, lassen sich die Verbindungen etwa Englands zum Italien der Renaissance auf wenige einzelne Persönlichkeiten zurückführen. Humphrey, Duke of Gloucester, brachte wertvolle Manuskripte aus Italien nach England, mit denen er den Grundstock der späteren Bodleian Library in Oxford legte. John Tiptoft, Earl of Worcester, studierte in Padua. George Neville, Erzbischof von York, nahm griechische Schreiber in seinen Dienst, die er nach England holte. William Grocyn studierte in Florenz und wurde dann der erste Lehrer der griechischen Sprache in Oxford.

Vor allem Künstler reisten nach Italien, weil sie dort sowohl die Reste der Antike als auch die besten Meister ihrer Kunst antreffen konnten. Albrecht Dürer zog 1505 von Nürnberg nach Venedig. Die niederländischen Maler Jan van Scorel und Maarten van Heemskerck weilten in Rom ebenso wie der französische Architekt Philibert de l'Orme.[6] Dies sind nur frühe Einzelbeispiele für einen Strom, der später immer breiter werden sollte. Im 18. Jahrhundert bedurfte es geradezu einer besonderen Rechtfertigung und Hartnäckigkeit, wenn ein nördlicher Künstler wie William Hogarth absichtlich *nicht* nach Italien reiste.[7]

---

4   MICHAEL MAURER: Italienreisen: Kunst und Konfession, in: HERMANN BAUSINGER/ KLAUS BEYRER/GOTTFRIED KORFF (Hrsg.): Reisekultur. Von der Pilgerfahrt bis zum modernen Tourismus, München 2. Aufl. 1999, S. 221–229.

5   Vgl. GEOFFREY ELTON: England unter den Tudors, München 1983.

6   HENK VAN OS: Der Traum von Italien, Den Haag und Stuttgart 2006.

7   Vgl. die entsprechende Karte in: JOHN STEER/ANTHONY WHITE: Atlas of Western Art History. Artists, Sites and Movements from Ancient Greece to the Modern Age, London 1994.

Eine Vielzahl von Wissenschaftlern aller Fakultäten ging nach Italien. Nikolaus Kopernikus studierte in Bologna, Padua und Ferrara Griechisch, Mathematik und Astronomie, der Flame Andreas Vesalius in Padua Medizin. Der Engländer Sir Thomas Hoby ging nach Padua, um Italienisch und *Humaniora* zu studieren; später übersetzte er eines der Grundbücher der Renaissance, Baldessare Castigliones *Cortegiano*, ins Englische. Auch Justus Lipsius, einer der berühmtesten niederländischen Gelehrten der zweiten Hälfte des 16. Jahrhunderts, hatte sich lange in Italien aufgehalten. – Diese Reihe ließe sich ins Unendliche fortsetzen. Aus ganz Europa kamen Künstler und Gelehrte, um in Italien zu lernen; sie nahmen Impulse der Renaissance mit in ihre Heimatländer zurück. Dies gilt auch für Polen, Ungarn, Böhmen und Mähren.[8] Es gilt aber nicht – und hier kommen wir zu einer kulturgeschichtlich bedeutenden Grenzziehung – für Rußland. Es gilt selbstverständlich nicht für den unter osmanischer Herrschaft stehenden Balkan. – Und dann gibt es noch eine Gruppe von Ländern, die in der frühen Phase noch nicht an die Renaissance angeschlossen waren, die aber in einer etwas späteren Phase im Zuge von Reformation und Gegenreformation den Anschluß durch ihre Konfessionsbeziehungen schafften: Irland und die Länder der skandinavischen Halbinsel.

Und die Gegenrichtung? Wir haben gesehen, wie Europäer von der Peripherie nach Italien kamen, um sich das neue Wissen zu holen; nun geht es um jene Italiener, die freiwillig oder unfreiwillig ins Ausland gingen und dabei ihre Bildung und ihre Kenntnisse an die Peripherie trugen.

Einige italienische Humanisten wanderten nach England auf der Suche nach Protektion und Anstellung: der Bildhauer Pietro Carmeliano 1481 und der Historiker Polydore Vergil 1502. Im Zeitalter Heinrichs VII. und Heinrichs VIII. verdichteten sich solche persönlichen Kontakte. William Blount, Lord Mountjoy, brachte seinen Lehrer Erasmus von Rotterdam aus Paris mit nach England. Zu den engsten persönlichen Freunden des Erasmus gehörte auch John Colet, der als Dean of St. Paul's in London eine neue Schule stiftete: die erste, die sich ganz dem Humanismus verschrieben hatte.[9]

König Franz I. war ein großer Förderer der Renaissancekunst in Frankreich. Seinem Ruf folgten Maler wie Giovanni Battista Rosso und Francesco Primaticcio, der Goldschmied Benvenuto Cellini, der Architekt Sebastiano

---

8   ROY PORTER/MIKULÁŠ TEICH (Hrsg.): The Scientific Revolution in National Context, Cambridge u. a. 1992.

9   Vgl. PETER BURKE: Die europäische Renaissance. Zentren und Peripherien, München 1998.

Serlio – und Leonardo da Vinci, der in Amboise an der Loire sein Leben beendete.

Mehrere wichtige Vermittler waren Diplomaten. Enea Silvio Piccolomini, der spätere Papst Pius II., reiste als päpstlicher Gesandter durch die Länder nördlich der Alpen. Baldessare Castiglione beschloß sein Leben als päpstlicher Gesandter in Spanien.

Andere flohen aus verschiedenen Gründen aus Italien, um ihre Bildung in den Dienst anderer Herren zu stellen: Filippo Callimaco wirkte an der Verbreitung des Humanismus in Polen mit, wie auch Lelio und Fausto Sozzini aus Siena. Doch diese letzteren können auch im Zusammenhang der Konfessionskämpfe gesehen werden, da sie als Antitrinitarier vor der Inquisition flohen. Der polnische Magnat Jan Zamojski, der später Kanzler wurde, berief einen italienischen Architekten, der ihm eine neue Idealstadt entwerfen sollte, die später nach ihrem Gründer Zamošč genannt wurde.

Auch dynastische Beziehungen konnten dazu führen, daß italienische Humanisten und Künstler an ausländische Höfe kamen. Das läßt sich etwa über den Hof des ungarischen Königs Matthias Corvinus sagen, der mit Beatrice von Aragón verheiratet war, über den Hof des polnischen Königs Zygmunt, der mit Bona Sforza aus Mailand verheiratet war, und über den französischen Hof zu der Zeit, als Katharina von Medici dort wirkte.

Man sieht schon, daß hier eine ganze Fülle von politischen Zusammenhängen angedeutet wird. Italien war ein zerrissenes Land, bestehend aus Stadtstaaten, unter denen fünf seit dem Frieden von Lodi (1454) eine Art von inneritalienischer Pentarchie bildeten: Venedig, Mailand, Florenz, Rom und Neapel. Die übrigen gruppierten sich wechselnd. Insbesondere aber nahmen ausländische Mächte zunehmend Einfluß auf das inneritalienische Geschehen: Der Süden (das Königreich Neapel und beider Sizilien) war von Spanien dominiert. 1494 fielen von Norden die Franzosen ein, um sich Mailand zu nehmen und in Neapel das alte Erbe der Anjou wieder an sich zu reißen. Im 15. Jahrhundert waren auch die Schweizer sehr expansiv, die sich beispielsweise von Mailand Teile der Gebiete südlich des Alpenhauptkammes abrissen, die noch heute zur Schweiz gehören: das Tessin. Auch der Kaiser hatte Interesse an Italien; Karl V. sah sich immer wieder zu Feldzügen genötigt; 1527 plünderten deutsche Söldner die Stadt Rom.

In nationaler italienischer Sicht ist dies eine katastrophale Zeit der Uneinigkeit und Fremdbestimmung.[10] In der Sicht einer europäischen Kultur-

---

10 Vgl. GIULIANO PROCACCI: Geschichte Italiens und der Italiener, München 1983.

geschichte läßt sich dieses unübersichtliche Hin- und Herwogen auch anders deuten: Auf diese Weise kamen die Spanier und manche Völker nördlich der Alpen mit der Kultur der italienischen Renaissance in Kontakt – mit einer Kultur, die sie selbst als fortgeschritten, als überlegen anerkannten.

Das läßt uns schließlich fragen, ob es hier nicht einen nun schon bekannten Mechanismus festzustellen gilt. Die Römer unterwarfen die Griechen politisch, aber sie übernahmen ihre Kultur. Lorenzo Valla hatte in seiner Schrift *Elegantiae linguae latinae* diesen Zusammenhang festgestellt und dazu aufgerufen, das klassische Latein der Römer wiederum zur Weltsprache zu machen und die Welt durch lateinische Kultur zu beherrschen …[11]

An Kulturvermittlungsmechanismen müßte man außer den *Reisen* und den *politischen Zusammenhängen* auch die *Korrespondenzen* berücksichtigen, welche die Humanisten kreuz und quer durch Europa führten, am eindrucksvollsten der Briefwechsel des Erasmus von Rotterdam.[12] Und es fehlt uns noch ein *Medium*: der Buchdruck. Auch dort, wo man nicht reiste, und auch, wo keine politischen Beziehungen bestanden, konnte man gedruckte Bücher schicken. Sie wurden zu einem wichtigen Handelsgut, beispielsweise für die Drucker und Verleger in Venedig, die lange Zeit eine führende Stellung innehatten. Buchhändler aus allen europäischen Ländern trafen sich auf den großen Buchmessen: in Venedig, in Lyon, in Frankfurt am Main. Klassische Texte, die einmal ediert worden waren, konnten nie mehr untergehen. (Ich erinnere nochmals an Tacitus' *Germania*, eine Schrift, die um 1480 noch den Nimbus des Geheimen hatte, die aber im 16. Jahrhundert dann allenthalben bekannt war und in allen Schulen gelesen wurde.) Diesen Sprung bewirkte das neue Medium, die Technik des Buchdrucks mit beweglichen Lettern. Da nun Humanismus und Renaissance die zeitlich früheste geistige Bewegung darstellten, die mit dem neuen Medium zusammentraf, haben wir hier auch die erste Bewegung vor uns, die europaweit relativ einheitlich wirksam werden konnte. – Freilich, hier gibt es eine Phasenverzögerung an der Peripherie zu konstatieren.

5   Europäische Kulturbeziehungen im Zeitalter der Aufklärung

Als zweites Beispiel möchte ich die europäischen Kulturbeziehungen im Zeitalter der Aufklärung ansprechen. Wiederum wäre an die politischen

---

11   Vgl. NICOLETTE MOUT (Hrsg.): Die Kultur des Humanismus. Reden, Briefe, Traktate, Gespräche von Petrarca bis Kepler, München 1998.

12   FRANZ JOSEF WORSTBROCK (Hrsg.): Der Brief im Zeitalter der Renaissance, Weinheim 1983.

Strukturvoraussetzungen zu denken, vor allem aber an die *Medien*. Das Zeitalter der Aufklärung zeigt erstmals eine hochgradige mediale Vernetzung zwischen den wichtigsten europäischen Staaten. Denn seit dem späten 17. Jahrhundert entwickelte sich das Zeitschriftenwesen und die periodische Presse; die Übersetzungen erreichten ein neues Niveau, quantitativ und qualitativ; durch zunehmenden Buchhandel wurden alte Verbindungen gepflegt und neue geknüpft.

Freilich, die entscheidende Grundbedingung ist und bleibt die Nationalisierung Europas auf dem Wege über die Ausbildung der Nationalsprachen bei gleichzeitigem Rückgang des Lateinischen |➥ 4.2|. Man kann also auch sagen, daß Übersetzungen noch nie so nötig waren wie gerade jetzt. Bemerkenswert ist immerhin, daß diese Übersetzungen auch angefertigt wurden, daß also offensichtlich eine Nachfrage bestand und die grundsätzliche Intention, sich mit den Produktionen der Nachbarvölker auseinanderzusetzen. Und dies nun primär im europäischen Rahmen; denn Übersetzungen aus nichteuropäischen Sprachen kamen nur vereinzelt vor. Die Masse der Übersetzungen ins Deutsche erfolgte aus dem Französischen und Englischen; alle anderen Sprachen hatten relativ geringe Bedeutung |➥ 4.3/4.4|. Das Französische und Englische sah man als kulturell führend und normgebend an; alles andere stand in der zweiten Reihe.[13]

Ja, man kann sagen, daß sich Deutschland durch seinen Buchhandel und sein Zeitschriftenwesen, durch seine Reisetätigkeit und seine Übersetzungsaktivität im Laufe des 18. Jahrhunderts zu einem Forum Europas entwickelte. Die Kontakte zwischen England und Frankreich waren schon seit dem frühen 18. Jahrhundert sehr eng; aber die nord- und osteuropäischen Staaten empfingen ihre Aufklärung oft nicht durch direkten Kontakt mit diesen Ländern, sondern vermittelt über Deutschland. Daß Deutschland im 19. Jahrhundert dann zur führenden Wissenschafts- und Kunstnation Europas aufstieg, hängt auch mit dieser Vermittlungstätigkeit zusammen – mit der Bedeutung, welche die deutschen Publikationen und Universitäten für Rußland und Polen, Ungarn und Italien, Schweden und Dänemark gewonnen hatten.

Hinter solchen Rezeptions- und Wirkungsbeziehungen steht immer ein Geschichtsmodell, eine Vorstellung von kultureller Überlegenheit und

---

13 Vgl. die entsprechenden Bände von Neues Handbuch der Literaturwissenschaft: Europäische Aufklärung II (hrsg. von JÜRGEN VON STACKELBERG) und III (hrsg. von HEINZ-JOACHIM MÜLLENBROCK), Wiesbaden 1980 und 1984.

Rezeptionsbedürftigkeit. Übersetzungen und Bearbeitungen, Vermittlungen und Transpositionen erfolgen nicht zufällig (auch wenn es im einzelnen immer wieder Zufälle gibt!); sie erfolgen, insgesamt gesehen, gezielt.

Im 18. Jahrhundert stellte man sich die Geschichte gern als einen Prozeß der Bildung der Menschheit vor, analog zur Bildung eines Menschen; die entscheidenden Einflüsse auf Deutschland schrieb man Frankreich einerseits und England andererseits zu. Im Siebenjährigen Krieg, so Johann Joachim Eschenburg, seien fast alle Stände der deutschen Nation in regen Verkehr mit Engländern und Franzosen gekommen, also mit jenen Völkern, bei denen Aufklärung und Geschmack schon bis auf die geringeren Stände herab gewirkt hätten. Dies sei entscheidend geworden für die „sittliche und wissenschaftliche Cultur der Deutschen".[14] Beispiele für die Erkenntnis dieser doppelten Vorbildfunktion, für die Polarität und Dialektik französischer und englischer Wirkungen auf die Deutschen, ließen sich aus vielen Bereichen zusammentragen. Sogar die Handwerksburschen schickte man in erster Linie nach England und Frankreich; dort könnten sie lernen, was guter Geschmack sei und wie man sich handwerklich und künstlerisch möglichst vollkommen auszubilden habe.[15]

Was wissen wir eigentlich über die Französisch- und Englischkenntnisse im 18. Jahrhundert? Unterricht in modernen Fremdsprachen fand im 18. Jahrhundert hauptsächlich als Privatunterricht statt, also außerhalb der Schulen. Insofern scheint er zunächst einmal nicht faßbar. Aber es gibt eine Übersicht über die Schulbücher: Im 18. Jahrhundert wurden in Deutschland nicht weniger als 271 verschiedene Werke zum Französischunterricht nachgewiesen, Sprachlehren und Grammatiken im weiteren Sinne, die oft auch Glossarien, Briefsteller, Gesprächsbücher, literarische Textsammlungen und Titularbücher enthielten.[16]

---

14 Zit. nach MICHAEL MAURER: Aufklärung und Anglophilie in Deutschland, Göttingen 1987, S. 322.

15 Vgl. THOMAS GROSSER: Reiseziel Frankreich. Deutsche Reiseliteratur vom Barock bis zur Französischen Revolution, Opladen 1989, S. 133 f.

16 BERND SPILLNER: Französische Grammatik und französischer Fremdsprachenunterricht im 18. Jahrhundert, in: DIETER KIMPEL (Hrsg.): Mehrsprachigkeit in der deutschen Aufklärung, Hamburg 1985, S. 133–155. Vgl. auch FRANZ-RUDOLF WELLER: Skizze einer Entwicklungsgeschichte des Französischunterrichts in Deutschland bis zum Beginn des 19. Jahrhunderts, in: Die Neueren Sprachen 79 (1980), S. 135–161.

Während Französisch seit dem 17. Jahrhundert zu einer allgemeinen *lingua franca* geworden war, kann man das über das Englische im 18. Jahrhundert noch nicht sagen. Englisch war bis zum Ende des 19. Jahrhunderts keineswegs eine allgemeine Verkehrssprache, sondern vielmehr Bildungsgut einer sehr engen Elite, einer Minderheit selbst unter den Gebildeten. Anfangs wurde Englisch wie eine tote Sprache gelernt, im Medium lateinisch abgefaßter Grammatiken. Die erste Anthologie englischer Literatur wurde 1712 in Wittenberg gedruckt.[17] Um die Mitte des 18. Jahrhunderts wurde Englisch durch Engländer an mehreren norddeutschen Universitäten und Schulen gelehrt, so in Helmstedt, Göttingen und Braunschweig. In den letzten drei Jahrzehnten des 18. Jahrhunderts entwickelte sich Englisch dann zur Modesprache. 1787–90 konnte Johann Wilhelm von Archenholtz erstmals in Deutschland eine Zeitschrift in englischer Sprache herausbringen: *The British Mercury*.[18] Seit 1788 betrieb der Londoner William Remnant in Hamburg eine Buchhandlung mit englischen Büchern; er versprach seinen Kunden, jedes lieferbare Buch aus England „in fünf, spätestens sechs Wochen" zu besorgen – wesentlich schneller sind die Buchhändler heute auch noch nicht –; an die Umstände des damaligen Transportwesens mag allenfalls der Zusatz erinnern: „wenn anders Wind und Wetter es erlauben".[19] Die Universitätsbibliothek in Göttingen baute die größte Sammlung englischer Bücher in Deutschland auf und hatte sie auch am schnellsten zur Verfügung, weil infolge der Thronbesteigung des Kurfürsten von Hannover als König von England die dynastischen Beziehungen besonders eng waren und solche Buchsendungen mit der Diplomatenpost erfolgen konnten.[20]

Was die Stellung des Französischen im Deutschland des 18. Jahrhunderts anbelangt, kann man sich ein gutes Bild machen, wenn man weiß, daß 3 % aller in Deutschland gedruckten Periodika in französischer Sprache abgefaßt waren und daß der französische Buchmarkt zu etwa 10 % von in

---

17 Vgl. KONRAD SCHRÖDER: Die Entwicklung des Englischunterrichts an den deutschsprachigen Universitäten bis zum Jahre 1850. Mit einer Analyse zur Verbreitung und Stellung des Englischen an den deutschen höheren Schulen im Zeitalter des Neuhumanismus, Ratingen 1969.

18 MAURER, Aufklärung und Anglophilie, S. 197–199.

19 Ebd., S. 22.

20 Vgl. BERNHARD FABIAN: An Eighteenth-Century Research Collection: English Books at Göttingen University Library, in: The Library, Sixth Series, Bd. 1 (1979), S. 209–224. ELMAR MITTLER (Hrsg.): „Eine Welt ist nicht genug". Großbritannien, Hannover und Göttingen 1714–1837, Göttingen 2005.

Deutschland französisch gedruckten und nach Frankreich exportierten Büchern bestand.[21] Radikalaufklärerische und antireligiöse Schriften, welche in Frankreich die Zensur nicht passiert hätten, wurden oft auf deutscher Seite, beispielsweise in Kleve, unter dem Schutz deutscher Fürsten gedruckt und nach Frankreich geschmuggelt. Jürgen von Stackelberg hat einmal davon gesprochen, Frankreich sei im frühen 18. Jahrhundert der ‚Umschlagplatz' oder die ‚Drehscheibe' für den von England kommenden Geistesverkehr für Europa gewesen:

»Aus Frankreich bezog man im Süden und Osten zunächst all das neue, bewegende Ideengut […]. Bis über die Mitte des Jahrhunderts hinaus bot sich das neue Denken und Empfinden im Gewand der französischen Sprache dar, wo immer es in Süd-, Mittel- und Osteuropa aufgegriffen wurde.«[22]

Diesen Eindruck gewinnt man in der Tat, wenn man auf die Übersetzungen schaut. Literarische wie nichtliterarische Werke aus England wurden in aller Regel in Rußland und Polen, in Spanien und Italien, aber auch in Deutschland erst beachtet, wenn sie zuvor ins Französische übersetzt worden waren. Das hing mit einem Mangel an englischen Sprachkenntnissen bei den Nachbarn zusammen, lag aber teilweise auch ganz banal am desolaten Zustand des Buchhandels im frühen 18. Jahrhundert. Man kann also auch auf diesem Nebenschauplatz die französische Dominanz dieses Zeitalters belegen.

Hier sind nun zwei Denkrichtungen möglich. Man könnte sagen, Französisch sei sozusagen an die Stelle des Lateins getreten als *lingua franca* der Moderne. Dies trifft ohne Zweifel zu für den Adel, das Militär, die Diplomatie. Man könnte also jubeln: Ein einheitliches Europa sei so wiederum möglich geworden. – Die zweite Denkrichtung hebt umgekehrt darauf ab, daß die Sprache nie kulturell neutral sein kann, daß also die scheinbare Einheitlichkeit im französischen Geiste der Aufklärung gerade die Differenzen der Nationalkulturen verdeckt, übertüncht. Im einen Falle würde man also

---

21 EDGAR MASS: Die französische Presse im Deutschland des 18. Jahrhunderts. Köln, ein unrepräsentatives Beispiel, in: KIMPEL, Mehrsprachigkeit in der deutschen Aufklärung, S. 156–177.
22 JÜRGEN VON STACKELBERG: Frankreich und Europa im 18. Jahrhundert, in: JÜRGEN VON STACKELBERG (Hrsg.) Europäische Aufklärung III, Wiesbaden 1980 (Neues Handbuch der Literaturwissenschaft. Hrsg. von KLAUS VON SEE, Bd. 13), S. 9–24; S. 9.

sagen: Das 18. Jahrhundert war besonders europäisch, weil man sich allgemein französisch zu verständigen wußte und mithin ein leichtes Medium des Kulturaustausches hatte. Im anderen Falle würde man beklagen, daß unter französischer Hegemonie alles mehr oder weniger französisiert wurde, mithin die nationalen Kulturen unter der Dominanz des Französischen litten.

Man kann diese Frage weiterverfolgen, indem man genauer analysiert, was sich ergibt, wenn man Werke, die einer bestimmten Nationalkultur entstammten, zunächst ins Französische übertrug und dann in andere Nationalsprachen weiterübersetzte. Welche Folgen hatte es, daß man England gewissermaßen durch die französische Brille wahrnahm? Dies ist eine der Fragen, die Jürgen von Stackelberg in seinem Sammelband *Übersetzungen aus zweiter Hand* untersucht hat. Im Vergleich von Addisons englischer Originalkomödie *The Drummer and the Haunted House* mit der französischen Übersetzung stellt er fest, Destouches habe sich bemüht, den Witz des Originals zu übertreffen. Die Übersetzung sei eine Transposition in eine andere Welt, nämlich die galante und frivole der französischen Sittenkomödie, die sich von der Welt des englischen Landadels in Addisons Stück grundsätzlich unterscheide. In ihrer deutschen Weiterübersetzung habe sich Louise Viktorie Adelgunde Gottsched eng an Destouches gehalten, dabei aber nur ein glanzloses Produkt herausgebracht.[23] – Clément, der Genfer Übersetzer von Lillos *London Merchant*, mildert die harten und schockierenden Stellen bezüglich der Religion und Geistlichkeit und bezüglich der sozialen Spannungen zwischen Adel und Kaufmannswelt, worin ihm der deutsche Übersetzer von Bassewitz getreulich folgt. Clément nimmt dem Stück die ideologische Schärfe, merzt die barocken Elemente aus, entkleidet es seiner realistischen Tendenz und entkonkretisiert es. Der deutsche Weiterübersetzer hält sich wortgetreu an Clément, nur „ein bißchen ängstlich und ein bißchen verflachend".[24] – Ein drittes Beispiel: Du Resnels Übersetzung von Popes *Essay on Man*. Er stutzt sich das Original zu und versucht, es zu einer Dichtung emporzustilisieren, „deren Sprachniveau Vergil oder Lukrez gleichkommen sollte, um im Lande Corneilles und Racines angemessen rezipiert werden zu können". Pope wirkt in der französischen Übersetzung zugleich pathetischer und – ärmer; insofern nämlich, als Du Resnel Popes relativen

---

23 Jürgen von Stackelberg: Übersetzungen aus zweiter Hand. Rezeptionsvorgänge in der europäischen Literatur vom 14. bis zum 18. Jahrhundert, Berlin und New York 1984, S. 153, 155.

24 Ebd., S. 152.

Realismus tilgt und Klischees an die Stelle von Wirklichkeit setzt. Aber gerade in dieser veränderten Form, als Naturfreund und Salondichter, wurde Pope, wie Stackelberg zeigen kann, auf dem Kontinent rezipiert! Dabei ging es aber auch nicht ohne gravierende Sinnentstellungen der gedanklichen Aussagen des Engländers ab. Pope knüpft an Newton an; Du Resnel an Descartes. Pope attackiert den Stoizismus explizit; Du Resnel deutet entscheidende Stellen stoizistisch. Pope übergeht die Erbsündenlehre; der Geistliche Du Resnel will sie zumindest nicht ausgeschlossen wissen. Der anonyme deutsche Übersetzer der Ausgabe Frankfurt am Main 1741 übersetzt nach Du Resnel und potenziert dessen Glättungen in einer Weise, „daß wirklich nichts mehr vom ursprünglichen Sinn erhalten bleibt. An der Wendung des deutschen Übersetzers konnte kein Christ Anstoß nehmen. Aus ihr sprach nicht mehr der räsonnierende Geist, der dem Theodizeeproblem eine optimistische Lösung zu geben versuchte, sondern ein kirchentreuer Gläubiger".[25]

Solche Bemerkungen belegen, daß die verschlungenen Pfade der Übersetzungen aus zweiter Hand die sozial- und mentalitätsgeschichtlichen Differenzen zwischen den Bereichen der europäischen Nationalsprachen einzuebnen suchen. Im literarischen Sinne ist es zumeist eine Verarmung oder Verfälschung; im Blick auf die kollektive Mentalität der Europäer eine Annäherung und Vereinheitlichung.

6   Die komplexe Einheit der europäischen Kulturgeschichte

Nachdem die Einheit der Kirche und die Einheit der lateinischen Bildung zerbrochen waren, befanden sich die europäischen Nationalkulturen in einer neuen, komplexen Situation: Einerseits gab es immer noch den Rückbezug auf die klassischen Bestände, die allen gemeinsam waren; andererseits wurden in der jeweiligen Nationalsprache auch die jeweiligen sozialen, konfessionellen und kulturellen Standards entscheidend. Das Differenzproblem zeigt sich bei der Untersuchung der über die Grenzen hinweg wirkenden Medien, und es zeigt sich beim Vergleich der Übersetzungen, die zumeist Adaptionen waren.

Nun erhielt aber dieser pluralistisch sich entwickelnde Verbund europäischer Nationalkulturen seine spezifische Kohärenz gerade dadurch, daß zu verschiedenen Zeiten wechselnde Nationalkulturen als jeweils führend und maßgeblich angesehen wurden: im 18. Jahrhundert zunächst die fran-

---

25 Ebd., S. 175.

zösische, dann zunehmend die englische, später, seit der Weimarer Klassik, die deutsche. Die europäische Kultur zersplitterte sich also unter klassizistischer Formung nicht in eine inkommensurable Vielheit, sondern bildete sich – noch immer im Kontakt mit der als normativ angesehenen Antike – fort zu einer Pluralität der Moderne, wechselnd geprägt von Frankreich, England, Deutschland – und seit dem späten 19. Jahrhundert unter weiteren, immer neuen Einflüssen, die von der Peripherie anbranden.

In der Diskussion um kulturelle Phänomene in der Gegenwart geht es in geringerem Maße um die objektive Seite der Kultur (wie die Kultur einem Neugeborenen, Aufwachsenden entgegengebracht wird), sondern immer stärker um die subjektive Seite, die Frage der Aneignung des Vorgegebenen durch den jeweiligen einzelnen. Dabei werden dann stark die willkürlichen und uneinheitlichen Aspekte betont: Wie Jugendliche, die sich bilden, etwas aus diesem, etwas aus jenem Bereich aufpicken; wie sie durch den Einfluß der Medien heute dieser und morgen jener Mode nachhängen. Durch die Mobilität des industriellen und postindustriellen Zeitalters, durch die Migrantenströme aus der ,Dritten Welt' seit der Entkolonialisierung vor allem nach Europa (und Nordamerika) ist die Zahl derer, die mit mehreren Kulturen in Berührung kommen bzw. sich in einer neuen kulturellen Umgebung zurechtfinden müssen, ins Unermeßliche gewachsen. Indem manche von ihnen ihr subjektives Recht auf kulturelle Identität als Festhalten an der Herkunftskultur und Assimilationsverweigerung geltend machen, wird ihnen die Kritik an der objektiven Seite der Kultur, wie sie ihnen mit langer Tradition, verstetigt durch kulturelle Institutionen und hegemoniale Diskurse, in ihren neuen Umgebungen entgegentritt, zum Lebensproblem. Ein Ausgleich zwischen beiden Positionen ist nur möglich, wenn beide artikuliert werden können. Dies setzt Einsicht in die Struktur der Kulturgeschichte voraus.

Eine vergleichende Europäische Kulturgeschichte findet ihre wesentliche Aufgabe darin, die divergierenden Entwicklungen der europäischen Nationalkulturen in der Neuzeit herauszuarbeiten und zu analysieren. Wohl müssen dabei die nationalen Zusammenhänge betont werden, doch ist dieser Aspekt in den nationalen Geschichtsschreibungen im 19. und 20. Jahrhundert über die Maßen betont worden. Der nächste wichtige Aspekt dient deshalb der Kontrolle: der Untersuchung der Mechanismen des Austausches, der Medien, welche diesen ermöglichten, und der Institutionen, welche über nationale Grenzen hinauswirkten.

Anregungen zur Weiterarbeit

1.   Für eine eigene, historische Theorie des Kulturtransfers haben sich Michel Espagne und Michael Werner in verschiedenen Publikationen und Forschungsunternehmungen ausgesprochen. Vgl. z. B. MICHEL ESPAGNE/ MICHAEL WERNER: Deutsch-französischer Kulturtransfer im 18. und 19. Jahrhundert. Zu einem neuen interdisziplinären Forschungsprogramm des C. N. R. S., in: Francia. Forschungen zur westeuropäischen Geschichte 13 (1985), S. 502–510.

2.   Von literaturwissenschaftlicher Seite wurde ein interessantes Konzept des Kulturtransfers vorgelegt, mit dem es sich auch in diesem Zusammenhang zu befassen lohnt: vgl. ALOIS WIERLACHER (Hrsg.): Das Fremde und das Eigene. Prolegomena zu einer interkulturellen Germanistik, München 1985 (4. Aufl. 2000).

3.   In bezug auf die Beziehungen zu Osteuropa wurde eine anregende Analyse der verschiedenen Medien und Institutionen des Kulturaustausches unternommen von WOLFGANG KESSLER/HENRYK REITZ/GERT ROBEL (Hrsg.): Kulturbeziehungen in Mittel- und Osteuropa im 18. und 19. Jahrhundert, Berlin 1982. Welche Bedeutung hat z. B. das Reisen den für Kulturaustausch? (Dazu den Beitrag von WOLFGANG KESSLER, S. 263–290.)

4.   In internationale Diskussionen um kulturelle Überformung (z. B. ‚Orientalismus‘), Mischkulturen (‚Hybridität‘) und dergleichen schalten sich auch Kulturhistoriker mit ihrer spezifischen Kompetenz ein. Man beachte beispielsweise die Wortmeldung von PETER BURKE: Kultureller Austausch, Frankfurt a. M. 2000 (hier S. 9–40).

Weiterführende Literatur

- BURKE, PETER: Was ist Kulturgeschichte?, Frankfurt a. M. 2005.
Leicht lesbare Essays über einige Aspekte der Kulturgeschichte aus englischer Sicht; Überblick über Forschungsbeiträge der letzten Jahrzehnte nebst punktuellen Bemerkungen zu Klassikern der Kulturgeschichte. Aspektreich.

- DANIEL, UTE: Kompendium Kulturgeschichte. Theorien, Praxis, Schlüsselwörter, Frankfurt a. M. 2001.
An Theorieangeboten orientierte Einführung, die aber auch Themen (Alltagsgeschichte/Historische Anthropologie, Frauen- und Geschlechtergeschichte, Generationengeschichte, Begriffsgeschichte/Diskursgeschichte und Wissenschaftsgeschichte) sowie einige Schlüsselwörter (Tatsache/Objekt/Wahrheit, objektiv/subjektiv, Erklären/Verstehen, Historismus/Relativismus, Kontingenz/Diskontinuität, Sprache/Narrativität sowie Kultur) behandelt. Zuweilen anregend, aber etwas willkürlich.

- LANDWEHR, ACHIM/STOCKHORST, STEFANIE: Einführung in die Europäische Kulturgeschichte, Paderborn u. a. 2004.
Arbeitsbuch für Anfänger, das Kulturgeschichte als ‚Interdisziplin‘ einführt (mit Akzent auf Europa und auf der Frühen Neuzeit). Bietet nach einem Einleitungsteil zum Kulturbegriff und zur Geschichte der Kulturgeschichte eine Behandlung der Kulturgeschichte nach sieben Komplexen (Natur und Umwelt, Kommunikation und Medien, Wissen und Wissenschaft, Staat und Nation, Identität und Alterität, Körper und Geschlecht, Wahrnehmung und Gedächtnis) und reflektiert im dritten Teil auf die Europäische Kulturgeschichte. Enthält außerdem einen Anhang über Arbeitstechniken und Hilfsmittel.

- LUTTER, CHRISTINA/SZÖLLÖSI-JANZE, MARGIT/UHL, HEIDEMARIE (Hrsg.): Kulturgeschichte. Fragestellungen, Konzepte, Annäherungen, Innsbruck u. a. 2004.
Sammlung von Aufsätzen unterschiedlicher Autorinnen und Autoren über Aspekte aktueller Kulturgeschichte (Gedächtnis, Körper, Wissen, Bild).

- MAURER, MICHAEL: Kulturgeschichte, in: MAURER, MICHAEL (Hrsg.): Aufriß der Historischen Wissenschaften, Bd. 3: Sektoren, Stuttgart 2004, S. 339–418.
Kompakte Darstellung des Faches einschließlich einer kurzgefaßten Geschichte der Kulturgeschichte; Beschreibung von allgemeinen und spezielleren Aufgaben

der Kulturgeschichte. Mündet in Hinweise zu aktuellen Debatten um Kultur-
geschichte.

■   TSCHOPP, SILVIA SERENA/WEBER, WOLFGANG E. J.: Grundfragen der
Kulturgeschichte, Darmstadt 2007.
Einführung in Teilgebiete, Themenfelder, Wissenschaftsgeschichte, Kulturbegriff,
Methoden und Quellen der Kulturgeschichte auf hohem Niveau; erschließt eine
reichhaltige Forschungsliteratur (für Fortgeschrittene).

■   Vietta, Silvio: Europäische Kulturgeschichte. Eine Einführung, Mün-
chen 2005.
Ebenfalls für Fortgeschrittene: Ein höchst anspruchsvoller Versuch der Gesamtdeu-
tung der europäischen Kulturgeschichte in drei Schritten: 1. Die griechische Logos-
Kodierung [Vernunft], 2. Die christliche Pistis-Kodierung [Glauben] 3. Neuzeit:
Ästhetik, Sziento-Technologie, Subjektivität und politisches Bewußtsein. Ein ,großer
Wurf' – nicht einfach zu lesen, aber von hoher Bildung geprägt und zu neuem
Durchdenken der abendländischen Zusammenhänge anregend.

Register